大卫·李嘉图全集

第 2 卷

马尔萨斯《政治经济学原理》评注

〔英〕彼罗·斯拉法　主编
　　　M.H.多布　助编

蔡受百　译

edited by
Piero Sraffa
with the collaboration of
M. H. Dobb
**THE WORKS AND CORRESPONDENCE
OF
DAVID RICARDO
Volume II**
Cambridge University Press
1957
根据英国剑桥大学出版社 1957 年版译出

《大卫·李嘉图全集》出版说明

　　大卫·李嘉图(1772—1823)是英国著名的政治经济学家,西方古典经济学的杰出代表人物之一。向中国读者全面介绍李嘉图的经济思想,无疑是十分必要和有益的。商务印书馆在上世纪七八十年代曾经陆续出版了李嘉图的著作和通信集,依据的是英国经济学家彼罗·斯拉法主编、M.H.多布助编的权威版本。其中第一卷《政治经济学及赋税原理》和第三卷《论货币问题》收录于商务印书馆的"汉译世界学术名著丛书",发行较广。其他卷册则由于年代久远,市面上难以见到。为了便于读者研读,我们现将李嘉图的作品重新整理,形成系统,作为《大卫·李嘉图全集》出版。

　　为了全集体例的统一,我们在原有基础上对个别卷册做了修改和补充。各卷册原有的前言、序言等,虽然带有时代的印迹,但都是出自名家之手,对读者理解李嘉图的思想很有帮助,因此都予以保留,供读者参考。另外,我们对照英文版《李嘉图著作和通信集》,将英文版页码作为边码标出,以便读者在各卷册之间相互参见时对照使用。

　　这套全集中一定还有许多错漏和不足之处,请读者们给予批评指正。

商务印书馆编辑部
2012 年 11 月

中译本前言

这一本李嘉图的《马尔萨斯〈政治经济学原理〉评注》是彼罗·斯拉法（Piero Sraffa）主编的《李嘉图著作和通信集》（剑桥大学出版社，1957年版）第二卷的译本。

李嘉图和马尔萨斯都是十九世纪初叶的英国资产阶级经济学家。在这一时期，英国社会中资本和劳动间的阶级矛盾仍处于潜伏状态，而工业资本和贵族土地所有权间的斗争却处于主要和显著的地位。这个矛盾"在谷物法颁布后公开爆发出来"。* 谷物法的争论，实质上反映了在地租问题上工业资本和贵族土地所有权的矛盾。李嘉图是英国工业资产阶级的代言人，而马尔萨斯是英国资产阶级化了的土地贵族阶级的突出代表。

不同的阶级立场表现为在李嘉图和马尔萨斯间，在几乎一切根本经济问题的观点上的严重分歧。他们至少从1810年起在多次的会面和连续的通信中进行过讨论和争辩。分歧和辩论的主要内容，在英国波纳于1887年编辑出版的《李嘉图给马尔萨斯的书信集——1810—1823》一书中可见其一斑。但他们之间的公开而全面的论战则见于李嘉图的《政治经济学及赋税原理》、马尔萨斯的《政治经济学原理》和本书。

李嘉图的《政治经济学及赋税原理》出版于1817年。在这本

---

* 马克思《资本论》，《马克思恩格斯全集》第23卷，第17页。

书中，李嘉图不但重申了他们以前在通信中所涉及的观点，并且爽直而详尽地批判了马尔萨斯的若干理论。在地租问题上，李嘉图特别以标题为"论马尔萨斯先生关于地租的意见"的一章作为该书的末章，对马尔萨斯的地租观点进行批判。

马尔萨斯的《政治经济学原理》出版于1820年4月初。马尔萨斯的《原理》不是一本系统的政治经济学著作，而是包括有七八个在当时富有争论性的经济问题的论文集。论战的对方就是李嘉图。实际上，马尔萨斯起初是打算用答复李嘉图的形式来写的。在这七八个问题中，重要的问题有三个：价值、地租和生产过剩。地租是核心。价值论是地租论的基础；生产过剩可能性理论是为地租合理性辩解的依据。

李嘉图的《马尔萨斯〈政治经济学原理〉评注》是李嘉图在读了马尔萨斯的《原理》后，写于1820年年底的。在读后给麦克库洛赫的一封信中，李嘉图认为马尔萨斯的书"几乎没有一页没有错误"。①这就促使李嘉图作出以评注原书的方式，对马尔萨斯的《原理》进行全面和直接批判的决定。在1821年年初，李嘉图把《评注》的全部手稿寄给马尔萨斯，随后，他们在几次会见和通信中又进行了争论。但是，很明显的是，《评注》和后来的讨论都未能说服马尔萨斯。在他的《政治经济学原理》的第二版中，（出版于1836年，即马尔萨斯去世后的两年）他仍然固执地坚持他和李嘉图有严重分歧的观点。

李嘉图当初计划以某种形式出版他的《评注》。他曾经把手稿寄给麦克库洛赫、詹姆斯·穆勒、特洛尔等人。但因为某种原因，

① 李嘉图：《给麦克库洛赫的书信集》第65页。

出版的愿望未曾得偿。在李嘉图去世后，差不多一个世纪的时间，《评注》的手稿失踪了，直至1919年才由李嘉图的后人于无意中发现。发现的《评注》经美国的霍兰德和英国的格里戈里编辑后，于1928年出版，并由霍兰德写一长序，详述了两人的分歧观点。

斯拉法的《李嘉图著作和通信集》第二卷是以霍兰德、格里戈里的编辑本为蓝本进行编订的。除了在形式上它和霍兰德、格里戈里的编辑本有所不同外，斯拉法还对于编辑本中若干错误加以校刊和订正。

《评注》的重要性在于它全面地反映了李嘉图和马尔萨斯在当时富有争论性的主要经济问题，尤其是地租问题上的理论分歧，而这些分歧表明十九世纪头三十年英国工业资产阶级和土地贵族阶级之间存在着尖锐的矛盾和斗争。现特译出，供研究有关问题时参考。

本书的体例是比较复杂的，请读者加以留意。"原编者引言"的第五部分对英文本的版式专门作了介绍，读者先看看这个"介绍"很有必要。中译本采用的体例与英文本基本相同，不另赘述。需要补充说明的是：第一，由于互相面对的两页是作为一个单页对待的，所以，面对的两页上的脚注按顺序统一编号，双数页码上的脚注编号均另起。第二，书中马尔萨斯著作原版每页起点用"△"标明，被评段落的起点用"⊗"标明。第三，书中所有的脚注均统一排成单栏。第四，由于排版上的困难，李嘉图的评注的注码有几个与马尔萨斯原文被评部分的对应注码不在同一面（双、单页码）上。

1979年3月

本卷体例说明

为了方便读者阅读，我们对照英文版《李嘉图著作和通信集》第二卷，将英文版页码以方括号加数字的形式作为边码标出。

本书是以上下两栏的形式排印，上栏为马尔萨斯的《政治经济学原理》，下栏为李嘉图的评注。因为在上栏边码的位置已经标有数字，为了避免混淆，在本书中，我们只将英文版页码标注在下栏，即李嘉图评注的部分。

英文版《李嘉图著作和通信集》第二卷也是以上下两栏的形式排印的，有的页面上只有马尔萨斯《政治经济学原理》的内容，没有李嘉图评注的内容。对于这样的页面，我们没有在本书中标注英文版页码，因此方括号形式的英文版页码会出现个别不连贯的现象，请读者留意。

商务印书馆编辑部
2012 年 6 月

目 录

原编者引言 ··· 1

绪论（评注 1—2）·· 13
第一章 财富和生产性劳动的定义 ················· 21
    第一节 财富的定义（评注 3）···················· 21
    第二节 生产性劳动和非生产性劳动（评注 4—8）········· 23
第二章 价值的性质和尺度 ···························· 31
    第一节 价值的类别（评注 9—12）················ 31
    第二节 需求和供给对交换价值的影响（评注 13—15）···· 43
    第三节 生产成本对交换价值的影响（评注 16—21）····· 50
    第四节 商品所花费的劳动，作为交换价值的尺度
          （评注 22—34）···························· 60
    第五节 货币，当其成本不变时作为价值的尺度
          （评注 35—37）···························· 83
    第六节 商品所换取的劳动，作为实际交换价值的尺度
          （评注 38—40）···························· 92
    第七节 谷物与劳动之间的中点，作为实际交换价值的
          尺度（评注 41—44）························ 98

第三章　地租 107
　第一节　地租的性质和原因（评注45—58）............. 107
　第二节　地租同耕种者的利润和劳动者的工资的必然
　　　　　划分（评注59—70）................................. 123
　第三节　在社会正常发展中地租会趋于上升的原因
　　　　　（评注71—90）.. 135
　第四节　促使地租下降的原因（评注91—95）......... 160
　第五节　现实农产量取决于现行地租和现行价格
　　　　　（评注96—103）...................................... 166
　第六节　相对巨大的财富和相对高价的农产品之间的关系
　　　　　（评注104—105）.................................... 178
　第七节　促使地主错误地出租土地从而损及公私利益
　　　　　的原因（评注106—108）.......................... 181
　第八节　在供养其本国人民的国家，地主利益与国家利益
　　　　　之间密切和必然的关系（评注109—116）...... 184
　第九节　在输入谷物的国家，地主利益与国家利益的
　　　　　关系（评注117—125）.............................. 196
　第十节　土地剩余产品概论（评注126—142）......... 205
第四章　劳动工资 221
　第一节　劳动工资对供给和需求的依存关系
　　　　　（评注143—144）.................................... 221
　第二节　影响劳动阶级的习惯的主要原因（评注145）... 225
　第三节　影响劳动需求和人口增长的主要原因
　　　　　（评注146—157）.................................... 228

第四节　货币价值下降对劳动需求和劳动者处境的影响……243
　　　第五节　从以上关于近五个世纪谷物价格和劳动价格的
　　　　　　　研究得出的结论（评注158—160）……………245

第五章　资本的利润……………………………………………249
　　　第一节　取得生活资料的困难增加时对利润的影响
　　　　　　　（评注161—164）……………………………249
　　　第二节　资本与劳动的比例对利润的影响
　　　　　　　（评注165—171）……………………………256
　　　第三节　现实事态中起作用的一些原因对利润的影响
　　　　　　　（评注172—185）……………………………268
　　　第四节　评李嘉图先生的利润理论（评注186—193）……281

第六章　财富与价值的区别（评注194—195）…………………291
第七章　财富增长的直接原因……………………………………295
　　　第一节　略述研究的主要目的…………………………295
　　　第二节　人口增长，作为财富不断增长的一个促进因素…296
　　　第三节　积累，或将来自收入的储蓄投作资本，作为
　　　　　　　财富增长的一个促进因素（评注196—219）……297
　　　第四节　土地的肥力，作为财富不断增长的一个促进
　　　　　　　因素（评注220—235）………………………324
　　　第五节　节省劳动方面的发明，作为财富不断增长的
　　　　　　　一个促进因素（评注236—243）………………341
　　　第六节　为了确保财富的不断增长，生产力与分配手
　　　　　　　段结合的必要性（评注244—258）……………356
　　　第七节　由地产划分导致的分配，作为提高总产品交

　　　　　　换价值的手段（评注259—262）…………371
　　第八节　由国内外贸易导致的分配，作为提高产品交
　　　　　　换价值的手段（评注263—283）…………376
　　第九节　由非生产性消费者导致的分配，作为提高总
　　　　　　产品交换价值的手段（评注284—300）……404
　　第十节　应用上述原理，综述1815年以来劳动阶级的
　　　　　　困苦（评注301—315）………………………419
译名对照表……………………………………………………433

原编者引言

一

马尔萨斯的《政治经济学原理》出版于1820年4月初。虽然他不论在编著其形式为关于1815年地租论述的新版，还是对农业和制造业的见解的《人口论》附篇的不同期间，一直在考虑写一部关于政治经济学比较全面的著作；但是，只是在李嘉图的《原理》发表之后，这一计划才趋于具体化。起初是打算用答复李嘉图的形式来写的；1817年年终时，他写给李嘉图的信上说："像以前已经告诉过您的那样，我正在考虑写一本书，想对您有所答辩，而又不要使我的作品带有论争气氛。"1818年春，他写信给日内瓦的普雷沃教授："我正在写关于政治经济学的那些问题的书。在一些原则方面还没有完全确定，书里将频繁地提到李嘉图先生的著作。但是在明春以前不会竣稿。"1818年8月，马尔萨斯将他的底稿向李嘉图读了一部分；12月在盖特孔公园又将"他要发表的其余某些部分"读给李嘉图听。该书实际于1818年11月见广告，说明"在印刷中"。但是，出版被推迟了，按照1818年12月28日李嘉图给穆勒的信里所说，部分由于马雷认为在下一年年底出版，时机最有利，"部分我认为是由于他（马尔萨斯）对自己见解的正确性还不免有点怀疑"。马尔萨斯于1819年9月10日，当预定的出版期已经迫近的时候，写信给李嘉图："我把这次的工作耽搁了，思想总是纠缠在我们所讨论的某些问题上。……看来还有四分之一或五分之一的东西要写。我就不同的部分在不同的日子里写了一些,不是按应有的次序写的,在适合于付印之前,还有许多要加以补充,加以删弃。"

在这部书出版前的几个月,麦克库洛赫对马尔萨斯关于谷物法的见解的问题写信给李嘉图:"粗糙地对待这个问题,对科学,对国家都是有欠公正的";过了不久,他请李嘉图在这部书出版之后,把对它作出的评注送给他。李嘉图答应照办:"待我看了马尔萨斯先生的书,见到了其中跟我的理论对立的那些论证,我会把我的意见告诉你的。"

1820 年 4 月,书出版了,李嘉图进行了初读,这是"抽空时很匆促地"进行的。他告知麦克库洛赫:"我想提出马尔萨斯先生跟我意见参差的几点,然后为我的观点进行辩解;但是,这除了重申我书里的论据外,没有什么别的可做,因为,我认为他并没有能触动我的论证。"他对马尔萨斯主张的价值尺度(他"采用了跟我的大不相同的一个价值尺度,可又处处不信守这个尺度"),还有他关于地租的论点,格外有反感。他感到,"他所最不满意的是,过大的资本积累也许会引起不良后果"的说法。他抱怨马尔萨斯,关于土地上的改进,误解了他的意思("他对于我书里所说地主的利益跟社会中其他人们的利益不相容的那一段提出批评时那种做法,是不十分公正的")。他还说:"现在我的确觉得很为难,老实说,我并不确切了解马尔萨斯先生的理论体系究竟是什么。"

大约隔了三个月(7 月下半月,耽搁在布莱屯的时候),李嘉图再次读了马尔萨斯的书,他说"甚至比初读时更加不愉快"。1820

年7月27日,他从布莱屯写信给穆勒:"这里我除了马尔萨斯的和我自己的书以外,没有别的书。我仔细地读了前者,把我认为应加评注的章节摘出,结果比我预计的多得多。假使把我认为书里讨论到的问题的一些错误见解逐节予以答复,那我写成的书会比他自己写的还要厚。"

李嘉图于8月9日退居盖特孔后的一个期间,主要是忙于修订他第3版的《原理》。两个月之后,他在1820年10月14日给穆勒(穆勒在那一期间跟他一起呆在盖特孔"为时三个多星期")的一封信里说:"我利用一切空闲时间从事于答复马尔萨斯的工作,我把这个当作适意的消遣,写了我所要写的一切。大概不打算出版;如果送出去付印的话,那还得大大经过一番整理。"11月16日他声称:"我对马尔萨斯的评注工作(形式上就让它这样)已经结束。"一星期后,他告诉麦克库洛赫:"我花了些时间,从事于对马尔萨斯先生最近著作的评注工作,稿子还没有给人看过。……不论哪里碰到我要加以批判的地方,就注明其页码,摘录那一段开头的几个字,然后写下我的短评。"第二天,他告诉马尔萨斯:"我在你书上我有争议的每一段作了评注,并且想由我自己来为您的著作出一个新版本,在页末插入我的评注,加注处在原文上标明。实际上我的做法是摘录一句开首的三四个字,注明页码,然后加[x]上我的短评。"(这种将他的批评用加注形式插入马尔萨斯著作的特种刊本的想法,也许是从萨伊于新近出版李嘉图自己的《原理》法文本时的做法得到启发的。)

这些书信表明,李嘉图写这些评注时,并没有把准备发表这一点完全置之度外。在刚要脱稿的时候,穆勒劝他把所写的公之于世("您的评注完成之后,希望交给我看看,让我有机会向您有所贡献;因为您多半会到城里来的时候,正是出版最好的时机")。李嘉图最初的打算是,将评注作为他自己的《原理》第3版的一个附录来发表;但是"被穆勒坚决劝阻"。

然而,麦克库洛赫看了评注之后,拒绝关于出版的任何意图:"即使批评是恰当的——我认为原则上是正确的——看来还是不宜出版;这是因为,首先,据说马尔萨斯先生的书并没有引起多大兴趣;其次是,这些干燥的,有些地方写得也许不十分明朗的对它的评语,会更加引不起人们的兴趣。"1820年11月26日他给特娄尔的信上说:"如果付印,全部大约要占去150页。但是我不准备印行,因为其内容并不怎么吸引人,结果会获得很少读者。"麦克库洛赫读了原稿以后不主张刊印,理由是,这些评注"太富于争议性",而且就其现有形式看,免不了要"有许多乏味和不必要的重复";于是李嘉图决定"暂且把它搁置起来"。几个月后,特娄尔也说,"在其现有形式下"是不适宜于出版的。至于马尔萨斯,他在绝不赞同李嘉图加注出版的想法的同时,却宣称他自己正在准备出一个修订版,随即在报纸上登了新书即将出版的广告。可是,在李嘉图《原理》第3版内的许多改动,却包括了出于这些评注的材料。

马尔萨斯原来打算在动手修改他自己的著作之前,于1820年12月到盖特孔去看一看李嘉图的评注;因此,李嘉图为了让他有机会看到这些评注,暂时没有把它们送给麦克库洛赫。可是,后来从马尔萨斯处听到他的访问要推迟,李嘉图就把评注交给了在爱丁堡的麦克库洛赫。一星期后(在12月中旬),马尔萨斯突然到盖特孔时,在那里他已看不到这些评注。按照李嘉图对这次访问的记载:"马尔萨斯先生和我进行了大量的讨论,在某些方面,对彼此不同的观点有了比前进一步的了解,然而在我们两人之间仍然存在着极大的意见分歧。"评注由麦克库洛赫保留了几个星期之后,方才被马尔萨斯和特娄尔看到。1821年年末,经麦克库洛赫的请求,再一次将评注交给了他。至于穆勒究竟是什么时候见到这些评注的,无纪录可考。穆勒于1820年11月13日提出关于出版的最适当方式时,李嘉图回信说:"我不能让您负担校阅评注这件苦差,特别是,这必然要使您有必要同时去阅读我所批评的马尔萨斯的那些章节。"现在原稿上存有穆勒加注的笔迹,证明他在某一期间是看过这些评注的;但是这些手迹也可能是在李嘉图故世之后加上的。我们已经看到,我们已经看到,

二

我们已经看到,李嘉图同马尔萨斯对评注的讨论,主要是口头 [xii] 上进行的,例外的只是李嘉图对产品普遍过剩的可能性这一点的批判,那是从1821年7月7日马尔萨斯的一封信开始的,从而在那个月间彼此作了短暂的信札往来。这时马尔萨斯正在着手他的第2版工作计划。他在这方面于1820年年末最初的行动,前已述及;两年以后,于1822年12月,他写信给他的朋友普雷沃,又提到这个工作:"我急于要尽可能快地为我新近写的那部书出版一个修订本,其中关于价值标准将有一些新的见解,这需要极端审慎,仔细考虑。"但是,由此得到的成果,不是那部书的修订本,而是于1823年出版的单行本《价值尺度说明》。这个刊物引起了跟李嘉图更多的通信,一直持续到李嘉图在世的最后几个月。

马尔萨斯的《政治经济学原理》第2版，直到1836年才出版，这是由他的朋友奥特主教在他死后刊行的，马尔萨斯于1834年故世。编者在这一刊物的准备工作中担任的究竟是什么职分，不十分清楚。他在书的《前言》（第11页）中说，马尔萨斯"对于在他计划中的改动还没有全部完成，正在对他作品的后半部进行修改和润色时"，他逝世了。他承认对原文的某些场合曾"略有更动"，曾删除"一些节段"。

[xiii] 这一版的变动是很大的，但是一般说来，看上去并不是为应付李嘉图的批评而作出这些变动的。实际上倒不如说是，对新起的跟李嘉图一道向马尔萨斯进行攻击的一些批评者有所辩解。

我们有的是这样一些线索：第一，马尔萨斯于1820年到1822年间曾从事于为第2版进行修改；第二，他在生前最后几年又一次进行了改写工作。我们看到了马尔萨斯1820年《政治经济学原理》的他自己的注改本，上面作了无数的改动，大部分是被保存下来的他自己的手迹；上面的说法，从这个本子获得了证实。这些改动分成形式显然不同的两个部分：（甲）对于占到全书前三分之二篇幅的修改，这是写在页边上或插入的纸片上的；（乙）底稿一叠，计17页，内容是对第2章、主要是其中的第6节《商品所换取的劳动，作为实际交换价值的尺度》的修改。

跟已刊行的第2版对照，部分（甲）范围内的改动所格外有关的是于二十年代初与李嘉图展开的论争。这里意味深长的是关于第2章第5节（《货币，当其成本不变时作为价值的尺度》），那是专用以讨论李嘉图建议的价值尺度的几节中的次一节，这一节在第2版里却全被删去。还有一些迹象足以说明（甲）所属的时期。

在初版第 261 页的一段插入了一条脚注，谈到"《人口论》四开版"的出版日期时（那是 1803 年），说是"将近二十年前"。在第 2 版里，这条脚注载第 235 页，在日期方面改成了"三十年前"。还有，插入（甲）的一些纸片，其纸张上的水印所标的日期是 1819 年、1820 年和 1822 年。这就表明，（甲）的原稿期是为新版本作准备的最初阶段，在 1820 年到 1822 年间。

至于（乙）的纸张，其日期水印是 1828；手稿还将原来"乔治四世时代"改为"威廉四世"。这就表明，这部分手稿必然是在 1828 年到 1830 年间写的。

虽然（甲）对原书的修改有些是见于第 2 版的，但差异很大。因此，很明显，奥特所说的、体现在已刊行的第 2 版里的修订，所依据的不可能是（甲），可能的是，奥特自己进行了比他自己所说要广泛得多的修订工作。另一方面，（乙）的大部分被纳入了第 2 版，只经过比较细微的改动，这显然是马尔萨斯的最后修订。

三

在差不多一个世纪期间，这些评注不知下落，全部失踪。麦克库洛赫在他的《李嘉图先生的生平和著作》初版中说："他还遗下了对马尔萨斯《政治经济学原理》的内容丰富的'评注'，希望将予以出版。这些评注对他自己的理论受到马尔萨斯先生的非难时，作了极其有力的辩解，揭露了他认为是马尔萨斯先生的错误见解。"但是在这部书的后期版本里，他把"希望将予以出版"这句话改成"但是我们怀疑，这些评注是否能引起足够的兴趣，使它们值得出版"。

[xv] 直到 1919 年，评注原稿出现了。这是由住在莱德贝里的布罗米斯比罗镇（以前是李嘉图的长子奥斯曼的住宅）的这位经济学家的曾孙弗兰克·李嘉图先生发现的。他于 1925 年 10 月 28 日写给霍兰德教授的信里，说明发现的经过如次："我想这是 1919 年的秋天，也可能是春天，我正在从事检点放在布罗米斯比罗一个杂物间里的家具，却看到了跟一些古老陈饰随便地放在一道的用棕色纸包着的这份底稿。我认得出这是大卫·李嘉图的手稿，当时却不知道已发表过没有。"这一发现由弗兰克·李嘉图先生报告了英国博物馆，后者同格里戈里教授做了联系。评注于 1928 年出版，由霍兰德教授写了一篇长序，由格里戈里教授在每条评注前面编制了马尔萨斯原文的有关部分的摘要。这里对编者和出版者约翰斯·霍普金斯出版社同意我们使用其版本，谨表谢意。

四

原稿由标题页和 222 散页（经霍兰德清点）组成，纸幅被截成大小约 $4\frac{3}{4} \times 7\frac{3}{4}$ 英寸。李嘉图是在纸张的正反两面上写的，起初只是用铅笔在纸的一面编码：1—199；后改用墨水在两面编码：1—412。这些纸片在写作的不同阶段曾屡被增入抽出，以致前后两种页码都既有重复，又有短缺。用墨水写的页码还有中间页，如 $147\frac{1}{2}$、$148\frac{1}{2}$、$167\frac{1}{4}$、$167\frac{1}{2}$ 等，有些则根本不附页码。还常有插入的小型纸条，这些纸条有些是散着的，有些是用胶片粘在页上的。

[xvi] 原稿是用两片卡纸制的书籍的封面夹着的，就其大小和颜色（蓝色和浅黄色）来看，可能是从马尔萨斯著作的一个本子

上取来的。封面之一的里层有几段出于詹姆斯·穆勒手笔的简短的摘记。

五

我们这个版本的方式，是在遵循李嘉图的暗示（他曾经想由他"自己来为"马尔萨斯的"著作出一个新版本"）下采取的，即，将马尔萨斯的原文刊在书页的上栏，将李嘉图的评注刊在下栏。这也是跟卡南教授的想法一致的，他批评霍兰德—格里戈里版本时说："真正需要的是重印马尔萨斯的著作，加上李嘉图的评注，将每条评注排在页末它应有的地位。"

本版对李嘉图的评注使用了大于为马尔萨斯原文使用的字体。为评注依次编了号，这些编号列于被评的每段之末。李嘉图对最初的三条评注，是注明了被评段落的起点和终点的。但以后各条，原稿内只标起点，不标终点，因此，编号在马尔萨斯原文上的正确位置在有些情况下无法确知，只能付之推测。

根据马尔萨斯原文编列李嘉图的评注时，对于互相面对的两页是作为一个单页对待的，结果评注与被评的原文有时是分处于面对的两页上的。

马尔萨斯著作原版的页码，经逐一附列于页边。这样就使李嘉图原来所注的那些页码可以无须改动。另一方面，马尔萨斯引 [xvii] 证李嘉图《原理》时所注的页码（原来所依据的是李嘉图著作的第2版），则改用《李嘉图著作和通信集》第一卷那个版本的页码，并加上方括号。

马尔萨斯原著一般是全文照录的。只有跟李嘉图的批评没有关系、甚至没有间接关系的那些部分的原文，才予以删节（删节的部分大致占原文三分之一弱），用马尔萨斯所拟、载于其书末、范围很广的"内容提要"（计70页）来代替。这些提要的起讫处概用方括号标明，由于附于页边的页码，在这些场合总是紧接着的，所以一眼即可识别。（应当看到，在这种情况下，只能大体上标示原文的页码。）

这里附载了马尔萨斯原有的索引，其页码与本书页边所附的原文页码相应。

为了便于识别，李嘉图评注下所附的编者的脚注，用数字编号，并以双栏排印；马尔萨斯原文所附他自己的脚注，则概用单栏，并用星号标示。原稿内原来的一切修改，可能使读者发生兴趣的，不管这种兴趣可能是怎样轻微，一概用脚注列示。对于李嘉图所作的种种改动，脚注内用"原先是"、"删去"、"插入"等字样表明。这些用语表述了从原稿的研究中可以推知的在逐个阶段中李嘉图思想的表现。但是，由此所表述的，并不是著者作出这些改动时的方式。例如，"原先是……"这个词所表示的可以有种种不同的改窜经过：（一）勾去一段，将改写的文字插入上下两行间；（二）个别字句的增减和移动；（三）于重录一长段（有时占地位一页以上）的过程中，在使用字眼上的改动。由于原文是在纸张的两面上写的，遇到要增入一大段的时候，著者就得将这张纸上所有余下的文字重新过录。

[xviii] 现在这个本子，其中马尔萨斯原文根据的是1820年初版，李嘉图评注根据的是霍兰德—格里戈里的辑本，是由本书编辑和出版者与原来的底稿经过多次校勘加以订正的。因此，虽然上述那

个辑本充满错误，往往歪曲意义，我们对于这些错误也没有予以特别注意；但是读者可以放心，看到这个本子的内容与前一辑本有相歧之处时，那并不是在对别一本不加考虑的情况下贸然处理的。

由于这个本子在排印上的一些特有的困难，因此，比其他书刊甚至更进一步地有赖于剑桥大学出版社印刷者的技能和智慧。

绪　　论

［政治经济学比较地近似伦理学和政治学，而不近似数学。　　　1

根据对政治经济学有关的一些问题的见解得出的这一结论，由于对这 2 门科学用了很大一部分精力的那些人之间存在着意见分歧，而获得进一步加强。

在政治经济学的某些重要问题上，重农学派*跟亚当·斯密的看法不同，虽然在别的一些更加重要的问题上，意见是一致的。

在最杰出的现代作家中，在某些极其重要的问题上，仍然存在着意见 3 分歧。

对这些问题的正确决定，是有其重大的实际意义的。　　　　　　　　4

为了使这门科学在其实际运用中可以作为根据，其主要作家间的意见一致是极其符合要求的。

对处于现阶段的这门科学来说，比较适宜的也许不在于编制一种完整的 5 新论著，而是在于努力去解决一些重要的、有争议的论点。］

在我看来，在对政治经济学从事科学研究者之中，目前所以存在着分歧和错误，其主要原因是轻率地力求简单△化和一般化。他们的那些比较重实 6 际的对手，往往依据片面事实，过于草率地作出推断，而他们自己却又陷入相反的极端，不运用那些广大的、包罗宏富的经验来充分考验自己的理论；要晓得，对于这样一种错综复杂的学科，只有这样做，才能确立理论的正确性和有效性。

* 原文"the Economists"指的是魁奈创始的重农学派的经济学家，为便于阅读，译作"重农学派"；以下同。——译者对某些人说来，他们最向往的就是简单化和一般化。这样做，只要能始终导向真理，那么，这也正是纯正哲学所想望的正常目的。可是，正是由于这个缘故，几乎在我们所熟悉的每一种科学中，这就自然地导致了那些粗糙的、不成熟的理论。

政治经济学上要求简单化的倾向，使人们不愿意承认，在一些特有结果的形成中，有不止一种原因在发挥作用。只要某类现象的相当部分能够用一种原因来说明，就把这类现象整个地归于这个原因，而对于那些不能用这一原因来解释的事实，却不予以充分注意。我常常想到，最近关于生金银问题的论争，就是这种错误的一个显著例子。⊗各方都有一套理论，用来说明逆势汇率和生金银市场价格所以超过其铸币法价的原因，各自坚持对这个问题

[7] 的片面见解而自以为是。△几乎没有一个作家愿意承认两种理论都能起到的作用；而实际只有把两者结合起来，让它们有时协同地有时相反地起作用，才能适当地解释我们所看到的那些复杂多变的现象。*（1）

当然，我们不能过于重视那个卓越的牛顿定律，因而不看到解决我们所

---

* 然而，必须承认，金银通货论者的理论尽管过于狭隘，但它是能够说明极大部分的有关现象的。也许可以有根有据地说，《生金银报告》自身，同任何其他这类作品相比，我所提到的那种错误是比较少的。

---

[6] （1）第6页。各方都有一套理论，等等。

马尔萨斯先生这里所指的，必然是生金银与纸币的相对价格的变动，是由于生金银上涨还是纸币下跌这一问题。

[7] 这一争点的解决，对实际问题是没有重要意义的。因为，对的不论是哪一方，并不能改变贬值这一事实，也不能变更贬值的程度。这里实际是一个关于贬值原因上的争论；而这是不能获得满意解决的。因为要确定是黄金价值上升还是纸币价值下降，其间并没有可资参照的标准。

研究的一些现象时需要考虑更多的原因；但是，那个定律本身就意味着，凡是真正必要的那些原因是必须接受的。正如事实和经验所显示的那样，极其高明的理论和分析，也得屈服在真理的宝座之前。三十年前的化学家，尽管可以表示惋惜，说新的科学发现打乱了并破坏了他先前的学说体系和部署；但是，如果推翻旧体系的实验已经被充分证实，他还不甘愿放弃成见，那就不值得称为学者了。

这种简单化和一般化的倾向，不仅会导致不承认不止一个原因在起作用这一态度，还会在更大程度上导致不愿意容许对任何通则或论点有所修改或限制、或承认有例外这一态度。的确，被迫作出这样的认可是不愉快的，会使△所提出的论点显得不科学、不高明；然而，我觉得再没有使人更加信服的一个真理是，政治经济学中有许多重要命题，绝对需要限制和例外。可以肯定地说，许多复杂原因的频繁结合、原因与结果的相互作用，以及许多重要命题的必须有限制和例外，构成了这门科学的主要困难，因而在预测结果时，常常会引起在所难免的一些错误。

让我举个例来说明。⊗亚当·斯密说过，资本是靠节俭增长起来的，每个节约的人都是公众的恩人，** 财富的增长则取决于生产超过消费的余额。*** 毫无疑问，这些论点在很大程度上是正确的。没有一定程度的节约，从而逐年将部分收入转变为资本，产生生产超过消费的余额，财富的大量不断的增长就不可能实现。但是，很明显，这些论点并不是无限度地正确的。过于强调节约原则，就会破坏生产动机。（2）假使每个人都满足于最菲薄的食物，最粗劣的衣着，最简陋的住屋，别样的衣、食、△住供应就肯定不会存在。这时土地所有者由于不再有适当的动机从事于精耕细作，不但那些从享用品和奢侈品得来的财富将完全结束，而且，如果在同样的土地划分中这样继续下去，粮食的生产将过早地受到抑制，远在土地恢复精耕以前，人口就会停止

**　《国民财富的性质和原因的研究》，第6版，第2篇，第3章，第15—18页。
***　同上书，第4篇，第3章，第250页。

增长。假使消费超过生产，一国的资本必然会减少，其财富必然会由于缺乏生产力而受到破坏。假使生产大大超过消费，积累和生产的动机，必然会由于缺乏消费愿望而不复存在。这里说的只是两个极端情况，这是显而易见的，因此，其间必然存在着某一中间点，就生产力和消费愿望两方面来考虑，这将最有力地推动财富的增长——虽然，凭政治经济学的手段，也许无法确定这个中间点在哪里。

〔关于土地划分的规律，也同样需要考虑到这里所述及的限制和例外。

[8]　（2）第8页。亚当·斯密说过，等等。

马尔萨斯说，这些论点在很大程度上是正确的；又说，但是很明显，它们并不是无限度地正确。为什么？因为过于强调节约原则，就会破坏生产动机。

但是论证并不关涉到生产动机。因为每个人都同意，资本的积累会比劳动者可能有的增加快到那样程度，以致由于缺少人手，使生产不得不中止按资本作等比例的①增加。而且，当生产确在增加时，由于劳动者与资本相对，比较稀缺，他们可以换取产品中那样大的一个部分，致使资本家不再有足够的动机，继续从事储蓄。

既然是这样，人们也就都会认为，储蓄也许会增加得那样快，结果利润会变得那样低，②以致降低积累动机，终于完全破坏这个动机。但是问题仍然存在。财富赖以增长的，是不是生产超过消费的余额。这个问题能不能用肯定的答复以外的方式来解答？

[9]　马尔萨斯先生说，的确，要不是生产这样地增加，资本家所得

---

① "按资本作等比例的"是插入的。
② "结果利润会变得那样低"是插入的。

在政治经济学家中，过早地作出判断的倾向，还导成了不愿意让他们的 10
理论受经验的考验的倾向。

哲学的首要任务是说明事物的现状。 11

为了防止理论庞杂，也是为了证实那些有根据的理论，必须对事实作广
泛的注意。

政治经济学本质上是应用科学，可以应用于人类生活中的日常事务。 12

有些著名的经济学家认为，虽然一般原则中可能存在例外，但无须予以 13

将是那么小的一个部分，会使他丧失从事于协助增进产品数量的动机。我同意他的说法。在实际产品的分配中，资本家所得的利润也许会那样少，而劳动者的工资也许会那样多，致使资本家③继续从事节约的动机不复存在。可是，关于节约效果上的争论是一回事，从事节约的动机是另一回事。④

这里的一段是马尔萨斯先生著作中所讨论的最重要的主题，常常在不同的观点下提出；假使我不知道这个情况，就不会留意到这一段。我们会看到，马尔萨斯先生所支持的，不仅是在假定情势下生产的增加会使资本家的利润缩减这一合理的意见，而且还有劳动者的工资将同样降低这一与上述完全矛盾的意见。⑤这就是说，生产总的说来增加了，生产的是些什么可以自由选择，然而，不论是资本家还是劳动者，却不会从中得到好处，虽然产品是必须⑥给予这一方或那一方的。

③ "资本家"是插入的。
④ 这一句原先是"可是，关于用储蓄来增加生产的争论是一回事，增加生产的动机是另一回事"。
⑤ 这一分句原先只是"而且还有劳动者的工资"。
⑥ 这里有"按照经得到同意的某种比例"句被删。

注意。

14　要使那些一般原则得到应有的信誉和传播，就必须尽力使之具有完全的真实性和最高度的准确性。

15　还有一派人，他们对于政治经济学已有的成就似乎已经感到满足，对于所着手的进一步研究，如果一下子看不到实际效果，就畏缩不前。

　　这样的倾向，如果走得过远，就会根绝科学的一切进步。

16　政治经济学中的一些命题，比人类知识任何其他部门所具有的命题，更加经得起"有什么用处"这个问题的考验。

　　为了使这门科学得以改进和达到完整，同时为了可能由此获得的实际利益，不论怎样困难，也应当继续进行研究。

17　极其重要的是，在那些预计结果可以肯定与预计结果不能肯定的两种情况之间，要相当精确地划出一条界线。

　　那些没有空闲时间作必要研究的实际政治家，不应当反对，在审慎决定的指引下，利用别人的空闲时间。

18　关于不干涉原则，在实践中势必要受到限制。首先，与政治经济学有关的某些任务，是公认为属于君主的。

19　其次是，由于几乎每个国家都存在着一些需要改正或废除的不恰当规章。

　　第三，由于征收赋税的必要。

20　说酌量干预是适当的，这并不是说一个政治家或医师，就可以在任何程度上忽视范围极其广阔的专门知识。

21　本书的特有目的之一是，努力研究引起产生种种特殊现象的一切原因，从而使政治经济学中的一些通则可以在实践中应用。

　　这种处理方式，会引起同由简单化倾向而来的相反的危险，这是亚当·斯密所不能完全避免的危险。

22　所努力以求的是，在两个极端之间的一个正确的中点，目的是得出真理。]

有许多已被认为定论的亚当·斯密的论点,最近被一些值得重视的作家所怀疑。但是依我看来,他们的非难往往是站不住脚的。对于所有这样的情况,我认为有必要,一方面顾到这些异议,一方面把亚当·斯密的论点所由建立的根据,重新审查一番。

我一向力图避免在著述中带上论争的气氛。然而,我的特定目的之一就是讨论有分歧的意见,并根据广泛的经验,来考验这些意见的真实性,因此,要想完全避免论争,显然是不可能的。特别是一部负有盛誉的现代著作,其中的一些基本原理,经深思熟虑之后,我看是错误的。△如果我对这部书没有经过聚精会神地加以研究,那么,对写作这部书时所显示的才能、对著者的崇高权威、对这部书所讨论的政治经济这门科学的利益说来,我就辜负了这部书了。这里我所指的是,李嘉图先生的《政治经济学及赋税原理》这部书。

我对李嘉图先生作为一位政治经济学家的才能,怀着极高的评价,对于他的绝对忠实和酷爱真理的态度,我完全信任。我坦率承认,有时我几乎被他学说上的威力所吓倒。可是,我始终不能信服他的推理。我曾想到,对问题的我自己的见解或他的见解方面,我必然是莫名其妙地忽视了某些要点。这样的怀疑,曾经成为本书推迟出版的主要原因。但是,却不能因此误以为,我自己对这些问题没有加以慎重思考,或者是以为对我自己花了很多时间构成的结果,还不能感到有这样程度的自信,以致不敢拿出来给公众评断。

对于不熟悉李嘉图先生著述的那些人,以及不能很好地重视他以那样大的才能建立和发展起来的学说体系的创造性和一致性的那些人说来,在李嘉图先生与我之间意见不能一致的某些论点上,恐怕会认为谈得太多了。但是,这些论点大多数在理论上和实践上都极其重要。为了这门科学的利益,△假使可能的话,应当力求其得到解决。如果在这些论点的考虑上少花了时间,我觉得对自己是说不过去的。

我绝不是说,得出与李嘉图先生不同的结论时,我就不会发生错误。但是我自信，为了力求正确，我已竭尽所能，凡是耐心的调查研究和获得真理的真诚愿望所能给予我的在理解上的真实力量，我都用上了。在这种自信的心情下，不论就我所反对的意见，或者是就我自己试图确立的意见来说，我愿意把我研究的结果提交给公众审定，而一无遗憾。

马尔萨斯
1819 年 12 月 1 日，于东印度大学

第一章 财富和生产性劳动的定义

第一节 财富的定义

［为财富下个定义是需要的；虽然，要为财富下一个不至于引起什么异议的定义，也许并不容易。

有人认为，作为一个作家，可以按照他自己的意思给他所使用的一些专门名词下定义，只要始终依照所设定的意义使用就行。我看这样的自由是有疑问的。不适当的或奇特的定义，会使研究归于无效。

亚当·斯密的理论体系与重农学派的理论体系的是非得失，就主要取决于两者对财富所下的不同的定义。

重农学派把财富这个词限制在过于狭窄的范围之内。

劳德代尔和别的一些作家却把定义引申过当。］

我们讨论财富的时候，如果要在研究中做到近于正确，△就得缩小研究的范围，划出一条界线，使得所留下来的，只是其增减能够比较准确地加以估计的那些对象。

⊗看来，需要划出的一条界线是，由此能够把物质对象和非物质对象分开，或者是把能够积累和作出明确评价的那类对象，和很难这样处理并且决不能由此得出有用的、有效果的结论的那类对象分开的一条界线。

亚当·斯密并没有给财富下过一个正式的定义。但是，从他的整个著作看来，他对这个词所给予的意义只限于物质对象，这是十分明显的。按照他的惯常说法，可以把财富说成是"土地和劳动的年产品"。作为一个定义，它的缺点是，还没有说明什么是财富，就指出了财富的来源，并且也不够清楚，

把土地上无用的产物，以及由人类占用和享受的产物，都包括在内了。（3）

为了避免这些缺点，使这个词的含义，既不失之过窄，又不失之过宽，我要给财富下的定义是：对人类必需的、有用的或合意的那些物质对象。我认为，作出这样限制的定义，几乎完全包括了当我们谈到财富这个词时通常要反映到我们思想中的那类对象。△只要在日常用语和政治经济学的词汇中还保留着这些词，有这样一个定义就是一个很重要的有利条件。

如果把财富这个词应用到人们可以感到的一切利益或欲望的满足，那就显然是对这个词的一个隐喻而不是精确的用法。同样情况，如果把财富说成是人类幸福的唯一根源，我们也决不会认可这个说法的。

因此，我认为可以爽直地说，在政治经济学这门科学里谈到的财富，是以物质对象为限的。

一个国家是富还是穷，取决于这些物质对象的供应，与其领土面积对照下，是充裕还是缺乏；人民是富还是穷，取决于与人口对照下，这类供应的充裕程度。

---

[14]　（3）第28页。看来，需要划出的一条界线是，等等。

萨伊先生反对这样的划分。①但是我认为在研究中作出这样的划分，②把能够积累和作出明确评价的物质对象，同很难这样处理的那类对象分开来，是有它的实际用途的。马尔萨斯先生对财

① 《政治经济学》，1819年第4版，第122页。
② 原先是"作出这样的限制"。

第二节　生产性劳动和非生产性劳动

［不论就重农学派还是亚当·斯密的理论体系来说，生产性劳动问题都得取决于财富的定义。

不管对财富怎样下定义，把生产性这个词应用到生产财富的劳动上，总显然是有用的。

对于亚当·斯密的生产性劳动的定义，有些人认为范围太广，有些人则认为范围太窄。

如果对不同性质的劳动不加区别，对国民财富的性质和原因的研究就难以进行。

加以区别是必要的。首先是由于需要说明资本的性质，及其对增加国民财富的作用。］

⊗其次，亚当·斯密指出——应当看到，是说得很恰当的——每年所储蓄的产品，会同每年被消耗了的产品一样经常地被消费掉，不过是被不同的一批人消费了的。（4）如果事实是这样，如果认为储蓄是资本增加的直接原因，那么，在所有有关财富增长的讨论中，△就绝对有必要，把那些在加速财富增长起着那样重要作用的一批人，用一种特有的名称区分出来。在任何社会中，几乎所有下层阶级，都是在这种或那种方式下被雇用的，如果从他们对

富所下的定义，没有什么可以指责之处。他把财富说成是，对人［15］类必需的、有用的或合意的那类物质对象。

（4）第31页。其次，亚当·斯密指出，等等。

这是马尔萨斯先生对这一论点表示认可的一次重要表态。我们会看到，他后来所支持的某些论点，是同这里的表示抵触的。

国民财富的作用来看，在他们的职业上缺乏区别的根据，这就很难设想，把部分收益储蓄起来用以增加资本，会有什么用处，因为这不过是雇用某一批人而不用另一批人而已，按照假设，这批人同那批人是没有什么本质上的区别的。在这种情况下，我们将怎样说明储蓄的性质，将怎样说明节约和浪费对国民资本的不同作用呢？任何现代政治经济学家都不能把储蓄看成是单纯的贮藏。且不谈这种狭隘和无效的处理方式；对于储蓄这个词，除非是在真正区分它所支持的各种不同劳动的基础上作出不同的应用，否则就难以想象，它在有关国民财富方面有什么用处。

如果仆役劳动能像制造业者的劳动一样地生产财富，那么，为什么不可以把储蓄用来供养仆役，同时使储蓄不仅不会消散，而且在价值上会不断增加呢？但是，把薪金储蓄起来的仆役、律师或医生完全意识到，如果把所储

33 的出借给△同他们一类的人，而不是用来供养另一类人，他们的储蓄就依然会立即消散。如果把亚当·斯密所说的非生产性劳动的支出，看作是对他们自己的借支，同工厂主对工人的借支的性质一样，那就立即混淆了靠工资生活的和靠利润生活的这两者之间极其有用、极其正确的区别，就绝对无法说明用来源于收入的储蓄来增加资本所起的经常的、重大的作用，而这一点对财富的增长是绝对必要的。*

现在的问题，不是可以或不可以把储蓄的含义推之过广（当然，应该把它放在适当的位置上考虑）；而是在不承认区别不同性质的劳动的情况下，我们能不能对储蓄和积累作出有理性的谈论，进而研究两者对国民财富的作用。

第三，亚当·斯密说得很对，他说，有一种与贸易差额全然不同的差额，

34 随着这种差额的为顺为逆，会促成任何一个国家的繁荣或衰退。△这就是每

---

* 加尼尔先生在论述政治经济学各种不同体系的那部有价值的著作里，对亚当·斯密有关生产性劳动的学说，是最有力的责难者之一。他试图证明被无业游民所消耗的储蓄，是仍然被保存着的，不是被毁灭了的。我看他这个说法是完全失败的。据说仆役可以把供养他们的资本逐年地再生产出来，我不懂他怎么可以这样说。见第3卷，第2章。

年生产与消费之间的差额。⊗如果在一定期间，一国的生产超过了消费，就具备了增加资本的手段，不久人口就会增加，或者是现有人口的供应获得改善，或者是两者兼而有之。（5）如果在这一期间，消费与生产完全相等，那就不再有增加资本的手段，社会将处于接近停滞的状态。如果消费超过生产，那么在每个相续期间会看到，社会获得的供应将越来越差，其人口，其繁荣，将每下愈况。

既然这种差额这样重要，既然它决定一个社会处境的进步、停滞或衰退，那就肯定有必要，把对顺差作出主要贡献的那些人，同主要使局势的另一面占优势的那些人区分开来。没有这样的区分，我们就无法探索为什么这一国繁荣而另一国衰退的原因，也无法明白解释，为什么工商业者众多的那些国家，要比以宫廷和贵族的侍从占优势的那些国家富裕得多。

［假使把单纯的私人服务，看作同工商业者的劳动对财富具有同样的生产性，那就难以解释，为什么从封建时代以来，欧洲会发生繁荣和富力日益增进的现象。

如果对不同性质的劳动作出区别是必要的，那么，其次要研究的是，应当作出什么样的区别。 35

重农学派所采用的区分办法，使我们无法解释，那些——用通常语言来说——从不同程度的财富发展起来的各个国家的形态。 36

与重农学派相对的意见已经作了探讨，所要努力证明的是，对不同性质的劳动有必要作出某种区别。 37

对不同性质劳动的区别，是亚当·斯密著作的基础。

然而，还可以作出与亚当·斯密有所不同的另一种区别，而不会推翻他的理论。］ 38

（5）第34页。如果在一定期间，等等。　　　　　　　　　　　　　　［17］
　　要记住，这一点也是极其正确、极其重要的。

如果财富不是以有形的、物质的对象为限，那我们就可以把一切劳动都叫作生产性的，不过在具有生产性的程度上不同。这时由于这一方式考虑问题，在亚当·斯密的著作方面唯一需要更动的是，用较大生产性和较小生产性来代替生产性和非生产性这类用语。

例如，我们可以把一切劳动都说成是生产性的，所产生的价值，相当于用以付偿劳动的价值；一方面，价值是按不同性质劳动的产品在自由竞争下出售的价格、与在价值上超过雇用劳动的价格的程度成比例的。

⊗根据这一原则，一般说来，农业劳动应当是属于最大生产性的；因为，

[18]　（6）第38页。根据这一原则，等等。

就任何可处理的劳动说来，农业劳动对价值具有最大生产性的说法是不正确的；因为农业劳动也可以使用于不需要缴纳地租的土地，因此它要报偿的只是，相等于雇用劳动的价值和使用资本的利润的价值相加起来的那个价值，①而这是不管怎样使用的任何别的资本都要做到的。

产品在土地上取得之前，由于谷物生产中有了什么新发现的困难，也许会使它的价值增长，由于这一增长，会引起产品分配上的变动，地租得到较大的部分，利润得到较小的部分。但是，这一价值并不会助长国家的伟大或权力，因为在谷物生产中如果没有发生新困难，因此价格也没有上涨，国家就会更加富裕，更加伟大。

认为"工作时最需要资本协助的、或者是最需要先前的劳动成果协助的"那些劳动者会产生最大价值的说法是不正确的。我同

[19]　意马尔萨斯先生所说，②对一项商品说来所必须报偿的，不仅是资

①　原先没有下面的分句。
②　这里有"在这种情况下"字样被删去。

实际使用中的几乎所有的土地的产品，有足够的交换价值，不仅足以付偿所雇用的劳动者，而且足以付偿农场主垫支资本的利润和地主出租土地的地租。除了农业劳动，具有最大生产性的劳动，一般要算是那些工作时最需要资本协助的、或者是最需要先前的劳动成果协助的劳动；因为，在这种情况下，所产生的交换价值可以最大限度地超过在生产中雇用劳动的价值，而且，在利润的形式下，可以供养为数极大的更多的人，从而高度促成资本积累倾向。（6）

△对财富具有最小生产性的劳动是这样一种劳动，其成果以交换价值计，39 仅仅相等于用以付偿这种劳动的价值，因此，除供养实际被雇用的这些劳动

本的价值，③用以雇用劳动者的资本的利润，而且还有用以协助劳动的固定资本的利润的价值。但是我看不出，为什么在这种情况下会"高度促成资本积累倾向"。

资本是从利润的储蓄得来的。要晓得，不管某人是在机器上使用 10,000 镑，在供养劳动上只使用 1,000 镑，还是把 11,000 镑全部④用于供养劳动，他的利润总是一样的；因为等同的资本得到的是等同的利润。我不理解，为什么从这一方的收入积累资本，比从那一方的收入积累时会容易些。

③ 上一段连同这一段的开首部分，原先是："认为工作时最需要资本协助的、或者是最需要先前的劳动成果协助的那些劳动者属于最大生产性的那种说法是不正确的；因为，假使我雇用 100 个人，使用 10,000 镑资本，我就必须在所生产的商品价值中，收回被这 100 个人所消耗了的全部，和 10,000 镑资本的利润。假使我雇用 2,000 个人，使用 10,000 镑资本，我就必须收回 2,000 个人所消耗了的，和 10,000 镑资本的利润。马尔萨斯先生似乎认为，报偿的价值是跟所使用的资本成比例的，劳动者对一项商品所须报偿的，不仅是资本的价值，"等等。

④ "全部"原先是"直接"。

者之外，不能供养社会中别的阶级，对资本简直无所补充，结果丝毫无助于直接地、有力地促成足以推进今后生产的那种积累。亚当·斯密所说的那类非生产性劳动者，当然包含在这里所说的一种生产性劳动中。

⊗这一考虑问题的方式，在某些方面也许优于亚当·斯密的方式。由此可以建立一个有用的、相当准确的生产性尺度，而不是只把劳动分成两类，在两者之间划一条僵硬的线。单从定义上就可以看出，由此可以确定农业的固有优势，而亚当·斯密是不得不后来才作出解释的；同时也可以由此说明，增加工商业劳动，不论对国家，对个人，比增加农业劳动会具有更大生产性的许多情况。在这些情况中可以看到，与土地产品对照下，当工商业产品的需求较大的时候，工商业资本的利润，就大于使用于新垦的和肥力较差的土地上的劳动所得的地租和利润的总和。（7）

40　　只须用较大生产性和较小生产性这些词，△来代替生产性和非生产性这些词，就可以充分解答亚当·斯密关于资本积累的论证——资本与收益的区别、储蓄的性质和作用和生产与消费的平衡。而且还有个优点，可以更加经

---

[20]　　（7）第39页。这一考虑问题的方式，等等。

关于农业，前提既没有根据，结论就不必谈了。无论是马尔萨斯先生或亚当·斯密，都还没有证明，在"生产性尺度"中，"农业的固有优势"。

（8）第40页。农业劳动应当列入第一级，等等。

这样分类是否可靠，当在随后有机会时检查。目前我只想说，
[21]　人们感到有多大幸福，是以他们所需要的商品的富足程度为准的。假使在争论中居于前列的是谷物的丰足和取得谷物时的便利，那我将同意马尔萨斯先生的结论。但事实却相反。为什么谷物的价值能够提供地租？为什么地租不时会上升？因为生产谷物越来越困难，谷物涨价了。增加困难，谷物以及地租的价值将上升得更

常地顾到资本与技术跟具有较大生产性的那类劳动的必要的结合。这就可以说明，为什么，根据亚当·斯密的说法，一个半开化国家，尽管其所有的劳动者也许都是生产性的，其财富和人口还是增加得很慢；而一个先进国家，尽管其生产性劳动者所占的比例要小得多，其财富和人口却获得迅速增长。

关于亚当·斯密叫作非生产性的那类劳动，在他的理论中这一分类受到的抨击最大，这类劳动所生产的，在社会的估计中所占的价值，当然是按照它所掌握的技术的不同程度，和它所含有的人数为多为寡的不同程度而有差异的。尽管考虑到这一点，可是这类劳动跟供养劳动者自身以外还供养社会中其他阶级的那类较大生产性劳动，仍然是始终有区别的。

⊗农业劳动应当列入第一级，理由很简单，只是由于其总产额足以供养社会中所有三大阶级——靠地租生活的、靠利润生活的和靠工资生活的——中的一部分。△工商业劳动应列入次一级，因为其产值所供养的是，其中两个阶级中的一部分。亚当·斯密所说的非生产性劳动者应列入第三级，因为其劳动所直接供养的，除其自身外，没有别的阶级。(8)

41

高。除非是取得如我们所要求的那个富足程度上的一项商品时的［22］这种特有困难是有利的，否则我看不出，采取这种分类办法有什么合理的理由。如果煤的供给，为了适应增长中的需求，取得时要使用越来越多的劳动，煤的价值将上升，许多煤矿所提供的租金以及资本的通常利润将大大增加。在这种情况下，煤以及与之有关的业务，是不是值得特别予以称许呢？煤有了较大的价值，但这是由于其稀少而来的。让煤的价值降低些，其丰足程度提高些，岂不更好。如果马尔萨斯先生回答，说这话是对的，那么租金就完蛋了，他所主张的优势就告吹了。如果他回答说不对，那我倒想听听，他所主张的优势有些什么更高明的论证。①

① 这句原先是，"如果他回答说不对，那么我相信，他会看到，同意他的人是不多的"。

这似乎是一个简而明的分类，把各种性质的劳动，按其在生产性关系上的自然次序排列，而没有在任何方面干预它们作为共同增长的促进者的相互依存关系。

〔这个理论体系的一个重大缺点是，没有把产品的数量而是把劳动的报偿作为生产性的判据。

42　可是，如果我们一旦离开了物质，就得采取这个判据，否则，人们在爱逸恶劳方面的一切努力，就都是生产性劳动。

如果我们确是采取了这个判据，则完全同性质的劳动，将按照它是获得还是不获得报偿，而区别为生产性还是非生产性劳动。

43　非生产性劳动者，作为一个需求者，在间接的财富生产中是极其重要的，但是不能恰当地把他说成是创造了用以报偿他的那份财富的。

44　亚当·斯密作出的、在物质和非物质之间划出一条界线的那种区别，大概是最合用、也是最不会引起异议的。

对我们对财富的惯有概念说来，便于积累这一点是必要的。

45　为了使我们能够估计由任何性质的劳动取得的财富的数量，能够予以明确评价这一点是必要的。

46　能够取得物质产品的劳动，是唯一能够取得既便于积累又便于明确评价的那类产品的劳动。

加尼尔先生提出的有关乐器和乐器所奏曲调的那一反对意见，这里得到了解答。

47　加尼尔先生关于政府雇用的公务员那一段反对意见，也得到了解答。

48　有些非生产性劳动，比生产性劳动要有用得多，重要得多，但是不能成为有关国民财富总计的对象。

49　使财富的定义以物质对象为限时，生产性劳动就是生产财富的那种劳动，而且是那样直接地生产出来的，因此，所生产的对象的价值是可以估计的。

50　这里讨论的目的，不是在于作出精细的区别，而是在于对一种有用的分类表示同意。〕

第二章 价值的性质和尺度

第一节 价值的类别

［一般认为价值有两种：使用价值和交换价值。

用价值这个词单指一件事物的效用来说时，了解的人是很少的；如果要保持这个含义，千万不要在不附有使用的概念下来运用。

交换价值是以一种商品换取另一种商品的愿望和力量为根据的。

假使大自然最初在消费之前，就做好了如同现在所发生的那样的商品分配，其交换价值就不会被我们所理解。

交换不仅意味着为了更加需要另一件物品而付出一件物品时的力量和愿望，而且意味着对一件物品的所有人所需要的那件物品的所有人同意交换的互反需求。

存在着这种互反需求时，为另一件商品付出的这一件商品的数量，取决于各自所掌握的商品的相对评价，评价所依据的是占有的愿望和实现占有时的难易程度。

最初这样达成的一些交易，由于愿望不同、力量不同，这些交易彼此之间是相差很大的。］

杜阁说得很中肯，正如他所说的那样，一切经常使用的商品就逐渐设定了一种通行价值。*

大家会理会到，一磅鹿肉不单是值四磅面包，它也许还值具有普通质量的一磅乳酪、四分之一配克小麦、一夸特葡萄酒、若干部分的皮革、等等。

* 《财富的形成和分配》，第35节。

⊗这样，每一种商品就都可用以计量所有其他商品的交换价值，反过来，也可以被其他任何商品所计量。每一种商品也就成了价值的代表。有一夸特酒的人，可能认为他自己占有的价值相等于四磅面包、一磅乳酪、若干部分的皮革，等等。这样，每种商品在不同程度的准确和便利的情况下，就有了货币的两个主要性能：价值的代表和价值的尺度。*（9）

[但是，除了在广大的市集外，由于往往会缺乏这种互反需求，这就在商品的平均估值方面造成了巨大障碍。

55　　为了取得这种互反需求，人人都会力求保有一种需要那样广泛的商品，拿这种商品去换取他所需要的商品时，是很少会被拒绝的。

* 《财富的形成和分配》，第41节。

---

[24]　　（9）第54页。这样，每一种商品，等等。

　　就马尔萨斯先生关于交换价值所已说的那些看来，决定交换价值时所着重的是人们的需要，和对于所掌握的商品的相对评价。假使来自各个地区的人们相遇在一个市集，都带着种种产品，而且各自所有的内容不同，又没有受到任何别的卖主竞争的干扰，那么他的说法是对的。在这种情况下，商品将按照到场的人的相对需[25]要进行买卖。可是，如果社会的需要是众所周知的，有着许许多多竞争者，他们只要获得已知的和通常的利润，就愿意满足这种需要，那就不会有这样的支配商品价值的规律。

　　在我所假设的这样一个市集中，也许有人会在了解铁的种种用途的情况下，愿意付出一磅黄金，换取一磅铁。但是，当竞争在自由地起作用的时候，他就不会付出那样的价值来换取铁。为什么？因为铁将无可避免地下降到它的生产成本。而生产成本乃是一切市场价格的枢轴。

在畜牧国家，曾经用家畜来适应这一目的，因为家畜既便于保持，而且必然是经常交换的对象。

选作交易媒介和价值尺度的商品，必须是在经常使用中的，其价值是尽人皆知的。 56

虽然贵金属作为交易媒介和价值尺度有其特有的适应性，但是在墨西哥贵金属最初被发现时，却没有被用来适应这一目的。

在旧世界，似乎很早就懂得提炼矿石的技术，而贵金属的合宜的属性在最初期就已经显示，它是最宜于作为交易媒介和价值尺度的一种商品。 57

贵金属被选为普遍的价值尺度之后，就获得广泛运用，交换某一商品时所使用的贵金属的那一数量，就可以正式称之为该商品的名义价值。

这种名义价值有时用价格这个词来表示，这就比价值这个词有了进一步狭窄的意义。 58

采用名义的和相对的价值尺度，是社会发展过程中一个极其重要的步骤。]

⊗亚当·斯密非常正确地指出，商人所考虑的只是货物的名义价值或其价格。对商人来说，一百镑，或者是用一百镑买到的货物，在孟加拉是否比在伦敦换取较多或较少的生活必需品和享用品是无所谓的。他所需要的是一种手段，利用这种手段，他可以获得所经营的商品，△并且可用以估计他所卖出的和买进的商品的相对价值。不论住在什么地方，取得利润是一样的。不论在伦敦或在加尔各答，他的收益总是同用贵金属估计的、他售货时取得的数额与他把货投入市场时的成本对照下的余额成比例的。（10） 59

虽然贵金属能极其有效地适应作为一个价值的主要目的，它在财富的分配和生产中起了促进作用；然而，十分明显，在不同国家，或在同一国家的不同期间，作为物品的交换价值的一个尺度时，它就不再能胜任。

如果我们听说，在某个国家，在现在，其计日工资是每天四便士；又说，在七八百年前，某一国王的收入是一年四十万镑；这些名义价值上的陈述，在前一事实中关于下层社会的处境，在后一事实中关于国王的资力，对我们都无所启示。没有在这个问题上的进一步了解，我们就茫无头绪，不知道那个国家的劳动者是在挨饿呢，还是过着极其富足的生活；也不知道所说的那个

[26] （10）第58页。亚当·斯密非常正确地指出，等等。

[27] 我不能同意亚当·斯密或马尔萨斯先生的说法，认为商人所考虑的，只是货物的名义价值或其价格。当他为了要在英国出售而在孟加拉买进棉布时，他显然与棉布在孟加拉作为生活必需品和享用品的价值毫无关系。但是，由于他必须用货币或货物来买进他所要的货物，并且预计出售时可以获得以货币计或以货物计的利润，他对于他的利润以及货物的价值所赖以实现的那一媒介物的实际价值就不能不关心了。

[28] （11）第60页。很明显，等等。

毫无疑问，假使听到的只是在过去某一时期，某一国王一年有收入四十万镑，那我们就全然无法了解，这个国家里的劳动者是在挨饿还是日子过得很好。为了要弄清楚这位国王的实际权力，探究一下那个国家在那个时候的谷物和劳动的价格，也许是非常恰当的。但是，这样做了以后，就认为已经查明这位国王的收入的实际价值，那是极端错误的。亨博尔特告诉我们——他所说的，是被马尔萨斯先生所大大强调了的——在南美洲，在土地的一定范围和劳动的一定①数量下可以取得的粮食，比在欧洲用同样大小的土地、同样数量的劳动②所能取得的，要大③倍。

① "一定"原先是"很小"。
② "同样数量的劳动"是插入的。
③ 原稿这里空白。按照马尔萨斯在其著作第382页所引亨博尔特的说法是二十五倍。但是亨博尔特并没有提到这一点。

国王的收入是极其菲薄的呢，还是巨大得使人难以置信的。*

> * 休谟怀疑得很有道理，他怀疑征服王威廉一年收入四十万镑之说的可能性。这个说法是一位古代史学家所提出，被后来的作家所沿用的。

那么，那个国家的国王，假使用一千人的劳动从事于农业，他所能维持的军队，也许比④这里的国王有着可供他支配的同样人数从事于供应必需品时所能维持的军队要大十倍。因此是不是可以说，那位国王有着十倍价值⑤的收入呢？马尔萨斯先生会说，是的。[29]因为他是用你能够换取的从事于劳动的人数，来估计收入的实际价值的。

上述两位国王的收入，以货币价值计，也许大致相等，如果用铁、布、茶、糖或任何其他商品来估计，情形也许仍然是这样，可是如果以换取劳动的力量为准，那位美洲国王就会占有极其明显的优势。现在要问，其中的原因在哪里？倘使说在美洲劳动的价值极其低廉，那依我看来，两位国王的收入是差不多相等的，但是在这两项相等收入的支出方面，一方由于劳动价值低，可以获得大量劳动；另一方面由于劳动价值高，只可以获得少量劳动。

马尔萨斯先生抱怨得很对，说黄金和白银是易变的商品，因此就彼此隔得很远的时期来说，作为实际价值的尺度是不适当的。我们需要的是价值的一种标准尺度，它自身是不变的，因此可以准确地计量其他事物的变动。⑥

那么，马尔萨斯先生所确定的作为近似这个标准的尺度是什

④ 这句以下原先是"在英国的同样数目的人所能维持的军队要大十倍"。
⑤ "十倍价值"，原先是"同等价值"。
⑥ "变动"，原先是"价值"。

60　⊗△很明显，在这种时常会遇到的情况下，用贵金属估计的工资、收入或商品的价值，孤立地陈述时，对我们是没有什么用处的。我们所进一步需要的是某种方式的评价，这种评价可以称之为实际交换价值，从而表明那些工资、

么呢？

是劳动的价值。一项商品，应当按照它所使用的劳动是较多还是较少，而把它说成是在涨价还是在跌价。马尔萨斯先生这就[30]确定了他的标准①尺度的不变性！没有这样的事。他承认劳动是跟别的事物一样地容易发生意外事故和变动的。那么为什么要选中它呢？"它已经作为最通常、最有效的标准尺度而被采用"的说法，我看是不能成为理由的。即使这个说法是对的，如果它同我们的目的不相投合，我们还是有权拒绝。

任何人不论挑选什么商品作为实际价值的尺度，采用时除非是由于其变动比任何别的商品都小，不可能有别的理由。因此，倘使过了一个时期，发现了更高度地具有这一性能的别一种商品，那就应当采用后者为标准。②

这就是说，不管是谁提出实际价值的一种标准，他必须证明，他所挑选的商品，就一切已知的商品说来是变动得最小的。

马尔萨斯先生是不是遵守了这个条件？

不管怎么说都不是。他甚至否认不变是实际价值的尺度的必要属性，因为他说，实际价值的尺度所表明的是生活必需品和享用[31]品的某一定量，认为这些生活必需品和享用品是跟被挑选的任何别的商品的价值同样地易变的。一匹绸值谷物一夸特，后来变成

① "标准"是插入的。
② 上面从"那么，马尔萨斯先生"开头的三段是插入的。

收入或商品能够使其持有人换得的生活必需品和享用品的数量。如果没有这方面的了解，如上所述的名义价值，就会使我们陷入极端错误的结论。同所表明的往往只是财富的名义上的增减的这样的价值相对，实际交换价值这

值两夸特，马尔萨斯先生说，绸的价值加了一倍。可是，难道不会是谷物的价值比前跌了一半吗？否则的话，难道谷物的价值是不变的吗？

马尔萨斯先生回答说，谷物的价值不是不变的，也许是比前降低了一半。可是，就这一例子说来，假使情形是这样，绸的价值既没有上升，为什么你说它上升了呢？两个说法是不能并立的。你必须把你的标准看作是不变的，否则就不应当再把它当作实际价值的尺度。

假定某某两种商品可以互相交换，这一种在市场中可以易得那一种的某一定量。假定两者的价值，与一切其他商品相比或彼此对比时，突然都发生了变动。用这一种商品可以易得的铁、茶、糖、③等等的数量比前减少了，用那一种商品可以易得的这些商品的数量比前增加了。因此，用一种商品来估计时，显得一切其他商品都跌价了，用另一商品估计时，却显得其他商品都涨价了。

假使我们能够断定，除这某某两种商品外，别的都没有变动，假使我们知道，上面提到的那些商品的任一种，其生产时所需要的劳动量彼此都完全相等，那么，茶、糖、铁、布就是这某某两种商品的变动的准确尺度。我敢信，马尔萨斯先生是不会否认这一点的。假定这一种商品用以易布时，比前能多易得百分之二十，那我就可以确信，用以易铁或茶时，也可以多易得百分之二十，假使劳动没

③　原稿这里空白，照下文看来应当是"布"。

个词，用以表明换取实际财富或实际生活必需品的力量的增减时，似乎是合理的、恰当的。（11）

一个正确的实际交换价值尺度，无疑是极其合乎需要的，由此使我们对

有变动，就也可以多易得劳动百分之二十。这时我就有理由可以说，这种商品的实际价值提高了百分之二十。假定那一种商品的情形相反，用以易上述一些商品时，每种都比前减少了百分之二十。这时我就同样有理由可以说，那一种商品的实际价值降低了百分之二十。将两种商品互相估计时，一种会显得上升了百分之四十，另一种则发生了相应的下降。要晓得，我在这里所作出的并不是出于己意的无理论证，我只是试图用一些商品在不同期间的价值，同我有充分理由相信其价值没有变动的另一商品相比较的方法，来估计一些商品的实际价值的变动。我用一批商品进行这样的比较时，马尔萨斯先生并不反对。假使以黄金与一切其他物品对比时发生了变动，可以易得较多的数量，他会把这个叫作黄金价值上升。假使不是黄金而是铁、糖、铅等等发生了这样的现象，他仍然会作这样的说法。但是，假使与一切其他商品比较时，谷物涨价了，或者是劳动涨价了，他就会说，涨价的不是谷物或劳动——"这两者是我用的标准，你应当说，谷物和劳动依然不变，而其他[33]一切商品跌价了。"如果竭力向他解说，谷物的生产遭到了新困难——产地离开得比前远了，或者是由于使用的是较差的土地，要获得某一定量，就得投入较多的劳动，等等——也是枉然。他会承认，对处于相似情况的任何别的商品说来，这里所述确是价值上升的正确理由，但是对谷物说来，既已被他采用作标准，尽管认为它的价值是可变的，对它就不能这样说了。对他最适用的是他自己

所有各个国家、所有各个时期的工资、收入和商品，能够作出一个正确的评价和正确的比较。但是，当我们考虑到实际交换价值尺度指的是什么时，我们会感到怀疑，能够具有这样的性能，从而使它有资格成为这种标准尺度的商的意见："我们实际上有权把谷物主观地叫作实际价值的尺度；但是，这样做时，我们是在与惯常使用这些词时有所不同的意义上来使用它们的。""很明显，下定义的权，必须以下得恰当这一范围为限，必须以在所涉及的那门科学中使用为限。"①

长度只能用长度来计量，容积只能用容积计量，价值只能用价值计量。而马尔萨斯先生认为，"实际交换价值这个词，用以表明换取实际财富或实际生活必需品的力量的增减时，似乎是合理的，恰当的。"他不说换取实际价值的力量，而是说换取实际财富的力量，他是用价值换取财富的力量来计量价值的。要么是马尔萨斯先生把财富看成是价值的同义词了吧！不。没有这回事。他对两者之间的区别是看得很清楚的。请看第339页。在那里他说，"然而，我们会看到，财富并不总是按价值的提高而成比例地增加的，因为在生活必需品、享用品和奢侈品实际减少的情况下，价值提高的情况有时也会发生。"某一定量的财富，除非其自身始终具有同样价值，是不能成为实际价值的尺度的。但是，没有一种财富的价值是不变的。机器可以使袜子两双的价值变成只是原来一双的价值；改进后的农业可以使谷物两夸特的价值变成只是原来一夸特的价值。然而，一夸特谷物和一双袜子所构成的，总是财富的同样部分。财富是用它对人类提供享受时的效用来估计的；价值则取决于生产时的为难为易。区别是明显的。如果把二者说成一样，

[34]

① 马尔萨斯著作，第61页。

品，究竟有没有，或者是，是否能够轻易地假定其存在。不论什么物品，或者甚至一批物品，其本身总是要发生变动的；我们所能希望得到的只是，作为我们探求目标的那个尺度的一个近似者。

61　　△我们已经采用的实际交换价值的定义，如果既是最通常的，又是最有效的，那就没有理由因此改变定义。我们实际上有权，把使用于一件商品的劳动主观地叫作这件商品的实际价值；但是，这样做时，我们是在与惯常使用这些词时有所不同的意义上来使用它们的。我们这就立即混淆了<u>成本</u>与<u>价值</u>之间的极其重要的区别，使我们几乎不可能清楚地说明，实际上就是基于这一区别而来的对财富生产的主要促进因素。

就会引起莫大的混淆。①

　　马尔萨斯先生曾加指责，说我混淆了成本与价值之间的重大区别。如果他认为成本指的是付给劳动的工资，那么，我并没有把成本与价值混同起来，因为我不说一件商品在劳动上须花费一千镑时，卖价就是一千镑；卖价也许是一千一百镑、一千二百镑或一千五百镑。我只说这件商品的卖价，会跟也得在劳动上花一千镑的别一商品的卖价相同。这就是说，商品的价值是同所花费的劳动量成比例的。②如果马尔萨斯先生认为成本指的是生产成本，那他就得把利润和劳动都包括在内；他所指的也就必然是亚当·斯密所说的自然价格，而自然价格与价值是同义的。③

[35]

① 评注原止于此，以下是插入的。
② 以下有"而各自的量是由在同一时间和同一地点所花费的成本来表示的"一段被删去。
③ 李嘉图在页边用铅笔写了一句，后又被擦去，然而仍隐约可辨："我不说一件商品所值的是它在劳动上的成本，而是说，所值的是同它在劳动上的成本成比例的。"

很明显，下定义的权，必须以下得恰当这一范围为限，必须以在所涉及的那门科学中使用为限。我们对商品的使用价值，也就是商品满足人类需要的内在能力，作了充分考虑之后，对价值这个词的一切其他解释，似乎指的总是交换中的某种力量。如果所指的不是一件物品交换某一指定商品——例如货币——的力量，那就必然是一件物品交换结合起来的一批——三种或四种、五种或六种、八种或十种——商品的力量，也就是换取劳动的力量，而劳动是能最近似地体现这批商品的。

⊗在商品换取贵金属的力量，同商品换取生活必需品和享用品、包括劳动的力量这两者之间作出区别，其恰当和适用是无可置疑的。△凡是要比较一件商品④的价格，如果足以偿还生产时⑤从最初到后阶段直到投入市场的一切支出，这件商品就是按照其自然⑥价值出售的。如果这里的说法所表达的，跟生产成本属于同样意义，那么我的意思大体上正是这样。

我认为，商品的实际⑦价值跟它的生产成本是一回事，而两种商品的生产的相对⑧成本，是同各自从最初到最后阶段所投入的劳动量大体上成比例的。这个说法并没有什么牵强之处。我也许是由于在没有联系之处看出联系而陷于错误，这是反对采用我所主张的价值尺度的一个很好的论证；可是，反对意见却是以原则上的错误而不是用词上的错误为根据的。

④ 这里有"按照通常行市"字样被删去。
⑤ "生产时"是插入的。
⑥ "自然"写在"正确"的上面，而后者却没有被删去。
⑦ "实际"是插入的。
⑧ "相对"是插入的。

两个国家的财富，或者是要估计不同地区和不同期间贵金属的价值的时候，这种区别就有绝对必要。(12)以后对实际交换价值这个词也许会有别的解释，新解释或者能够进一步适合一般对这个词所使用的意义，或者在研究国民财富的性质和原因时显然更加适用；但是，在这个情况发生以前，我还是认为，实际交换价值最恰当的定义，与名义交换价值相对，是换取生活必需品和享用品、包括劳动的力量，这跟换取贵金属的力量是有区别的。

〔于是价值有三个类别——1.使用价值，也就是物品的效用；2.名义交换价值，即以货币表示的价值；3.实际交换价值，即必需品、享用品和劳动的价值。

这种区别基本上是亚当·斯密作出的，属于他的学说体系。〕

（12）第61页。在商品换取贵金属的力量，等等。

我同意马尔萨斯先生的说法；但是，只要我们确定了在任何我们要作出比较的期间，货币在换取劳动方面的价值，我们就有能力作出这种比较或估计。

为了这一目的，并不需要为必需品、享用品或劳动制定一个实际价值的尺度。

第二节 需求和供给对交换价值的影响

需求和供给这两个词是每个读者都十分熟悉的。△在个别事例中应用时，人们也是完全了解的，因此，迄今止，本书偶尔使用到这些词时，没有认为有必要用一些解释和定义来打断论证的过程。然而，这些词虽然在经常使用，却绝不是使用得很精确的。因此，在进一步探讨之前，似乎不妨把这方面的问题尽可能地澄清一下，使我们有一个明确的立场。还须看到，在政治经济学的一切原理中，就应该考虑到的一些现象的范围来说，再没有像供求法则这样地广泛的，因此这样做就显得更有必要。

上面已经谈到，一切交换价值取决于以这一商品易取那一商品的力量和愿望。由于采用了共同的价值尺度和交易媒介，用通常言语来说，社会就分成了买主和卖主两个方面。⊗可以给需求下的一个定义是，购买的力量和愿望的结合；（13）而供给的定义是，商品的生产和卖出商品的意向的结合。在这种情况下，商品以货币计的相对价值，或其价格，就决定于对商品的相对需

（13）第64页。可以给需求下的一个定义是，等等。

这里给需求下的定义必须记着，因为马尔萨斯先生在其著作的最后部分，似乎把这里下的定义忘了。他在末一章里谈到由于缺乏需求所引起的有害后果时，我看他似乎忘记了购买的力量以及愿望是必要的这一说法。他说，人们由于宁愿游手好闲不愿工作时，就不再有需求；但是如果不做工作，就不能生产，如果不生产，需求的愿望也许还是存在的，不过缺乏需求的另一必要属性，他们缺乏力量。

求和供给两者的对比关系。这个规律似乎具有充分普遍性，大概在价格变动的每一个实例中，都可以从以前影响供求情况变动的原因中找到线索。

65　　△我们于检验这个论点的正确性时，必须经常记住用以表达这个论点的一些词，要想到，把价格说成是决定于需求和供给时，意思并不是说价格单独由需求或单独由供给决定，而是说由两者的相互关系决定。

　　但是，怎样来确定这个关系呢？有些人说，供给跟需求总是相等的，因为，假使没有那样有效的需求，从而吸收所提供的全部，任何商品就不会有持久的供给。按照需求和供给这两个词偶尔被使用时的某一意义上说来，这个见解是可以接受的。需求的实际限度，与供给的实际限度对照，大体上总是互相均衡的。假使供给一直是很少的，有效需求的限度就不会扩大；假使供给一直是非常之多，那么，不是需求的限度，或消费，将相应增长，就是部分的供给将失去效用，停止生产。从这点上说，就不能认为供求之间比例的变动会影响价格，因为，从这点上说，供求之间的相互关系总是不变的。由于这些词在使用中的这种不明确情况，要弄清楚商品价格所完全赖以取决的那个供求相互关系的变动的性质究竟是什么，就成为这次研究中一个绝对必要的初步工作。

66　　△上面已经给对商品的需求下的定义是，购买的愿望和力量的结合。

　　⊗对任一种商品的这种愿望和力量越是强大，那就不妨说，对那种商品

---

[38]　　（14）第66页。对任一种商品，等等。

　　我同意马尔萨斯先生的说法（见第54页）。①对一种商品不论需求怎样大，其价格最后总要被卖主的竞争所支配；价格将定着在或大致定着在自然价格上。如同亚当·斯密所看到的那样，②为了按通行的定率，以工资给予工人，以利润给予资本家，这个价格

① 即上面第（9）条评注。
② 《国民财富的性质和原因的研究》，第1篇，第7章；卡南版，第1卷，第57页。

的需求也就越强大、越热烈。但是，在一种商品的买主之中，这种愿望和力量无论怎样强大，如果能以低价取得这种商品，那就没有一个会愿意为它付出高价。只要出于卖主之间的能力和竞争，足以促使他们按低价以所需数量供应市场，需求的实际强度就不会显示出来。（14）

如果只有靠劳动才能获得的某一定量的商品，获得时变得越来越困难，以致非加强努力就无法获得，那我们就肯定可以把所使用的这种进一步的努力，看成是一个明证，表明需求的强度提高了，或者是愿意付出较大代价以取得这一商品的力量和愿望加强了。

事实上可以认为，对一种商品付出较高价格时，那就绝对地、必然地意味着需求的强度有所提高。真正的问题是，需求的强度，有时候会使它表现出来、有时候会使它不必表现出来的原因何在？

已经被正确地指出，用预计在短期内不会发生本质上的变化的某种指定商品，来估计任何物品时，这种物品的价格所以会上升的原因，△是买主人数或其需要有所增长，或者是物品供给不足；至于价格下降的原因，是买主人数或其需要有所减退，或者是物品供给有余。 67

前一类原因，显然会促使提高了的需求强度表现出来；而后一类原因所促成的是强度降低的表现。

举个例，假使惯于需求并消费某种商品的买主是一千人，而这类买主突是必要的。将铁和黄金各自的用途加以比较时，需求者也许既有 ［39］此力量也有此愿望，用较多的黄金易取较少的铁。但是他不能这样做，出于卖主方面的竞争，不允许他这样做，结果会把两种金属的价值都降低到它们的生产成本——降低到它们的自然价格。一种商品的市场价格，出于异乎寻常的需求，或供给的欠缺，会上升到自然价格之上；但这并不否定生产成本是价格的强大支配者这一论点。

然增加到两千人,这就很明显,在能够供应这种扩大了的需求之前,必然有某些人得不到供应。这时就很难设想,在这两千人中,由于强烈的个人需求,不会形成足够多的人数,按提高了的价格,把生产出来的这种商品全部拿走。同时,假使我们认为这是可能的话,由于买主的愿望和力量,或者由于其需求的强度,不容许价格提高,那就可以十分肯定,问题不管在敌对的竞争者之间怎样解决,价格上升是不会发生的。

同样情况,假使一种商品的数量减少了一半,那就很难设想,在原来的买主中不会有足够多的人数,他们既有此愿望,又有此力量,去按照提高了的价格,把数量减少了的这一商品全部拿走;但是,如果他们实际上不愿或不能这样做,价格就不会上升。

68 另一方面,假使某种商品经常性的生产成本提高了一倍,那就很明显,△这种商品能够持久生产的数量,就只能以供应为了实现他们的愿望、能够并愿意作出比前增加一倍的牺牲的那些人的需要为限。在这种情况下,商品投入市场的数量,为多为少,也许会有极其不同的表现。也许会减少到一个人的供给量;否则,供给量也许会与前完全相同。假使减少到一个人的供给量,这就证明,在原先的所有买主之中,只有一个人是既能够又愿意按高价对这种商品作出有效需求的。假使供给量保持不变,这就证明,所有买主的处境没有因生产成本提高一倍而发生变化,不过这种需求强度,以前没有使它有表现出来的必要而已。就这一情况说,所供给的以及所需求的,是同样的数量,但是所引起的是高得多的需求强度,不妨说,这一点是这种商品的供求关系上最重大的变化;因为,假使没有在这一情况下的需求强度的提高,商品将停止生产,就是说,假使缺乏对这种商品作出较大牺牲的力量或愿望,就会发生供给缺乏的现象。

69 基于同一原则,假使一种商品,与原先的买主人数对照下,数量显著增加,那就除非降低价格,△增长的供给将无法全部脱售。这时,由于每个卖主都想把他所占有的那部分商品卖出去,会不断降低价格,直到其目的实现为止。至于旧买主方面，其愿望和力量也许并没有减退，然而，由于不需要再表现出像以前那样的需求强度就可以获得这种商品，这种需求当然也就不再有表现的必要。

显然，类似的效应，也会由于一种商品的消费者的需要量减少而发生。

⊗任何某一商品，假使不是由于与需求对照下的供给突然增加，而是由于其生产成本大大降低，则不论是由于供给量有了实在的还是暂时的增加，会同样引起价格下降。（15）几乎在一切的实例中，这种增加都会成为实际的和持久的增加，因为卖主的竞争将使价格降低，而价格降低不会引起消费增加的情形是很少见的。但是，假定有这样一种很少遇到的情况，某种商品，不管它的价格怎样，所需要的只是一个限定的数量。这就很明显，由于生产者的竞争，会使投入市场的数量超过消费量，直到价格降低到与生产便利的增进程度相适应为止；而且这种供给逾量的情况，能持续多久，总是要看价格是否高于能收回通常利润的价格这一点而定。△在价格下降的这一情况下，正同在价格上升的别一情况下一样，商品的实际供给量和消费量，经过一番短暂的挣扎之后，也许会依然与前相同；然而却不能说需求相同。需求也许确是在跟以前一样的程度上存在着，商品的真正消费者也许十分愿意付出他以前所付出的那些，而不愿意放弃；可是，与需求对照下，供给的手段已经有了这样的变动，以致由于生产者的竞争，使需求不必再以同样的强度来导致所需要的供给；这种需求强度，既然没有表现的必要，当然也就不再表现出来，于是价格下降了。

这就很明显，足以使价格上升的，不仅是实际需求的限度，甚至也不仅是

（15）第69页。任何某一商品，等等。　　　　　　　　　　　　　　　　　　[40]

这里，马尔萨斯先生实质上承认，最后和永恒地支配商品价格的，不是供求关系，而是生产成本。另方面，我不否认，在商品价[41]格升降的进程中，也可以存在着通常所谓的需求增加或供给增加。

与实际供给限度对照下的实际需求限度，还有供求关系上的这样一种变化——或者是为了顺利地分配任何现有产品，或者是为了防止这种产品将来的产量缩减，因此使需求的较大强度有表现出来的必要，也会使价格上升。

同样情况，使价格下降的，不仅是实际供给的限度，也不仅是与实际需求对照下的实际供给限度，还有供给与需求对照关系上的这样一种变化——为了使一时过多的产量得以全部脱售，△或者是为了防止生产成本下降时而产品价格没有相应下降，以致造成供给经常过剩，也会使价格有下降的必要。

如果需求和供给这两个词，是按照这里所说来理解和使用的，那么，不论是暂时价格或经常价格，就没有不是被需求和供给所决定的。如果说，在一切买卖中，价格总是决定于供求关系，可以认为这个说法是完全正确的。

我望读者特别注意到，在这一讨论中，我对需求和供给这两个词，没有给以任何新的含义。关于需求，我有时使用强度和热烈这些字眼时，我的唯一目的只是在于说明，当我们谈到需求提高价格时，需求这个词的一向所具有的含义。李嘉图先生在《论需求和供给对价格的影响》*那一章里说，"如果所购买或消费的商品量没有增加，就不能说商品的需求有了增加。"但是很明显，如前面我已指出的那样，所谓需求提高价格，指的并不单是消费的限度，因为情况大都是，正是价格最低的时候，消费的限度最大。因此，这不可能是，当我们说需求提高价格时，需求这个词的一向所具有的含义。但是，李嘉图先生后来引用了劳德代尔勋爵有关价值的论述，**认为△应用到垄断商品和在限定期间一切其他商品的市场价格时，他的说法是正确的。李嘉图先生这就承认了，市场上任一物品的缺乏，会引起对这一物品与供给对照下的需求的增长，从而提高其价格，虽然在这一情况下，消费者对这一物品所购买的，必然比通常为少。需求这个词在这里的意思，跟李嘉图先生以前所使用的这个词的意思相比，显然完全不同。一个指的是消费的限度；另一个指的是需求的强度，也就是为了要取得所需要的物品而作出较大牺牲的愿望和力

* 《原理》（指《政治经济学及赋税原理》，以下同），第2版，第30章，第382页。
** 同上书，第384页。

量。只是在后一意义上,需求才会提高价格。我在这一节里的唯一目的是在于证明,我们凡是谈到需求和供给会影响不论是市场价格或自然价格时,总是按照李嘉图先生和任何别的人谈到在市场中买卖商品时,对需求和供给这两个词的一向所理解的意义,来理解这两个词的。

第三节　生产成本对交换价值的影响

73　也许可以说，即使依照上节中对需求和供给所提出的见解，决定大批商品的经常价格的，还是生产成本。⊗△假使把如亚当·斯密所说的价格的一切组成部分都包括在内，这样说是对的；虽然，假使我们所考虑的只是如李嘉图先生所说的那些，这样说就不对了。(16) 但是，就这两个学说体系说来，实际上一个是用生产成本来说明大批商品的价格，还有一个是用供求关系来说明一切商品在一切情况下的经常以及暂时的价格；虽然两者势必在更多的问题上相互关联，但是各有其本质上不同的起源，因此需要十分仔细地加以区别。

在一切交易中，显然有一个原则在经常起作用，它能够决定、并且实际决

[42]　(16) 第 73 页。假使把如亚当·斯密所说的，等等。

[43]　我提到生产成本时，指的必然是工资和利润；亚当·斯密说的则包括地租。在我餐桌上放着两条面包，一条来自非常肥沃的土地，还有一条的产地则十分贫瘠；就后者说，其价值中并不含有任何地租，其全部价值仅仅足以付偿工资和利润。足以支配一切面包的价值的，是这后一条面包。虽然，这一点是正确的，即，那前

[44]　一条面包所提供的地租，相等于种植制成那条面包的谷物的费用以及种植制成那条标准面包的谷物的费用这两者之间的差异的全部；① 然而，只是由于这一差异，才会支付地租。二十条不同的面包，

① 这一句的以下部分原先是，"然而，正是由于种植这一谷物的土地肥力以及种植制成那一条面包的谷物的土地肥力这两者之间的差异，支配着一切谷物的价值，这才会支付地租"。

定商品的价格，跟成本或使用于生产中的劳动量与资本等任何考虑都完全无关。不仅在可以认为是专利品的那类商品中，可以看到它在持久地起作用，尤其是在各种各样的农产品中，可以看到它在显著地、优先地起作用。

毫无疑问，供求法则是单独地、并且极其有规律和准确地决定专利品价格的，与这类商品的生产成本全无关系。日常的、齐一的经验告诉我们，农产品，尤其是最容易受到季节影响的那类农产品，在登上市场的时候，△其 74 价格总是被市场上的讨价还价所决定的，在不同年度和不同时期中，尽管所使用的劳动与资本基本上相同，而价格会相差悬殊。假使我们会有什么方法，使农民在下一年种植谷物和饲养家畜时，可以不需要任何生产成本，同时假定投入市场的数量仍然不变，社会也仍然有同样的需要、同样的购买力，那时农产品的价格就会与前相同，就好像农民是支出了与前相同的劳动和费用来取得这些农产品的——我想这是很明显的，大概很少会对此怀疑的。

售价相同，所提供的地租那个部分，却彼此不一，然而其中只有不提供地租的那一条面包，支配着其余面包的价值，这就不得不把它作为标准。那么，在一切农产品的生产成本中，实际上就没有地租；因为从使用于标准面包的资本生产出来的价值，所提供的是对工 [45] 资的补偿和资本的利润的补偿，而没有对地租的补偿。②我只是在这一点上，跟亚当·斯密的见解不同。

（17）第 74 页。因此，就属于极大范围的，等等。

大家都承认，需求和供给决定市场价格。但是，就各个价格来说，决定供给的是什么？是生产成本。为什么这里谷物的价格几乎是无例外地高于法国的？并不是由于需求较大，而是由于这里的成本较高。

② 原先是"而没有地租"。

⊗因此，就属于极大范围的一类商品来说，大都认为，现时市场价格被确定的时候，所依据的是与生产成本性质完全不同的一个法则，实际上假使生产成本在其中起支配作用的话，这些价格将完全不同。（17）

确是还有另一类商品，例如制造品，特别是那些原料低廉的制造品，其现时市场价格往往与其生产成本相一致，因此，看上去好像是被后者所单独决定的。然而，即使在这里，我们的日常经验告诉我们，供求方面的任何变动，也可以在一个短暂期间完全压倒生产成本的影响；而且，对这一问题作比较精密的观察时就会发现，△只有当支付生产成本是使这类商品得以继续供应的必要条件时，它自身对商品的价格才会发生影响。

⊗如果这个说法是对的，那么在亚当·斯密所谓的自然价格以及市场价格的决定中，强大的供求法则是起了作用的。（18）

我们可以断然认为，如果在供求关系上没有某种先前的变动，商品的市场价格就不会发生变动。问题是，关系到自然价格时，这个论点对不对。当然，决定这个问题时必须仔细地注意到，由生产成本变更引起的供求情况变动的性质，特别是使价格发生变动的一些特殊和直接的原因。

我们都承认，生产成本降低时，通常的结果是价格下降。但是，迫使商品价格下降的具体原因是什么？上节里已经说明，是现实或临时的供给过剩。

---

[46]　（18）第75页。如果这个说法是对的，等等。

作者已忘却了亚当·斯密给自然价格下的定义，否则他就不会说需求和供给决定自然价格。自然价格只是生产成本的另一名称。任何商品出售的价格，如果能够付偿所花费的劳动的工资，还能够按当时通行的定率提供地租和利润，亚当·斯密就说这件商品是按自然价格出售的。要晓得，不论对商品的需求是大还是小，不论出售时的市场价格是高还是低，这些费用是不变的。假定一[47]个制帽者，制造一万顶帽子跟制造一千顶帽子所花的费用比例相

第二章　价值的性质和尺度　53

我们都承认，生产成本提高时，商品价格一般会上升。但是，迫使商品价格上升的具体原因是什么？上面已经说明，是供给暂时不足。除去那些偶然事故，就是说，让供给的限度完全保持不变，不让它发生偶然的不足或过剩现象，那么，不论生产成本是上升还是下降，△那就没有丝毫理由可以假定价格会发生任何变动。76

⊗假定这个国家所消费的一切商品，不论是农产品或制造品，在以后十年中，生产时可以不使用劳动，可是所供给的只能是与原来完全相等的那个数量，就像是依然处于平时状态一样，再假定买主的愿望和力量也没有变动，那就无可置疑，一切价格也不会有任何变动。但是，如果承认这一点，这就表明，供求关系，不论是现实或暂时的，是决定市场价格或自然价格的主要法则，而生产成本则没有什么别的，只是处于从属地位，就是说，它仅仅能现实或暂时地对供求关系发生影响作用。(19)

可是，为了证实这一结论，并不需要乞助于一些虚构的事例。实际经验就极其明显地证明了这个原则。

亚当·斯密在他所举示的一个有名的实例中说，尽管立法机构尽了一切努力，仍然无法提高那些副牧师的菲薄薪给；* 这就提供了一个确证，决定

*《国民财富的性质和原因的研究》，第6版，第1篇，第10章，第202页。

同，因此，他所生产的，不论是前一还是后一数量，①其自然价格是相同的，但其市场价格则取决于供给和需求，而供给则最终取决于自然价格，这就是说，取决于生产成本。

(19) 第 76 页。假定这个国家，等等。

就我所知，对于这些论点，以及前于此或后于此的，②根本没有任何人发生过争论。

① "不论是前一还是后一数量"是插入的。
② "以及前于此或后于此的"是插入的。

某一物品的持久价格的，不是生产成本，而是需求和供给。就这一事例说，
77 通过捐款人的协助，其实际生产成本很可能是趋于增加而不是降低。但是，△
由于作出支付的是别人，而不是他们各个人自己，这就不能支配或限制供给；
而这一供给，由于受到了这样的鼓励而不断增长，价格就势必始终是低的，不
管所提供的实际教育成本是多少。

　　济贫税使劳动工资降低的结果，所显示的是同性质的又一个实例。处理
公款，大概不见得比个人处理其收入时会更加经济些。因此，不能认为抚养
一个家庭的费用会由于教区的补助而减少。但是，家庭费用的一部分既是由
公众负担的，足以维持某一家庭的劳动价格，就不再是劳动的供给的一个必
要条件。由于有了济贫税，就可以不需要原来那样的工资而得到劳动的供给，
于是供应劳动的实际成本，就不再支配劳动的价格。

　　实际上，对生产的任何补贴，都必然会发生同样结果。正是由于这种补
贴会相应地降低价格，这就证明，决定价格的是与需求对照下的供给，而不是
生产成本。

　　⊗但是，最能表明生产成本只有通过支配商品的供给才会影响商品供给
的、一个一直展现在我们眼前的最突出的例子是，借助于限制发行额而赋予
78 纸币的人为价值。△李嘉图先生在这方面所提出的一个值得赞扬而且行之

[48]　（20）第77页。但是，最能表明生产成本，等等。

　　我完全同意马尔萨斯先生在这一段里的见解，①但是他忘记
了，原来没有价值的纸币的发行是占有特权的。假使任何人可以
发行纸币，喜欢发多少就发多少，而且不负赎回的责任，②那么，
要使它保有大于其生产成本的价值，能持续多久呢？

　　马尔萨斯先生误解了这里的问题。我不说在没有增加供给的

① 这里下面有一段："但是这里的说法，除了纸币，不适用于任何别的商品；而
纸币却不是被消费的"被删去。
② "而且不负赎回的责任"是插入的。

有效的计划，所依据的是这样一个正确原则，即，如果能够限制纸币的供给，使之不超过使用金属货币时黄金应该流通的数量，纸币就会始终保持同黄金一样的价值。我并且相信他会同意，如果这种限制能够充分实行，即使规定纸币不兑换黄金，其价值也不会变动。但是，如果一件物品，虽然它所执行的是黄金的最重要职能之一，其本身的制造成本是微不足道的，只是由于所供给的是与黄金同样的数量，就能保持与黄金同样的价值，这就再清楚不过地证明，就黄金来说，其生产成本除了足以影响其供给外，对其本身的价值，别无影响作用，即使生产黄金不再需要成本，只要供给不增加，它在这个国家的价值，就会依然不变。(20)

然而，决不能从上面所说的就断定，劳动和生产成本对价格没有极其强有力的影响。正确的看法是，把生产成本看作所需物品的供给的一个必要条件。

虽然在两种商品实际成交时，足以影响这一交易的，除了供求关系外，别无其他事项；可是，几乎人类一切所想望的东西，都是靠人类的努力得来的，△这就很明显，这些东西的供给，必须受到下列几个条件的支配：第一，这种努力的量和方向；第二，从先前劳动的成果中可以受到的协助；第三，工作时所需材料的有余或不足，以及劳动者的粮食。因此，要使任何商品能够源源

情况下，商品的价值会始终与其自然价格相一致，而是说生产成本支配供给，因此支配价格。

让我再表白一下。我说只有在不存在垄断、个人能够按照他所喜欢供给的数量自由供给商品的情况下，这个说法才是正确的。而马尔萨斯先生提出的所有的例子，不是属于严格的垄断性质，就是其自然价格的一部分是由别人支付的，如济贫税足以降低劳动价格的例子，或者是对生产进行补贴，从而降低商品价值那样的例子。

不绝地投入市场，就不得不考虑这些必须满足的条件。

第一个条件是，在商品上所花费的劳动，应当从提供交换的物品的价值上得到这样的报酬，从而鼓励人们在所要求的方向上作出足量的辛勤努力，因为，如果没有这样的适当报酬，商品的供给就势必减退。如果这种劳动是艰苦的，只有比较少数的人能够做或愿意做，那么，按照上面说过的交换价值的共同原则，它的价格就会提高。如果工作的性质，要求具有高度的熟练和技巧，那就会在更大程度上提高价格；但是，当然不是如亚当·斯密所说的那样，由于对具有这样的人的尊重，*而是由于其稀少，由于这些人所生产的成品的相应稀少。在所有这类情况下，支配报酬的，不是所生产的商品的内在质量，而是与供给对照下的需求情况，当然还有对生产商品的那种劳动的
80 供求情况。△如果是全部由体力劳动所取得的，依靠的只是未被占有的大自然的惠赐的帮助，那么，全部报酬当然是属于劳动者，在现时的社会情况下，这种报酬的通常价值，也就是商品的通常价格。

必须满足的第二个条件是，对于足以促进未来生产的前期累积的事物所给予劳动者的协助，必须获得这样的报酬，使得在所需商品的生产中，可以继续运用这种协助。如果借助于对劳动者作出的关于以前集聚起来的机器、粮食和材料的某些垫支，使这个劳动者能够完成八倍或十倍于没有这样协助下所能完成的工作，那么，初看起来，提供这些垫支的人所应当得到的似乎是，未受协助时的劳动力和已经受到这样协助时的劳动力之间的差额。但是，决定商品价格的不是其内在效用，而是供给和需求。劳动力增长，自然会使商品的供给增加，其价格将跟着下降，对垫支资本的报酬也会很快地降低到，在现时社会情况下，使商品的生产得以适应市场的那个必要程度。至于被雇的
81 劳动者，由于他们的努力程度和技能，△都未必会比在没有垫支资本协助下工作时提高多少，其报酬将大致与以前相同，将完全取决于他们所提供的那种劳动的交换价值，将按需求和供给的通常方式来评价。因此，像亚当·斯

———————
* 《国民财富的性质和原因的研究》，第6版，第1篇，第6章，第71页。

密那样，把资本的利润看成是从劳动产物中的一个减量是不大恰当的。利润只是资本家贡献于生产的那个部分的公平报酬，其评价方式，完全与对劳动者作出的贡献的评价方式相同。

必须满足的第三个条件是，商品的价格应当是，能够促使劳动者和资本家所使用的粮食和原料得到不断的供应。我们知道，这一价格还不能不包括，在几乎是实际使用中的全部土地上提供给地主的地租。提到地主，亚当·斯密的说法也是很容易引起异议的。他不免要招怨地把地主说成是喜欢不劳而获的人，迫使劳动者为了取得这类自然产品而负担一种求取许可的费用，而在土地共有时代，只须略费采集之劳而已。** 但是，他自己会首先意识到，假使土地不被占有，其产品将无可比拟地稀少得多，也就会昂贵得多；假使土地被占有，就必然会有一些人成为土地所有者。△至于这些人跟地上的实际劳动者是同一人，还是不同的人，对社会是无关紧要的。不管劳动者是支付了地租的，还是在不付地租的情况下使用土地的，决定产品价格的，总是一般供给与一般需求的对照关系。唯一差别是，在后一情况下，从这一价格中付偿了劳动和资本之后，余剩下来的那个部分，将归提供劳动的那个人所得；这就等于说，劳动者如果既是土地所有人，又是劳动所有人，他的境况就会好些。这是一个不争的事实。但是，这并不意味着，作为一个劳动者，由于在他一生的命运中没有得到土地这个彩头，于使用别人的所有物时，不得不拿出一些代价来交换，因此就使他受到了一些折磨或不公平的待遇。作为一个土地所有人，不管是谁，处理他的所有物时，其处理方式，跟劳动所有人和资本所有人处理其所有物时的方式完全一样，他也同样拿他所有的，来交换社会愿意提供给他的许许多多别的商品。

任何社会，为了要取得它所需要的绝大部分商品的供应，就必须满足上述三个条件。满足这些条件时作出的补偿，也就是任何可以交换的商品的价格，可以认为是由三个部分组成的——在生产中雇用的劳动者的工资；使生

** 《国民财富的性质和原因的研究》，第6版，第1篇，第6章，第74页。

83 产得以顺利进行的资本的利润;△地租,即地主所提供的原料和粮食的报酬。决定各个组成部分的价格的原因,跟决定整个价格的原因完全相同。

⊗满足这些条件的价格,也就是亚当·斯密所谓的自然价格。我倒比较地有意于把它叫作必要价格,因为必要这个词能更进一步地表明与供给情况

[52] （21）第83页。满足这些条件的价格,等等。

马尔萨斯先生关于必要价格或自然价格的叙述,基本上与亚当·斯密所说的相同,所有这些我都完全同意;但是,①他在支配自然价格的是供给和需求这个主张上,是前后不一致的。他在第84页的末了部分实际上是这样说的:自然价格或生产成本的组成部分的价值,②其自身取决于这些组成部分的需求对供给的关系。③这里,马尔萨斯先生完全改变了他原来的论点。他开头说的是,商品的自然价格取决于那个商品的需求对供给的关系;④这

[53] 是我要争论的一个论点。他现在说,商品的自然价格,取决于其生产时必要手段的需求和供给,这就是说,其成本取决于构成这一成本的劳动、利润和地租的不同价值。对这个问题,在本书的另一场合我还有些话要说。这里我只想指出两个论点的主要区别,后者事实上指的是"商品的自然价格,由于其生产成本会上升或下降,所以会上升或下降"。没有人对这一点持异议。这只是说,生产成本是被决定地租、利润和工资的规律所支配的。⑤我们随后会看到,它们会被供给和需求影响到多大程度。⑥

① "我认为这不是被供给和需求所支配的",这里被删去。
② "的价值"是插入的。
③ 原先是"其自身取决于这些组成部分的需求和供给"。
④ 原先是"取决于那个商品的需求或供给"。
⑤ 原先是"生产成本是取决于决定地租、利润和工资的规律的"。
⑥ 最后两句是插入的。

第二章　价值的性质和尺度　59

的关系，这就可以给它下一个比较简单的定义。（21）亚当·斯密为了要阐明自然价格，不得不用了一大堆转弯抹角的说法；虽然他是把它大体上解释得充分清楚的，可是他还乞助于两个别的词，这两个词实际上各自都可以跟他所采用的词同样使用，结果他所下的定义并不能令人十分满意。* 如果使用这里所提出的词，给必要价格下定义，那就非常轻松、简易。这就是，在社会的实际环境中，为了使商品有规律地投入市场的必要的价格。这里只是对亚当·斯密的自然价格作了较简明的解释；这是与市场价格，即商品在市场上实际出售的价格对照下有区别的，后者由于季节变化或供给者的偶然失算，△与满足有规律供给的条件时必要的价格相比，有时会高些，有时会低些。

亚当·斯密说，商品按其自然价格出售时，其售价正好就是其所值。我认为，这里他是在带些不寻常的意义下使用所值这个词的。商品常常被说成是，其所值多于包括通常利润在内的成本。按照所值这个词的习惯和正常的用法，当某一数量的谷物或任何其他物品比前为罕贵时，尽管所使用的劳动和资本也许没有增加，可是我们决不能说其所值没有增加。商品的所值所表示的是它的市场价格，而不是它的自然价格或必要价格，是它的交换价值，而不是它的成本。这是亚当·斯密没有十分仔细地把两者区分开来的一些例子之一。**

如果在一般情况下，由于支付生产成本是商品供给的必要条件，因此似乎只有生产成本是决定商品价格的，而这一成本的组成部分本身却是由决定整体的同样原因所决定的，这就很明显，我们提到生产成本时，就不能撇开供求法则。自然价格或必要价格，以及市场价格，看来都得受这一法则的支配。唯一区别是，支配前者的是一般的供求关系；当后者与前者有所不同时，△支配后者的是特殊的和偶然的供求关系。

　*　第1篇，第7章。
　**　第1篇，第7章。

第四节　商品所花费的劳动，作为交换价值的尺度

亚当·斯密在讨论商品的实际价格与名义价格那一章里，*把劳动看作普遍和准确的价值尺度；他主张以劳动作为一个尺度时，对劳动这个词，没有严格遵循他平时对这个词的使用方法，因此，在他自己的研究中带来了一些混乱。

他谈到商品的价值时，有时认为这一价值取决于在其生产中所花费的劳动量，有时认为取决于交换中商品所取得的劳动量。

这两种尺度是本质上不同的；虽然这两者肯定没有一个可以把它说成是标准，但是其中的一个作为价值尺度时，比另一个要适用得多、准确得多。

当考虑到亚当·斯密在其前一意义下使用的劳动，即商品在其生产中所花费的劳动量，作为价值尺度的适当程度时，我们发现这是根本上有缺陷的。

△首先，我们想一想就会明白，这是不能在肯定的意义上来使用的。把商品的交换价值，说成是与使用于这一商品的劳动量成比例，这在用语上实际是矛盾的。交换价值这个词就意味着，它指的显然是交换某些别的商品的价值。但是，当一种商品所使用的劳动有所增加时，如果用以交换的别的商品所使用的劳动也有所增加，这就很明显，前一商品的交换价值，不能与为它所使用的劳动成比例。⊗举个例，假使生产谷物的劳动增加了，同时生产货币和许多别的商品的劳动也增加了，这时如果说，一切事物由于在其生产中使用了较多或较少的劳动，因此相应地有了较多或较少的价值，这个说法

---

*　第1篇，第5章。

将立即失去正确性。就这一例子说很明显，虽然在谷物上使用了较多的劳动，可是一蒲式耳谷物所交换的，也许是仍然同以前一样那么一些的货币或劳动。因此，谷物的交换价值，肯定没有按照其生产中花费的劳动增量而作相应的变动。(22)

即使始终在相对意义上来使用这个尺度，那就是说，认为决定商品的交换价值的，是花费在那一商品上的劳动的对比量；可是，对社会的任何时期说来，这个说法也是不正确的。

（22）第86页。举个例，等等。 [56]

在这种情况下，假使说谷物、劳动和货币的交换①价值都有了变动，依我看这个说法并没有什么矛盾。我把它们跟糖、铁、鞋子、毛料、铜等等的价值加以比较，发现用它们来交换这一切物品时，易得的都比前有所增加。那么，尽管它们相互间交换的数量跟以前完全一样，我们说这三种商品的价值有了增长，有什么不适当呢？我认为绝对有必要这样说，或者说，糖、铁、鞋子、毛料、铜和无数别的商品的价值下降了。所有这些商品相互间交换时的价值并没有变动，而我们断言其价值下降；我这样说时，马尔萨斯先生的反对意见是不是显得强有力的呢？假定用通常那么多的劳 [57] 动量，银矿不再能提供像以前那样数量的白银，结果白银的价值提高了一倍。假使茶叶以前是八先令一磅，这时的售价将是四先令。假使谷物原来是八十先令一夸特，这时的售价将是四十先令。但是，假定茶叶变得罕贵起来了，价格上涨到八先令，谷物由于要用较多的劳动才能取得，价格上涨到八十先令，这时说谷物、茶叶和货币的价值都提高了一倍，岂不依然是对的吗？

① "交换"是插入的。

87　⊗△在社会的最初阶段，不仅土地共有，而且简直没有使用任何资本来协助体力劳动，进行交换时，很少顾到在各种商品上难免要花费的劳动量。交换物品中的绝大部分是自然产物，如猎物、鱼、果子等等，关于这些物品，其劳动效果如何，总是难以确定的。某人也许经过了五天劳动，取得一件东西，后来他却用以欣然易取别一件东西，那件东西的比较有幸的劳动者，也许只花了两天、或者甚至一天的劳动。在物品的交换价值和在其生产中所花费的劳动这两者之间的不均衡现象，会不断地、反复地出现。

　　因此，我不能同意亚当·斯密或李嘉图先生的说法，认为"在那资本积累和土地占有出现以前的原始社会状态下，获得各种物品所必需的劳动量的比例，似乎是可以为这些物品互相交换提供尺度的唯一条件"。* 对商品交换能够起作用的尺度，无疑是那种被杜阁所描写得非常恰当的，也就是我在本章第一节里所叙述的尺度。这个尺度的使用效果，一般说来，跟以花费在各
88　个物品的劳动量为根据的那个尺度的效果，也许是一致的，也许不一致。△如果不一致，如果商品是偶然发现的，或者是，当投入市场时，对这一商品所使用的劳动量一无所知，这个时候社会在决定其交换价值时怎样采取一个尺度的问题上，是决不会感到不知所措的；很有可能的是，处于这个阶段的社会所实际作出的交换，其交换中的商品各自所花费的劳动量能彼此成比例的情况，要比较少些。

　　但是事实上，无论处于怎样野蛮的社会阶段，其商品的生产成本完全以劳动为限的情况是很少见的。在最初时期，利润会成为这一成本中的重要部分，因此被广泛考虑在交换价值问题之内，成为供给的一个必要条件。即使做一张弓、一支箭，显然也得先将木材和芦苇适当地使之干燥，在工作者完成其工作之前，势必把这些材料保持一段时间，这就立即在成本计算中加入了一个新的因素。我们估计任何种资本中所使用的劳动时所依据的原则，可以跟估计商品的直接生产中所使用的劳动时所依据的原则完全相同。但是，报

---

　　* 《原理》，第2版，第1章，第13页。

酬的不同速度，全然是一个新的因素。这同在资本上使用的劳动量无关；然而，在社会的任何时期，不论是最初的还是最近的，在价格的决定中，这总是极其重要的。(23)

△要做成一只独木舟所需要的固定资本，也许不过是些石斧和贝壳做的凿子，制造这些工具所花费的劳动，在以后工作中应用时，也许对那时的劳动助益不大。但是这个工作者，远在他可以使用这只独木舟，或是远在可以取得用它来交换的商品，从而享受他辛勤劳动的报酬之前，就得砍伐木材，并从事于操作过程中不可少的其他大量劳动。在这个时期内，他对他自己生活的维持，当然必须作出全部垫支。要做到这一步，就得节约，就得有远见，就得为将来的利益和利润，推迟目前的享受；而这些品质，对未开化的人说来总是罕见的。这就无可置疑，像这样需要作长期准备的物品，必然是比较稀少的，同在这件物品上所实际使用的和在其生产中所必要的资本上使用的劳动量对照，它的交换价值必然是很大的。由于这个原因，可能的情况是，在这样的社会状态下，一只独木舟也许会具有倍于若干只野鹿所具有的交换价值；而为了要把这些野鹿连续投入市场所花费的劳动日，包括在制造用以捕杀野鹿的

(23) 第87页。在社会的最初阶段，等等。　　　　　　　　　　　[58]

马尔萨斯先生所有在这个问题上的意见，我都完全同意。我自己就曾说过，按照所使用的固定资本以及其耐久性的比例，按照商品在投入市场以前必须经的时间的比例，商品价值被其生产中必要的劳动量所支配的一般原则，就有了改变。但是，我过去认为，[59]现在仍然认为，商品内容尽管变化多端，除了生产中所需要的劳动量，任何别的原因，其影响总是比较①轻微的。马尔萨斯先生认为，在社会的任何阶段，这个原因都同样起作用，这个说法是极其恰当的。

① "比较"是插入的。

弓箭等等必要的固定资本方面所花费的,也许同制造一只独木舟所花费的正好相等。△这里,在价格上所以发生巨大差异,是由于捕杀每只野鹿时所使用的劳动,总是可以在几天之内取得报酬的,而花费在独木舟上的劳动,要取得报酬,也许得推迟到一年以上。不管其间的利润率是怎样的,报酬取得的比较迟缓,必然会相应地影响到物品的价格。我们有理由可以相信,未开化人为报酬迟缓的工作作出必要垫支这种举动,必然是比较少见的,这就会使资本的利润达到非常高度;不同的商品,尽管在其生产中所花费的,以及在其必要资本的生产中所花费的劳动量彼此相同,但其交换价值,会由于报酬取得的迟速不同而相差悬殊。

如果在价值变化的这一原因之外,再加上李嘉图先生所提到的一个情况,即,由于在不同商品中使用的固定资本比例的较大或较小而发生的作用,必然会在早期的未开化生活中显现出来,那就必须承认,正如他所说的那样,"除非商品中所使用的劳动量有增减,商品价值决不会改变"那条法则,是不

[60]　　(24)第91页。李嘉图先生说,等等。

马尔萨斯先生赞同我的论点,使我感到高兴。他说,"假使他这样说,有些商品,由于在生产中使用了足量的固定资本,资本的利润事前已经成为其生产成本的主要成分,因此,利润下降,就会使商品的价格下降,那就不会有人认为这个论点是一种奇谈怪论,就不会引起丝毫怀疑。"但是,我敢说,恐怕马尔萨斯先生自己就觉得这个论点有些怪诞不经的,因为,在他的某些著作中认为,谷物价格上升,劳动价格会跟着同样上升,随后一切商品价格也会跟着同样上升;只是经过进一步考虑以后,他才认为应当把商品价格随着谷物价格变动时的变动比例降低,把这个比例确定为,谷物变动幅度达百分之三十三又三分之一时,商品变动百分之二十五或二十,

可能"在早期社会中普遍适用的"。*

很明显，在高度文明国家，△那些与所花费的劳动无关的、足以使商品交换价值变动的原因，必然与早期社会时一样地存在着，可以料想得到的是，其间还可能有些其他足以影响交换价值的原因。实际上，这时的资本利润，大概不会像早期时那样地高，因此，不论是固定资本的不同比例，或者是报酬取得的迟速，在价值上当然不会产生那样大的差异。但是，可以与这一现象相抵的是，在固定资本使用量上的差异是非常之大的，简直没有两种商品的使用量会相同，至于资本报酬取得在时间上的差异则从两三天到两三年不等。

⊗李嘉图先生说，劳动价格上升，会使许多商品的价格下降，** 这个论点无疑是有些不可思议的，然而，却是正确的，假使说得再明朗一些，就不会使人感到它外貌的迷离惝恍。（24）

* 《原理》，第2版，第58页，注1。
** 《原理》，第2版，第60、63页。

就是说，谷物变动百分之百时，商品变动百分之七十五到六十。① ［61］马尔萨斯先生没有举示任何例外情况。②他也许会这样说：谷物和劳动的价格上升，跟利润下降是不同的两回事。如果上升只是由于用以估计价格的那个媒介的价值下降，那么情形正是这样；在这种情况下，谷物和劳动的价值并没真正上升，因此利润也没有下降。我认为，马尔萨斯先生会感到难以证明，除非劳动价值实际上升，利润率怎样会发生任何下降。要使劳动价值实际上升，只有将总产品中一个较大部分，或者是价值中一个较大部分，③专用于支

① 马尔萨斯：《意见的根据》，1815年，第38—39、41页。李嘉图在他的《原理》（英文版《李嘉图著作和通信集》第一卷，第419—420页）中，对这些意见曾做了批评。
② 这一句是插入的。
③ "或者是价值中一个较大部分"是插入的。

李嘉图先生一定会认可，他所想到的后果是由利润下降而来的，而利润下降是他认为与工资上升同义的。这里无须研讨，在这个方面他正确到什么程度。然而无疑的是，假使他这样说，有些商品，在生产中由于使用了足量的固定资本，资本的利润事前已经成为其生产成本的主要成分，因此，利润下降，就会使商品的价格下降，那就不会有人认为这个论点是一种奇谈怪论，就不会引起丝毫怀疑。要晓得，这就是他实际上所说的。△他在说明他的论点的一个例子里假定，其间除用以制造机器即应用的固定资本外，没有使用别项劳动，因此，构成这一机器的年产品的价格的，只是经假定花费在机器上的为数计二万镑的通常利润，同时还有一些用以补充磨损的微细费用。这就完全可以肯定，如果由于不论什么原因，资本的通常利润下降时，这样生产出来的商品的价格也将下降。这是显而易见的。但是，在相反的假设下引起的后果，也是同样符合事实的，李嘉图先生对此却没有予以充分考虑，因而完全忽视了一般的后果。

[62] 付工资；还有，这里指的不是一种制造品而是一切制造品的部分。

假使由于工资普遍上升，制衣者不得不以衣料的一个较大部分用于支付工资，那我们就可以完全肯定，制帽者将以帽子的一个较大部分，制鞋者将以鞋子的一个较大部分，铸铁者将以铁的一个较大部分，用于同样目的。每个①别的资本家也将不得不这样做。即使作为一个农场主，虽然他的商品价格上升了，但是，缴纳了地租以后，②他从价格中所得到的减少了，而且从那个减少了的数量中，他必须以比前③较大的一个部分付给他的劳动者。④我现在知道，马尔萨斯先生会同意下面的论点：在谷物价格上升、工资的

① 从"制帽者将以帽子的一个较大部分"起，原先是"制帽者，制鞋者，铸铁者和每个"。
② "缴纳了地租以后"是插入的。
③ "比前"原先是"整体中的"。
④ 评注原先到此为止，以下是插入的。

总的看来，情况似乎是这样。有许多商品，在其生产中由于使用了大量固定资本，在收回不论是固定资本或流动资本之前，须经过一段很长时间，资本价值对其一年中使用的劳动价值的比例，是在不同程度上很大的。在所有这类情况下，就自然可以推定，由于利润下降而引起的价格下降，会在不同程度上抵销由于劳动价格上升而自然地引起的价格上升而有余。因此，在劳动的货币价格上升和利润下降的假设下，所有这些商品的价格，将在不同程度上自然地下降。

△另一方面，有许多商品，由于不使用固定资本，流动资本的收回又很快，大致从一天到一年不等，其资本价值对其所使用的劳动量的比例就很小。每星期周转一次的一百镑资本，跟只有在年终时才能收回的二千六百镑资本，每年可以雇用同样多的劳动。如果像实际存在的某些少数情况那样，资本几乎每天可以周转一次，那么，为数略多于一人一天的工资的垫支，就可以在一年之中，付偿三百多天的劳动的代价。这就很明显，出于这类轻微的资本的货币价格上升、⑤利润跟着下降这样的情况下，决不会使所有其他商品的价格都上升，而是一大批商品的价格会绝对地下降，⑥另一些将绝无变动，还有一大批则将⑦上升。我认为这是一个正确的见解。上述最后一类商品的价格只会作轻微的上升。这是因为，其价格虽然将由于劳动价格上升而上升，但是另一方面，将由于利润下降而有所下降。基于这一原因的⑧下降，将抵消基于前一原因的上升的大部分。

参阅马尔萨斯先生在第95页的意见："那么，所谓商品的交换价值是跟所使用的劳动成比例的这一论点又将作何归着呢，等等。"

⑤ 原先是"工资跟着上升"。
⑥ 原先是"决不是一大批商品的价格将上升，恰恰相反，其价格将绝对下降"。
⑦ 这里原先插入"作小范围的"字样，后又被删去。
⑧ 这里有"轻微"字样被删去。

利润,非但绝对不可能承受劳动价格上升百分之七的负担,而且不可能承受上升百分之零点五的负担。在上述只上升百分之零点五的假设下,如果产品价格依然如故,那就会使一百镑的利润全部被吸收还不够;在上述前一情况下,那就会使全部垫支资本都被吸收,还远远不够。因此,如果劳动与所使用的资本对照下所占的比例是非常之大的,当劳动价格上升时而商品价格不动,这类商品的生产就得立即放弃。但事实上肯定是不会被放弃的。⊗结果,当劳动价格上升、利润下降时,许多商品的价格就会上升。△因此,如下的说法是不可能正确的:"任何商品的交换价值,都不会仅仅由于工资上升而提高,只有在其生产中所使用的劳动增加时,或者是工资下降时,或者是估价用的媒介的价值下降时,才会提高。"*(25)⊗可以肯定的是,单是由于工资上升和利润下降,所有属于这个范围很大的一类商品的价格就会上升,在这里,由于所使用的资本微小,利润的下降,会在不同程度上被工资的上升所

* 《原理》,第2版,第63页,注3。

---

[64]　　(25)第 93 页。结果,当劳动价格上升,等等。

由于疏忽,而没有考虑到我最初提出的那个论点的相反的一面。马尔萨斯先生指出,主要由劳动构成并可迅速投入市场的许多商品,将随着劳动价值上升而上升,是完全正确的。①参阅上一条评注。

(26)第 94 页。可以肯定的是,等等。

使我感到奇特的是,这里马尔萨斯先生采用了他自己所指责的一些说法;这是怎么搞的?他谈到工资上升、商品价格上升、等等时,始终假定货币的价值是固定不变的,因此这也是其他事物的

① 麦克库洛赫在1821年1月22日第417号书信中,对这一条评注曾有所批评;参阅李嘉图1月25日第418号复信,并对照第421号书信。李嘉图在《原理》第3版中考虑了这一相反情况(英文《李嘉图著作和通信集》,卷一,35和43页)。

抵消。(26)

　　然而，无疑的是，由于这些对立的原因的作用，有一些商品的价格将保持不变。但是，正是由于这一论点本身的性质，由这类商品构成的行业必然是属于极少数的；而且，我要问一下，这些是什么样的行业呢？李嘉图先生为了说明他的论点，冒昧地假定属于这类行业的是这样一些商品，在这里作出的垫支只包括劳动工资，而报酬则刚好一年可以得到。** 但是，这样的例子是极其罕见的：资本的收回要推迟到一年，而这项资本却没有任何部分是用于购买材料或机器的。事实上，挑选这样一个独特的例子来说明，在劳动价格的任何变动下，商品价格将保持不变，△工资的上升或下降，会刚好被利润的下降或上升所抵消，这似乎是没有什么可靠根据的。总之，不得不认可的是，这里不论说的是什么行业，所包含的只是极少数一类物品；而其余的，则于劳动价格上升时，其价将不是下降就是上升，尽管所继续使用的劳动量

　　　** 《原理》，第2版，第59页。

实际价值的尺度。假使货币在价值上不是不变的，假使只是由于货币下降而使以货币计的工资上升，那么，利润下降的说法就不对了，认为某些商品的价格将上升、某些将下降、某些少数商品将不升不降的说法也就不对了，因为商品的价格，这时将统统上升。被他说成是专断的那个定义，他自己却采用了。②假使他认为我所挑选的媒介是易变的，他作出的结论那就没有一个是恰当的。假使他承认不变的说法，那么，他对于以在我所假定的条件下的③实际价值的尺度为媒介的反对意见，就从此结束了。

　　② 这里有下面一段被删去："假使他使用了他自己的价值尺度，他还能够像那样分析工资上升对相对价值、对利润等等所起的作用吗？他还能够得出同样的结论吗？肯定不是，因为，假使。"
　　③ "在我所假定的条件下的"是插入的。

跟以前完全一样。

⊗那么，所谓商品的交换价值是跟所使用的劳动成比例的这一论点又将作何归着呢？看来似乎并不是所使用的劳动量不变时，商品的交换价值就不变，而是由于经常而普遍地起作用的、众所周知的原因，当劳动的价格变动时，除了极少数例外，一切商品的价格就都要变。至于属于少数例外的是哪些类型的商品，要事先举述是简直不可能的。（27）

[66]　　（27）第95页。那么，所谓商品的，等等。

马尔萨斯先生指出，商品的交换价值，实际上并不是与所使用的劳动严格成比例的。这一点我不但现在同意，以前也从来没有否认过。

于是他证明，劳动量不是一个完美的价值尺度。可是，根据他所说的情况，在完美尺度上所发生的，究竟是些什么样的偏差？如果如我所认为的那样，偏差是轻微的，那么我们仍然是有一个相当准确的尺度的，而且，在我看来，这是一个比已经被提出的任何尺度都更加接近于正确的尺度。马尔萨斯先生所提出的尺度，关于作为一个价值尺度应有的属性一件都没有，这是由于他自己所赋予它的易变性而来的一些缺点，比他认为是我所提出的任何[67]尺度的缺点要大得多。他把货币价格无可非议地①叫作名义价格。政治经济学的原理，是不能用在名义②价格上发生的变动来解释的。任何人要试图解释这些原理，就得为此采用一个他能获得的最好的实际价值尺度。

马尔萨斯先生采用了一个他认为是最好的尺度，这个尺度只能以由他自己使用为限。

① "无可非议地"是插入的。
② "名义"原先是"实际"。

但是在进步国家，固定资本的不同比例和流动资本收回的不同速度，不是阻止商品交换价值同所使用的劳动量成比例的仅有的原因。当商业发展到相当程度时，不受所使用的劳动量和资本支配的外国商品，会成为许多制造品的材料。在文明国家，赋税到处使价格发生与劳动全然无关的显著变化。△而且，当一切土地已被占有时，地租的缴纳是国内种植和制造的大多数商品的供应的另一个条件。

在文明和进步国家，主要植物性粮食，在其生产中需要相当大的劳动量和资本，这项成本几乎全部可以最终归纳为工资和利润；这一点无疑是正确的，这是要涉及重大后果的一个真理，在下一章还要作出比较详细的阐述。但是，虽然由此可以推定，谷物的价格这就差不多是跟地租无关的；然而，这样确定的价格，是实际上在国家的大片土地上付偿地租的。这就很明显，地租的缴纳，或者说——实际上是一样的，这样一个要付偿地租的价格，是大多数商品供给的一个必要条件。

亚当·斯密自己就说过，地租"是在跟工资和利润不同的方式下，渗入商品价格的构成中的"。他说，"工资或利润的高低是价格高低的原因，地租的高低是其结果。由于使某一商品投入市场所必须支付的工资和利润有高有低，所以其价格也有高有低。但是，由于商品价格有高有低，支付工资和利润后，有时大大有余，有时略有所余，有时一无所余，因此所提供的地租有的高，有的低，有的则全然无所提供。"*△亚当·斯密在这一段里清楚地表明，地租是价格的结果，而不是价格的起因。但是他显然没有认为，这一认可就推翻了他的关于价格组成部分的一般原则；实际也确是没有被这一认可所推翻。大多数商品可以最终归纳为工资、利润和地租的说法，仍然是正确的。商品在其成本上，有些要花费相当大量的地租，少量的劳动和资本；有些要使用大量的劳动和资本，少量的地租；还有很少数，则其成本几乎可以归纳为仅仅是工资和利润，甚至仅仅是工资。⊗但是，如所周知，上述最后一类，只限于一

* 《国民财富的性质和原因的研究》，第6版，第1篇，第11章，第226页。

国产品中的极小部分,因此,就大多数商品的供给来说,地租的缴纳是一个绝对必要的条件,完全可以把它认为是价格的一个组成部分。(28)

我们即使承认,在进步国家,主要植物性粮食的价格,是由在最不利环境下用于生产这些粮食的劳动量和资本所决定的,可是,如果我们同时承认,在肥美土地上用少量劳动和资本生产的是具有同等价值的产品,那么,对于支配各种商品的交换价值的是所使用的劳动量这一概括论点,* 就很难用任何适当的说法来加以维护。由于进行经常交换的只是多样性土地的产品,△这就立即否定了上述论点中的一些说法。无论地租是用什么方式支配的,关涉到大批商品时,显然必须把它作为生产成本中的一个组成部分保留着。尽管通过这类商品所负担的地租是变化多端的,在少数情况下并且负担得很少,甚至是无所负担的,这些情况也不会使上述的保留的适当性受到影响。

因此,尽管在上面作出的充分认可下,认为在农业进步国家,关系到整个产量时,其主要植物性粮食的价格是一个必要价格,是符合于需要付偿在缴纳少许地租或不缴地租的最不利情况下所使用的劳动和资本这一条件的,可是我们似乎仍然没有理由可以改变关于价格的组成部分的旧有说法,也就是我比较喜欢说的所谓供给的必要条件。

* 《原理》,第1章,第13页。

---

[68]　(28)第 97 页。但是,如所周知,等等。

见评注第(16)。

[69]　(29)第 98 页。而由于支付这类租金的必要,等等。

如果货物不是属于优等品质,这就看不出,怎样会诱使买主到其价比较高昂的市场去买它们。

[70]　(30)第 99 页。一切家畜的饲养,等等。

家畜的价值是受谷物价值支配的,因此,如果经证明,支配那但是，某些部分的土地以及其产品所具有的垄断性，比进步国家主要粮食所具有的要显著得多。大家公认，那些受到严格或部分垄断的商品的交换价值，是不会被所使用的劳动所决定的。这个国家的大宗房产，包括所有各城市的屋宇，其交换价值，就由于地皮租金的严格垄断而受到极大影响；⊗而由于支付这类租金的必要，△就必然会影响到城市中制作的几乎一切货物的价格。（29）虽然关于人们的主要粮食的情形的确是这样，假使把地租去掉，也不会以较低的价格产出等量的谷物；可是关于家畜却不能这样说。这一类粮食的价格，没有一个部分是可以归纳为仅仅是劳动和资本两项的。

⊗一切家畜的饲养都得负担地租，所缴的与其价值对照，跟一般地租相差不远。在这一点上，家畜与谷物性质不同。种植谷物时，借助于劳动和施肥，可以在贫瘠的土地上获得丰收，所缴地租，与产量的价值相比，也许是极其轻微的。但是在未开垦土地，地租必然与产量的价值相应，无论每英亩产量多寡，地租必然是所产商品的价格中的一个主要组成部分。在优等牧场的五英亩地上生产出来的羊肉，在苏格兰高地上也许需要百英亩以上的地，才能产出那么多的羊肉。当然，还得考虑到，在贫瘠土地和无所掩蔽的场所上所必须负担的较高度的辛勤管理和较大的风险。然而，这些方面可能是问题不大的；与这一点无关，单就同样数量的羊肉说，两方由此所负担的地租是差不多一样的。假使这项地租大大降低，那就毫无疑问，在利润或任何

一商品的一般①价值的谷物，所提供的只是工资和利润，在同样情况下取得的家畜就不提供地租。我的意思不是说，在肥沃土地上种植的谷物或饲养的家畜不负担地租，只是说某些谷物和某些家畜不提供地租，而这部分谷物和家畜支配着一切其他谷物和家畜的价值。如果我在一个牧场上花了些费用施了肥，使它多产生了些牧草，从而多养了一头牛，试问这头牛的价格的哪一部分是提供

① "一般"是插入的。

有关人员的工资没有作任何缩减的情况下,在市场上供应的同样数量的家畜,其价格将大大降低。△因此,用劳动量和资本来估计家畜的价值是不可能的,更不用说单是用所使用的劳动量来估计了。(30)

我们或者可以这样说:虽然我国所产家畜的每个部分,都无疑是负担地租的,可是未开垦土地的地租则取决于家畜的价格,而家畜的价格,则取决于假使用以种植谷物就可以提供相当大的地租的那些优等的天然牧场或优等土地上饲养时的生产成本,因为在一个人口稠密的国家,贫瘠的未开垦土地是绝不足以生产所需肉食的全部的;那些因此不得不专用以饲养家畜的属于了地租的。牛的价值所偿还的只是资本及其利润。马尔萨斯先生说,"假使地租大大降低,那就毫无疑问,在利润或任何有关人员的工资没有作任何缩减的情况下,在市场上供应的同样数量的家畜,其价格将大大降低。"不错,所述家畜的生产情况是可能实现的;但问题是,会不会实现呢?如果如马尔萨斯先生所说,地租是高价的结果而不是其原因;如果"没有正当的理由可以相信,假使地主把全部地租赠给他们的佃户,谷物就会更加丰富,更加便宜"*的说法是正确的;如果"把一切地租转让给佃户的后果只是把他们变成绅士";*那么不论是谷物或家畜,就不会在实际耕作的土地上按降低的价格生产出来,因为"对本国产品作出的最后增量是按照生产成本出售的"。*

(31)第101页。在一切国家最常见的一个现象是,等等。

我懂得,由于农业改进,耕作低质量土地时,与没有发生这样的改进时相比,可以取得较低①价格的产品,因为价低而量大,会比价高而量小具有较大的价值;但是,谷物价格降低,工资就会降

---

* 《地租的性质与发展的研究》,第57页。
① "较低",原先是"同样"。

不同质量的各项土地的地租,则取决于国家主要粮食的价格;国家主要粮食的价格,则取决于在实际上这样使用的最劣等土地上从事生产时所必要的劳动和资本。这固然是于证明家畜与劳动之间的密切关系时一个比较迂回的方式;可是由此表明,我们肯定没有理由可以说,羊和衬衫的相对价格,是跟各自所花费的对比劳动量成比例的。

但是实际上这条互相衔接的链条,其中一个环节是不牢靠的,家畜与劳动之间的连结,这就立即被打断。虽然国家主要粮食的价格取决于在使用中的最劣等土地从事生产时所必要的劳动与资本;可是,△如下一章将作进一步详细说明的那样,地租并不是被产品的价格所支配的。⊗在一切国家最常低,利润就会提高,并且只是由于利润提高,人们才会在劣等土地上耕作。假定一个国家,在行得通的情况下,尽量扩大耕作面,而利润却这样低,以致不存在②更求推进的任何动机,使得十个人在未开垦土地上的劳动所收回的③产量的价值,还不足以供应耕作者的衣和食,人们这就不会在这样的土地上耕作。假定现在农业有了改进,因此十个人在这块劣等土地上耕作时所获得的产量,比前可以增加百分之三十,④如果人口增加,人们这就要在这块土地上耕作了。在这种情况下,谷物价格将降低,劳动价格将降低,而利润将比前提高;没有别的情况,可以使这块比较贫瘠的土地对耕作者提供任何利润。而马尔萨斯先生说,会使人们在同样产品价格、同样劳动价格和同样利润率的情况下,从事于耕作自然条件较差的土地,这是多大的一个错误。

马尔萨斯先生在整个这一讨论中,忘记了地租不是价格的一

② "存在"是用铅笔写在"提供"字样的上面,但后者并未被删去。
③ 这里有"剩余"字样被删去。
④ 原先是"可以增加一倍"。

见的一个现象是,由于农业改进,使产量增加,人口增加,过了一段时间,会使人们在同样产品价格、同样劳动价格和同样利润率的情况下,从事于耕作自然条件较差的土地。(31)但是,在这种情况下,一切在耕作中的旧土地的地租必然要上升,当然,天然牧场的地租和家畜的价格也要跟着上升,而不会使

[73] 个组成部分这一事实①并不取决于他的一切耕作中土地都是负担地租的这一证明。②如果他能够作出得到大家满意的证明,认为没有一块耕作中的土地是不负担地租的,他还是跟以前一样地没有解决地租成为价格的一个组成部分这一问题。假使我能够在我的土地上多使用些资本,而这样做时并不负担任何额外地租,我就可以借此生产些谷物、家畜、蛇麻和其他农产品,这些农产品的价值中,却不含有地租成分。支配所有这些增出的谷物、家畜和蛇麻的价值的,是所生产的数量和我出售时能够得到的价格。按照我的看法,关于地租不是价格的一个必要组成部分这个论点,在没有被否定或没有被驳倒以前,是已经确定了的。希望可以把我所说的看成是对马尔萨斯先生下面说法的一个明确反驳——他说,"在我国土地上生产的羊毛、皮革、亚麻和木材,其中没有一个部分是可以这样说的",即,没有一个部分是不负担地租的。在他的《地租的性质与发展的研究》里他说得很正确——"对任何能够自由使用资本的农场主说来,如果在他土地上多花费些资本时所得到的增益产额,可以使他充分取得他资本的利润,他就会乐于这样做,虽然这一措施对地主并无所提供"(第36页)。这个说法是无可非议的。在这样得来的增益产额的价格中,是没有地租参与的。

① 原先是"忘记了关于没有地租被缴纳的这一证明"。
② 原先是"并不(这里插入'单是'字样)取决于在劣等土地上从事耕作"。

劳动价格发生任何变动，也不会使生活资料的生产增加任何困难。

上面所说的，除动物性粮食外，还可以应用到许多别的重要商品。首先是羊毛和生皮，这是两项极其重要的制造业原料；还有木材和小灌木，这些是在制造业中有重大意义的商品。其次，有些产品，例如蛇麻，是不能在贫瘠土地上生长的。这类产品，不可能在不负担地租的情况下取得。假使这种地租有了变更，而用以生产某一定量的谷物的劳动量依然不变，这就没有任何理由可以认为这类产品的价值是受劳动支配的。

如果说完全排除地租，把一切商品的价格归纳于工资和利润的学说，决不涉及与垄断有任何关联的商品，那么我们可以作出这样的回答：△这一除外包含了大批我们所熟悉的商品。对谷物提供主要供给的土地，虽然受到与通常的垄断有所不同的规律和限制的支配，却显然是属于一种垄断性质；即使用以种植谷物的最后一块土地，如果是属于一个所有人的，就得缴纳否则将供作天然牧场时所须缴纳的少量地租。上面已经说明，垄断必然会以最直接的方式影响到人类粮食的另一重要部门——家畜的价格；至于衣着和住房的材料，很少不是实际上负担地租的，这不仅是对两者的大部分来说是这样，即使对在最贫瘠土地上生长出来的那些材料来说，也是这样。认为羊毛、皮革、亚麻和木材的价格是取决于它们在不负担地租的土地上生产的成本这一说法，所涉及的是一个无法求得的准则。我认为，我们不妨说，在我国土地上生产的羊毛、皮革、亚麻和木材，其中没有一个部分是可以这样说的。

因此，关系到主要商品时，我们就不能排除地租。就最切近于这一说法，即国家主要粮食生产的情况来说，要把各种不同类型的粮食的交换价值，归纳为仅仅是工资和利润两项，就会陷入用语上的矛盾。我们对地租的起源和发展经适当地作了说明以后，把它看成是价格的一个组成部分，似乎并没有由此发生错误。△在我看来，为了用语正确，也为了意义正确，必须表明，组成生产任何商品的成本的，是使那种商品在社会的实际环境中，得以按照所需数量投入市场时所必要的全部工资、全部利润和全部地租；换句话说，支付这些费用是商品供给的必要条件。

⊗假使我们决定只用一个项目,那么,比较正确的做法肯定是用资本而不是用劳动这个项目;人们叫作资本的那类垫支,一般是包含其他两者的。(32)商品的自然价格或必要价格,取决于所使用的资本额,和这项资本在其使用期间按通常定率计的利润。但是,垫支的资本额所包含的是,自始至终所支付的工资额,和直接付给地主或通过原料的价格支付的地租额,因此用三个项目来表示肯定是比较可取的,这样,既更加正确(在许多情况下,地租并不是资本的垫支),而且可以把需要知悉的内容进一步表示出来。

⊗如果地租是渗入几乎一切制造品的原料和不论是固定还是流动的几乎一切的资本的,那么,缴纳地租所必要的垫支,将大大影响所使用的资本额,(33)加上在垫支期间必然要发生的几乎是无穷的变化,△将使价格中归

[74]　　(32)第103页。假使我们决定,等等。

假使等同的资本,所提供的是其价值近于等同的商品,那么这一论证也许还有几分理由。但是,用于价值高昂的机器和①蒸汽机的资本②所取得的商品,同主要用于供应劳动的等值资本所取
[75]　得的商品,其价值是互相悬殊的。这就立即看出,马尔萨斯先生所说的一个项目,在他认为比较正确,实际是想象所能及之中的最不正确的。

(33)第103页。如果地租是渗入,等等。

这个农场主缴纳的是高额地租,那个缴纳的是低额地租,前者为此不需要较多的资本。他缴纳高额地租,不是由于他使用了一项价值比较高昂的资本,而是由于同样的资本,对他提供了价值较大的报酬。他把产品出售以后,也就缴纳了这项地租。

①　在1820年11月26日寄给特娄尔的副本(第403号函)内,"和"改为"例如"。
②　这里有"虽然同只用于劳动的资本是属于相同价值的"一段被删去。

纳为利润的那个部分，受到极其深刻的影响。

假定——这大概不会实有其事——在一个进步和人口稠密的国家，仍然有一些土地是不以任何直接方式缴纳地租的；可是，在这样土地上的耕作者，即使所生产的是供作他的犁、手车和房屋使用的木材，是供作他车上的挽具用的皮革，是供作他自己家里消费的肉食，是他买来作耕地用的马匹的饲料，他仍然是负担地租的。所作出的垫支，单就地租说，由于它的作用，会立即使产品的价格不会与所使用的劳动量成比例。如果按照这些垫支的数额及其收回报酬的期间加上其利润，就必须认识到，即使是谷物的生产，不直接缴纳地租，其价格也必然要受到在耕作中所使用的固定资本和流动资本所涉及的地租的影响。

由于所使用的固定资本的比例不同，流动资本收回的速度不同，在制造业中使用外国商品的数量不同，由于赋税的无可否认的影响，由于在一切进步国家的实际情况中地租的普遍流行，所有由这些因素所引起的变化，我认为使我们不得不承认，不管我们有多大的好奇心和希求心要想知道各个商品在其生产中所使用的劳动的准确数量，△决定同时间同地点的相对交换价值的，肯定不是这项劳动。

如果同地点同时间的商品的相对价值，不是在其生产中所花费的劳动所决定的，这就很明显，这个尺度不能决定商品在不同地点和不同时间的相对价值。假使支配着在伦敦、在现时进行买卖的商品的一般价格的，除劳动外，还有别的许多原因凑合在一起，这就很明显，当一种商品，在现时的印度，或是在五百年前的英国，在其生产中所花费的劳动量，倍于现时的英国时，我们决不能由此推定，这种商品的交换价值提高了一倍。同样情况，假使我们发现，某种商品，以货币价格比较，其交换价值比多数商品高了一倍，我们也决不可由此大胆推定，认为在其生产中所花费的劳动量，恰好增加了一倍。

举个例，假使在爱德华三世时代，织成一幅细棉布，须用普通劳动二十天，而在现代只须用十天，这当然可以由此断言，由于种种方面的改进，织细棉布的便利程度提高了一倍；但是，这种情况影响相对交换价值到什么程度，如果不调查事实，就无从确定。一般商品或多数商品交换价值的变动，△当然取决于其他商品制作时的相对难易程度；至于各个商品，即使在其制作中所需要的劳动没有变动或者是明确了解的，其交换价值的变动，也仍然要取决于所有上述那些因素，即使就同时间同地点说，也不能以商品在其生产中所花费的劳动，作为其相对价值的一个正确尺度。

李嘉图先生为了证明，以商品所花费的劳动量作为价值尺度，比以商品所能换取的劳动量作为这一尺度为合式，提出了这样一个假定：为了生产某一定量的谷物，在某一时期所需要的劳动量，只有另一时期所需要的一半，然而在这两个不同期间付给劳动者的却是等量的谷物。* 他说，在这一情况下，我们看到的一个例子是，虽然商品所能换取的劳动没有比前增加，而它的

* 《原理》，第2版，第1章，第15页。

---

[78]　（34）第 106 页。这里我们有着一个，等等。

老实说，我不了解这一段的意思。成本是用劳动量来估计的吗？我晓得马尔萨斯先生会说是的。那么，由于谷物需要加一倍的劳动量，它的成本就加了一倍。然而他说，由于没有易得较多的劳动量，所以其价值没有加一倍。但是，用它来交换亚麻布、帽、鞋、铁和其他一切商品时，情形怎样呢？可以得到的是加了一倍的数量。①那么，依我看来，它的价值是加了一倍。然则，它就是不能易得加倍的劳动量吗？当然不能。为什么？因为劳动的价值同谷物的价值一起上升了，诚然不是等比例上升，因为劳动者所消费的不单是谷物。但是劳动的价值上升了，因此就可以易取较多的亚麻布、帽、鞋、铁和其他一切商品。

① "的数量"是插入的。

按照他所认为的价值的适当定义来说的交换价值,却提高了一倍。

我们不得不说,这是必然性极小的一个假设。即使能假定发生了这样的事,所突出说明的,正是他所下定义的不正确,从而直接证明成本与价值之间所始终必然存在的显著差别。⊗△这里我们有着一个成本中的劳动量增加一倍的清楚的例子;可是,假设中的一个部分是,这样地大大增加了生产成本的商品,却没有提高对某一种商品的购入量,这种商品是无可比拟的,是一切提供交换的商品中之最最重要的——这就是劳动。这个例子直接证明,商品在其生产中所花费的劳动量,不是它的交换价值的一个尺度。(34)

毫无疑问,大家会同意,在商品生产中所使用的劳动,包括必要资本的生产中所使用的劳动,是价格的组成部分中一个主要成分,如果其他情况不变,将决定在同一国家,或者说得正确些,在同一地点的一切商品的相对价值。但是,如果回顾到任何过去的时代,那么,用收集那个时代以货币计的商品价格

马尔萨斯先生所提出的谷物价值没有增加一倍的证据,所证明的是,谷物没有能易得那么多的其价值已同时上升的那种东西。

所谓劳动量是商品的成本这句话是什么意思?所谓成本,指的必然是对某种有价值商品所估计的生产费,②其中必然包括资本的利润。上面我已经说过,③两种商品的生产成本也许是跟所使用的劳动量成比例的,但是,这跟劳动自身是根本不同的。马尔萨斯先生还说,"这个例子直接证明,商品在其生产中所花费的劳动量,不是它的交换价值的一个尺度。"用马尔萨斯先生的交换价值的尺度来说,当然不是的。④

② "生产费",原先是"价值"。
③ 见评注(11)。
④ 引文以下的这一句是插入的。

的方式，就可以准确得多地掌握那个时代商品的相对价值。为此去研究各种商品所花费的劳动量，是没有用处的。如果制造某一商品，三百年前须花费十天劳动，而现在需时二十天，从而推定，其价换价值上升了一倍，那肯定是要冒着得出的结论与真相相差极远的风险的。

108　　这就表明，△商品在其生产中所花费的劳动量，既不是其同时间、同地点的相对价值的一个正确尺度，也不是在不同国家、不同期间的在如前所下定义下的实际交换价值的一个尺度。

第五节　货币，当其成本不变时作为价值的尺度

有人认为，根据商品在其生产中所花费的劳动、既是实际价值的一个尺度、也是相对价值的一个尺度这一原则，假使能找到一种商品，不论什么时候在其生产中所花费的总是等量的劳动，那就可以把它作为一个准确的、标准的价值尺度。* 大家知道，贵金属并不具备这种属性。社会曾经在不同时期和具有不同程度的产出力的矿场中，取得这类金属。产出力不同，必然意味着，在等量金属的生产中，在不同期间所需要的劳动量是不同的。而且由于在不同期间，在开采操作中所运用的是具有不同程度的技巧，这就必然形成，△使某一定量的硬币投入市场时所花费的劳动量参差不一的另一原因。

也许要使人感到费解的是，即使排除了这些使之多变的原因，即使生产某一定量的金属时所需要的劳动量始终是相同的，贵金属也决不是各种商品所使用的劳动量的一个准确尺度。

贵金属，如现在这样取得和分配的情况下，是同时间、同地点交换价值的一个准确尺度，这是公认的事实。这里作出的推断，绝对没有损及或在任何方面削弱贵金属现在所具有的这一属性。但是在上一节里已经表明，商品的交换价值是决不会与其所使用的劳动量成比例的。由此可见，即使根据这里作出的假设，商品的货币价格也不能体现它所使用的劳动量。

如果要使商品的价格成为其各自所花费的劳动量的一个正确尺度，在什么方式下取得贵金属，才可以达到这个目的，事实上我们在这个方面无法作

* 《原理》，第2版，第1章，第54页。

出假设。始终存在的情况是，商品价格与各种商品所使用的劳动量之间的差
110 距，至少不亚于劳动量与其交换价值之间的差距。为了证明这一点，⊗△让
我们假定，第一，贵金属在不提供地租的矿场生产时，在一定期间，需要使用
某一定量的固定资本和流动资本。在这种情况下，根据上节作出的论证，甚
至根据李嘉图先生所认可的条件，可以推定，用以交换一定量白银的商品，除
了在其生产中，不仅是使用等量的劳动，而且是在同时间和等比例下使用等
量的两种资本的那些商品之外，没有一种会跟白银含有相等的劳动量的。如
果劳动价格上升，除了极少数在其生产中使用资本跟贵金属在其生产中使用
资本的情况完全一样的那些商品之外，所有仍然含有与前相同的劳动量的商
品，其价格将变动。

　　让我们假定，第二，生产贵金属时不需要固定资本，所需要只是付偿为
期一年的体力劳动的垫支。这个情况是极其少见的。是否有那样的商品，跟
一定量贵金属相比，既属于同样的交换价值，又含有同样的劳动量，我是有
些怀疑的。当然，于劳动价格上升时，几乎所有这类商品的价格，就会上升或
下降。

　　让我们假定，第三，单是劳动、而且不需要作出一天粮食以外的任何垫
111 支，△就足以取得贵金属；就是说，平均说来，在海滨一天时间的搜寻，就
总可以觅得半盎斯白银，或十五分之一盎斯黄金。在这种情况下显而易见的
是，任何商品，在其生产中所需要的任何种或任何量的资本，超过了一天必需
品的垫支时，其价格将与花费了同样劳动量的任何定量的黄金或白银有差异。
至于劳动价格上升的影响，这不能成为我们考虑的题材，因为在这里的假设
下，显然是不会发生劳动价格上升问题的。一天的劳动，必然是始终保持着
同样的货币价格的，谷物只能上涨到劳动者对必需品缩减的可以容许的程度。
可是，虽然劳动的货币价格不可能上升，利润率是仍然有可能下降的；由于
利润率下降，任何商品与货币对照将下降。

　　无论根据上述哪一个假设，由于上节所提到的一些原因的作用，会使商

品价格发生那样的改变，因此，要从这些相对价格推断各种商品所使用的劳动的相对比例，我们还是跟以前一样地无能为力。(35)

但是，跟这里所提到的一些原因无关，贵金属还有它所特有的别的一些变动的原因。由于它所具有的耐久性，当别的商品在质量上有了变化，△或是在生产上的便利程度有了变化时，它的适应过程往往是缓慢的，带些困难的。

⊗黄金和白银的市场价格，取决于与需求对照下的市场中的数量；而这一数量中的一部分是好几百年累积起来的、来自矿场的年供给量，只能起缓慢的影响作用。

李嘉图先生说得很对，*他说，一切商品的市场价格和自然价格的归于一致，总是取决于供给能够增加或减少时的便利程度；他特别注意到黄金或贵金属，认为这是不能迅速发生这种作用的一类商品。因此，在工农业中，如果由于机器方面重大和突然的改进，生产的便利程度普遍提高，可以用少

* 《原理》，第13章，第191页。

---

(35) 第110页。让我们假定，第一，等等。

这里对以黄金作为价值尺度的一些反对意见所依据的是，生产黄金时所需要的总是同样的劳动量这一假设，跟上节所作出的以劳动自身作为价值的支配者的假设，基本上是一式一样的东西。在那里证明的是，商品不是完全按照在其生产中所需要的劳动量的比例变动的。现在证明的是，这些商品对某一商品说来，①不是完全按照在其生产中所需要的劳动量和某一商品生产中所需要的劳动量②的比例变动的。

① "对某一商品说来"是插入的。
② "在其生产中所需要的劳动量和某一商品生产中所需要的劳动量"，原先是"各自所需要的劳动量"。

得多的劳动来供应居民的需要，这时贵金属的价值，与商品对照，应当大大增长；但是，由于它不能在短期间适当地减低数量，商品的价格就不再体现它所使用的劳动量。（36）

贵金属所特有的变动的另一原因是，从对外贸易中获得的效用。除非对这一效用置之不顾，禁止贵金属输出和输入，△否则有利于输出其商品的那些国家，宁可向国外购入黄金和白银，而不在国内采取，对它们说来，无疑会更加适合。在目下我认为无疑的是，英国购入贵金属，比直接从墨西哥矿场采取的办法，可以使用较少的劳动。但是，如果有些国家向国外购入贵金属比取之于国内时所使用的劳动较少，这就表明，有些别的国家用输出贵金属

（36）第112页。黄金和白银的市场价格，等等。

我从来没有认为，在现在环境下，黄金是价值的一个良好尺度。只是为了便于说明原理，作出一种假设，排除了使黄金变动的一切已知的原因。按照马尔萨斯先生所假定的情况，除非黄金的市场价格相等于或超过其自然价格，否则就不会有跟以前相同的数量的黄金投入市场；而数量减少以后，其价格将慢慢抬高。

我说过，① "假定黄金价值的一切变动都停止，那时它将是价值的一个良好尺度。我知道，变动是不会停止的。我知道，这是跟别的东西一样容易变动的一种金属，因此，不是价值的一个良好尺度。我要求的只是，假定一切变动的原因都已被消除，然后我们才可以谈到在不变的尺度下别的东西的变动，而不至于发生混淆。"这里对我作出答复时，是不是告诉我黄金是易变的，而我没有想到要举出其变动的某些原因呢？②

① 以下只是就原文大意进行复说，见英文版《李嘉图著作和通信集》，第一卷，第87页，注1。
② 这一段是插入的。

的办法，来换取它们在自己国土不能生产或向国外购入时代价较低的那些商品，会更加适合。在这种情况下，谈到商品的相对价值时，不论是在同一期间的不同国家，还是在不同期间的同一国家，很明显，即使不存在商品在所花费的劳动量上的相应变动，其货币价格还是会发生相当大的变动的。

迄今为止，在这一节和上一节里所考虑的一些反对意见，所依据的假设是，各国都自有矿场，甚至不论何时，可以不用资本而用同样的劳动量在国内取得贵金属。但是必须看到，这都是不切实际的假设。我们不妨采取一个比较合于常情的假设，假设的情况是，不管矿场在什么地区，可是不论何时，开采时所花费的总是同样的劳动量和资本，这就可以立即看出，按照贵金属现在的分布状态，△要用它来衡量商品在不同国家、不同期间所花费的劳动量，相对地说来，是何等难以依靠。

假使各地区矿场的产出力当真总是一样的，那我们就可以避免由目前相反情况所引起的那种变动的原因，就可以不受到例如由于发现美洲矿场所发生的影响。但是其他巨大而显著的变动原因依然存在。均一的矿场产出力，并不会根本改变贵金属在不同国家之间的分配比例。我们看到的，在跟谷物和劳动的对比下贵金属价值在不同地区的巨大差异，大概仍然会大体上继续下去。

⊗据我们获得的关于孟加拉物价的报道，在其地，一定量白银所体现的或是所换取的劳动和粮食，同英国相比，要超过英国六倍或八倍。在世界一切地区，物品总是以均一的货币价格互相交换。因此，当这两个国家进行贸易时会出现的是，英国费一天劳动得来的产品，经充分计及利润上的差额，必然可以易得印度以五天或六天劳动得来的产品。

也许有人认为印度白银价值之所以较高，主要是由于美洲矿场发现后的影响，还没有充分传达到世界的这个地区。但是，我们要晓得，△美洲矿场发现以来，经时已久，欧洲距其地的交通显然是极其不完备的，而两方黄金与白银的相对价值之间的差异，现在已成过去。因此，我认为印度白银价值之所以较高,主要是由于别的原因。但是,不管怎样,目前存在的差异是这样大,即使有所缩减,还会留下继续缩减很大的余地。

可是,要找到类似的贵金属价值差异情况,正不必一定在印度,虽然,差异也许没有这样大。在德、法、俄、波兰、法兰德斯,实际上几乎是欧洲一切国家,都存在类似情况,在这些地区,一定量白银可以购得的劳动量和粮食,差异很大。然而,假使美洲矿场是始终保持均一的产出力的,这些国家的贵金属相对价值,也必然会与原来的情况基本上相同。因此,即使假定始终可以用相同的劳动量和资本向美洲矿场取得货币,要根据贵金属目前的相对价值,来断定各个国家的商品的货币价格与其所花费的劳动量之间的一致,是何等难以信赖。

如果对于这种经验上的论证不能十分满意,那么,很明显,根据理论,也可以得出同样结论。在那些不得不购入贵金属的△国家,没有可靠的理由可

---

[86]　(37)第114页。据我们获得的,等等。

我曾极其确切地表明,黄金和白银的价值,在不同国家中也许会相差很大,①特别是用两者可以易得的谷物和劳动的量②来衡量其价值的时候。我确曾试图证明③这种差异④是由于三个原因:

① 这一句原先到此为止,后来插入分句"特别是用谷物和劳动来衡量的时候"最后扩充到如上那样。
② "量",原先是"价值"。
③ 参阅英文版《李嘉图著作和通信集》第一卷,第145页。
④ 以下列举的原因有三个,原先只有两个,这里的第二个原因,原先被包含在第一个之内。关于列举"原因"一段,原先是,"是由于两个原因,第一,购入黄金和白银时,如果买主用以易购的物资没有别的,只是笨重的商品,特别是,用以易购的商品运途遥远时,其由此所必须负担的费用。在输入黄金的国家,一切费用,实际上是一切有关的劳动量的价值('的价值'是插入的),必须计入所购黄金的代价之内(这一分句原先是'输入黄金的费用必然要增加,因此,其价值必然要提高')。第二,由于与土地的肥力对应的不均等的资本积累而形成的、在各个国家互不相同的利润率。"

以举出，为什么贵金属数量就应当同用以购入贵金属的那些商品生产时的艰难程度成比例。

当英国和印度的棉布投入德国市场时，其相对价格将完全取决于其相对质量，跟双方所花费的劳动量相差悬殊这一点没有丝毫关系。印度棉布织造时所使用的劳动，五倍或六倍于英国，但是，没有能因此使印度获得较多的货币报酬。(37)

在欧洲，没有一个商人会单是由于瑞典小麦是在较贫瘠的土地上生长的，在耕作中使用了较多的劳动，因而愿意付出较高的代价去收买，而不去收买代价较低而质量相等的俄国、波兰或美国小麦。因此，如果印度和瑞典，除了输出棉布和谷物，别无其他手段可以向欧洲购买白银，而要外销它们的其他商品，其商品的货币价格，又要与其生产时的相对艰难程度或与其所使用的劳动量相应，则与别的国家的商品价格对照下，是绝对不可能的。购买一

第一，用笨重的商品去易购黄金和白银时，所必须负担的将商品运到金银出售地区的市场时的费用。第二，由于海程遥远，使这类费用更加提高。第三，由于与土地肥力对应的、不均等资本积累而形成的、在各个国家互不相同的利润率。如果约克郡的劳动价格比格洛斯特郡的高得多，在前一地区的利润就会比较低，资本将逐渐由前一地区移向后一地区；这样两者就会各自拥有能够在最有利的情况下使用的那么一个部分的资本。在独立国家之间的情形却不是这样。资本不会单是由于劳动代价低廉，而从英国移向波兰。由于这个原因，将黄金的价值与劳动比较，在一个国家就会低些，在另一个国家就会高些。[87]

但是我不同意马尔萨斯先生的计算方式。以这个国家的一天劳动跟那个国家的相比时，我们必须考虑到，⑤在一天劳动这一笼

⑤ 这一句以下，原先是"劳动的强度"。

117 切种类的国外商品的力量,取决于能够输出的商品的其价之相对低廉,而不在于其价之相对高昂。因此,就单独一个国家说来,△假使其他情况大致不变,其现时通货就可以按照商品各自所花费的劳动量,分配于在进行买卖中的各种商品;假使由此假定,在不同国家中也可以实行这样的分配,那就违反了商业交往的首要原则。*

这就表明,即使所有国家自己都有矿场——更不用说的是,如果多数国家不得不向别的国家购入其货币——也没有一种在贵金属生产上的规律化,有可能使商品的货币价格,不论在同一国家或不同国家,也不论在同一时期或不同时期,成为所使用的劳动量的一个正确尺度。

处于这样情况下的贵金属,虽然就商品所使用的劳动说来不是一个良好

* 李嘉图先生说得很对,他说,即使在他关于贵金属所作出的假设下,国际商品交换,也不是取决于在商品上所相对地花费的劳动量的。

统说法下可能含有的不同的劳动量。马尔萨斯先生曾详细谈到,在获致食物时极其轻易的那些国家所看到的,关于厌恶劳动、关于劳动者的懒散习性、等等,那他就必然不会拿南美洲人或印度人的一天劳动,来跟英国人或法国人的一天劳动作比较。他是不是当真相信,在印度棉布上所使用的劳动,多于在英国棉布上所使用的五倍或六倍?除了上面所说的他未加考虑外,①他显然没有计及使用于如蒸汽机等机器上的以及使用于煤等等方面的劳动。难道这类劳动不是使于用棉布的劳动的一个组成部分吗?②

① "除了上面所说的他未加考虑外"是插入的。
② 这一句原先是,"认为这些都不是使用于棉布的劳动的一个组成部分"。

尺度，但是，就商品的交换价值说来，可以成为良好尺度到什么程度，那完全是另一问题。已经多次说过，不论用什么方式取得的贵金属，总是同时间、同地点的交换价值的一个正确尺度。当然，取得方式上的变化越小，就越接近于作为不同时间和不同地点的交换价值的一个尺度。

△假使贵金属确是按照本节里所作出的假设的方式之一取得的，即，各国不论何时都可以用同样的劳动量取得，不需要作出任何资本垫支，那么，除了出于对外贸易和突如其来的机器发明的暂时干扰外，以货币计的交换价值，关系到它所换取的劳动时，就一切国家和一切时期来说，就都是一样的。为什么在这一情况下，贵金属会近似于实际交换价值的一个正确尺度；具体原因是，这里作出的是唯一的假设，在这一假设下，贵金属的劳动成本与其劳动的交换价值是相同的。在这一假设情况下，货币肯定是属于均一价值的。无论何时，它所花费的同它所换取的是同样的劳动量。但是，我们已经看到，就使用了任何种资本的那些商品说来，其价值，无论与贵金属比较，或互相比较，是决不会与其所花费的劳动成比例的。

第六节　商品所换取的劳动，作为实际交换价值的尺度

119　　当我们按照亚当·斯密所惯用的意义，△把劳动看作价值的尺度时，就是说，用一种物品所能换取的一定类型（例如，通常的一天劳动）的劳动量来估计其价值时，就显得劳动无疑是任何一种商品中之最适当的，它能够比任何别的商品更加密切地把实际的和名义的交换价值尺度的属性结合起来。

⊗首先，于寻求任何一种物品作为交换价值的尺度时，我们自然会注意到的是，在交换中进行得最广泛的东西。无可置疑，在一切物品中，用价值中的绝大部分来进行交换的是，生产性或非生产性劳动。

第二，只有与劳动交换的商品的价值，能够表达商品对社会需要和爱好的配合程度，能够表达同消费者的愿望与人数对照下，商品供给的丰裕程度。由于机器的改进，毛料、丝绸、棉花、帽子、鞋子、货币，甚至谷物，也许在若干

[90]　　（38）第119页。首先，于寻求任何一种物品，等等。

读者会看到，马尔萨斯先生对于作为实际价值的尺度的应有属性，所求之最切的不是其不变性，而是"在交换中进行得最广泛的东西"。他还说，"第二，只有与劳动交换的商品的价值，能够表达同消费者愿望与人数对照下，商品供给的丰裕程度。第三，资本的积累，取决于其促使劳动化为工作的力量。"诚然，这些都是关系到别的问题时需要加以认真研究的。但是，我要问一问，这些跟实际价值的尺度问题有什么关系？马尔萨斯先生说，"我反对你所

年间，会同时大量地增加。可是，这些商品尽管发生了这样显著的变动，以其中的任何一种交换任何别一种，或者，甚至以任何一种同多数别的商品集体地加以比较，其价值也许跟以前完全一样。这就很明显，要显示由生产便利而引起的重大效果，就得考虑到或者是商品所花费的劳动量，△或者是它们所换取的劳动量。但是，在上面两节里已经表明，商品所花费的劳动量，决不能近似于甚至同时间同地点的交换价值的一个正确尺度。因此，我们就自然要注意到商品所换取的劳动。

第三，资本的积累，以及其增加财富和人口的效能，差不多完全取决于其促使劳动化为工作的力量，或者，换句话说，取决于其换取劳动的力量。(38)⊗商品即使再丰足些，假使是属于这样一种性质，或者是其价值下降得那么厉害，以致所换取的劳动不能多于所花费的劳动，那就不能导致资本真正和持久的增加。(39)这种现象如果是出于持久的原因，积累就会最终停止，如果只是暂时的，积累就会暂时停止，不论在哪一情况下，人口将相应地受到影响。看来，对生产的重大刺激，主要在于商品换取劳动的力量，尤其是在于换取大于所花费的劳动量，这就自然地会使我们想到，这种换取劳动的力量，在估计商品交换价值时是至关重要的。

以上是一些概括的考虑，由此促使我们于探求价值的尺度时，首先要注提出的价值尺度，因为这不是像你所说的那样不变的，会影响到它变动的原因有的是，而你却没有加以适当考虑。"既然是这样，那么谁不要想到，他所提出的价值尺度一定是避免了这些反对意见的。恰恰相反，他所提出的尺度，不但其本身是易变的，而且，由于它同别的商品所保有的关系，是格外易变的；他举出了作出这一选择的若干理由，可是与问题并无关涉，因为关于价值尺度的不变性或近似于这种属性的方面，他根本没有考虑。

(39) 第120页。商品即使再丰足些，等等。

意到商品所换取的劳动。△对这个尺度的属性作进一步仔细的考虑，就会
121 使我们确信，△更没有别的事物会这样适应我们的目的。

大家公认，就同一地点和相当短促的期间说来，贵金属是一个尽善尽美的价值尺度。同时，凡是对贵金属关系到名义价格时说来是对的，对如所拟议地那样运用的劳动说来，也是这样。

很明显，例如，不同的商品能够在同地点、同时间换取的不同的一天劳动量，将完全与其相对交换价值成比例；如果商品中的任何两者，所购入的是同类、同量的劳动，它们将在不变的比例下进行交换。

商人凭其进口商品所换取的劳动量与其出口商品所换取的劳动量对比时的超过量，就可以有把握地调整其交易，估计其商业利润。当商品的价值有所提高时，是否由于全面垄断还是部分垄断，是否主要由于原料不足，由于缺乏在其构成中特别需要的那种劳动，还是由于过高的利润；是否由于生产成本提高使商品价值提高，还是由于使用机器使其价值降低；商品当前的价值，是主要取决于一些持久性原因的，还是暂时性原因的——就所有这些事
122 例说，在所有这些情况下，商品所换取的劳动量，△或者，实际是一样的，人们为取得商品所愿意支付的劳动量或劳动价值，是商品交换价值的一个非常准确的尺度。总之，就同地点、同时间说来，这个尺度跟商品的名义价格完全一

不管你挑选什么媒介作为交换价值的尺度，这一点总是对的。

用铁、糖、咖啡来估计，我在一种商品上花费了这些物品中之一的某一数量；除非用这种商品可以换到较多的那一物品，我就不会去制造这种商品。用劳动来估计，我在一种商品上花费了某一价值，如果它不能使我在这个方面多换到些，我就不会去制造它。用劳动的量来估计，如果它不能使我所换到的超过我在生产中所花费的，我就不会去制造它。马尔萨斯先生在下面两页里，提出了大致相同的意见。

致,却有一个显著的有利条件,可以用来非常准确和有效地解释价值的一切变动,而无须提到流通媒介。

也许可以这样说,在完全同地点、同时间的情况下,可以把差不多任何商品都看成是其他商品的相对价值的准确尺度,上面关于劳动所说的那些,对毛料、棉花、铁或任何别的东西也可以那样说。如果任何商品在同时间和同地点所购买或换取的是等量的属于一定质量的毛料、棉花或铁,那它们就有了同样的相对价值,就可以互相交换。如果把同时间看成是绝对的,情形就无疑是这样。如果在时间上留些余地,如同对劳动或贵金属来说所可以容许的那样,情形就不同了。毛料、棉花、铁和一些类似的商品,由于需求变动、机器的影响和其他原因,价值的突然变动比劳动容易发生得多。一天的劳动,就夏季和冬季扯平算,是一切交换商品中之最稳定的。商人从事于国外投资时,报酬回收比较缓慢,他如果预计可以获利百分之十五,用劳动来估计,△比用毛料、棉花、铁或者甚至货币来估计,他获得百分之十五实际利润的愿望的实现,就要有把握得多。

劳动这就构成了在同地点和短时期内的价值的一个准确尺度;可是,把它应用到不同地点和不同期间时,它也是任何一种商品中最近似于这样一个尺度的。

亚当·斯密把这里所理解的意义下的劳动,看成是跟谷物同样适当的一个尺度,或者是,实际是一样的,他把谷物看成是跟劳动同样适当的一个尺度;他谈到最近四个世纪以来的白银价值问题时,实际上用谷物代替了劳动,从而从他的研究中得出了同样的结论,好像这个总是那个的一个准确尺度。

我认为,这样他就陷入了严重错误,作出了跟他自己的一般原则相抵触的推断。同时我们还必须看到,在不同世纪中,在不同的和遥远的国家,贵金属的价值变化很大,可是谷物,作为生活中的主要必需品,不妨把它看作劳动的实际交换价值的最适当尺度;因此,商品换取劳动的力量,就遥远时期和不同国家说来,是商品换取生活中首要必需品——谷物的力量的最适当标准。

124　　至于生活中其他的必需品和享用品，△一般说来，必须认为，它们在更大的程度上取决于劳动，而不是谷物，因为从出土以后，它们一般是要使用较多的劳动的。假使一切其他情况都一样，商品所换取的劳动量，将同它所花费的劳动量成比例；这就不妨由此推定，关于商品在其生产中所花费的不同劳动量的影响，在价值估计中也应当予以充分考虑，还有，对一切有关事项以及其中所实际使用的彼此不均一的劳动，也应予以进一步考虑。由商品所换取的劳动量构成的价值尺度，同由商品所实际使用的劳动量构成的价值尺度相比，其优点在于，后者所涉及的只是交换价值的一个成因，虽然一般说来是最重要的成因，而前者除这一成因外，所涉及的还有足以影响商品在互相实际交换中的比率的一切有关事项。

很明显，一种商品，就不同地区和遥远时期说来，假使不是名义价值的一个良好尺度，那么，在这样地区和这样时期的条件下，就决不能成为实际交换价值的一个良好尺度。就这一点说来，我们必须看到，一件物品所换取的通常
125　劳动量，必然要涉及会影响交换价值的一切成因，△因此是一个完善的尺度。

还得提到的是，虽然在不同国家和遥远地区，同样的劳动量，所换取的生活的首要必需品——谷物，其数量会相差很大，可是在文化和改革的进程中一般会发生的是，当劳动所换取的粮食是数量最小的时候，它所换取的其他商品却是数量最大的，而当它所换取的粮食数量最大时，它所换取的其他必需品和享用品却是数量最小的。因此，在两个国家，或者是处于不同的发展阶段的两个时期，当两种物品所换取的是同样的劳动量时，两者所换取的生活必需品和享用品，其数量也往往大致相同，可是所换取的谷物也许数量不同。

这就必须认识到，任一种物品所换取的通常的一天劳动量，看来是最近似于作为任一种商品的实际交换价值的一个尺度的。

⊗但是劳动，也像别的商品一样，由于相对于需求的有余或不足，依然是要变动的，在不同时期和不同国家，所换取的生活首要必需品，其数量是大不

相同的。还有一层,由于技能高低不同,由于劳动从机器方面得到协助的程度不同,劳动的成果并不是跟它所发挥的量成比例的。△因此,劳动,不论在什么意义上来使用这个词,不能被认为是实际交换价值的一个正确和标准的尺度。如果商品所换取的劳动不能在这个观点上来考虑,那就更没有别的途径,可以在带有任何胜利的希望下,找到这样一个尺度。(40)

126

---

(40)第 125 页。但是劳动,等等。 [94]

要请读者特别注意的是,马尔萨斯先生为他自己提出的实际价值尺度所设定的不变性特征。

第七节 谷物与劳动之间的中点，
作为实际交换价值的尺度

情况似乎是，这就没有一种商品可以被正确地看成实际交换价值的标准尺度。如果对一切商品的比较价格，要作出这样的评价，从而确定每一种商品所能换取的生活必需品、享用品和娱乐品，包括劳动，这不但使用时太困难，而且一般说来是完全行不通的。但是，有时候，用两种物品，同单独一种相比，可以成为实际交换价值的一个比较适当的尺度，而且在实际应用中是完全行得通的。

⊗某一数量的属于一定质量的谷物，由于它能供养为数若干的人，就有了明确和不变的使用价值；△但是，它的实际的以及名义的交换价值，不但从这一年到那一年，而且从这一世纪到那一世纪，都会发生很大变动。（41）根据经验，人口和耕作这两者虽然是相互依存的，但不一定是齐步前进的，在其演进的速度上会发生显著变化。谷物除逐年的变动外，跟劳动和其他商品对比，有时会一连好多年价格高昂，在另一期间，其价又会比较低廉。在这些不同期间，一蒲式耳谷物所换取的劳动和其他商品，其数量大大不同。在亨利七世王朝，当十五世纪末、十六世纪初，按当时劳动的法定价格和小麦的平均价格计算，半个蒲式耳小麦只能换取一天的通常劳动；可是，当然，即使是少量的小麦，在其生产中也需要大量劳动。一个世纪以后，在伊丽莎白王朝后

[95]　（41）第126页。某一数量的属于一定质量的谷物，等等。

这也是马尔萨斯先生提出的一个尺度，这里所举出的关于其不变性的理由，跟他在前面所说劳动不变性的理由是一样的。

期，半个蒲式耳小麦可以换取三天的通常劳动；当然，在小麦方面所使用的是，比较地说来，为量相当的劳动。因此，就这个世纪到那个世纪以及这一年到那一年说来，要用一定量谷物来计量任一种商品在交换中可以取得的生活必需品、△享用品和娱乐品，是缺陷很大的。

对亚当·斯密所提出的尺度——一天劳动来说，上面的意见也可适用；根据如上所述的历史时期，即足以说明这一尺度从这个世纪到那个世纪的变动。当亨利七世王朝，按照上面的陈述，一天劳动所购取的是半个蒲式耳小麦，而小麦却是生活的主要必需品，因此是在实际交换价值的一般评价中的主要商品。一个世纪以后，一天劳动只能购取一蒲式耳小麦的六分之一；在这一主要商品上出现了极其巨大的差异。虽然也许可以作出这样的推想，一天劳动所购取的，假若是以投入的劳动为生产中主要组成部分的那类商品，就这里的两个历史阶段说，其所能购得的各商品的量，同谷物相比，其接近于等同的可能性要大得多。可是，一天劳动，在换取生活的首要必需品方面，在不同期间既有这样大的变化，单这一点就肯定使它丧失了作为从这一世纪到那一世纪的实际交换价值的一个准确尺度的资格。

⊗劳动和谷物这两个对象，虽然于单独采用时，不论哪一个都不能成为令人满意的尺度，假使把两者结合起来，也许在准确度上可以前进一步。

相对于劳动的谷物是贵的话，相对于谷物的劳动就必然是贱的。当一定量谷物所换取的生活必需品、享用品和娱乐品，是属于最大量时，在这个期间，△一定量劳动所换取的这些事物，必然是属于最小量；反之，当谷物所换取的是最小量时，劳动所换取的必然是最大量。

那么，假使在两者之间选取一个中点，我们就显然可以得到由各自在相反方向下同时发生的变动来调整的一个尺度。这样一个尺度所体现的生活必需品、享用品和娱乐品的量，比两者之中的任何一个所体现的，在人口和耕作的进程中的一切演变下，并就极遥远的时期来说，其近似于等同的可能性

要大得多。(42)

为此我们就得在量的方面,对可能受到考虑的某一谷物尺度有所规定,

[96]　　(42)①第128页。劳动和谷物这两个对象,等等。

在我看来,整个这一论证似乎是完全错误的。马尔萨斯先生说,谷物是易变的商品,劳动也是这样,但两者总是在不同的方向下变动;因此,假使我在两者之间采取一个中点,我就大概可以获得一个近似于不变的尺度。

[97]　　我要问一问,谷物和劳动果真是在不同方向下变动的吗?谷物相对于劳动的价值上升时,劳动相对于谷物的价值就下降,这叫做在不同方向下的变动。当毛料的价格上升,它是同黄金相比之下上升的;黄金同毛料相比却下降了。但这并不表明两者在不同方向下变动,因为同时黄金同铁、帽子、皮革以及除毛料以外的一切商品相比,也许是上升的。那么说它们在同一方向下变动是

[98]怎么回事呢?黄金同毛料以外的一切商品相比,其价值也许上升了百分之十,毛料同黄金以外的一切商品相比,也许上升了百分之二十五,而相对于黄金,只上升了百分之十五。我们会感到奇怪的是,在这种情况下却要采用毛料与黄金之间的一个中点作为价值尺度,说是由于两者是在不同方向下变动的,而事实上则可以绝对证明两者是在同一方向下变动的。要晓得,就谷物和劳动来说,马尔萨斯先生干的就是这个。由于人口不断增长,国家在谷物的必要供应方面感到越来越困难,结果,同一切其他商品相比,谷物价

① 这条评注略经改动后,曾由李嘉图于1820年11月26日以副本寄送给特娄尔(第403号函)。

作为一天劳动的一个等量。在我国，一配克小麦大体上是在正常时期一个正常的劳动者一天的平均收入，以此来适应我们的目的，也许是可以胜任的。

格上升了。谷物在劳动者的消费中虽然不是唯一项目，却是这样重要的一个项目，因此谷物高涨，劳动也得高涨，不过没有谷物涨得那样多。如果谷物上升百分之二十，劳动可能②上升百分之十。在这种情况下，用谷物估计，劳动似乎下降了，用劳动估计，谷物似乎上升了。但是很明显，两者都是上升的，不过上升的程度不同，因为两者用一切其他商品来估计，价值都有所提高。于是在公认为易变的两种商品之间采取一个中点，而采取的原则却是，这一个的变动会纠正那一个的变动的影响。这里我已经证明，两者是在同一方向下变动的。我希望马尔萨斯先生会看到，对于这样一个不完美的、易变的标准，还是以放弃为是。[99]

根据马尔萨斯先生在这里的论证，人们会认为，既然谷物上升时劳动会下降，因此，就一定量的铁、皮革、毛料等等来说，就可以获得③较多的劳动。事实恰恰相反，同上述一些商品对照，劳动和谷物一样，都是要上升的。马尔萨斯先生自己在第 125 页里说，"在文化和改革的进程中一般会发生的是，当劳动所换取的粮食是数量最小的时候，它所换取的其他商品却是数量最大的。"这段话所意味的，除了下面的说法还有什么：用大量别的商品来换取粮食时，也得用较大量④的别的商品来换取劳动，换句话说，粮食上升时，劳动也要上升。

② 致特娄尔的副本中，"可能"作"也许"。
③ "获得"原先是"使用"。
④ 致特娄尔的副本中，"较大量"作"大量"。

因此，任何商品在不同期间所换得的，假若是同样天数的劳动和同样配克数的小麦，或其同样部分，并且属于均等比例，那么，根据这里的原则，就可以认为这种商品所换得的是，相当近似于等量的生活必需品、享用品和娱乐品；因此也就可以认为，是相当近似地保持了它在不同期间的实际交换价值的。

130　任何商品，假若在不同期间所换得的是，不同量的如上所述的谷物和劳动，△跟不会有什么变动的尺度相比，就显然有了差异，因此可以认为其实际交换价值有了相应变化。

于估计不同国家的商品的实际交换价值时，应当注意到劳动阶级消费粮食的种类；按照常规的做法应当是，将各个国家的商品价格，同一天劳动，和相等于一个正常劳动者一天的平均收入的在那个国家的那种主要粮食的某一定量，进行比较。假使在英国某一商品的货币价格可以换得五天的劳动和五配克小麦，在孟加拉某一商品的货币价格可以换得的是五天的劳动，和一个正常劳动者通常一天可以赚得的大米的量的五倍，就一个相当长的时期平均说来，可以认为在两个国家的这两种商品的实际交换价值是相等的；至于在两者货币价值上的差异，则相当近似地显示了英国与孟加拉在白银价值上的差异。

这里提出的这个尺度的主要缺点是，没有计及，在不同国家和不同期间，由于资本、机器和分工所产生的影响，这种影响使一天劳动和制造品价格的

[100]　　（43）第 130 页。于估计价值时，等等。

这句话的意思，除了是说，于估计价值时，在商品生产中使用劳动量的多少并无重要意义，还有什么？我认为这必然是出于失误。因为马尔萨斯先生一贯认为，在商品上使用的劳动量是其价值的主要成因。这一点他怎么能否认呢？

（44）第 131 页。他提出的是，等等。

结果有了变化；但是，关于这类变化结果，这里从来没有强求估计。实际上，跟这类结果有关联的，与其说是交换价值，不如说是财富，这两者虽然密切相关，却不一定是相同的；由于这个原因，⊗于估计价值时，起因于技能和机器的价格低廉，尽可以置之不顾，△而不会发生多大偏差。(43)

李嘉图先生诘问，"黄金或谷物或劳动，为什么比煤或铁，比毛料、肥皂、蜡烛和劳动者的其他必需品，更加应当成为价值的标准尺度？总之，任何商品或一切商品的总和构成标准时，这种标准自身的价值也会发生变动，为什么就应当把它看成标准呢？"*我相信，通过这里关于价值的性质和尺度的研究，上面的问题已经获得满意解答。这里只想补充一点，要表明交换价值，总得采用一种商品，或多种商品，或一切商品的总和，因为其中包括可供交换的一切东西。可是，我们已经认识到，这样构成的一个交换价值尺度并不是完善的。假使李嘉图先生能用一个更好的尺度来代替，我们当然要感谢他。但是，他要用以代替的是什么样的尺度呢？⊗他提出的是，在商品的生产中，在辛勤劳动方面作出的牺牲，就是说，商品的成本，或者说得严格些，是其成本的一部分，其交换价值实际上就是由此决定的，在不同情况下，会发生差不多任何程度上的变化。成本和价值始终是本质上不同的。一种商品，其成本增加了一倍，假使别的商品也是这样增加了的，其交换价值就不会比前提高。

* 《原理》第2版，第20章，第275页。

我已说过，①马尔萨斯先生误解了我的意思。我不是说，以其成本的一部分计量其交换价值，而是说，其全部价值将与其成本的一部分成比例，这样说时，我也未尝没有考虑到种种限制和例外，虽然我认为这些是并不重要的。假使他没有误解，对我的论点就决不会说出下面那样的话："任何场合，只要有利润（不存在利润的情况，实际是极其罕见的），商品交换劳动的价值，就必然大于它所

① 见评注第（11）条。

132 但是，△商品成本如果是根据亚当·斯密的原则估计的，其货币成本与平均货币价值，一般说来，就会趋于一致。否则，成本如果是根据李嘉图先生的原则按所使用的劳动量估计的，那么，劳动成本和劳动价值就决不会趋于一致。任何场合，只要有利润（不存在利润的情况，实际是极其罕见的），商品交换劳动的价值，就必然大于它所使用的劳动。

因此，我们不得不在一个不完善的交换价值尺度，和一个必然是、并且根本是错误的交换价值尺度这两者之间进行选择。（44）

假使李嘉图先生说，所谓价值，当他单独地使用这个词时，指的不是交换价值，那他就必然要使我们在他作品中的许多场合，陷入重大错误，终于使我们没有任何交换价值尺度，可以代替他所反对的那个尺度。假使把价值解释为成本，那么要为成本——实际是价值——找到一个尺度，决不会有任何困难。困难在于，要为与名义价值或价格对立的实际交换价值找个尺度。至于所谓准确的标准是不成问题的，上面已经提到，这是办不到的。但是，就提供交换的一切商品来说，劳动是无可比拟的，是最伟大、最重要的；次于劳动的是谷物。谷物为什么优于煤或铁，其理由极其明显。同样理由，同一些别

133 的理由结合在一起，也可以用来解释，为什么劳动优于谷物。△我希望在这一节里举示的一些理由，已经足以证明，在某些情况下，谷物与劳动之间的一个

使用的劳动。"假使我说的是，商品的价值，跟花费在商品上的劳动的价值是同一事物，他的一番责难是有根据的；但是我说的是，

[102] 商品的相对价值是①同所使用的劳动量成比例的。这一价值也许比所花费的劳动加一倍。将马尔萨斯先生提出的尺度和我所提出的尺度作比较时，可以用下面一句话来概括："因此，我们不得不在一个不完善的交换价值尺度，和一个必然是、并且根本是错误的交换价值尺度这两者之间进行选择。"

① "是"原先是"总是"。

中点，优于单独的任何一方。如果谷物不是需要计量的物品之一，要估计的是贵金属或任何某一商品的价值，则谷物与劳动之间的中点，肯定优于单独的劳动。否则，如果谷物是所要计量的主要物品之一，要估计的是一国总产品的交换价值，这类产品所能换取的国内和国外的劳动，仍然是我们所能引用的最适当的标准。

第三章 地租

第一节 地租的性质和原因

△我们可以给地租下的定义是，总产品中，除去耕种土地的一切种类的支出后留归地主的那个部分，支出中包括所使用的资本根据当时的一般农业资本利润率计算的利润。

有时由于偶然和暂时的原因，耕种者所支付的会比这里所说的多些或少些；但是，实际支付的地租所依据的总不外于这个标准，因此在一般意义上使用地租这个词时，总是指这一标准而言。

地租既然是价值超过必须支付的劳动工资和耕种时所使用资本的利润的余额，那么首先需要研究的就当然是产生这个价格的余额的原因。

对这个问题做了仔细、反复的思考以后，使我感到，△无论对亚当·斯密或重农学派的见解，都不能完全同意，更不用说较近代的某些作家的见解了。

在我看来，几乎所有这些作家，对于地租在其性质上和支配它的法则上，都看得过于近似于作为通常垄断特征的价值超过生产成本的那种余额。

亚当·斯密虽然在其著作的第一篇第十一章的某些部分在十分正确的观点下探讨了地租，*并且在这个问题上，散见于他整个著作中的，有着比

---

* 可是我不能同意他的关于一切提供粮食的土地必然提供地租的想法。在进步的国家，陆续投入耕种的土地，也许只能付偿利润和劳动。投入的资本，除付偿劳动外，还能获得相当利润，这就为从事耕种提供了充分诱因。但是，任何人喜欢占有土地就可以随便占有的情况，实际是极其罕见的。差不多普遍存在的情况大致是这样：一切被占有的土地，凡是在自然状态下提供食品的，不管已耕种或未耕种，总是提供地租的。

任何其他作家更为正确的见解,但是他没有把农产品高价格的成因充分说清楚,尽管他一再提到这一点。他有时把垄断这个词应用于地租,而没有注意到其中的基本特点,因此,在形成生活必需品高价格的原因与形成垄断商品高价格的原因这两者之间的真正区别这一点上,使读者无法获得一个明确印象。

136　△重农学派关于地租的某些见解,在我看来,也是十分恰当的;但是,其中混杂了那么多的错误论点,从而作出那样无根据的推断,以致即使其学说中的正确部分也不能发生作用。他们的一个偏于实用的重要结论,即赋税应当专对地主的净地租征课,显然是由于他们认为地租是完全可以任意处理的,就像在通常垄断下所特有的价格超过生产成本的那种余额一样。

⊗萨伊先生在他那部有价值的《论政治经济学》中,对于亚当·斯密没有充分发挥的许多论点,作了极其明晰的阐述,但是在地租问题上的论证,没有能使人完全满意。谈到跟土地一样地同人类劳动相配合的各种自然要素时,他说,"幸而现在还没有人能说,风和太阳是归我所有的,对于它们所提供的服务必须支付代价。"* 同时,虽然他承认,出于显而易见的理由,土地所有权是必要的,可是他显然认为地租的成因,几乎完全是出于这样的占有和外在需求。(45)

西斯蒙第先生在他出色的著作《论商业著作》里关于地租问题的一条脚
137　注中说:△"重农学派对地租这一个部分美其名曰净产品,在他们看来,这一个部分好像是足以增加国民财富的唯一的劳动成果。然而恰恰相反,人们可

---

* 第2卷,第124页。关于这部著作,最近出版了经过大大改进的一个新版本,对这类问题有兴趣的读者值得予以注意。

[104]　(45)第136页。萨伊先生,等等。

假使某个人能把风和太阳据为己有,对由此而来的效用,他就能够取得租金,对这一点有谁会怀疑呢?

[105]　(46)第137页。在我看来,等等。

在拙著《政治经济学及赋税原理》一书中,为了考虑这个问题

以进行反驳,认为这是在劳动产品中唯一的仅仅具有纯粹名义价值的部分,它不存在任何实际价值,因为这一个部分只是卖主根据特权提高价格的结果,出卖物的价值实际并没有提高。"**

⊗在我看来,我国现代作家对这个问题的流行见解是倾向于跟上述类似的看法的,这里为了避免引证重复,只打算提一提最近由爱丁堡大学布卡南先生出版的那本很值得重视的《国民财富》一书,书中关于垄断的想法走得更远了。以前的作家们虽然认为地租受垄断法则的支配,可是仍然把土地方面的这种垄断看成是必要和有益的,而布卡南先生则有时甚至说这是有害的,是剥夺了消费者所应有的而给了地主。(46)

在最后一卷讨论生产性劳动和非生产性劳动时,他说:***"重农学派用来估计农业效用的净剩余,显然是由农作物的高价格产生的,不管它对收入者的地主怎样有利,△对支出者的消费者肯定是不利的。假使农作物的售价可以降低些,在支付耕作费用以后,这种净剩余就不复存在,但是对整个资本说来,农业依然具有同样的生产性,唯一不同的是,过去不顾到社会,地主从高价中致富,现在不顾到地主,社会从低价中得益。地租或净剩余所由产生的高价格,使有农作物可以出售的地主致富,却使买主在同样程度上减少了他们的财富。由于这个原因,把地主的地租看成对国民财富的净增益是完全错误的。"

在这部著作的其他部分,他使用了同样的、甚至更加激烈的言辞;在讨论

** 第1卷,第49页。
*** 第4卷,第134页。

而专设了一章,①这里不打算全部重复一遍,目下我只想说,马尔萨斯先生从西斯蒙第先生和布卡南先生的著作中所引述的那些见解实质上是对的。

① 第32章《论马尔萨斯先生关于地租的意见》。

赋税问题的一条脚注里，他认为农产品的高价格有利于收入者，但相应地有害于支出者方面。他说："由此可见，它（地租）不能普遍使社会资本增加，因为这种净剩余不过是由这一阶级移转到另一阶级的收入，单是像这样转手一下，显然并不能产生可供纳税之用的基金。购买土地产品时所支付的收入，原已存在购买者手里；△如果生活资料的价格较低，这笔收入就会仍然保留在他们手里，这同价格提高、收入转入土地所有者手里同样可以用来纳税。"*

139

应当承认，有关地租的若干情况，同自然的垄断存在着高度的亲合性。土地本身的范围是有限度的，不能为人类的需求而有所扩大。由于土地质量不均等，即使在社会的初期，最优等土地已经相当稀少，这种稀少性无疑是所谓地租的成因之一。为此，不妨把地租称为局部垄断。然而，单是这里所说的土地稀少性，并不足以产生我们所看到的结果。对问题作进一步周密的调查研究，就会使我们明白，不论在性质和起源方面，还是在支配的法则方面，农产品的高价格和垄断下的高价格这两者之间存在着多大的差异。

造成农产品价格超过生产成本的余额的原因，可以说有三种。

第一，也是主要的是，⊗土地有一种属性，使其所生产的生活必需品多于供养土地上所用人手的需要量。（47）

140

第二，⊗生活必需品在适当分配的情况下所特有的属性是，△它可以为自身创造需求，或者是，按其产量增加需求者的人数。（48）

* 第3卷，第212页。

---

[106]　（47）第 139 页。土地有一种属性，等等。

这就是说，土地作为报偿所提供的价值，大于人们在土地上所花费的劳动的价值。在这一点上，它是同人们所从事的一切业务相一致的。任何产品，假使没有能满足这个条件，人们就不会去生产。

[107]　（48）第 139 页。生活必需品，等等。

第三章　地租

第三，无论是自然或人为的肥沃土地，都相对地稀少。

这里提到的作为造成农产品高价格的主要原因的所谓土地的属性，是自然对人类的赐予。这一点跟垄断全无关系，然而对地租的存在说来是绝对必要的，假使没有这一属性，任何程度上的稀少或垄断，也不会使农产品价格在支付必要的工资和利润以后有所剩余。

假使土地具有这样一种属性，不管人们怎样善于利用其于力，终无法使它所提供的，除了仅仅足以供养为取得农产品而从事必要的劳动和管理的那些人的需求之外而有所多余；那么在这种情况下，虽然粮食和原料比现在将更为稀少，土地也许同样为某些所有人所垄断，可是很明显，不论是地租或是其形式为高利润或高工资的任何必要的剩余产品，都将不复存在。(49)

另一方面，应当认识到，一块土地上的产品，不论实际是怎样分配的，是全部分给劳动者和资本家，还是以一部给予地主，这块土地提供地租的力量总是完全同它的肥力成比例，△或者是同除了为供应劳动者和维持所使用的资本所绝对必要者以外所留下的全部剩余成比例的。假使这项剩余是1、2、3、4或5，其提供地租的力量也将是1、2、3、4或5；任何程度上的垄断，或外在需求的可能增长，也不能根本改变其不同等级的力量。

既然没有这种剩余，地租就不能存在，既然各个土地付偿地租的力量是同这种剩余成比例的，这就表明，由土地肥力产生的这种剩余，显然必须认为是一切地租的基础，或者是形成地租的主要原因。

我看这是完全谬误的。在《原理》中我已举示了我所以抱有这样看法的理由。①并请参阅第142页上的评语。②

（49）第140页。

"假使没有剩余产品，就不可能有任何地租。"在这一点上没有人会有异议。

① 英文版《李嘉图著作和通信集》第一卷，第404—409页。
② 下面评注第(51)。

然而，尽管这种剩余在事实上是必要的、有重大意义的，假使它不具有会增加人口从而对它进行消费的力量，没有能借助于所生产的成果，从而反过来创造对它自身的有效需求，就不一定会具有使它能换取相应的劳动量或其他商品的价值。(50)

有时会发生争议，认为单是增加粮食或农产品就能引起人口的相应增加的想法，是对人口原理的误解。这种责难当然是对的。但是也必须看到，正如亚当·斯密所正确地指出的那样，"有了粮食，要寻求必要的衣着和住房就比较容易"。要经常想到，土地所生产的不单是一种商品，除了一切商品中所最不可缺少的粮食之外，△还生产供衣着、住房和燃烧用的材料。*

所以，土地所生产的是生活必需品，是一种手段，只有通过这个手段，人口增加才会实现，增加的人口才能获得供应，这个说法是千真万确的。在这一点上，土地跟人类所熟知的任何种其他机器根本不同，认为土地的使用会

---

* 然而我们可以肯定的是，假使这些材料中的任何一项都不具备，或者是由于所有权不安全或其他原因，使完成工作时所必要的技术和资本无法形成，耕种者的劲头就会松弛下来，积累和增加产量的动机就会大大削弱。但是在这种情况下，对劳动的需求也将减退，不论粮食在表面上怎样低廉，劳动者实际上将无力购取足以使人口增长的那一份生活必需品，其中当然包括衣着、住房等等。

（50）第141页。

"假使对这种剩余产品没有需求，它就不会具有价值，也就无法用以付偿地租。"假使人口有了增加，我们是具有供应手段的——为了供养增加了的人口，这是一个必要条件。但是，这里仍然有待解决的问题是，究竟是由于你种植了谷物人口才会增加起来，还是由于你增加了人口，并且增加了供应粮食和其他需要①的一切手段，谷物才会生产出来。

① "粮食和其他需要"，原先是"他们"。

带来一些特有的效果，这是很自然的。

⊗如果一个活跃、勤奋的家庭占有一块土地，他们加以耕种后，使这块土地所提供的粮食和供衣着、住房和燃烧用的材料，不仅足以供应自己，还足以供应另外五个家庭；那么，根据人口原理，如果他们适当地分配其剩余产品，不久他们就可以取得这五个家庭的劳动，其土地产品的价值，不久就可以五倍于从事于耕种时所使用的劳动的价值。△但是，如果他们所占有的不是一块会提供一切生活必需品的土地，而是——除了供应自己的生活资料之外——一架机器，这架机器所生产的帽子和外套，除供他们自己使用，还可以供给五十个人的需要；这时他们却无法确保人们对这些帽子和外套的需求，从而使他们能安然取得比他们在制作中所花费的要大得多的劳动量。在长时期间，甚至可能在无尽期间，这架机器所制造的帽子和外套，除供这个家庭自用之外，也许不能提供更多的价值。由于缺乏需求，它余剩的力量，也许绝对无法利用，被白白荒废。即使由于跟他们自身努力全然无关的外在原因，由于人口增长，发生了对五十顶帽子的需求，其由此所产生的换取劳动和其他商品的价值，跟制作时所使用的劳动的价值相比，也许永远只是略微超过一点。（51）

143

（51）第 142 页。如果一个活跃、勤奋的家庭，等等。 [110]

直到增出的产品有了需求，他们的地产的价值才会增加。假使他们是佃户，是要支付货币地租的，在不存在需求之前去增加产品供给，就会自招祸殃。当整个产品的数量减少时，其货币价值将减少得更厉害，而他们仍得支付等额的货币地租。当战争结束、港埠开放时，这就是农民所遭受的特殊灾害。假使商品过于充裕，不再能以自然价格得到需求，就没有生产者会有任何兴趣去供应。在市场上其价格一经降低到自然价格之下，就是说，现时人口的需 [111]

我国自从采用了新式纺织机，属于某种质量的棉布一百码所能换取的劳动，大致不超过原来二十五码所能取得的；这是由于供给比需求增加得快，所产的全部假使仍按原来的价格出售，就不再有此需求。但是在有限度的一块土地上采取了重大农业改革以后，一夸特小麦不久就能换取跟以前一样多的劳动；这是由于因耕作改进而促成的产品增长，△会创造与势必然是有限度的供给相应的需求，这样，谷物价值就不会像棉布价值那样地下降。

　　由于土地的肥力，使它提供了除适应耕种者需要以外的一个必需品剩余量，从而使它有了提供地租的力量。由于生活必需品的特有属性，在适当分配的情况下，它会增加人口以促进需求，这就会有力地、不断地使这种剩余获得价值。

　　重农学派在他们的著作里，处处强调土地及其产品的这类属性，这是我们可以想象得到的。亚当·斯密在《国民财富的性质和原因的研究》的某些章节里，也显然承认这类属性的确实存在，他在这方面跟重农学派的学说极其接近。但是近代作家对于这类属性则一般不予重视，认为地租是受通常垄断的一些原则支配的；这两方之间的这一区别却具有重大意义，在我们所能

要一经满足，从事生产的动机就不复存在，有的只是急于停止生产的动机。

　　假使马尔萨斯先生说的只是，由于粮食是最重要的消费对象之一，生产粮食获得推进，人口就会迅速增加，那就不可能跟他有不同的意见；但是他始终坚持，决定人口的增长的，并不是我们为谋取供应所占有的手段——或者说得确切些，人们自己为其子女谋取供应所占有的手段——而是事前为其子女贮存的粮食准备。

[112]　　（52）第145页。但是，假使世界上，等等。

　　我也认为世界上一大部分的人口和财富将消失，但是，这里有

举示的几乎一切事例中,这种区别都显得极其清楚,极其触目。

假使全世界贵金属矿场的产出力降低了一半,我们就会看到,由于人口和财富并不一定要依靠黄金和白银,这非但不碍及人口和财富的保持原状,而且不碍及两者的正常增长。在这种情况下可以肯定的是,△世界上各处矿场所支付的地租、利润和工资不但可能无所缩减,而且可能大大增加。⊗但是,假使世界上所有土地的肥力都降低了一半,*由于人口和财富完全取决于土地所提供的生活必需品的数量,这就很明显,世界上一大部分的人口和财富将消失,对一大部分必需品的需求也将不复存在。(52)

* 李嘉图先生假设了一个例子(第403页)——土地肥力降低了十分之一,他认为这就会迫使资本流向肥力较次的土地,从而提高地租。我认为情况正相反,在任何农业发达的国家,由此会使资本从最贫瘠的土地撤出,这就必然要使地租降低。假使在使用中的最后一批土地,所提供的仅仅足以付偿必要的劳动和所使用资本的百分之十利润,这时总产额却降低了十分之一,这就必然会使许多贫瘠土地不再值得耕种。根据李嘉图先生的假设,由于有必要为土地使用较多的劳动量和资本,取得贵金属或任何其他商品用以交换谷物的手段将大大缩减,试问,在这种情况下,提高的需求和提高的价格将从何而来?

关的问题是地主的地租,不是世界上的财富①——一亿的三分之一多于一亿二千万的四分之一。土地肥力降低一半是极度夸张的假设;我所作出的假设,只是为了说明原理。马尔萨斯先生误解了我的意思。我完全承认土地肥力增长和农业改进对地主有利,②因为归根结底,他们不会不享受到由此而来的有利成果。我所力争的只是,直接效应对他们是有害的,假使人口原则不够有力,③ [113]对他们也许一直是有害的。

① "不是世界上的财富"是插入的。
② 这一句的以下部分是插入的。
③ 以下一个分句最初是"对他们将一直是有害的",后来改为"对他们的损害将是带几分永久性的",最后改正如上。

多数国家的绝大部分土地，将完全停止耕种，工资、利润和地租，特别是地租，跟其他一切相比，将大大降低。我认为，我国用于种植谷物的土地所提供的地租，在价值上很少是相等于耕作时所必需的劳动工资和资本利润的。如果情况是这样，在这里的假设下，△产量只有过去用同样劳动和资本所获得的一半，这时英国究竟还有没有任何土地在继续耕种，是值得怀疑的。国内所产谷物的有效需求将不复存在；如果可以从国外获得供给，我国人口必然要降低到也许为原数的五分之一。

法国某些葡萄园，由于其特有的土壤和位置，所产葡萄酒别具风味，其售价当然远远超过其生产成本。这是由于这种酒供额有限，买方竞争激烈，使用者只能限于为数极少的一些人，这些人有力量也愿意出非常之高的代价，而不愿意失去购买的机会。但是，假使这种土地的肥力有所提高，使产品大量增加，就可能使产品在价值上降低到价格超过生产成本的那个余额基本上不复存在。反之，假使这些葡萄园的肥力有所降低，那个余额就可能几乎无止境地扩大。*

* 李嘉图先生于答复这一段时说（第405页），不论是特殊的葡萄园，还是通常的谷物土地，"在高价格的假定下，地租的提高必然跟丰裕程度而不是稀少程度成比例"。⊗但这是把整个未决问题作为论据的推论方法。（53）价格是不能预先假定的。由于外在需求的力量和供给缩减，一英亩地所产的香槟葡萄，也许可以长期换取五十倍于耕种时所使用的劳动。但是，不论是外在需求增长或供给缩减，却决不能长期地使一英亩地所产的谷物换取多于它所供应的劳动。

（53）第146页。但这是把整个未决问题，等等。

马尔萨斯先生在这一段里所说的无非是，谷物产地，由于其供养人民的有限①力量，其地租也是有限度的；而那些葡萄园，在其狭小范围内，却是无限度的。我接受这个论证，但是这并不使原则有所改变。

① 这里的"有限"是插入的。

第三章 地租 117

△造成这种结果的明显原因是，在一切通常垄断下，需求是从外而来的，同生产本身无关。爱好这种葡萄酒的、愿意投入购买的竞争行列的人数，也许可以无定限地增加，而产品本身则在缩减中；因此，除了在竞购者方面的人数、力量和变幻无常的轻率、任性以外，其价格别无其他的限制。

反之，在生活必需品的生产中，需求取决于产品本身，因此，其结果大不相同。⊗在这种情况下，当产量降低时，需求者人数就实质上不可能增加，因为需求者只有依靠其产品才能生存。（54）

⊗在一切通常垄断下，产品价值超过取得产品时所使用的劳动价值的余额，可以由外在需求来创造。在生产必需品的土地的局部垄断下，这样的余额只能由土地的属性来创造。（55）

在通常垄断和除必需品之外的一切生产中，关于商品交换价值与使用价值的走向均衡方面，自然法则所起的作用很小。同一数量的葡萄或棉花，在不同情况下，其所值可以长期地是三天劳动或三百天劳动。⊗△只有在必需品的生产中，自然法则在经常起作用，使其交换价值按照其使用价值调整。虽然由于外在情势的巨大变化，特别是由于土地发生比较显著的有余或不足，这种调整很少或从来没有充分实现，可是，一定量必需品的交换价值所换取的劳动，总是接近于它所能供养的劳动量的价值的，换句话说，总是接近于其

（54）第 147 页。在这种情况下，等等。　　　　　　　　[114]

问题不在于需求者的人数，而是在于他们取得所需求的商品时愿意作出的牺牲。商品的价值必然取决于这一点。

（55）第 147 页。在一切通常垄断下，等等。

这里作出的是全无根据的区别。马尔萨斯先生说，在生产必需品的土地的局部垄断下，产生价值超过取得产品时所使用的劳

使用价值的。(56)

⊗在一切通常垄断下,产品价格,也就是价格超过生产成本的余额,可以无定限地提高。在生产必需品的土地的局部垄断下,其产品价格却不可能超过它所供养的劳动的价值,其价格超过生产成本的余额,有着一个无法逾越的限度。这个限度就是,除供给耕种者的最低需要之外,能够使土地提供的剩余必需品,这是完全取决于土地的自然和人为的肥力。提高这种肥力,限度就可以扩大,土地就可以提供高额地租;降低肥力,限度将缩小,高地租就成为不可能;再降低时,则限度将与生产成本一致,一切地租将消失。(57)

总之,产品在价格上超过生产成本的力量,在前一情况下主要取决于垄断的程度,△在后一情况下则完全取决于土地的肥沃程度。这肯定是一个主动价值的这样一种余额,只能由土地的属性创造;在另一情况下,这种余额是"由外在需求创造"的。不论在哪一情况下,没有外在需求,土地的属性是无能为力的。我们这里最肥沃土地的地租,现在比一百年前有所提高。为什么?因为,相对于供给的促进,① 外在需求有所增加。土地的属性现在跟以前一样,然而,直到外在需求增加了,地租才提高。

(56)第148页。只有在必需品的生产中,等等。

为什么会这样?因为人口总是随着供应它的手段的增加而增加的,所以谷物的价值不会上升。但是,人口和必需品并不一定是连结得这样紧密的。不难想象,随着教育加强和习惯的改善,一天的劳动,即使用现在所谓的②劳动者的必需品来估计,其价值也许会大大③增长。

① "促进"原先是"手段"。
② "现在所谓的"是插入的。
③ "大大",原先是"加倍地"。

要、显著的区别。*

那么，能够认为生活必需品的价格是受通常垄断原则的支配的吗？能够同意西斯蒙第先生的意见，认为地租是唯一只具有纯粹名义价值的劳动成果，并且只是卖主通过特权使价格增加而造成的结果吗？或者是，能够同意布卡南先生的意见，认为地租并不能增加国民财富，而只是一种只对地主有利，并且相应地有害于消费者的价值的转移吗？**

* 然而，在李嘉图先生看来，这种区别似乎是没有充分根据的！参阅第2版，第31章，第405页。
** ⊗使人感到意外的是，李嘉图先生（第400页）对西斯蒙第先生和布卡南先生的这类论证，竟会予以认可。严格说来，按照他自己的理论，谷物价格始终是一种自然价格或必要价格。他究竟有什么道理会同意这些作家的说法，认为地租跟处于通常垄断下的情况一样，认为它只对地主有利而相应地有害于消费者的呢？（58）

（57）第148页。在一切通常垄断下，等等。

对整个这一段里所说的，我完全同意。

（58）第149页。使人感到意外的是，等等。

两种见解，在我看来是完全一致的。支配谷物的价值，从而支配投入市场的其他一切谷物的价值的，是谷物最后部分的生产费用。在比较有利的环境下、比较肥沃的土地上种植的谷物，会提供跟种植费用的差异成比例的一项地租。这项地租是，你取得所需要的谷物数量的全部的一个条件。否则，除了在较差土地上所产者外，你就无法取得更多的数量。为了鼓励生产，价格就得提高，价格提高的结果是在比较肥沃的土地上出现的地租。要晓得，这项地租不是一项净利得。如果地主收进得多些，面包的买主就付出得多些。因此，我在对地主没有丝毫责难——只有出于极端的愚昧，才会这样——的心情下说，地租是财富的转移，对消费者是相应地有害的。

情况正相反，土地能够供养多于必要的操作者的人数，这是上帝对人类的恩赐，这难道不是土地的一个最难估量的属性的明显迹象吗？作为一切

> 马尔萨斯先生在他著作中对我的意见发生误解的地方，恐怕再没有像在这个问题上这样严重的。他把我看成是支持那种地主的利益经常与社会中一切其他阶级的利益对立的论点的。人们从他的说法中会想到，我认为地主是国家的敌人。根据我在上面所说的可以看出，我认为地租以及地租的提高，是由于人口增加而使谷物的供额增加的必要和无可避免的条件。就我在关于政治经济学著作中的整个意旨来说，所阐述的也是同样的内容。挑出个别显得别有意义、只能适用于特殊事例的节段来加以曲解是不公道[118]的。马尔萨斯先生在他从前的著作里①曾经提到，假使地主放弃他们的全部地租，并不会使谷物的价格低廉些。在我的著作里，②我对此说曾大加赞赏；这总不是，关系到消费者时，把地主放在要引起反感的地位上吧。关于地主的利益，我的意思要说的只是，对他有利之处在于，他所占有的谷物生产机器能够适应人们的需求，事实上他的地租所依靠的就是这一点。反之，消费者的利益则在于，如果外国机器进行工作时，其产品价格比较低廉，使他能够使用外国机器。只有在这一情况下，地主和消费者双方的利益，在适当理解下，确实③是有冲突的。可以肯定，就这一情况说，双方之间的确是有冲突的。同时得声明，我并不想撤销我在这个问题上以前所说的话。

① 《地租的性质与发展的研究》，第57页。
② 英文版《李嘉图著作和通信集》，第一卷，第74—75页。
③ "在适当理解下，确实"是插入的。

力量和享乐的根源的，难道不是从土地而来的剩余品中的一部分吗？我们还会看到，这是一个绝对必不可少的部分。△实际上，没有这一个部分，就没有

  我确曾说过，农业改进在直接效应上对地主有害，对消费者有利，但是当人口有了增长时，改进的利益最后将转移到地主方面。④对这个意见，我也仍然坚持；但是这样说时，我对地主并无谴责之意，他们没有权力阻止改进，即使有的话，这样做对他们也没有好处。生产中任何部门的重大改进，其最初效果，对从事于那个部门的人们说来，总是有害的；但是这里只是说明事实或陈述意见，⑤不能曲解为其中有任何恶意中伤的企图。马尔萨斯先生[119]把我说成是地主的敌人，或者是，同社会中任何其他阶级相比，认为我对地主阶级特别不怀好意；基于我所说的一些而作出这样的推断，是完全没有根据的。⑥

  事实上，马尔萨斯先生所说的跟我所说的，我看不出其间有多大差别。他在第152页上说："实际发生的利润和工资下降，无疑会把产品的一部分转移给地主"；"利润和工资的转移，以及提供地租的这样一种产品价格，有人认为是有害的，是从消费者手里夺过来给予地主。但是，在一个新建的国家，要使财富和最初移居者的收益获得显著增加，这是绝对必要的。"这里，移转是得到认可的，而且据说是必要的；而我所说跟这里所说的，一点也没有两样。马

---

④ 英文版《李嘉图著作和通信集》，第一卷，第79—80页，第412页；对照第81页，注1。

⑤ 约翰斯·霍普金斯版把"只是说明事实或陈述意见"误认为"只是说明而不是陈述意见"之误；这样就把李嘉图的谦逊态度误认为傲慢。

⑥ 这句话原先是，"我深晓得，马尔萨斯先生说我的那些话，连一半也不是我所应受的；可是我也晓得，把我抬出来当作地主的敌人，或者同社会中任何其他阶级相比，认为我对地主阶级特别怀有恶感，这也不是我所应受的。"

城市，没有陆军或海军，没有艺术，没有学识，没有优美的制造品，没有来自外国的享受品和奢侈品，也就没有不仅足以使个人达到高尚、尊严，而且其有利影响可以扩展到全体人民的那种优秀、娴雅的社会。

尔萨斯先生为了要进行谴责，在第138页里引述了布卡南先生的一段话，在我看来，它所表达的不过是同样的见解："地租或净剩余所由产生的高价格，使有农作物可以出售的地主致富，却使买主在同样程度上减少了他们的财富。由于这个原因，把地主的地租看成对国民财富的净增益是完全错误的。"

第二节　地租同耕种者的利润和
劳动者的工资的必然划分

在社会的早期阶段，在比较特殊的情况下，将旧社会的知识和资本使用于新辟的肥沃土地时，土地的剩余产品所显示的，主要是非常之高的利润和非常之高的工资，很少以地租的形态出现。当肥沃土地极其丰盈、不论是谁求之即得的时候，当然没有人会向地主去缴纳地租。但是这种情况的持续存在，既不符合自然规律，也不符合土地的有限性和属性。任何国家，必然存在着土地在质量上和位置上的参差不齐。不可能所有土地都是属于头等肥力的；也不可能所有位置都是最靠近通航河道和市场的。可是资本积累超过了在自然肥力最高和位置最有利的土地△上的使用限度以后，利润就必然要下降；另一方面，人口增加的趋势超过了生活资料的限度，隔了一个时期以后，劳动工资也必然要下降。

因此，生产费用将降低。但是，产品的价值，即，它所能换取的劳动量，和谷物以外的别的产品的劳动量，这时不仅不下降，反而会上升。这时需要生活资料的人数不断增加，这些人愿意从事于只要使他们能够作出贡献的任何服务。因此，在一切比较肥沃的土地上所生产的粮食的交换价值，将有一个超过生产成本的余额。这个余额是从土地上取得的总剩余，人们给它一个专有名称，叫作地租。

上面首先提到的土地的一个属性，即，它所生产的生活必需品多于供养土地上所用人手的需要量的那种力量，显然是地租的基础和地租可能提高的限度。所提到的第二个属性，即，丰富的粮食足以增加人口的一种倾向；这不仅对于使耕种者从第一等土地得来的剩余必需品有其价值这一点说来是必要的,而且对于为从最肥沃土地所能取得的粮食创造更大的需求说来,也是必要的。第三个成因,即肥沃土地相对稀少,这显然是第二个成因的当然结果,为了把从土地得来的总剩余中划出一部分,以地租这一特定形式交给地主,

152 △这一成因最后也是必要的。*

* ⊗李嘉图先生完全误解了我的意思。他认为我说的是,地租将直接和必然地随着土地肥力的增减而上升或下降(第404页)。读者必然会看出,我原来的措辞跟这里的解释差得多远;怎样会作出这样的解释,我不能理解。我已指出了产生地租的三个必要成因,我的意思这就不可能是说地租会必然地、密切地按着这三个成因之一的比例而变动。实际上我清楚地指出,在社会的初期阶段,来自土地的剩余产品,或土地的肥力,很少以地租形式出现。(59)的确,他在纠正我的说法时,显得十分大意,把最肥沃土地的相对稀少说成是地租的唯一成因(第403页),虽然他自己曾经说过,没有一定的肥力,地租就不能存在(第404页)。任何国家,假使其最肥沃的土地也仍然是很贫瘠的,这样的国家就只能提供极其有限的地租。

[120] (59)①第152页。李嘉图先生完全误解了我的意思,等等。

我确是误解了马尔萨斯先生的意思。他说,他已指出"产生地租的三个必要成因,他的意思这就不可能是说地租会必然地、密切地按着三个成因之一的比例而变动"。我认为我作出这样的推

[121] 断是很自然的——如果别的成因在那时不起作用的话。马尔萨斯先生说,作为产生地租的必要成因之一是,最肥沃土地的相对稀少。假使他说,增进这种相对稀少的程度,则地租将提高,那我就会表示同意;②而这里影响地租的将只是一个成因,其他两个没有作任何

[122] 干预。因此,当谈到他所谓的地租的另一个成因——土地的肥力及其产品除了必须供养使用于土地上的劳动者以外的余额——他说"减少这种丰足程度,降低土地的肥力,余额就会消失"这番话

① 整个这一条评注是插入的。参阅《原理》第3版增入的脚注,见英文版《李嘉图著作和通信集》,第一卷,第404页。
② 这一句的以下一段是插入的。

第三章 地租 125

⊗地租也不可能作为资本的利润或劳动的工资的一个部分这么长期地存在着。（60）假使利润和工资不下降，那么，耕种方面没有特殊的改进时，就只有最肥沃的土地才能加以利用。实际发生的利润和工资下降，无疑会把产品的一部分转移给地主，构成地租的一部分，虽然我们还会进一步看到，所构成的将仅仅是地租的一部分。但是，假使可以把这种转移看成是对消费者有害的，那么，就得把资本和人口的每一次增加都看成是有害的；原来可以供养一千万居民的国家，就应该把人口压缩到一百万。利润和工资的转移，△以 153 及提供地租的这样一种产品价格，有人认为是有害的，是从消费者手里夺过来给予地主。但是，在一个新建的国家，要使财富和最初移居者的收益获得显著增加，这是绝对必要的，是资本和人口增加时自然和无可避免的结果，出于大自然的规定，人类的性格是这样的。

当在最初挑选的土地上进行积累资本时达到这样的程度，以致在原地上时，在我看来，就是把余额或剩余产品跟地租等同起来，就是促使他的读者由此作出推断，认为地租是随着这种剩余产品的量的升降而升降的。读了现在摆在我面前的马尔萨斯先生的著作，使我感觉到，通过他的说法，会使他的读者的头脑里经常发生一种印象，认为地租是随着除去给与实际劳动者的那一份以外的剩余产品量的升降而升降的。他在第 228 页里说：“但是，如果承认——事实上也必须承认——生产粮食的力量的限度，对被限制在有限 [123] 空间的人类说来显然是必要的话，那么，他们所取得的现有数量的土地的价值，就取决于同土地所供养的人数相对的、那项必须在土地上操作的少量劳动，或者换句话说，就取决于被李嘉图先生所那样贬低的那种余额，由于自然规律的作用，这种剩余终于成为地租。"

（60）第 152 页。地租也不可能，等等。

增加资本所得的报酬低于在次等土地上使用资本的所得时，*耕种这类次等土地就必然是符合愿望的。但是，比较肥沃的土地的耕种者，其利润下降以后，尽管不纳地租，也已不再是单纯的农场主，不再是单靠农业资本的利润生活的人，他们显然已把地主和农场主的身份合成一体，这样的结合并不是不常见的；然而，这并不丝毫改变地租的性质，也不改变地租跟利润和工资划分的必要性。

如果投入耕种的次等土地上的资本利润是百分之三十，部分旧土地所提供的是百分之四十，这四十之内的百分之十，不论归谁收取，显然就是地

154 租。一个国家在比较△合宜的土地上，资本有了进一步积累、工资已经下降

* 从事于耕种新辟土地的直接动机，只能是增出的资本比用在旧土地上更加有利这一预期。单是谷物市场价格上升，不能构成这样的动机。

在未来将是地租的一部分，现在形成的却是资本的利润。把地租说成是在任何①期间构成资本的利润的说法，我认为是不恰当的。地租是由资本的利润形成的，作为利润时它不是地租。

[124]　（61）第 154 页。当一定部分的劳动和资本，等等。

的确，数量上的损失一般是由劳动者和资本家彼此分担的。但是，我们现在谈的不是数量，而是价值。劳动者在价值上的所得会不会减少呢？假使数量和价值是同一事物——按照马尔萨斯先生的看法，是这样的，就农产品说来，两者是同一事物——那么，劳动者在价值上的所得是要少些。但是，假使数量减少而价值上升，那就可以肯定，劳动者所得的将是较小的数量和较大的价值，而农场主不论在数量上还是价值上，所得都将缩减。

（62）第 154 页。耕种的费用，等等。

① 这里有"过去的"字样被删去。

时，** 就可以在有利的情况下去占有在肥力或位置方面比较差的其他土地。⊗耕种的费用，包括利润，下降之后，（62）较贫瘠的土地，或者是离河道和市场较远的土地，虽然开头不提供地租，也许可以完全抵偿这些费用，从而充分符合耕种者的愿望。还有，当不论是资本利润或劳动工资，或者是两者同时，再进一步下降时，更加贫瘠或条件更差的土地，也会加以耕种。⊗这就很清楚，在进程中的每一个阶段，如果产品价格不下降，地租必然要上升。（63）而且，只要劳动阶级的勤劳和技巧，在那些还没有在土地上使用的资本

** ⊗当一定部分的劳动和资本所提供的报酬降低时，不论在新土地还是旧土地上，损失一般是由劳动者和资本家分担的，工资和利润会同时下降。这跟李嘉图先生的说法是完全相反的。但是我们所说的工资跟他所说的完全不同。他说的是生产劳动者必需品的成本；我说的是必需品本身。在同样的措辞下，李嘉图先生说（第114页），地租上升的后果决不会落在农场主身上。可是利润下降是不是归因于地租呢？即使按照李嘉图先生的理论，对农场主和劳动者说来，这也无关紧要，因为他们彼此所得到的仍然是同样的名义金额，哪怕这一金额用以交换必需品时，所值还不到以前的一半。（61）

是通过什么媒介下降的？不是货币，不是马尔萨斯先生的价值尺度，工资。除非是谷物，但是它将需要较多的劳动，在价值上将上升，那么，耕种费用在价值上是上升的。②

（63）第154页。这就很清楚，等等。

说起来令人费解的是，马尔萨斯先生阐述地租、利润等等的规律时，竟然会没有乞助于他自己的实际价值尺度，而满足于他所责难的、认为是易变的一种媒介。假使他说，在他所阐述的变动中，媒介是在变动着的，那么，价格变动也许是由于媒介的变动，他关于地租上升和工资下降的解释就完全是不能令人满意的。假使他说，为了说明他的论证，经假定媒介是不变的，那么，他所做的就正是他用来指责我的，因为我曾经假定黄金变动的一切成因都被排 [125]

② 这一条评注原先是："是通过什么媒介下降的？除非是谷物，也只能是谷物，由于谷物要上升，耕种的费用，即使将利润下降计算在内，也不会下降。"

的协助下,能够作出些什么贡献,用以向耕种者和地主交换,让他们不懈地从事农业活动,保持他们的产品余额,产品价格就不会下降。

除,假定它自身是不变的。

  但是马尔萨斯先生另有一个较好的实际价值尺度,为什么不始终如一地使用呢?我们没有听到,说是名义价值有了变动。假使他假定黄金在他现在所谈的事例中是不变的,这就应当跟他的较好标准是一致的。假使他挑选的是我所采用的媒介,他就应当公道地作出论证,他应当说,不是产品的价格不会下降,不是它将绝对地上升,而是由于对谷物的需求,谷物是耕种新土地的原始成因。终于使利润降低的是谷物的高价格,因为在新地上取得的高价格下的较小数量,不足以抵偿较高的工资,而工资所以提高,是由较高的谷物价格而来的。因此,为了前后一致,假使马尔萨斯[126] 先生谈到货币价格,他就必须说谷物、地租和工资将上升,而利润将下降。但是在较高工资下,劳动者所得到的必需品和①享乐将比前减少,因此,按照马尔萨斯先生的媒介,②应该说成是较低工资。我承认,劳动者所得到的享乐将减少,但是这并不表明他的工资的价值减少。假使我给某人每周一先令,让他专门用来买糖,由于受了飓风的影响,糖价涨高了一倍,这时假使改为每周给他十八便士,他所买到的糖,虽然比以前一先令所买到的要少些,我相信没有人会否认,我给予这个人的数目,在价值上却比前有所增加。现在我要埋怨马尔萨斯先生的是,他既没有一贯使用我的说法,也没有一贯使用他自己的说法。用他自己的说法他就不得不这样说:

  ① "必需品和"是插入的。
  ② "按照马尔萨斯先生的媒介"是插入的。

第三章　地租　129

⊗△因此，可以设定的、作为无可争辩的一个真理是，当一个国家在财 155
富方面达到了任何显著程度，在人口方面达到了相当充实境地，把地租划分出

"人口在增加，对谷物有大量的需求，一切其他商品的价值将下降，就是说，按照我所挑选的标准，谷物，那当然是不变的，其他商品的价值是要下降的。这一下降的结果，使工资也将下降，但不是同商品作等比例的下降；假使以谷物作标准，商品将大致下降百分之二十，假使以劳动作标准，商品将下降百分之十。但是，由于我的标准自身就是一种商品，其数量是可以增加的，这时从事于增加这种商品的诱力，比增加任何其他商品的诱力要大得多，由于这一商品跟劳动比较，价值已有所增加，一切其他商品跟劳动比较，则价值有所下降，因此，生产谷物可以获得较大利润。但是，这是一个错误的结论。假使投入耕种的是属于同等肥力的土地，这个结论才是对的，事实上却必须乞助于比较贫瘠的土地。在这种土地上所取得的较小数量跟所使用的③劳动量的关系，同所取得的用以交换任何制造品的谷物量跟借以取得这些制造品的劳动的关系是一样的。因此，人口增加和谷物需求提高的最后结果是，一切商品的价值下降，利润降低，谷物工资降低，优等土地产品的一部分由利润转移到地租。地主将在两个方面得到好处，第一，在地租形式下取得较多的谷物，第二，用较少的谷物取得一切商品。"假使我采取马尔萨斯先生的说法，于解释地租和利润的规律时，这就是我要使用的方式，这在原则上跟我自己的并没有什么不同，除了估计价值的媒介，别无相异之处。

[127]

③ "所使用的"是插入的。

来，作为一定质量的土地的一种固定物，这是跟引力原理的作用一样地不变的一个规律。(64) 地租既不仅仅是一个名义价值，也不是不必要地和有害地从这一批人转移给另一批人的一项价值，而是国家财产总值中极其真实和必要的一个部分；土地不论归谁所有，是少数人还是多数人所有，是地主、国王还是实际耕种者所有，地租同样是出于自然规律的安排。

这就是在不良政府或任何种不必要的垄断干扰得最少时的自然事态下，地租从利润和工资中划分出来的方式。但是，在人类所生活的各个国家中，我们听到得够多的是，不良政府和不必要垄断的频繁出现，这肯定会实质上改变这种自然发展，而且往往会促使地租的过早形成。

在多数东方的君主国家，国王是作为土地的所有人看待的。这种对土地的过早垄断，同上面提到的土地及其产品的两种特性结合在一起，使政府在很早时期就可以要求取得一切已耕种土地的产品的某一部分；这个部分，⊗ 不管在什么名义下取得，本质上△是地租。不论就数量说，还是就交换价值说，这都是生产时超过实际耕种成本的一项余额。(65)

但是，在多数这些君主国家里，有着广大的肥沃土地，土地的自然剩余数额巨大，而对它的要求是相当有节制的，剩下的部分还⊗足够提供在任何

---

(64) 第 155 页。因此，可以设定的，等等。

有谁否认过这一点？我就曾经明确地加以肯定。①

[128]　(65) 第 155—156 页。不管在什么名义下取得，等等。

利润出于剩余产品；如果对利润课税，税款将出于剩余产品，因此就不是出于地租。这里马尔萨斯先生把剩余产品和地租视同一体了。参阅评注第(59)。

(66) 第 156 页。足够提供在任何别的行业中，等等。

在社会的任何阶段，为什么农业的利润和工资会大于任何别

---

① 英文版《李嘉图著作和通信集》，第一卷，第77页。

别的行业中无法取得的那样宽裕的利润和工资,（66）从而使人口获得迅速增长。

⊗然而很明显,在富饶的领土上作为土地所有人的国王,有权在农业进步的早期取得超额地租。（67）他几乎可以要求,除了为容许耕种者作适度增长时所必要的那部分以外的全部余额。如果耕种者在技术上无所欠缺,则总产品中以赋税或地租形式归于国王的那个部分,会大于在社会任何较进步时期可能取得的部分。但是,在这种情况下,当然只是国内最肥沃的土地才能得到耕种,利润、工资和人口,将过早地陷于停顿状态。

我们不要以为国王对土地行使其权力时,会不留余地到这样程度,以致走向他们自己的以及其臣民的利益的反面。但是有理由相信,在印度某些部分和其他许多东方国家,甚至可能在中国,基于国王对土地的权利,以及农产品方面其他一些例行的缴纳,△迫使资本利润和土地上的劳动工资过早地降低,为后期在耕种和人口发展的道路上造成很大障碍,使许多良好土地沦于荒废。由于不必要的垄断,以致以地租或赋税的形式取得的剩余产品的那个部分,大于因利润和工资的自然下降而被划出来的那个部分时,情况就总是这样。⊗但是应当看到,垄断的性质不论是必要的还是人为的,根据土地缴

157

的行业的利润和工资?

（67）第 156 页。然而很明显,等等。

只能在这样的时期、用这样的手段来取得超额地租。②地租将通过过早地提高谷物相对于一切其他事物的价值来产生。马尔萨斯先生会不会否认,这种地租虽然有利于政府,却相应地有害于消费者呢?

② 以下有"对农产品课税同降低土地肥力实际是一样的。这里马尔萨斯先生承认,降低……"一段被删去。

[129]

纳地租或赋税的力量，总是完全受到土地肥力的限制的。那些企图贬低上述地租头两个成因的重要意义的人们，应当看一看在印度许多地区发生的种种产品在实物分配下的情况，在那里，一旦垄断使国王可以要求取得地租的主要部分时，别的一切就显然取决于土地所提供的剩余必需品，和这些必需品换取劳动的力量。（68）

⊗也许有人会以为，地租不能用强制手段，过早地把它从利润和工资中划分出来，从而在不自然的情况下降低利润和工资，因为资本和劳动假使在别的地方所得较多，就会撤离土地。但是要想到，在这些国家里，其土地上的实际耕种者，一般处于极其低微、落后状态，他们没有什么资本可以使用，△简直是没有什么可以移用到别的行业的。另一方面，政府所占有的剩余产品很快会促使它所雇用的人口增加，从而对其他部分的劳动价格起抑制作用，使之处于农业中劳动价格的水平。而且，由于社会中广大群众的贫困，对工商业产品的需要很少，使大量资本使用于工商业时，没有获得高额利润的机会。（69）由于足以使利润下降的这些原因，由于筹集资金的困难以及在高利下出借资金的风险，我很久以来就有一种想法，即利息率虽然在各个国家里几乎是据以判断利润率的唯一标准，然而在印度和中国这样的国家，实际是在地球的东部和南部的大部分地区，这是一个极其不可靠的标准。在中国，法定的货币利率是按月百分之三。*但是，就我们所知道的而论，考虑到中国

* 斯汤顿：《刑法》，第158页。然而，广州的市场利率据说只是百分之十二到十八。见该著脚注第17。

（68）第157页。但是应当看到，等等。

谁在企图贬低土地肥力的重要意义？使剩余产品受到限制的当然是土地的肥力。

（69）第157页。也许有人会以为，等等。

资本和劳动所以在别的行业中不能获得较大利益，不是由于

的情况，不可能设想，在土地上使用资本能够提供这样高的利润，也不可设想，在任何稳妥的著名行业中使用的资本，可以获得这样高的报酬。

同样情况，关于印度也有高利率的传说，△但是，就其地实际耕种者的情况来看，使人完全不能想象，其资本利润，不借助于劳动，会达到这样高度。最近，印度政府债券利率降低到百分之六，这一事实充分证明，在正常与和平时期，别种行业中资本的报酬，决不会大到足以使人们有理由在高利率下进行借贷。

在中国和印度看到的按高利率进行借款，其目的除偶然的投机之外，也许不是在于谋求利润，而是在于应付开支或偿还债务。

上面提到的在东方国家那些足以过早地和反常地提高地租、降低利润的原因，其中有些在欧洲社会的早期阶段，无疑也曾起过一定程度上的作用。有一个时期，大部分土地是奴隶耕种的，继起的对分收获制，分配收获时，允许耕种者保留的生活资料，除勉强维持生存所必需者外，极少宽裕。在这种情况下，土地利润率跟一般利润率不可能有多大关系。农民不经过极大困难，不可能获得资金，别谋生计。可以肯定的是，没有人会愿意把在工商业中积蓄起来的资本，使用在别人耕种的土地上，使自己成为一个对分佃农。这样，在商业△与农业之间就不会有资本交流，结果彼此所得的利润，也许相差悬殊。

然而，就上述中国和印度的情况而论，利润大概不会过高。⊗实际上这主要取决于工商业中资本的供额，如果与这些企业的产品的需求对照，资本稀缺，利润就一定会很高。（70）总之，可以大胆断言的是，我们不能根据偶然

马尔萨斯先生所说的原因，而是由于赋税首先通过并吞地租、从而影响到利润时，就会提高农产品价格。农产品价格提高，就会使工资提高，从而同样地影响到在一切行业中的利润，因此就不会存在从土地上撤出资本的诱力。 [131]

（70）第160页。实际上这主要取决于，等等。 [132]

提到的极高的利息率，就以为利润率也是极高的。

经过推求，已经表明地租和来源于土地的一般剩余所具有的共通性，这是土地及其产品所具有的某些属性的结果。只要利润和工资由于肥沃土地的稀少而开始下降，不论其造成这一现象的原因是国家财富和人口的自然发展，还是对土地过早和不必要的垄断，地租就会开始同利润和工资划分开来。

利润跟工商业中使用资本的供额①有什么关系？

假使农场主所得的报酬，相对于为供养他的劳动者和其他必要支出所必须花费的数量，于缴纳地租后，在数量上是大的，那么农业的利润就是高的。至于不缴地租或地租缴得很少的土地，则利润主要取决于土地的肥力。

① "的供额"是插入的。

第三节 在社会正常发展中地租
会趋于上升的原因

要比较详尽地讨论支配地租升降的规律，△就得进一步详细地分析，与 161 产品价格对照下，减少种植费用或降低生产手段的成本的主要原因。主要原因似乎有四个。第一，⊗会降低资本利润的资本积累。（71）第二，⊗会降低劳动工资的人口增长。（72）⊗第三，会减少为获得一定效果所需要的劳动

（71）第 161 页。会降低资本利润的资本积累。

这里意味着利润下降是资本积累的必然后果。没有比这个更大的错误了。

（72）第 161 页。会降低劳动工资的人口增长。

这里也意味着人口增加以后，跟着发生的必然是工资下降。[133] 很明显，这是必须取决于对人民的需求的。还有个论据是，②工资下降，跟着就必然发生地租上升。这里的工资，马尔萨斯先生指的是谷物工资，不是货币工资。假定全国劳动者的谷物工资下降，还有什么诱力会促使人们去耕种新土地？开头是不会有了。它的唯一效果是提高利润。

利润上升可以导成新的积累，增加对劳动的需求，增殖人口，提高农产品价格，扩大耕种。而低工资的唯一作用是可以导致资本积累，是马尔萨斯先生所说的地租上升的第一个原因，如果打算

② 这里原先插入"谷物"字样，后又被删去。

者人数的农业改进或辛勤努力方面的加强。（73）第四，由于需求增加而引起的农产品价格上升，它虽然不是在名义上降低生产费用，却会扩大这种费用投入耕种的土地，其肥力低于已耕种的土地，这就是低工资可以产生的唯一效果。

[134]　　（73）第161页。第三，会减少为获得一定效果，等等。

这跟上面所述原因的情况一式一样，通过提高利润，这大概会导致资本积累。马尔萨斯先生的严重错误似乎是这样：他最初断言地租从土地的剩余产品中得来，这当然是对的，然后进而论证，凡是足以增加这一剩余产品的，都会提高地租。①但是他忘记了，利润也是从剩余产品中支出的，因此，我虽然同意他工资下降②会增加剩余产品的说法，却不同意他认为这一增额将归于地租的说法。不，它将无可避免地归着到利润。我并不是说，它将始终是利润的一部分，由于人口增加和使用于土地上的资本的增加，极有可能的是，这类利润，即使不是其全部或不止全部，③也会有一部分转移为租金。

马尔萨斯先生知道，并且承认，地租是使用于土地耕种上的两项等量资本的产品之间的差额。那么我要问一问，工资下降会不会扩大这个差额？④马尔萨斯先生也许要说，假使由于土地上的
[135]　改进，使一切土地上的产品作等比例增加，就会使在土地上使用的两项等量资本之间以谷物产量计⑤的差额扩大。是的。但是，这

① 见马尔萨斯著作第152页。
② 这里有"和农业改进"字样被删去。
③ "即使不是其全部或不止全部"是插入的。
④ 这条评注原先到此为止，以下是插入的。
⑤ "以谷物产量计"是插入的。

与农产品价格之间的差距。

如果资本多起来了，使通常保持某一利润率的那些部门感到资本过剩，

一差额是不是具有较大价值呢？假使不是，它会不会促进耕种呢？⑥会不会换得较多的鞋子、衣着、家具等等呢？不，可能的是换取较多的劳动，这就是说，由于劳动工资下降了，同样价值的地租将换取较多的劳动。但是，这时国内一切其他的同等收入所面临的情况也是这样，因此，耕种土地不会优于资本的任何其他使用方式。⑦资本家不仅会获得较大价值的收入，从而获得较多的他所消费的一切商品，而且用等量的货币，可以换取比前有所增加的劳动量。就后一点而论，他的处境同地主的将不相上下。另一方面，作为股东的，也将共享利益，他所取得的是同样的货币红利，但是除劳动外，在价格上将无所降低。

这里所根据的假设是，地主所取得的是已增加的谷物地租，但是他在相当期间所取得的，将是较少的谷物地租。农业改进促进生产的速度会大于人口⑧能够增加的速度，这就会造成资本从土地上撤出的倾向，因为虽然对谷物的需求没有增加，对其他事物的 [136]
需求将有所增加。

从土地上撤出资本时，相随出现的必然是地租下降。假使谷物地租没有下降，货币地租将下降；假使用地租来购买的一切商品的价格没有下降——它们是不会下降的——马尔萨斯先生就大概会承认，这就是地租真正的下降。

⑥ 这一句是插入的。
⑦ "因此，……其他使用方式"是插入的。
⑧ "人口"原先是"人民"。

⊗同样情况，如果人口增加超过了对它的需求，劳动者就不得不满足于数量较少的必需品，以实物计的劳动费用减低了，以前不会加以耕种的土地，就会投入耕种。(74)

这里提到的头两个原因，有时会引起相互抵消的作用。资本增加会提高劳动工资，工资下降会提高资本利润；△但这些都只是暂时的影响。在资本积累和人口增加方面作正常和有规律的发展的国家，利润率和实际劳动工资总是共同下降的。可以引起这种情况的是，谷物货币价格的持久上升，和相

假定一个佃户到他地主那里，交出的不是原定的一百镑而是九十镑，这时除了谷物，一切商品的价格都大致同以前一样，他告诉地主，他拿来的是一笔提高了的地租。他说，我曾经向他证明，谷物和劳动是实际价值仅有的尺度，现在用九十镑所能取得的谷物和劳动，多于过去用一百镑①所能取得的，因此地租已经有所增加，表面的②下降只是名义上的。这时地主多半会说，情况是足够真确的；可是尽管在这个实际标准上他的地租是提高了，他所能取得的生活上的多数必需品和一切奢侈品③却减少了。

我晓得，别人会利用这个论证来对我进行反击。他们会这样说，你曾多次提到，由于按照你的价值标准，工资是上升的，因此工资提高了，但是，不幸的工人会发现，他拿了提高了的工资到市场时，所能取得的生活主要必需品之一，④数量却比前减少，这时他

① "用一百镑"是插入的。
② "表面的"是插入的。
③ 原先是，"他所能取得的一切必需品和享乐"。
④ 原先是，"所能取得的一切必需品和享用品"。

随出现的劳动货币工资的上升，但不是比例地上升。对耕种者来说，谷物货币价格的上升，将被用同量资本取得较少量产品这一现象所抵消。他的利润，以及所有其他资本家的利润，由于必须从同额的货币报酬中支付较高的货币工资，将有所降低。至于劳动者，由于与谷物价格相形之下，劳动价格上升不足，其换取生活必需品的力量当然将有所缩减。

但是，对利润的下降说来，谷物和劳动的货币价格的这种明确和有规律的上升并不是必要的。实际上，只有国家经受了一切变化、其货币价值依然不变时——按照李嘉图先生的假定，*可以说这一情况是决不会发生

---

* 《原理》第2版，第1章，第54页。

就跟你前此所说的地主一样，只好满足于降低的工资——就算他在生活舒适方面可以有所增益。对此我的答复是：劳动者的委屈在于他最需要的一种商品的价值提高了，除谷物外的一切商品的价格却依然如故，因此他可以用他的工资换取较多的所有这一切商品；除了用大多数商品来估计的唯一的这种商品以外，⑤他的工资实际上是提高了的。

在前一情况下，用大多数商品估计时，地主的地租是降低了，只有用单单那一种商品估计时，是提高了。

（74）第 161 页。同样情况，如果人口，等等。

假使劳动者所要求的谷物工资减少，那就谁都会很容易地理解，为什么雇用者会愿意把回到他手里的多出的谷物资本使用于制造业；⑥但是谁也看不出，有什么原因会促使他去耕种更多和较差⑦的土地。假使对某种商品的消费没有增加，为什么要增加它

⑤ "除了用大多数……商品以外"，原先是"用大多数商品来估计"。
⑥ 原先是，"会在制造业中使用更多的资本"。
⑦ "和较差"是插入的。

的——才会发生像这里所说的有规律状态。在货币价值的任何变动下，利润无疑会下降，地租也会被划分开来。⊗最有规律和持久的利润下降，其必要条件只是（在这一点上，李嘉图先生会与我的看法相同），用一定量资本所取得的总产量价值中的一个增益部分，却被劳动所吸收。△造成这一现象的是，用等量资本所取得的产量减少了，而由劳动所吸收的部分却没有相应减少，从而使利润降低，同时也是劳动者的实际工资降低。（75）⊗但是很明显，假使从使用于土地的一定量资本得来的较少量生活必需品，是足够供应资本家和劳动者的，*则耕种费用将减少，较差的土地就可以在新的工资率和利润率

[163]

* ⊗关于我在这里举出的促使地租上升的第二个原因，李嘉图先生说（第411页）："工资下降决不会提高地租，因为它既不会使农场主和劳动者合在一起所得到的那一份产品减少，也不会使其价值减少。"但是我要问一下，美国的高额实际工资最终将归于何处——利润呢，还是地租？假使劳动者的所得永远是每天一蒲式耳小麦的价值，那就只有最肥沃的土地才能负担雇用他们的费用。要使贫瘠土地得到耕种，人口增加和这种工资的下降是绝对必要的。那又怎么能说工资下降不是地租上升的原因之一呢？（76）

的生产呢？

[138]　　（75）第162页。最有规律和持久的利润下降，等等。

马尔萨斯先生在这里所设定的原则，我完全同意。但是，认为劳动者吸收了"用一定量资本所取得的总产量价值中的一个增益部分"时，其工资就会下降，依我看来这是一个严重错误。我认为，价值是要用比例来衡量的。

（76）第163页。关于我在这里举出的，等等。

马尔萨斯问我，美国的实际高额工资最后将归到何处？我的回答是，它将同剩余产品的几乎是全部的其余部分一道，归于地租。但问题是，它是通过哪些相续步骤到达地租的。当它下降时，首先它将提高利润。高利润会导致新积累，新积累会导致对劳动[139]需求的增长，从而导致人口增加，导致较差土地的耕种，最后导致地租上升。

下投入耕种，而以前耕种的土地的地租将上升。(77)

⊗第三个通过降低与产品价格对比下的耕种费用足以促使地租上升的原因是，会使产生一定效果所必要的劳动者人数减少的那类农业改进和辛勤努力的加强。(78)

在进步、勤劳、又不缺乏刺激因素的国家，这是有巨大功效的一个成因。⊗假使改进是属于这样一种性质：它大大降低了生产成本，△却没有丝毫提高产品数量，这时可以完全肯定，谷物价格不会发生变动，农场主的过高利润，不久就会由于来自工商业的资本的竞争而降低。这时，由于使用资本的整个活动范围是有所缩减而不是扩大，土地上得来的利润和别处的利润，不久就会回到以前的水平，而由耕种费用降低而来的增额剩余，其归宿将是提高地主的地租。(79)

⊗但是，情况必然是这样，这类改进如果有利于新土地的耕种，有利于在

马尔萨斯先生跳过这些中间步骤，使他的读者得出的结论是，每一次工资下降和每一次土地改进的结果，①会立即转移到地租。就这一事例说，我是在比他怀有更多好意的观点下来看待地主的。

(77) 第163页。但是很明显，等等。

假定对产品有需求——对扩大耕种来说，这一点绝对必要——这个说法才是正确的。单是产品数量，不能使生产者获得补偿。

(78) 第163页。第三个通过降低，等等。

这里生产费用是同产品价格相对而言的，这就意味着对产品有相当需求。争论中的问题这就被认为是不成问题的。

(79) 第163页。假使改进是属于这样一种性质，等等。

生产成本降低，怎么会不提高产品数量，或者是，②怎么会不

① "的结果"是插入的。
② "怎么会不增加产品数量，或者是"是插入的。

旧土地上用同样资本进行成绩更好的耕种，就必然会有更多的谷物投入市场。这将使谷物价格下降，但下降是短期的。本章前一部分所提到的土地剩余产品不同于一切其他剩余产品的那个重要成因的作用，即，生活必需品在合理分配下会创造其自身的需求的那种力量，或者换句话说，人口对生活资料会具有施加压力的倾向，不久就会提高谷物和劳动的价格，使资本利润降低到以前的水平；同时，被这类改进所促进的从事于耕种较差土地的每一步骤，和这类改进在前已耕种的一切较优土地上的应用，会普遍提高地租。这样，在不断改进的耕种方法下，地租也许会不断提高，而谷物的交换价值△却并不提高，劳动的实际工资和一般利润率也不会下降。（80）

降低价格？这个假设是免不了矛盾的。

　　制造业者获得的是低利润，农场主获得的是高利润，凭什么使两方的利润均一起来？如果没有把更多的资本使用于土地，谷物价格降低就势难避免。改进的含义是什么？如果不是解作用同样的劳动量①可以取得较大的产量，那这个词的意义就不是我所能了解的了——这时，由于在低价格下的全部产量，所值大于以前在高价格下的全部产量，所以尽管产品价格下降，利润将上升。

　　但是，随着谷物价格的下降，劳动成本也将下降，因此利润将最后定着在所花费的谷物和所取得的谷物两者之间的比率上。地租怎么会提高？除非使较差土地投入耕种，难道还有别的什么可以提高地租？但是，据说由于利润提高，你就可以把较差土地投入耕种！你尽可以这样做。但是，在人口有了增加以前，你眼看这种改革使你在供给方面有了这样的增加，你难道不会想到，把资本从土地上抽出移用到制造业吗？可是制造业者的利润怎么会提高的？

　　① "劳动量"原先是"资本"。

第三章　地租　143

在我国发生的农业上的巨大改进，已经清楚地表明，现在的资本利润，跟将近一百年以前的一样地高，而土地在那时所供养的人口，只有现在的一半多一些。⊗至于生活必需品在合理分配下会为自身创造需求这一力量，已经被显而易见的事实所充分证明：尽管通过使用较好工具和改进土地管理制度，使耕种方面相继出现了许多重大改进，但是至少，在换取劳动和其他商品方面，其交换价值并没有降低。（81）实际上，这些改进的结果是完全归宿到地租的增长和赋税的缴纳的。

⊗还有一层，在个别地区实行足以降低生产成本的改进时，由此得来的利益，等到重订租约时，就会立即归于地主，因为资本利润，必然会按照全国

是由于劳动价格下降——制造业者的商品，在彼此之间以及与货币相对，②其交换价值跟以前一样，而生产商品的代价降低了。因此，我的结论跟马尔萨斯先生的正好相反——所有使用于农业和制造业的资本的利润都将提高，地租将下降而不是上升，因为资本在土地上不会增加，极有可能的是将从土地上撤离。

（80）第 164 页。但是，情况必然是这样，等等。

已做了回答。

（81）第 165 页。至于生活必需品，等等。　　　　　　　[142]

论证当真是远远不能令人满意的。为了要证明谷物会增加需求者，说是工资实质上没有变动。这样来证明谷物会增加需求者，就无异是证明需求者会增加谷物，或者是需求者是谷物增加的起因。③

② "以及与货币相对"是插入的。
③ 参阅英文版《李嘉图著作和通信集》，第一卷，第405页，脚注2。

的一般水准,受到竞争的支配。(82)例如,在苏格兰某些地区、英格兰北部以及诺福克进行的农业上的显著改进,就极其突出地提高了那些地区的地租,而利润则原样不动。

166　　因此必须看到,△必需品生产便利,*不同于其他商品的生产便利,它决不会带来价格的持久下降。必需品是唯一的一种商品,就其在量的方面大体上按比例地换取劳动这一点而论,可以说其价值是持久不变的。因此,实际情况是,一切生产成本上的节约,会长期地增加剩余,从而归于地租。

使地租趋于上升的第四个原因,是不论其起因何在的这样一种农产品价格上升,从而扩大产品价格与生产成本之间的差距。

前已提到农产品价格的一种可能上升情况,那是由于资本和人口的正常增长,而货币仍然保持大体上不变的价值。但这是一种限于小范围内的上

*　严格地说,只要土地是分成一直到不毛之地的种种等级的,必需品生产的便利就只能是暂时的,除非由于缺乏储蓄愿望,使资本无法增加;在那种情况下,生产的便利才会是持久的。但是,到那时,虽然生产谷物所花费的劳动较少,其交换价值将比较高,就是说,它所能换取的将比较多。

---

[143]　　(82)第165页。还有一层,等等。

这一点是要取决于在那些地区改进的程度的。如果在那些地区的供给有了大幅度的增长,于重订租约时,地租也许会提高,但在别的地区,地租一般将降低,谷物的价格也是这样,这是因为最劣等土地将被放弃耕种。

[144]　　(83)第167页。某一国家的农产品,等等。

谷物的价格,在一个期间会上升得很高,但是否持久上升,将取决于所由取得产量增额的那一项土地的质量。

假使土地并不比先已投入耕种的差,价格最后将定着在原来的价格上,而利润比以前高的现象将只是暂时的。但是,如果投入

升，跟那些会成为注意目标的谷物价格上的显著变动不同。我现要进一步仔细研究其后果的是，由需求增长引起的价格上升，这种上升会引起贵金属价值变动。

⊗△某一国家的农产品，如果受到其四围邻国殷切和不断的需求，其产品价格当然会显著上升，这时，如果其耕种费用的相应上升是逐渐的、缓慢的，则产品价格也许在长时期间居于遥遥领先的地位，从而对改进发挥莫大的鼓舞作用，促使人们用更多的资本将新土地投入耕种，同时使旧土地的生产力也得到提高。但是，如果需求持续下去，劳动价格就会上升到与谷物对照下的以前水平，受到大量输出农产品支持的货币的价值，也许会普遍发生显著下降，劳动于易购一切外国商品时将极度有利，而地租则可以在利润或工资不下降的情况下上升。(83)

⊗美国的货币价格状态及其耕种的迅速发展，足以有力地证明这里所假设的情况。其东部各州小麦的价格，差不多同法国和法兰德斯的一样高。由于不断需要人手，其一天劳动的货币价格几乎比英国的高出一倍。但是，谷耕种的是较差土地，谷物价格将上升，利润将长期低落。①我不明白，货币价值怎么会发生任何下降，但是我相信，在我只是看作商品价格上升的现象，马尔萨斯先生会把它叫作货币价值下降。谷物价格的每一次上升，他都叫作货币价值下降，尽管用货币换到的一切其他商品，其数跟以前完全一样。我则把它叫作谷物价格上升，认为货币价值丝毫没有变动。我认为，只有当货币所换到的一切事物都比前减少，而不是所换到的一两种事物或一打事物比前减少，其价值才可以叫作下降。商品价值上升，和用以估计这种价值的媒介的下降这两者之间有显著差别，而这一点是马尔萨斯

---

① 原先是"利润将比以前低"。

物和劳动这样的高价，使农场主和劳动者于购买衣着和各种外产的必需品和享用品时可以得到极大的便利。可以肯定，假使谷物和劳动的货币价格都很低，而彼此仍然保持着同样的比例关系，△那么同样质量的土地就不会加以耕种，也就不会在同样的利润率和同样的劳动的实际工资下获得同等的地租。(84)

⊗我国在1793年到1813年年底这二十年期间，对谷物的类似的需求，也曾产生类似的结果，虽然导致需求的方式不同。在1793年战争开始以前的一

[145]
的言辞中所没有顾到的。假使对帽子的需求提高了一倍，除非其生产费用有所增加，否则，虽然开始时价格将上升，最后将在如所需要的丰足情况下，按原来的价格供应。这一点我想马尔萨斯先生不会不同意的。那么对谷物来说，为什么情况就会不同呢？他在这一段结束时说，劳动于易购一切外国商品时将极度有利，而地租则可以在利润或工资下降的情况下上升。我认为，除非生产费用降低，或者是为了谋求供给，需要质量较差的新土地，否则，即使在这种需求增长的情况下，地租也不会上升，这是可以用事例证明的。

（84）第167页。美国的货币价格状态，等等。

这里把事实和论证都混杂起来。由于马尔萨斯先生的权威，所叙的事实照说是必须接受的；但是老实说，依我看来，其陈述显得很离奇，使我怀疑是不是有些搞错了。据说，"美国东部各州小麦的价格，差不多同法国和法兰德斯的一样高。由于不断需要人手，其一天劳动的货币价格几乎比英国的高出一倍。"那么，在使用同

[146]
样劳动量的情况下，土地的生产率必然高出一倍还不止，①否则所

① "还不止"是插入的。

个期间，我们惯于输入一定量的外产谷物，以供应日常消费。战争期间，运输、保险等等费用都提高了，谷物供应的费用当然也提高了，加上年成不好以及法国政府随后颁布的种种法令，使我国为了满足所需要的数量而输入的小麦，其价格达到了异乎寻常的高度。

虽然输入的谷物同国内所生产的相比，只占很小部分，但其价格这样地大幅度上升，势必使全部谷物的价格相应提高，使国内农业所受到的刺激，就像外国对我们谷物的需求突然有了巨大增长的情形一样。其时，为战事扩大

述各州的利润必然是低于英国的，因为在法国和法兰德斯，②产品的价格比英国的低得多。必然的情况是，假使某一国家愿意按某一货币价格购取外产必需品和享用品，那是由于它输出的商品可以按高价而不是按低价出售是对它有利的；用一定量的自己的商品，可以换回较大量而不是较小量的外产商品是合乎需要的；至于国家，在它权力所及，可以采取什么方法来管理这件事，从而达到这个目的，那就全然不是我所能设想的了。实际上一切贸易都是物物交换性质，假使货币可以通过任何法律来进行分配和积累，使输出品价格提高，它也会使输入品价格提高，这就表明，不论货币的价格是高是低，它不会影响到对外贸易，因为，不论在哪一情况下，一定量的本国产品，换回的总是一定量的外国产品。③假使东部各州的输出品小麦④价格是低的，而外国产品的价格是高的，各州就不会那样繁荣，因为它们不会有机会从事于那样有利的交换。在我看来，这就是马尔萨斯先生论证的实质。假使国家有权控制价格，它们就都会按高价卖出，低价买进。⑤

② "在法国和法兰德斯"是插入的。
③ "换回的总是一定量的外国产品"，原先是"换回的不会多些，也不会少些"。
④ "小麦"是插入的。
⑤ 这一句是插入的。

引起的人手缺乏、商业的发展以及增产粮食的必要，加上智慧的人们在强大刺激下表现出来的创造才能，使产业的每个部门都出现了体力劳动的大量节约。△因此，为适应社会的迫切需要，将新土地和较差土地投入耕种时，在劳动方面的费用，比若干年前在较优土地上所花费的为少。然而，为了供应当前需求，只要哪怕是极少量的谷物，不得不以极高的价格从国外输入，国产谷物的价格就势必依然是高的。用战前价格比较，其时的价格，以纸币计曾一度上升到近三倍，以生金银计在两倍以上。在这种情况下，劳动价格不可能不比例地上升；当然，在利润没有下降的同时，一切有劳动参与的商品，价格都是上升的。

这样，同别的国家相比，我们的商品价格是普遍上升的，也就是贵金属价值普遍下降；由于我们日益增长的对外贸易和出口商品的丰裕，使我们得以

[148]　（85）第 168 页。我国在 1793 年到 1813 年年底，等等。

英国谷物价格上升是由于两个原因。第一个原因是一切其他国家所共有的，是用以估计价格的媒介的价值下降，这种上升不过是名义的，是由纸币贬值导成的。还有个原因，如马尔萨斯先生所说的，是输入谷物的费用增加。以输入与自己种植相比，当然是自己种植的费用较低；但是在一定费用下，自种谷物所能取得的量，少于输入前可以取得的量，这一变动对英国是极其不利的。由于对这一主要生活必需品的迫切需求，它在市场上的价格，可以在一个期间远远超过生产①成本或自然价格。在这一期间，农业利润也许是高的。如果根据这一情况，就认为不是出于主动选择而是出于迫不得已的形势下，从输入谷物转向种植谷物这样一种转变，对国家利益并没有什么损害，以此作为一般通则，那是极其危险的。

① "生产"是插入的。

第三章　地租　149

支持下去。1813年最后投入耕种的土地，并不比1790年最后加以改进的土地需要更多的劳动，被公认的事实明确证明了这一点的是，利息率和利润率，后期都高于前期。但是利润仍然没有过分提高，以致妨碍到在这一期间极端有利于地租上升的情势。地租在这一期间的上升，是一个受到普遍注意的话题；虽然后来由于一系列不幸事故，遭到了严重的、灾害性的挫折，△但是，那些大规模排水工程和长期性的改进，对农业起到了有力的推动作用，结果就像是发现了新辟土地一样，使国家的实际财富和人口都有所增加，而生产一定量的谷物时，却没有增加劳动或任何困难。

170

这就很明显，在贵金属价值下降、谷物价格开始上升这一过程中，会有一种强烈的倾向，足以促进新土地的耕种和地租的上升。(85)

在一个依靠对其制造品的巨大和不断增加的需求来供养其本国人民的

要想到，这种高利润只是在——也只能在牺牲消费者的情况下才能取得。②

但是，据说从商品的普遍高涨中，我们可以取得补偿！试问，这种普遍高涨怎样会发生的？并不是由于我们自己种植自己的谷物，这样，只会使谷物价格上升，却不会使其他任何商品的价格上升。③谷物由于生产越来越困难，因此，相对于其他事物，其价格趋于上升。

[149]

假使货币价值下降，那么不仅是各种商品的价格，谷物的价格也将上升；可是谷物价格的上升，是跟其他商品完全无关的。谷物上升是由于以谷物和农产品为限的生产的困难，其他的上升是由于货币价值下降，那是一切商品所共同的。后者的上升只是名义的。假使这是起因于局限于我国的纸币贬值，那么虽然商品和谷

② 这一句是插入的。
③ 下面插入"而是由于货币价值下降"字样，后又被删去。

国家，也会产生类似的结果。如果由于需求关系，这些制造品在外国的总值大大增加，它们所换回的价值也将大大增加，这就不会不使农产品的价值增加，这时，对工农产品的需求都将扩大，土地上各方面的改进都将受到相当刺激，虽然，受到的刺激也许不会达到在前一情况下那样的程度。

这种结果跟制造业中采用新机器和进一步恰当的分工所引起的，不会有多大不同。在这种情况下一般会发生的是，不仅制造品数量将大大增加，而且由于其价格低廉，国内外对它的需求也将扩大，从而使产品总价值增加。

物会上升百分之二十，金银也将作同样程度的上升，在汇兑方面将相应地不利于我，因此，在我们对外的一切交易中，①买进时仍然是那样地贵，卖出时仍然是那样地贱，就像是没有发生这样的上升一样。当我们停止输入谷物时，地租将上升，这正是在我们意想之中的——较差的土地投入耕种时，决不会不提高地租。

据马尔萨斯先生说，在我们所处的特殊情况下，跟别的国家相比，②我国贵金属的价值有所下降。这时，货币由于不是与金银等值而贬值了；但是，与商品对比，还有使它的价值比前更加低落的一个原因，那就是金银的相对价值也是低的。我一向知道，马尔萨斯先生在生金银问题上的争论中是走中间路线的，把纸币价值的明显下降，部分归因于纸币价值的实际下降，③部分归因于同它对

① 这一段原先紧接上一段，不另分段。从现在的这一段"假使货币价值"开头起，原先是，"谷物由于生产越来越困难，因此，相对于其他事物，其价格首先上升，接着是商品上升，而谷物上升得更加显著，这是由于货币价值下降，其下降假使限于纸币，没有延伸到金银，这就叫作货币贬值。但是这样的上升只是名义的。假使商品上升百分之二十，汇兑方面就百分之二十地不利于我，金银就有了百分之二十的升值，因此，在我们对外的一切交易中，"等等。
② "跟别的国家相比"是插入的。
③ "部分归因于纸币价值的实际下降"是插入的。

第三章 地租

△结果,我们看到的是,在一切富裕的工商业国家,其工商业产品的价值对农产品占很大比重;* 而在对内和对外贸易都数量不大的比较贫困的国家,则农产品的价值几乎构成其财富的全部。

在对农业的刺激系起源于工商业繁荣的那种情况下,有时会看到,作为价格趋于上升的第一步,是工商业中的劳动工资提高。这时谷物价格当然会

---

* 根据科胡恩先生的估计,我国内外贸易的价值和制造品的价值,不包括原料,大致相等于农产品的总值。大概别的大国都没有这种情况——《论英帝国的财富、力量与资源》,第96页。

照的媒介(金银)价值的实际上升。他说,④商人的话一部分是对的,因为金银与纸币之间的差异,部分⑤是由于金银上升;而生金银论者的话也是部分地对的,因为差异同时也是由于纸币下降。可是他现在告诉我们,金银的价值在我国下降了,因此生金银论者的论证是不够彻底的。那么,他怎样把这一节里所表明的意见跟他在同书第6页里所说的统一起来呢?他在第6页里说:"我常常想到,最近关于生金银问题的论争,就是这种错误的一个显著例子。各方都有一套理论,用来说明逆势汇率,和生金银市场价格所以超过其铸币法价的原因,各自坚持对这个问题的片面见解而自以为是。几乎没有一个作家愿意承认两种理论都能起到的作用。"是两种怎样的理论呢?一方说,"生金银没有变动,黄金价格变动是由于纸币下降。"另一方说,"纸币没有变动,黄金价格变动是由于黄金的价值上升。"马尔萨斯先生说,真理存在于两者之间。可是他现在认为,不仅黄金没有上升,如某些生金银论者所说的那样——而我认为是错误的——⑥而且实际上是下降的。

④ 这里有"基本上"字样被删去。
⑤ "部分"是插入的。
⑥ 参阅1815年12月25日致特娄尔第147号信。

发生直接影响，接着出现的将是农业的劳动工资提高。然而，即使在这种情况下，劳动工资也不一定首先提高。例如，假使人口增长和工商业资本的增长一样迅速，其唯一结果也许是，在同样工资下雇用的工人人数增加，这将在劳动工资发生任何上升之前，使谷物价格上升。

我们现在设想的是，劳动工资终于要上升到与谷物对照下的以前的水平，172 两者都比以前高得多，△货币价值则将经过明显的变动。然而，在这一演变过程中，劳动之外的其他资本支出，决不会全部同时上升。必然会出现一个持续期间，在此期间，农产品价格与生产成本之间的差异会那样扩大，从而使农业受到很大刺激；这时，由于有机会获得暂时的高额利润而投入的增益资本，再从土地上全部撤回的可能性极少，这样得来的利益的一部分是持久

[152] （86）①第172页。实际上一个国家，等等。

这个意见我部分赞同，但必须弄清楚这个特殊优势的性质是什么？国内竞争，会使我们的商品保持在我们能够出售的那个价格上。但是那个价格，特别是关于少数几种商品，②比外国人能够造
[153] 成的，也许要低得多，因此，如果他们不能按照我们的低价购得，就会愿出贵得多的价格购买这些商品。我们制造棉织品的高度便利，大概别的国家是无法抗衡的，倘使没有我们国内的竞争，还可以使我们对外索取更高的价格。我们还可以据有富饶的矿场，由此取得的金属，出于同样原因，其价值可以下降到国外所愿意并且乐于付出的那个价值之下。对这类商品，我们有些什么手段可以

① 整个这一条评注，除最后两段外，原先是："我完全同意这个意见；但是，这不是否定了马尔萨斯先生在最后四页里所阐述的理论了吗？在1793到1813这二十年间，由于马尔萨斯先生所说的英国货币价值局部下降，使它不得不自己种植谷物；英国在这一期间的出口贸易中，究竟有什么它以前所不能享有的利益呢？"
② "特别是关于少数几种商品"是插入的。

性的，由于谷物价格上升超过农场主资本中某些材料价格上升的程度而得来的全部利益，也是持久性的。

货币价值下降时，课税商品不会与其他商品作等比例上升，这是李嘉图先生所承认的。那么，在货币价值下降是某一国家所特有的这一假设下，所有全部或部分从国外输入的那些商品——其中有许多是涉及农场主的资本的——其情况也必然是这样。因此，农场主就会从与那些商品对照下的谷物货币价格的上升中，得到增加的力量。⊗实际上一个国家如果在出口方面不占有特殊优势，货币价值是不会单独在这个国家下降的。占有这种优势是常事，而且往往会由于受到种种刺激而有所促进，在这种情况下，△货币价值下降，就必然会长期地促进耕种较差土地的力量和提高地租的力量。（86）

索取较高的价格呢？一个手段是显而易见的，其效果是极其肯定的。政府对这类商品的输出可以征税，这对国外消费者说来，就不会不提高价格，而对国内制造商则一无损害。

还有个方法，在效果上却是不大有把握的，马尔萨斯先生说的就是这个方法。

据说通过限制输入谷物，对生金银的输入可以起到很大的推动作用，跟谷物与劳动相比，这将使金银的价值下降，使一切国产商品的价格上升。所有这些商品的自然价格也将提高，而一切外产商品的自然价格却不会发生这样的上升。与此相反，由于金银从外国输出，其价值在其地将上升，其商品的自然价格将下降；这样，在我们的一切对外贸易——归根到底，那总是一种物物交换——中，我们就可以用一定量国产商品换到较多的外产商品。要晓得，这一论证是否正确，取决于这一点：作为一国所特有的相对于谷物和劳动的货币价值低落，是否必然会带来相对于其他商因此，每逢由于上述四个原因的作用，使农产品价格与生产手段的成本之间的差额扩大，地租就会上升。

然而，并不一定需要这四个原因同时都起作用，必要的只是使这里所说品的货币价值低落，总之，取决于它是否会提高国产商品的自然价格，因为，只有在这样情况下，我们才能得到好处。我认为，不会由于我们现在所讨论的原因，使货币价值，相对我们的国内产品，作这样的低落，除非我们对国外商品已经不再有什么需求，因此不想再拿我们的商品去交换那些商品，而外国却愿意继续拿它们的商品交换我们的商品。在这种情况下，货币将大量输入，因为这是外国人要取得英国商品的所需数量时的唯一手段，因此英国商品价格将上升。同时，谷物和劳动将进一步上升；上升首先是由于生产谷物的困难比前增加，其次是由于低值货币的数量增加。在这种情况下无疑的是，由于拒绝输入像谷物那样宝贵的商品，其地位又不能由别的国外产品来补充，而我们却是拥有制造有着广泛需求的商品的特殊条件的，这就在物物交换中，或者是对外贸易中，表现得对英国特别有利。

我们按高的货币价格卖出我们的商品，按低的货币价格买进国外商品。但值得怀疑的是，这样的利益是不是用高出许多倍的代价换得来的，因为，为了取得这个利益，我们就不得不满足于有所缩减的国内商品生产，不得不满足于高的劳动价格和低的利润率。

这样的牺牲，无论从什么角度来看，是难以原宥的。我已经表明，无须禁止输入外产谷物，只须对于那些在生产中我们或者拥有特殊技术或者在气候或位置方面可以取得特殊优势的那类商品征的差额扩大。⊗例如，假使农产品价格上升，而劳动工资和其他部门资本的价格都没有比例上升，这时农业却已经在普遍采用改进方式，这就很明显，尽管农业资本的利润不仅没有缩减，而且显著提高，这种差额却会扩大。（87）

收出口税，这样的利益也可以取得。

还有不可忽视的一点，硬性限制谷物输入，究竟会不会得到任何利益是难料的。上面我已说过，假使我们愿意接受国外商品，用以付偿我们的国产商品，金银就不会输入，我国一般的价值就不会下降。

整个论证还事先假定，我们是具备在对外贸易中有高价值的商品的，但是出于国内竞争的结果，被保持在低价值上。

假使这里所说的是正确的话，马尔萨斯先生的命题就未免过于笼统了，因为可能发生而且往往的确会发生的是，在一个国家，货币价值跟谷物与劳动对照时特别低，跟一切其他事物对照时却并不低；在这种情况下，于输出其他商品时，就没有任何有利条件，可以补偿谷物和劳动的高价值。①

就美国东部各州的情况说，归因于货币价值的局部下降的利益，是从何而来的呢？②是由于它们的谷物价格同欧洲的一样高，还是由于其劳动工资比英国的高一倍呢？对于它们所产商品的输出说来，这些都不是特别有利的因素。

使较差土地得以投入耕种的，决不是货币价值下降，而是谷物价值上升。

（87）第173页。例如，假使农产品价格上升，等等。

① 改写的部分，到此为止。
② 参阅马尔萨斯著作第167页。

我国近二十年间在土地上使用资本的巨大增益,其中绝大部分据说系来源于土地,不是来自工商业。毫无疑问,为如此迅速、如此有利的积累提供手段的,是农业资本的高利润,这种高利润是由耕种方式改进和价格不断上升导成的,而农场主资本项下的材料,只是缓慢地跟着作相应的上升。

174　　⊗△在这种情况下,虽然作为生产手段之一的资本比前昂贵,可是耕种范围扩大了,地租上升了。(88)

　　同样情况,尽管工资上升,可是利润下降和农业改进,或者甚至其中单独一个方面,也可以提高地租。

　　还有一点也是明显的,在已耕种的土地上地租已经上升或可以容许上升之前,是不会有新土地投入耕种的。

　　对于质量较差的土地,需要投入大量资本,才可以产出一定量的产品。如果这种产品的实际价格,不能充分补偿包括利润在内的生产成本,土地就只好任其处于未开垦状态。至于这种补偿通过什么方式实现,是通过农产品货币价格提高而生产手段的货币价格没有相应提高的方式,还是通过生产

　　这里①有两三个方面必须凑合起来,但它们通常不是同时发生的。我们在农业上使用了改进方式,这当然会增加一定量劳动所取得的产量,然而劳动者作为工资所取得的农产品②却减少了。于是我们面对的是数量增加,同时消费者减少,价格提高。我不懂,这样几个方面,叫它们怎样调和一致呢?

　　(88)第174页。在这种情况下,等等。

　　切不可从我所说的任何方面,误认为我否认地租有提高的可能性——即使利润与地租较低时的前期相比,也许没有降低。我说的是:农业改进会提高利润——人口增加,耕种范围扩大,地租

① 这条评注原先是这样开始的,"这将是共同的利益",后被删去。
② "农产品"是插入的。

手段价格下降而产品价格没有相应下降的方式，对问题并没有什么出入。绝对必要的是，生产手段在更大程度上的相对低廉，以弥补从较差土地上取得一定量产品时在生产手段方面所需要的数量。

⊗不论什么时候，出于上述四个原因之一或一个以上的作用，生产手段趋于低廉时，农产品价格和耕种费用之间的差额就会扩大，地租就自然会上升。(89)△因此，作为一个直接和必然的结果，在已耕种的土地上地租已经上升或可以容许上升之前，要将质量较差的新土地投入耕种，这种想法是断然不符合实际的。

⊗同样无可否认的是，如果地租没有这种上升的倾向，* 就不宜将新资本使用于旧土地的改进，至少每一块土地已经拥有足够的按当时利润率可以有利地加以运用的资本的假设下，情况是如此。(90)

这里只须把这个命题述说一下，即足以显示其真实性。肯定会发生、而

---

* 当有更多的资本准备投入旧土地，而投入后又不能免于报酬递减时，就可以说地租有了上升的倾向。当工商业利润，由于商品价格降低而利润下降时，资本家就会愿意对旧农场支付较高的地租。

提高——然后利润下降，大概不会下降到像以前那样低。但利润是一切地租所由取得的基金。没有一项地租不曾经是利润的一个组成部分。

(89) 第 174 页。不论什么时候，等等。

但是，并不一定是这样。剩余产品的价值提高，这就可以增加利润。同时，一切其他利润也必然会提高。

(90) 第 175 页。同样无可否认的是，等等。

马尔萨斯先生在这里和以下几页里、直到这一节终结所说的一切，我完全赞同。关于最后结果，我们的意见也应当是一致的；但是，在得出最后结果所采取的手段方面，我们的意见却大大分歧。

且恐怕时常会发生的是，农场主并不具备需要在其土地上使用的可以按照当时农业利润率计的全部资本。但是，如果他们是具备了足够的资本的，这就显然意味着，在上述一个或一个以上的原因发挥作用、从而使地租趋于上升之前，投入更多的资本就不能免于亏损。

这就表明，无论是借助于耕种新土地还是改进旧土地，以扩大耕种，增加产量，其力量完全取决于与生产费用对比下的这样一种价格的存在，△这种价格是会在实际耕种情况下提高地租的。

但是，虽然只有在地租可以上升的情况下，耕种才能扩大，产量才能增加，可是必须指出，地租的这种上升，并不是与耕种扩大或产量增加成比例的。生产手段的价格的每一次相对低落，可以使大量增额资本有使用的余地。不论是新土地投入耕种或旧土地改进，由此导致的产量增加也许是可观的，虽然地租的上升是轻微的。因此可以看到，国家在走向高度农业发展的过程中，在土地上使用的资本量和由此所提供的产品量，与地租额对比，所占的比重会越来越大——除非被耕种方式上突出的改进所抵消。*

△根据农业部最近收到报告，地租占总产值的比重，平均说来，大致不超过五分之一，** 而以前当使用的资本较少、产值较低时，比重达四分之一、三分之一甚至五分之二。然而，产品价格与耕种费用之间的数字差异，仍然随着农业改进的发展而扩大。这时，地主虽然在总额中所占的份额降低，但是，由于产额大量增加，这个降低了的份额所提供的却是较大的数量，使他够能换取较多的谷物和劳动。如果对土地的产品用数字六来表示，地主所得是其中的四分之一，他的份额就应当用一又二分之一来表示。如果产品

---

* 应当看到，苏格兰耕种者把他们的资本运用得极其巧妙、极其经济，结果产量既有了巨大增长，地主所得的份额也有所增加；这是他们了不起的成就。苏格兰和英格兰两方地主各自所得的份额大相悬殊，其差额之大，比用土地质量或不存在什一税和济贫税这些因素所能解释的要大得多。参阅约翰·辛克莱爵士的名著《苏格兰农业报告》和不久以前出版的《综合报告》，其中充满了关于农业问题的极有用和极有趣味的报道。

** 参阅阿瑟·扬格在上议院的证词，第66页。

用十表示，地主所得是五分之一，他的份额将是二。这就表明，在后一情况下，虽然地主在总产量中所占份额的比重大大降低，而他的实际地租，与名义地租无关，将按照从三到四的比例增长。一般说来，在产量在增长中的一切情况下，如果地主在这一产量中的份额没有作等比例降低——这种情况，虽然在租约未满期时是常常发生的，但于期满重订时很少发生，或者简直从来不会发生——其实际地租是必然上升的。

△我们这就看到，地租的不断上升，似乎是必然与不断扩大新土地耕种和旧土地不断改进连结在一起的，这种上升是上述四个原因的作用的自然和必然的结果，这是繁荣和财富不断增长的最明确的迹象；这些迹象是资本积累，人口增加，农业改进，和或者是由于国外广大需求或者是由于工商业发展所引起的高昂的农产品市场价格。

第四节 促使地租下降的原因

可以料想得到，促使地租下降的原因，跟那些促使其上升的原因正好相反，这就是资本萎缩，人口减少，耕种方式不适当和农产品市场价格低落。⊗这些都是贫困和衰退的迹象，必然与此连结在一起的是放弃耕种次等土地和优质土地的不断退化。*（91）

179　　资本萎缩和人口减少会促使地租下降的必然结果△极其明显，无待解释。同样明显的是，费力的和不适当的耕种方式会阻碍地租的形成，即使就肥

* 关于输入外产谷物的影响，将在下一节和本章的后一部分作比较详尽的探讨。

[161]　　（91）第 178 页。这些都是贫困和衰退的迹象，等等。

并不完全是这样。让谷物自由输入会降低地租，但不是贫困和衰退的迹象。农业不断改进时，也会一连好几年使部分土地得不到耕种，直到人口跟上了增进的供应手段为止。这不是衰退的症候。采用比较廉价的粮食，就会使部分土地被放弃耕种，这不一定是由贫困引起的，人们也许对服装和家具有较大欲求，要把从食品方面所节省下来的，花费在这类享受上。这就同贫困和衰退无关。①

[162]　　（92）第 179 页。同样可以指出，等等。

① 这一句是插入的。

第三章　地租　　161

沃的土地说，由于把人口和需求的进展抑制在质量最优的土地上所能供应的那个范围内，情形也是这样。因此，下面只想谈这里提到的第四个原因。

我们已经看到，最后要变更贵金属价值的谷物价格的上升，会在一定时期内大力推动耕种，并使某些方面的改进持久存在，从而导致地租显著和持久的上升。这种情况，已经被1794年到1814年期间在我国发生的事实所证明。

⊗同样可以指出，根据同一原则，最后会引起货币价值上升的谷物价格下降，必然会造成放弃耕种土地和降低地租的倾向。(92) 这一点可以用我国在战争结束时发生的情况来证明。在那个时期谷物价格的下降，势必使耕种者无法按同样价格雇用同样的劳动量。因此，许多劳动者无可避免地失了业；而且，由于没有原来那样多的人手，不能用原先的方式从事耕作，最劣等的土地只好放弃，大量农业资本遭到破坏，地租普遍下降。这时，不论是土地的出租者或自耕者，其购买力都大大减退，这就当然要影响到其他△各业普

这里不需要重复我对这个理论的反对意见。②我当然承认，假使下降是由自由输入外产谷物引起的，地租将下降；我认为这不是一个弊害，而是一项利益。

假使下降是由于货币价值上升，③这将同样影响到一切事物，其唯一有害之处是将增加纳税的负担。然而，这不是一个纯粹的弊害，作为公债持有者的所得，就是别的阶级的所失，而且如果他喜欢的话，也未尝不可好好加以利用，至于他愿不愿这样做，是个看法问题。为什么货币价值变动会使国家贫困，会造成放弃土地的耕种，会减少谷物地租？我搞不清楚，在马尔萨斯先生标准下的地租是怎么回事。

② 参阅英文版《李嘉图著作和通信集》第一卷，第417页起。
③ "上升"原先是"下降"。

遍陷于萧条。同时，由劳动者之间的竞争和耕种者的贫困所引起的劳动价格下降，再加上由于缺乏缴纳原额地租的力量和愿望而引起的地租下降，使商品价格、劳动工资和地租逐渐恢复到相近于以前的比例关系，虽然都低于以前的水平。因此，前已被放弃的土地，可能再度在有利的情况下从事耕种；但是，货币价值从较低到较高的进展过程中，要经历一段产量、资本和地租都趋于缩减的期间。然后国家将从贫困状态重新开始一个发展动向。这时，由于谷物价值的下降，超过了课税商品、国外商品以及构成农场主资本的一部分的其他商品和劳动者的一部分的必需品和享用品价值的下降幅度，所以同当时在实际耕种中的最劣等土地的自然肥力对照之下，耕种方面的长期性困难是很大的。

情况似乎是，在耕种进展和地租增长的过程中，一切生产手段的价格并不一定是同时下降的；虽然不论是资本利润或劳动工资也许不是下降而是上升，可是农产品价格和耕种费用之间的差距仍然有可能扩大。

181　　同样情况，一国的△农业产量在减退，地租在下降时，一切生产手段的价格不一定都会上升。⊗在衰退的自然过程中，资本利润必然低落，因为正是由于缺乏充分报酬，才会引起这种衰退。（93）某些资本遭受破坏之后，利润会提高，工资会下降；但是农产品的高价格，加上微薄资本的高利润，会抵消

（93）第181页。在衰退的自然过程中，等等。

一切正确的理论，会导向恰恰是这个结论的反面。劳动价格将低廉，因为人口不会不过剩。农产品价格与劳动相比将高昂，因为在资本缩减的情况下，产量将减少，却有同样的人数愿意为此而工作。①地租将低落，因为只有第一等土地才会得到耕种。对高利润说来，还有什么可以比低工资和低地租②更有利的呢？还得想

① 这一句原先只是："农产品价格将高昂，因为在资本缩减的情况下，产量将减少"。
② 下面最初还有"和高价格"，后被改成"和高价值的总产量"，最后被删去。

劳动工资低落的作用而有余，从而使需要大量资本的土地耕种无法进行。

还有一层，在耕种进展和地租上升的过程中，尽管地租在绝对数额上有所增加，但是对土地上使用的资本量和由此得来的产量的比率却越来越小。根据同一原则，当产量减少、地租下降时，虽然地租数额必然缩减，它对资本和产量的比率将扩大。在前一情况下，地租比率的降低，是由于有必要每年将质量较差的新土地投入耕种和在旧土地上进行改进，这时在地租很少或不存在的情况下，只能使资本获得通常的利润；与此相对，在后一情况下，地租比率的提高，是由于没有信心在农业上进行大量支出，和国内已有所缩减的资本必须专一用于最肥沃土地的耕种，△听任其余的土地作为天然牧场，提供少许地租，这时，地租为数虽小，对劳动和所使用的资本的比率却有所扩大。因此在比率上，如果价格的相对情况会引起地租继续下降，就会有越来越多的土地逐渐被放弃耕种，留下的土地，其耕种也将情况恶化，产量减少的进展速度将超过地租下降的速度。

⊗如果这里所提出的关于支配地租升降的规律的论点是接近于事实的，那么，那种认为如果农产品的出售价格，其所提供的是较少的净剩余，农业对一般资本还是具有同样生产性的论点，就必然是离事实很远的。（94）

⊗至于我自己的信念，的确，我觉得毫无疑义，假使认为导致地租的农产

到，这里的利润必须用马尔萨斯先生的媒介——劳动来估计，前者对后者将有较大的控制力量。

（94）第182页。如果这里所提出的，等等。

社会③所关心的是可以从土地上取得大量的净剩余，它同样关心的是，这项净剩余按低价出售。如果按低价出售，这就是个证据，表明在最后投入耕种的土地上，利润是高的。如果按高价出售，这就同样清楚地表明，利润是比较低的，④高价格是谷物消费

③ 这条评注原先是这样开始的，"是谁支持这样荒谬的论点"，后被删去。
④ "低的"原先是"高的"。

品高价格，在什么程度上有害于消费者也就在什么程度上有害于地主，因而主张，作为一个富裕和进步的国家，应当用法律来降低农产品价格，直到不复存在以地租形式出现的剩余为止，那么，势必不仅使一切较差土地，而且使最

者为地主提供地租的手段。

地主不能控制这个问题。他不能使最后投入耕种的土地在质量上差于他自己的土地，因此他是一个被动工具，然而，正是由于这种情况，使消费者的钱袋会转移到地主的手里。人们的境况，是按最后投入耕种土地生产性的增大而好转起来的。他们①的境况好转，是由于他们能按较低廉的价格买进同样数量的产品，也就是说，产品是用他们较少量的劳动来生产的。资本家的境况会好转，

① "他们"原先是"消费者"。

优等以外的一切土地,都将被放弃耕种,结果使全国的农产品和人口大概会各自减少到以前的十分之一。(95)

这是由于人们在粮食上所花的代价低廉,工资也会相应降低。低工资是高利润的另一名称。

(95) 第182页。至于我自己的信念,等等。

马尔萨斯先生②怎么能这样来使用"有害"这个词呢?我的见解是——我相信别的先生们使用这个词时,见解也是这样③——地租不是国家的净利得,它对获得谷物的实际供应说来是必要的,是从一项基金中得来的,如果地租增长,基金必然减少。

② 这条评注原先是这样开始的,"我的信念正是这样",后被删去。
③ 参阅马尔萨斯先生著作第149页。

第五节　现实农产量取决于现行地租和现行价格

△根据上面关于地租演进的探讨,可以断言,自然地租的现实状态对现实产量说来是必要的。在任何进步国家,谷物价格必须大致相等于现实使用中质量最差的土地的生产成本,加上土地在其自然状态下所提供的地租;⊗或者是相等于在旧土地上增加产量的成本,这种增量所提供的只是农业资本的通常报酬,而没有什么地租。(96)

很明显,这个价格是不能压低的,否则这块土地就不会加以耕种,这项资本就不会加以使用。也不会过于超过这个价格,因为对地主说来,把越来越

(96)第183页。或者是相等于,等等。

为什么没有?因为在旧有土地上使用的增益资本是不负担地租的。马尔萨斯先生是拒绝承认在没有地租参加进来作为一个组成部分的情况下会产出任何谷物的。如果他认为在旧土地上所用资本的最后部分①将负担少许地租的说法是正确的话,那么,这里他说这个最后部分不负担地租,他就得承认他前说的错误。因此,我希望对于这样使用的资本将负担任何地租的推断,他能够举出他的理由。

在我看来,马尔萨斯先生在下面一段里似乎已放弃了这个问题,因为他说"对任何能够自由运用资本的农场主说来,把资本使

① "最后部分"是插入的。

差的土地不断租出，只要由此所得，多于土地在自然状态下的所得，就总是符合他的意图的；对任何能够自由运用资本的农场主说来，把资本使用在他的土地上，如果得来的增益产品，虽然对他的地主无所提供，只要足以使他所投放的资本获得充分利润，也总是符合他的意图的。

由此可以断言，就整个产量△来说，谷物是按照自然价格或必要价格出售的，就是说，所依据的是为取得现实产量所必要的那个价格，虽然绝大部分的售价，⊗由于生产费用较少而其交换价值依然未减，因此远远超过其生产时所必要的价格。（97）　　　　　　　　　　　　　　　　　　　　　　184

⊗在自然或必要价格这个问题上，谷物价格和制造品价格的差别在于：假使任何制造品的价格严重低落，整个制造业将被完全摧毁；另一方面，假使谷物价格严重低落，结果只是其数量将减少，到那时，仍然会通过国内某种机构，按降低的价格把商品送上市场。（98）

大地往往被比作自然赐与人类用以生产食物和原料的一架庞大机器，但是，在可以容许比较的范围内，为力求相比时的近似，我们不妨把土地看作自

用在他的土地上，如果得来的增益产品，虽然对他的地主无所提供，只要足以使他所投放的资本获得充分利润，也总是符合他的意图的"。这就是说，有些产品对地主是不提供地租的。于研究赋税原理时，这个论点极其重要，实际上对政治经济这门科学的任何部分都是重要的。②

（97）第184页。由于生产费用较少，等等。　　　　　　　　　［168］
应该说，"由于生产费用相同，而其交换价值大大提高。"
（98）第184页。在自然或必要价格这个问题上，等等。　　　［169］
这里以及以下两页里作出的分析，都是出色的。

② 这一句原先是"就赋税方面说，这个论点是极其重要的"。

然赠与人类的许多机器,虽然其原来的性质和能力各不相同,却都可以运用资本来不断加以改进。

用以生产农产品的机器,其力量的高度地不相均等,构成了土地机器不同于制造业中使用的机器的显著特征之一。

185　当发明了一种制造业使用的机器,△可以用较少的劳动和资本生产较多的制造品时,如果未经申请专利,或者专利权已经届满,就可以制出足够多的这样的机器,用以完全代替旧有机器,从而供应全部需求。当然的结果是,价格会降低到产自最优等机器的产品的价格;假使价格被进一步压低,全部商品将退出市场。

与此相反,生产谷物和原料的机器是自然的惠赐,不是人类的成就,我们凭经验知道,这类机器的性质和力量是彼此大不相同的。国内最肥沃的土地,就像制造业中最优等的机器一样,以最少的劳动和资本,提供最多的产品,由于上述地租的第二个主要成因,它永远不会满足增长中人口的有效需求。因此,农产品价格自然会上升,直至达到充分高度,足以付偿用次等机器和费用比较大的方法来生产时的成本。由于同一质量的谷物,不能有两种价格并存,因此,操作时与其生产力对照,需要资本较少的一切其他机器,就必然会随其质量的优美程度而提供地租。

这样看来,我们不妨把每一个幅员广阔的国家,看成是拥有等级不同的
186　生产谷物和原料的机器的,其中△不仅包括一切不同质量的较差土地——在任何广大地区,这总是大量存在的——而且还有可以说是次级机器,当较优土地增进生产的压力越来越大时,这类机器就会得到使用。当农产品价格不断上升时,这类机器就会相继地活动起来;否则,农产品价格如果不断下降,它们就会被抛弃。由此可以同时说明,就我们所熟悉的大部分国家的现状而论,谷物的现实价格对现实产量说来是有其必要性的;而任何某一制造品价格的显著下降和农产品价格的显著下降,其效应是不同的。

然而,我们对于土地这种机器的分级方面的推论,也不可过于推广。它

第三章 地租 169

所显示的，诚然几乎是一切国家实际存在的情况，它清楚地说明了，当土地还相当充裕时、地租的起源和发展。但不论是对地租的最初形成或其以后的正常发展说来，这样的分级都不是绝对必要的。产生这些效果的必要条件，除了地区的有限性或肥沃土地的稀少性之外，只是地租的上述头两个成因的存在。

大家知道，任何商品，不论属于什么性质，假使其现存量大大超过消费者的需要，就不会具有交换价值。但△是生活必需品的性质不同，在有限度的区域内，在通常情况下，它不会处于长期过剩状态。假使国内全部土地都是属于完全相等的质量，都是极其肥沃的，那就不容丝毫怀疑，其土地经全部投入耕种以后，不论是资本利润还是劳动的实际工资将不断下降，直到利润降低到仅足以保持现实资本所必需的水平，工资降低到仅足以保持现实人口所必需的水平为止，而地租则将达到与土地的肥沃程度相应的高度。

假使能够有利地使用于这类肥沃土地上的资本量极其有限，除用于耕种者外，不需要作进一步投资，结果也不会有什么本质上的不同。仍然无可置疑的是，资本和劳动者在别的行业中将继续增进，直到两者都无可再进为止，地租则将达到被土地的力量和人民的习惯所控制的限度。

⊗就这类例子说，很明显，支配地租的并不是土地的分级，也不是资本在同一土地上的不同结果。李嘉图先生说，"使用土地要支付地租，只是由于土地就其生产力而论是质量不同的，还由于在人口的增长过程中，质量较差△或位置比较不利的土地也投入耕种了。"* 从地租理论得出这样的推论，就

---

* 《原理》，第2章，第70页。这一段系引自第1版。第2版内，文字略有改动，但意义上没有多大出入。

（99）第187页。就这类例子说，等等。

在这里的情况下，支配地租的将是资本在同一土地上的不同结果。当产品价格①上升时，在土地上多使用些资本，即使所获报

① "价格"是插入的。

未免过于广泛了。(99)

还有从地租理论中得出的一种推论，会造成意义重大得多的错误，因此必须加意提防。

⊗在耕种的发展过程中，投入耕种的土地越来越差，利润率就必然要被最后投入耕种的土地的力量所限制，这将在后面一章里作出进一步详尽的说明。有人据此作出推断，认为当土地相继地被放弃耕种时，利润率按当时在耕种中肥力最差的土地的高度自然肥力的比例来说，将是高的。(100)

⊗假定不论是贫瘠或肥沃的土地，在其自然状态下是不产生任何地租的，假定资本和产品的相对价格保持不变，这时全部产品将分配给利润和工资——只有在这样的假设下，这种推论才会是正确的。但是，这样的前提却不是这里所设想的。在文明国家，未耕种土地，按照它饲养家畜或培植林木的自然力量，总是能提供些地租的。当然，当土地已经被放弃耕种，特别是，

酬低于以前所使用的资本的报酬，也仍然是有利的，使这一点受到限制的是谷物的需求，当然，还得选择最有利的位置。这里我看不出，为什么我的推论会过于广泛；尤其是——如果还有人记得的话——我一贯主张地租的成因之一是，在旧有土地上使用增益资本时，其报酬没有从以前使用的资本所得来的那样大。

(100) 第188页。在耕种的发展过程中，等等。

马尔萨斯先生误解了我的意思，他没有把推论正确地表达出来。曾经作出的推论是：当耕种者不论在不须支付地租的新土地上，或是在旧有土地上，认为这是他的利益而使用的那部分资本——如果使用这项增益资本，其目的只是在于利润——其利润按所取得的产量的比例来说，将是高的。①这个推论只是在工资继续

---

① 从这里到第102条评注的原稿计十二页是后来增入的，用以代替只占四页的初稿（这是从稿纸上铅笔注码的断缺情况看出的）。初稿四页未见。

如果这是从国外输入价格比较低廉的谷物造成的，因此人口并没有减少，最后被这样放弃的土地就可以作为牧场而提供一些地租，尽管比以前要少得多。正同上一节所说的那样，地租将缩减，但是不至于按土地上所使用的资本，或从土地得来的产品，作相应的缩减。假使地主把他的土地辟为牧场，每年可以节省资本在土地上的支出，可以取得较多的地租，他就不会同意耕种者在简直不付什么地租的情况下使用他的土地。因此，既然在实际耕作中的最劣等土地的产品决不会全部分配给利润和工资，同时就上面所假设的情况来说，这就可以断言，这样的土地形态，或者是这类土地的肥沃程度，是不可能支配土地上的利润率的。(101)

⊗假使在这种情况下，再加上由于货币价值上升而发生的影响，谷物价格下降也许会超过家畜价格下降的程度，这就很明显，耕种将遇到长期困难，即使比较肥沃的土地，也许不能产生高额利润。最后用于耕种的土地所负担

不变的假设下，才是完全正确的。因为在产量增加而地租缩减，或者是产量缩减而地租增加的情况下，整体中或多或少的一个部分，会用以支付工资。在这种情况下，虽然利润会有升降，却不会恰好按产量增减的比例而升降。

（101）第 188 页。假定不论是贫瘠或肥沃的土地，等等。

但是，马尔萨斯先生对于资本从仍然在耕种中而不负担地租的土地上撤出这一点是怎么说的。这一项资本撤出时，难道不会有别一项资本在即使取得较大报酬而不提供地租的同样条件下来接替吗？在马尔萨斯先生自己的说明下，如果地租下降而土地仍然有同样的生产力，或者是利润，或者是工资，就必然要上升，假使这是不确实的，高地租和低地租之间的差异将作何归着，将归何人所有呢？

的较高地租,连同与产品价格对照下在材料方面的较大费用,可能完全抵消、甚至不止于抵消自然肥力上的差异。(102)

至于租户在不须支付增益地租的情况下,为了取得较多产品而在其农场

---

(102)①第189页。假使在这种情况下,等等。

假定②的是,由于输入谷物,地租下降了,并且,无论如何,最后用于耕种中的土地是生产力较高的,所支付的是较少的地租。就这一些而论,即使是马尔萨斯先生也是认可的。那么他说"最后用于耕种的土地所负担的较高地租,会抵消、甚至不止于抵消自然肥力上的差异"是什么意思呢?他是不是认为,如果允许自由输入谷物,③即使最后用于耕种的土地具有较大生产力,可是由于要缴纳的地租比前增多,因此不能获得较多的利润。假使他的意思是这样,他就得承认,谷物输入越是自由,地租就越高。

至于货币价值上升,④同这里的问题又会有什么关系?货币怎样会上升的?假使它确是上升了,这一事实又怎么会影响到利润率?问题很简单,在一定的资本和劳动的支出下,取得了较大的谷物量。在这个较大数量内,农场主保有了较大部分,因为,作为地租付给地主的是一个较小的部分(实际也是一个较小的数量)。⑤因此这样的说法是对的:虽然农场主出售其谷物时,售价也许比较低廉,他仍然可以取得较大利润。

但是农场主的利润率"显然必须与一般利润率相一致。假使,

① 这一条评注的原来较短的初稿未见。参阅第(100)条评注的脚注①。
② 开首时原先有下面一段被删去:"假定工资仍然照旧,地租下降,则利润必然取决于产品的价值"。
③ "谷物"是插入的。
④ "上升"原先是"上升或下降"。
⑤ 括号内的文字是插入的。

上使用的资本，其报酬率显然必须与一般利润率相一致。△假使，尽管劳动价格下降，而工商品价格跟以前一样，利润当然要上升；但是，如上一章所述，它不会跟以前一样。商品的新价格和资本的新利润将取决于竞争原则。在尽管劳动价格下降，而工商品价格跟以前一样，利润当然要上升；但是，如上一章所述，它不会跟以前一样。"是在上一章哪里说明这一点的？且看一看马尔萨斯先生的论证和他所提出的见解。他说，⑥"有人作出推断，认为当土地相继地被放弃耕种时，利润率按当时在耕种中肥力最差的土地的高度自然肥力的比例来说，将是高的。"（这个推论，只是在上升中的工资没有完全吸收农场主所取得的产品的全部增益量这一情况下作出的。）

马尔萨斯先生说这是个不正确的推论。为什么？因为，由于从国外输入比较廉价的谷物，虽然地租会下降，却不会使它完全丧失——即使是用于耕种的是最劣等土地。

姑且承认马尔萨斯先生说的这一点，可是他认为地租虽然没有在任何土地上全部被消灭，却将下降，这就完全否定了他的论点。但是，马尔萨斯先生要我们承认的还远远不止这一点。他说，他不仅认为地租将下降，而且劳动价格也将下降，同时农场主的利润也不会上升，⑦因为它必须跟一般利润相一致，并且在劳动低价格下，其他商品的价格也必然要下降，因此，使用于制造业的资本的利润也不会上升。⑧无可否认，在一定资本的参与下，将取得较多数量的农产品，这一数量必然在地主、农场主和劳动者之间进行分配。据说地主所得将减少，劳动者所得不会增加，而农场主也不

⑥ 马尔萨斯著作第188页。
⑦ 这里原先有"甚至还认为将肯定下降"，后被删去。
⑧ "也不会上升"，原先是"也必然要下降"。

这样决定下的不管是什么样的定率，土地上使用的资本将减少，直至达到这个定率为止。在这样情况下使用的资本的利润，必然始终居于跟随地位，决不会居于领导或支配地位。

⊗还有一层，在国家走向一般的耕种和改进的发展过程中，在自然的状态下，不妨假定，如果最后投入耕种的土地是肥沃的，资本是稀少的，利润就必然是高的；但是，如果土地被放弃耕种是由于找到了在别处可以取得较廉

---

[176] 会享有较大的价值。那么，马尔萨斯先生是用什么来估计价值的呢？假使他说他用的是他所认为正确的"对劳动的换取"，他就显然陷入了矛盾，因为他说劳动者工作所得是跟以前一样的谷物量，而使谷物量增加的农场主，也没有获得较大的价值。假使他说他的价值尺度是"其他商品"，①任何人除非具有换取较大数量的这些商品的力量，否则他就没有获得较大的价值。这时他仍然要陷入矛盾的论证，②因为他的论据的一部分要求他不得不认为农场主具有换取较大数量的这些商品的力量，而论据的另一部分所要求的却是，农场主不会具有像以前那样大的换取力量。假使农场主能够换取较多的商品，而商品是价值尺度，那他就占有了较大的价

① 这里有"的力量"字样被删去。
② 这一段从这里起，原先是："假使农场主不能用他的谷物增益量换取较多的商品，那么商品的价值就没有由于劳动价值下降而下降［这里有"论据的条件之一这就完蛋了"一分句，被删去］，制造业者的那些商品的利润将比以前高——制造业者彼此用他们自己的商品所取得的商品［这里插入"与谷物"字样，后又被删去］，其价值将与谷物输入以前的一样地大，而他们用以取得商品的劳动的价值则比以前小，这就构成了高利润。假使马尔萨斯先生说，谷物会下降得那么多，以致农场主将没有增益利润可得，那他就得承认，农场主的利润跟一般利润率是不一致的，因为在他看来，与商品对照下谷物和劳动的下降，跟商品的高价值并无差别，所以他这就放弃了他的商品价值下降的论据，而证实了制造品高利润的必然性。但是，来自农业的报酬率显然必须与一般利润率相一致，因此，农业利润也必然是高的。"

价的谷物的手段,这样的推论就不恰当了。反之,同谷物和商品的需求对照,资本也许很充裕,在这种情况下,以及在这种充裕的持续期间,不论土地的情况怎样,利润必然是低的。

这一具有重大实际意义的特征,在我看来,却完全被李嘉图先生所忽视。(103)

我们会看到,人们对土地在自然状态下生产时所支付的地租,虽然在关值,马尔萨斯先生所抨击的推论却是正确的。假使农场主由于他的谷物价格很低,不能够换取较多商品,那么制造品的价格不是下降而是上升,这时劳动价格既是低的,一般利润将提高。制造业者假使能够用他的商品交换等量的一切其他商品,交换较大量的农产品,假使同时由于谷物价格下降,所支付的劳动工资较低,那他的利润就不可能不高。在我看来很清楚的是,谷物价格将下降,但是对农场主说来,由于数量增加,这种下降将使他所得多于所失,因此他的利润将增加。制造业者的利润也将增加,因为他的商品售价不变,而由于谷物价格下降,他生产商品时的费用将减少。

马尔萨斯先生决不能说谷物与制造品同货币对比会下降,因为首先,他没有举出这样下降的理由,其次,假使他能言之成理,使人人都满意,结果也只是表明货币价值上升,这将使一切商品同样受到影响,对利润率将不发生任何作用,这将同丧失③了贵金属的某些重要矿场,或者是纸币经过大幅度贬值以后得以恢复时的情形一样。

(103)第190页。还有一层,等等。

再没有比这样一个论点更能使我满意的了,这个论点是:高利

③ "丧失"原先是"发现"。

系到利润和价格的组成部分的问题上会发生极其重大影响，但决不会推翻那个重要理论，△即，在进步国家，在土地分级的通常状态下，谷物是在其自然价格或必要价格下，也就是将现实供量投入市场时所必要的那个价格下出售的。这个价格，一般说来，至少必须相等于实际耕种中最劣等土地的生产成本，加上这种土地在其自然状态下的地租。因为，如果价格在任何程度上低于这个水平，这种土地的耕种者，就不能向地主缴纳如同地主在不耕种的土地上所能获得的那样高的地租，结果土地将被放弃耕种，产量将减少。因此，在自然状态下的土地的地租，显然是一切耕作物价格的一个必要部分，假使

润跟粮食的低价值有着极其密切的关系，因为低值粮食对劳动工资有极其重大的影响，低工资不会不产生高利润。

　　假定我是个毛料制造商，一年制造 100 匹，由于粮食价格与毛料对比是那样地高，使我必须把 60 匹毛料给予我的工人，让他们购买必需品，其余 40 匹留给我自己。现在假定粮食的相对价格下降了，用 50 匹就可以使我的工人买到其所需的必需品，岂不是我的名下增加了 10 匹了吗？

　　但是你的 50 匹毛料的价值可能会下降，售出后的所得也许还不能高于以前 40 匹的所得！拿关系到谷物和劳动的方面来说，这个情况是不会发生的，因为根据假设，这两者的价值是要下降的，

取消地租，就不会有农产品上市场。对谷物所支付的实际价格，一般说来，为了使这项谷物得以生产，是绝对必要的，或者，如上面所说的那样，就整个产量说，谷物是按照必要价格出售的。

　　谷物，就其现实生产的量来说，是按照其必要价格出售的——这里向读者提出了种种方式来阐述这一理论，我这样做，希望读者予以谅解。这是因为我认为这是一个具有高度重要意义的真理，而重农学派、亚当·斯密和所有那些把农产品说成总是按垄断价格出售的作家，都完全忽视了这一点。

与毛料相比，其价值是低的；因此，假使我要用我的50匹毛料雇用任何种的劳动，这些毛料所提供的，甚至比以前用50匹所提供的要多得多。同时，毛料相对于任何其他商品说来，其价值也不会下降；制鞋者在100双鞋子内，保留的将是50双，不是40双，酿酒者就他的100桶啤酒来说，情形也是这样，一切其他行业都是这样。对这一行业会起作用的原因，对其他行业也会起同样作用。既然是这样，怎么能说商品的相对价值将受到影响呢？但是，未尝不可以这样说：虽然谷物价值对所有这些事物说来都相对地下降，而工资却不下降；这仍然是一个较好的局势，因为在没有降低利润的情况下，占最多数因此是最重要的那部分人类的幸福将大大增加。

第六节　相对巨大的财富和相对高价的农产品之间的关系

[192]

△亚当·斯密极其清楚地说明了，财富增长和技术改进怎样会促使家畜、家禽、衣着和住房材料、最得用的矿产品等等同谷物对照下的价格趋于上升；但是他没有试图说明足以决定谷物价格的自然成因。实际是听任读者作出这样的结论：他认为决定谷物价格的只是当时向商界供给流通媒介的那些矿场的现状。但是，这个原因虽然足以确切说明谷物价格的高低，却不能说明在不同国家、或是在同一国家与某些种类的商品对照下谷物价格上的相对差别。

[180]　（104）第 193 页。在不同国家、不同情况下贵金属价值的差别。

我看再没有比这个更不重要的原因了。货币价值变动时，不能不在同样程度上影响到一切事物的价格。①假定我们所有的是一切商品的同样数量，它们彼此之间有着同样的相对价值，不管货币价值怎样，有什么关系呢？

（105）第 193 页。生产谷物时所需劳动和资本的数量上的差别。

我同意马尔萨斯先生提出的关于谷物高价格的两个原因。我认为第一个是不重要的，第二个却具有高度重要意义。一切商品

① "的价格"是插入的。

我完全同意亚当·斯密的看法，认为研究高价格成因的好处很大，根据研究结果，也许会发现，我们所抱怨的一些情况，也许正是财富和繁荣增长的必然结果和最确凿的迹象。但是，就这一类研究说来，肯定再没有比对△影响谷物价格的原因，和促使这个价格在不同国家发生那样显著差别的原因的研究更加重要，更加富有普遍意义的了。

就所看到的主要结果来说，这方面的原因似乎有两个：

1. ⊗在不同国家、不同情况下贵金属价值的差别。（104）
2. ⊗生产谷物时所需劳动和资本的数量上的差别。（105）

［构成第一个原因的是，在不同国家，特别是彼此相距遥远的那些国家，谷物价格的显著差别。

假使一切国家的货币价值都相同，那么价格差别的唯一起因将是，各国在其各自的实际情况下生产成本的不同。

若干处于相似情况下的国家，其中比较富裕的，不是其谷物的价格较高，就是谷物要依靠其邻国供应。

中最重要的商品的供应丰足，取决于劳动和资本在生产中的适当运用。我所注意的是，为了取得这一主要生活必需品的充裕供应，我们可以通过什么方式来最适当地运用劳动和资本。假使我看到，把一定资本和劳动使用于制造业时，通过物物交换，②可以从国外取得的谷物，其数最大于我们在自己土地上使用这项资本和劳动时所能取得的数量，我当然赞成这个取得谷物的方式。反之，假使把劳动和资本直接使用于我们自己的土地，可以使它们具有更大的生产力，那我就会同样热烈地拥护这个方式，唯恐运用这个方式时会发生什么障碍。我乐于声明的是，马尔萨斯先生在这一节的其余部分所说的一切我都同意。

② "通过物物交换"是插入的。

196　　高价格或输入必需品，两者是财富有巨大增长时自然形成的抉择，虽然要受到环境的种种限制。

197　　在社会的发展过程中，由于生产成本增加，谷物有价格上升的自然倾向，而制造品由于相反原因，其价格会不断趋于下降。

198　　跟亚当·斯密的说法相反，不论就我们所考虑的谷物高价格两个原因中的哪一个说，这种高价格一般是与财富相关联的。]

第七节　促使地主错误地出租土地从而损及公私利益的原因

⊗国家在走向高度技术改进的发展过程中,根据已经确立的原则,地主的绝对财富应当逐渐增长,虽然,由于依靠另一种更加重要的剩余*——资本的利润生活的人,其人数和财富都在增长中,地主在社会中的相对地位和势力,大概要趋于减退。(106)

贵金属在全欧洲(除少数例外)的逐渐下降,以及在最富裕国家发生的在更大程度上的下降,连同农产品产量的增加,△必然会诱使地主于租约满期时指望增加地租。但是,地租于重新出租其田地时,容易陷入两种错误,这对他自身以及其国家的利益,几乎是同样有损的。

[地主把土地出租给最高的出价者,而没有作进一步审慎考虑,或者是把价格的临时性上升错认为持久性上升,这样就可能妨碍到他田地的改进。]

△因此,即使在价格上升似乎是属于持久性的时候,要提高地租,也得加意慎重。在价格和地租的进展过程中,地租始终应当略后一步;这样就不仅

---

* 我以前曾暗示,不妨把利润叫作一种剩余,这并没有什么不妥之处。但是,不论是不是剩余,利润总是财富最重要的根源,正同它是积累的主要根源一样。

---

(106)第199页。国家在走向高度技术改进的发展过程中,[182]等等。

我认为随着国家的发展,地主相对于资本家的地位将逐渐改进,虽然他的地租肯定不会按总产值的比例增加。

为确定上升究竟是临时的还是持久的提供了一个手段，而且即使就持久上升的情况说，使土地上使用的资本有一点进行积累的时间，这对地主说来，最后必然会使他感到，对他也是完全有利的。

⊗我们没有恰当的理由可以相信这样的说法：假使地主把地租全部给予租地者，谷物产量就会更加扩大，价格就会更加低廉。如果以前研究这个问题时所提出的见解是正确的，那么我们已经表明，我们国内农产品的最后增益额，是按照接近于生产成本的价格出售的，即使没有地租负担，这一数额也不能以较低的代价从我们自己的土地上生产出来。（107）假使把地租全部转移给租地者，结果不过是△把他变成个绅士，那时他志得意满，会随便把地托给那些轻率鲁莽、漠不关心的代理人，而原来这块地是时刻在主人的一双警惕的眼珠之下的，那时他唯恐稍有懈怠，自招祸殃，为了求财致富，他辛苦经营是始终不遗余力的。许许多多由于刻苦耐劳、管理适当而使事业获得成功的例子，可以在为其土地缴纳公平地租的那些人里面找到；他们把全部资本投入所经营的事业，感到严密看管，一息不懈，是自己的责任，凡是有助于其事业的，只要在可能范围内，是无不尽力而为的。

（107）第 201 页。我们没有恰当的理由，等等。

这是我的意见，不应当是马尔萨斯先生的意见。①他认为地租是或多或少渗入了一切谷物的价格的，在最后生产的谷物中，地租所占的成分不管它怎样微小，假使一切地租都被放弃，谷物将在那个程度上下降。

根据马尔萨斯先生在这里以及在另一场合②所说的，人们会相

① 参阅评注第（58）。
② 见马尔萨斯著作第183页。

[但是，在租地者这一阶层中，当勤劳作风和企业精神已经蔚为风气之后，重要的是应该让他们具有积累和改进的手段。

通货情况不正常，是使地主发生错误的另一个根源。货币如果有了持续期间很久的变动，他当然不得不提高地租，可是当币值恢复时，就应当重新降低。

在这样小心翼翼下，地主可以相当有把握地期望其地租稳定增长，如果在耕作扩大中的国家，地租上升没有超过与谷物价格上升成比例的程度，那只能是出于赋税的关系。]

△重农学派认为一切赋税都是由地主的净地租负担的说法，虽然是不正确的，可是地主在赋税方面要为自身谋求解脱是确实没有办法的。同样确实的是，他所占有的那份基金比较容易受到支配，作为课税对象时，比任何别的基金更加适应。⊗因此，不论是直接还是间接，他被课税的机会是比较多的。作为地主，如果既负担了多种农场主资本和劳动者工资项下的赋税——事实上确是这样——又负担了向他直接征收的税款，就必然会感到在总产额中减少了一个部分，这个部分在别一情况下是会归他所有的。(108)

信，他认为总有些谷物，出售时其价格是没有地租渗入的。但是，他说得更加频繁的却是这个说法的反面。③

(108) 第204页。因此，不论是直接还是间接，等等。

马尔萨斯先生要证明这一点会感到困难。农场主资本④的哪一项税款是由地主支付的？

③ 参阅，例如，马尔萨斯著作第97页。
④ "资本"原先是"利润"。

第八节 在供养其本国人民的国家，地主利益与国家利益之间密切和必然的关系

亚当·斯密说过，地主的利益与国家的利益是密切连结在一起的；*这一方的成败利钝，必然会牵涉到那一方的成败利钝。这一章所提出的地租理论，似乎有力地证实了△这个说法。如果在任何一定的土地自然资源下，有助于地主利益的主要原因是资本增加、人口增加、农业改进和由商业繁荣促成的对农产品需求的增长，这就简直不可能把地主的利益看成跟国家和人民的利益是分得开的。

⊗然而李嘉图先生却说，"地主的利益跟消费者和制造业者的利益永远是对立的"，**就是说，是跟国内所有其他阶级对立的。基于他对地租的特殊观点而产生了上述意见；他还说，为了地主的利益，谷物的生产成本应当提高，***而农业改进只会降低而不会提高地租。(109)

假使关于地租理论的这个见解是对的，当真是正确的，地主的收入是随

* 《国民财富的性质和原因的研究》，第6版，第1篇，第11章，第394页。
** 《原理》，第2版，第24章，第335页。
*** 同书。

（109）第 205 页。然而李嘉图先生却说，等等。

我已在①作了答复，请读者参阅。这里我只想说，马尔萨斯先生一定记得，关于他从我著作中所引证的见解我所提示的限制条件。我曾说，只是地主的眼前利益跟农业改进和谷物生产成本降

① 原稿这里空白。提请读者参阅的，无疑是评注第（58）。

着生产困难的增加而增加，随着生产便利的增进而减少的，那么这个见解无疑是有充分根据的。但是，假使与此相反，地主的收入，实际上是取决于土地的自然肥力、农业上的改进和节约劳动的发明，那我们就仍然可以同亚当·斯密一道，认为地主的利益并不是同国家的利益对立的。

△十分明显，可以不言而喻的是，假使最肥沃的土地，与人口对照下，是 206 那样地极度充裕，因此任何人可以随心所欲地要多少就拿多少，这就不会有地租，也不会有所谓地主。同样可以一下子就看出的是，假使可以设想，在我国或任何别的国家，使土地会突然变得那样肥沃，只要用现用地面的十分之一和劳力的十分之一，就足以供养现有的人口而有余，那就会在一个期间使地租大大降低。

⊗但是，根据永不会成为现实的假设事例来仔细推究，来作出一般推论，是没有什么用处的。

我们所要知道的是，我们生活在一个有限度的世界上，生活在进一步有限度的国家和地区内，并且在被经验所证实的有关土地生产力和人口增长的自然规律的支配之下，在这种情况下，地主的利益，一般说来，究竟是不是跟社会的利益对立的。（110）我们抱着这样的意图，只须乞助于被铁的事实所证明了的颠扑不破的原理，问题是可以解决的。

不管我们会作出什么出于幻想的关于肥力突然增进的假设，就我们实际所见所闻的来说，再没有比人口随着生活资料的增加而增加的力量这一现象，更加近似于这类幻想的假设的了。

低有抵触。土地作为一架机器，当其力量有所提高，重新动作起来的时候，是有利于地主的，当人口按生产粮食的便利程度而成比例地增加时，是必然有利于地主的。

（110）第 206 页。但是，根据永不会成为现实的假设事例，[186] 等等。

207　　△农业上的改进，不管它经最后证明是怎样值得重视，总是局部和渐进的。农业改进不论推行到什么程度，总会引起对劳动的有效需求，由于在取得粮食的便利方面有所推进，会促使人口增长，这样很快就会赶上增加的产量。由于耕种价格低廉，不是放弃使用土地，而是更多的土地将投入耕种，在这种情况下，地租不是下降而是必然要上升。在我看来，这样的结果已完全被经验所证实；我怀疑，在欧洲或在世界任何其他地区的历史上，能不能找不到一个例子——农业改进会实际上降低地租。

还有一层，在我们所熟悉的差不多所有的国家里，农业改进不但决不会降低地租，而且是地租增长的主要根源，从来就是这样，预料今后也是这样。

大多数国家拥有不同等级的土地，地租将随着耕种向较差土地的推进而上升——这是在这一章里所说明的理论的一个基本部分；但是地租与肥力之间的关系仍然顽强地存在着。提供地租的是肥沃的土地，不是贫瘠的土地。

208　较差土地所以会加以耕种，只是由于增长中的人口需要△国内的一切资源，这时假使没有较差土地，这类资源还是需要的。有限度的领土，其土地不管怎样肥沃，不久总会变得人口充斥，即使生产粮食没有增加任何困难，地租也会上升。

这就很明显，生产的困难与地租的增长没有任何关系，只是像在多数国家所见到的实际情况那样，是资本和人口增长以及利润和工资下降的当然结

[187]　作为一个原理，既可以是正确的，也可以是不正确的。倘使是正确的话，那就既可以应用于有限度的社会，也可以应用于广大范畴。我的意见是，地租除了从一度构成利润的基金得来之外，决无别的来源；因此，任何改进，任何生产成本的降低，不论是大规模还是小规模，其归着不是工资就是利润，决不是地租。构成利润之后，随着社会的进一步发展，利润可以转变为地租。

果,换句话说,也就是财富增长的当然结果。

但是,地租的增长,如果单是由于在新土地上生产一定量的谷物需要较大量的劳动和资本所引起的价格上升的结果,那么这种增长毕竟比一般所想象的要有限得多。注意一下我们所熟悉的多数国家的情况就可以看出,农业改进和土地上劳动的节约,实际上过去是、预计今后也仍然是使地租增长的一个更加有力量的根源。

上面已经说明,我国近一百年来地租所以会有巨大的增长,主要是由于农业改进,这时利润没有下降而是上升的,整个家庭所得到的工资,如果把教区补助和妇女儿童的收入包括在内,也没有减少。⊗这就可以看出,这些地租必然是在土地上使用的△技术和资本所创造出来的,而不是像将近一百年前所存在的情况那样地从利润和工资转移过来的。(111)

[这个论点可以用英格兰、苏格兰、爱尔兰、波兰、印度和南美洲的情况来说明。

所有这些国家,其地租未来的增长,所主要依靠的将是改进的农业系统。

美国似乎是唯一的一个国家,只须通过从利润和工资的转移,就可以使地租显著上升。

在古老国家,费力和落后的耕种制度,使资本利润和劳动工资处于低水平,使许多优良土地继续处于未耕种状态;这似乎是一个经常看到的现象。

但是,与输入无关,如果凡是足以使国家富裕的,都会提高地租,凡是足

---

(111)第208页。这就可以看出,等等。 [188]

谁说现时地租是像差不多一个世纪以前那样地从利润和工资转移过来的?地租也许是出于十年、五年或三年前的利润的转移。问题是它是不是出于利润的转移。这一节里有许多部分我是同意的;但是,在我看来,马尔萨斯先生似乎企图夸大我们之间 [189] 的分歧。

以使国家贫困的，都会降低地租，这就必须承认，地租的利益和国家的利益是密切结合在一起的。]

212 ⊗前已提到，李嘉图先生对于地租的进展，只是抱着一种简单和局限的观点。(112) 他认为地租完全是生产的困难程度增加所引起的价格△上升的结果。* 假使在许多国家，由于农业改进，使地租上升了一倍或两倍，而在少数国家，由于生产困难所引起的价格上升，使地租上升了四分之一，五分之一，或者还不到十分之一；这难道还可以否认，这种地租观点所包含的只是问题的一个极小部分，因此据以作出任何一般性推论，必然是与实际情况不相适应的。

还应当进一步看到，联系到农业改进，李嘉图先生用以估计地租增减的方式是非常特殊的，他在这方面用语的特殊性，使得他结论跟用政治经济学的惯常言语来表达的真理，相差更远。

谈到全国土地和劳动的总产品在地主、劳动者和资本家这三个阶级之间的分配时，他的说法是：

213 "要正确地判断利润率、地租率和工资率，所根据的不应当是任一阶级所获得的产品的绝对量，而应当是取得这种产品时所需要的劳动量。△由于机器和农业的改进，总产品可能加倍。假使工资、地租和利润也增加一倍，三者相互之间的比例就跟以前一样。假使工资没有作足额的增加，没有增加一

---

* 李嘉图先生似乎总是认为，生产上困难的增加会被价格的上升所克服，结果所生产的仍然是同样数量。但是，这是个无根据的假设。试问，价格上升是出于何因？在国家资源的实际情况中困难有所增加时，是必然要降低产量的。

---

(112) 第 211 页。前已提到，等等。

对我所写的一些如果加以公平的解释，我不相信会认为这种非难是站得住脚的。

[190] (113) 第 213 页。关于这种说法，等等。

倍,只增加了一半,假使地租也没有增加一倍,只增加了四分之三,剩下的增量全部归于利润,那么我认为我说地租和工资已降低、利润已提高,这句话是说得对的。因为如果我们有一个可以衡量这种产品价值的不变的标准,我们就会发现,归于劳动者阶级和地主阶级的价值比前减少了,而归于资本家阶级的则比前加多了。"**

随后他叙述了一些具体比例数字,然后接着说:"在这种情况下,虽然由于商品充裕,付给劳动者和地主的数量已按 25 对 44 的比例增加了,我仍然要说工资和地租已经下降,利润已经上升。"***

⊗关于这种说法我不禁要说,如果运用李嘉图先生的价值的不变标准,结果就会产生这样的怪论,那还是把这个标准丢开为是,丢开得越快越好,因为于研究国民财富的性质和原因时,这就必然要引起无穷的纠纷和错误。△ 按照这种论调,要我们怎样说呢?我们必须这样说:当地主取得作为地租的农产品比前超过四分之三,并且,按照李嘉图先生自己的理论,这项农产品可以使他立即换取到的劳动也比前多四分之三,他的地租却是降低了的,他的利益是受到了损害。把这种语调应用到我国时,我们就得说,近四十年来地租大大下降了,因为,虽然就交换价值——就其所能换取的货币、谷物、劳动和制造品的力量而论,地租已大大提高,但是据根农业部得到的报告,看来地租现在只占总产品的五分之一,****而以前却要占到四分之一或三分之一。(113)

** 《原理》,第2版,第1章,第64页。
*** 同书,第65页。
**** 《上议院关于谷物法的报告》,第66页。

最奇怪的是,马尔萨斯先生在这里加以严词驳斥的一个标准,却正是他使用得最频繁的那个标准。他提到地租下降、利润上升和工资上升时,指的必然是以货币计的地租、利润和工资的下降或上升,当然,他假定货币是没有变动的。假定用一定量劳动所生产

⊗关于劳动我们就得说,美国的劳动工资是低的;虽然我们一向惯于把它看成是极高的,不论从货币价值或是从它所能换得的生活必需品和享用品

的谷物量增加了一倍(一个极其夸大的假设),它的价格降低了一半;因此,地主的货币地租将下降,除非在量上增加一倍;资本家的利润也将减少,除非也在量上增加一倍;劳动者的工资也是这样,假使他在量上所增加的少于一倍的话。以货币价值计的劳动工资将减少,这是没有疑问的,资本家的主要利益就是从这一事实产生的。

[191]

地主能不能用他的加了一倍的产品换取多于以前的劳动呢?可以的。但是,劳动是唯一需要的东西吗?他凭了这加倍的谷物量,能够换取较多的铁、铜、黄金、茶叶、糖、帽子、马车、丝、酒以及一切其他商品吗?丝毫也不会多的。那么我说他虽然获得了加倍的数量,可是所获得的价值没有增大,这难道说得不对吗?马尔萨斯先生说:"把这种语调应用到我国时,我们就得说,近四十年来地租大大下降了,因为,虽然就交换价值——就其所能换取的货币、谷物、劳动和制造品的力量而论,地租已大大提高,但是根据农业部得到的报告,看来地租现在只占总产品的五分之一,而以前却要占到四分之一或三分之一。"① 马尔萨斯先生对于我在这个问题上

[192]

① 这一条评注的以下部分,初稿是这样写的:"马尔萨斯先生对于我所写的,或者是没有按照他惯有的审慎态度来阅读,或者是没有按照他惯有的公正态度来理解〔这一分句后改成'否则他不可能认为我是抱有地租按总产品成比例地增加这一想法的'〕。假定用一定量资本生产谷物180夸特,地主取得10夸特作为地租,如果用同样的资本取得的数量提高到360夸特,那么地主所得除非是20夸特,即像以前一样的十八分之一,否则他所得的就不是属于同样价值的地租〔这里插入一分句'因为20夸特并不多于以前10夸特的交换价值'〕。如果用第二笔资本生产出来的只有340夸特——这是他取得20夸特作为地租的理由——我不说他也将取得这340夸特内的十八分之一〔这里插入一分句'我不说对土地上所有的产品,他都会享有这样的报酬率'〕,如果产量是320夸特,情形也是这样。"初稿的其余部分未见。

的角度来看,都是这样。我们还得把瑞典的工资看成是高的;虽然其地的劳动者挣得的货币工资是低的,用这种低工资只能取得少量生活必需品和享用

所写的,没有按照他惯有的审慎态度来阅读,否则,至少他不会说,按照我的语调,"使我们必须这样说:当地主取得作为地租的农产品比前超过四分之三,他的地租却是降低了的,他的利益是受到了损害的。"假使我是用个人收入的价值来估计个人的财富的,这种责难还有点根据,但是我煞费苦心地说明了我的见解,我认为我始终强调的是,假使个人所能换取的享用品和生活必需品的量增加了,那么他的财富是增加了,同时,那些财富的价值也许是下降的。[193]

还有,我从来没有说过,为了使地主所得的地租价值与前相同,地租在农业总产品的价值中所占的就必须是与前相同的比例,像根据农业部报告作出的论证所暗示的那样。我不说,由于地租占总产品的比率以前是四分之一或三分之一,现在是五分之一,因此其价值有所下降。我有一块田地,可以由此取得谷物360夸特,我以其中的四分之一、即90夸特缴纳地租。由于在较差土地上使用了另加的资本,用同样劳动量在那块地上取得的不是360夸特,只是340夸特,因此,取得360夸特的那块地的地租将从90上升到110夸特。后者的地租将在总产中占有较大的比例。但并不由此表明,地租在全国总产品中将占较大的比例。因为这样使用的等量资本也许有一百笔,而不只是用以取得340夸特的那一笔。这时可能的是,全国总产品增加34,000夸特,而地租只提高20夸特。由于地主原来占有总产品的四分之一,在一切原来耕种的土地上的那个比例提高了,是不是就由此表明,我不得不认为在全国一切土地的总产品中,地租也占有较大比例呢?

品，可是在贫瘠土地上辛苦得来的整个产品的分配中，较大成分也许是归于劳动者的。*（114）

215　△李嘉图先生由于犯了将成本和价值相混的根本错误，并且犯了将农产品和制造品同样看待的进一步错误，从而不自觉地产生了这种不合常情的说法。假使由于机器方面的改进，棉布的产量加了一倍，增加的数量不会换得多于以前的劳动和必需品的量，因此对人口不会有什么影响——这样说也许是对的。但是李嘉图先生自己说过，"假使改进推广到劳动者的一切消费品，我们大概就会看到，数年之后，劳动者所拥有的享用品即使有所增加，也是有限的。"** 因此，根据李嘉图先生的说法，人口将按劳动者主要消费品的增加而成比例地增加。

*　李嘉图先生的著作，主要是由于对通常用语加以不合常情的运用，这样就使许多人感到难于理解。的确，关于高地租和低地租以及高工资和低工资的意义，阅读时必须费很大气力，时刻铭记在心。但是，我一直感到的是，在其他方面，这部著作的笔调是十分明白通畅的；除了观点本身的错误，或是在不正常的意义下使用术语外，他的文字是一点也不晦涩的。

**　《原理》，第1章，第16页。

[194]　（114）第 214 页。关于劳动我们就得说，等等。

在英国，要在最后耕种的土地上①取得共值 700 镑的谷物 180 夸特，假定需要 20 个人一年的劳动，其工资每人每周 10 先令，一年共计 520 镑。在美国，要取得可以售得 600 镑的同样数量的谷物，假定需要 15 个人，工资也是每周 10 先令。但是，在英国的农场主每年须支付工资 520 镑，在美国的农场主只须支付 390 镑。在英国在总产值中付给劳动者的比例是 743／1000；在美国则是

[195]　650／1000。虽然对各个人说来工资是相同的，但是在英国支付的工资总额是最大的，在产值中的比例也是这样。把同样论证应用

①　"在最后耕种的土地上"是插入的。

但是，假使人口是按照劳动者所能换得的必需品增加的，则归地主所有的那一份增加了的农产品量，必然会提高以劳动、谷物和商品估计的他的地租的交换价值。借以估计地主的地租和利益的，当然是实际交换价值，而不是以比例或劳动成本作为计量依据的那种虚构△的标准。通常会发生的是，进行改革之后，地租将按照这个词所惯有和自然的意义上上升，而按照李嘉图先生所采取的方式估计，则地租也许是下降的。

可以不言而喻，我谈到地主的利益时，指的总是我所谓的地主的实际地租和实际利益，也就是他换得劳动以及生活必需品和享用品的力量，不管这项地租在总产值所占的比例是多少，也不管产生这项地租时所花费的劳动量是多少。***⊗但是实际上农业改进，在一个适当期间，即使按照李嘉图先生

*** 我认为，我对地租这个词的这种解释，同我最初给它下的定义是完全一致的。我把它叫作产值中归于地主的那个部分（不是比例）。假使任一定量土地的总产值增加了，归于地主的那个部分的价值也许显著增加，虽然它在总产值中所占的比例也许是降低了的。⊗李嘉图先生自己曾明白指出（第401页），土地产品所售得的金额无论是多少，其超过种植成本的数额都是货币地租。但是，假使不断发生的情况是，货币地租上升，同时也具有较大的实际交换价值，这就十分明显，尽管它在得自该项土地的总产值中所占的比例是下降的，不论是货币地租还是实际地租，都不受这个比例的支配。(115)

到瑞典，就会看到跟我提出的原理是完全一致的。②

（115）第216页。李嘉图先生自己曾明白指出，等等。　[196]

很有可能，关于比例的说法，我说得不够清楚，没有做到我应当做到的程度。现在试加以进一步解释。

假定现在最后耕种的土地，使用一定的劳动量，生产谷物180夸特；由于谷物价格上升，下一年将以再次级的土地投入耕种，它只能生产170夸特。假使今年劳动者所得是180夸特的三分之一，

② 以下还有未完成而被删去的一段："我们是按照任一定量资本的产品在三个阶级中的分配来推断地租、利润和工资的。假定在既定的土地上用既定资本产出了谷物100夸特，地主取得了其中的四分之一，即25夸特，农场主取得了一半，即50夸特，劳动者取得了四分之一，即25夸特，共计100夸特。第二年，由于在别处有新土地投入耕种，这100夸特的分配有了变动，地主取得的是三分之一，即33夸特，农场主……。"

217 作出的让步，也会提高归于地租的份额在总产值中的比例。△因此，我们无论从什么角度来看这个问题，总得承认，地主的利益是紧密地和势所必然地

明年他所得的将是170夸特的三分之一，我说，他明年的工资同今年的属于同样价值；因为明年的170夸特的价值与今年的180夸特的价值相等，因此，不论在这两个数量内的是二分之一，四分之一，还是三分之一，其前后价值都相等。

我谈到这种按比例的分配时，我始终是把它应用于，或者是应当把它应用于从使用于土地上的最后资本取得的不需要缴纳地租的产品方面的（假使没有这样做，那是由于我的疏忽）。再说，实际上劳动者在170夸特中所得的比例，将大于他在180夸特中所得的比例，在这一相等的价值中，他将得到较大的比例，因此我说他的工资上升了。用于土地上的最后资本所取得的谷物不管多少，总是属于相等的价值，因为这是属于同样的劳动量的产品。在这一相等的价值中的较大比例，其自身必然是属于较大价值。①

[197] 我的价值尺度是劳动量。地租，只有当所缴纳的数额需要更多的劳动去生产时，它才是上升的。10个人在肥沃土地上能够生产180夸特，在较差土地上只能生产170夸特。如果在后一产量内，10个劳动者所取得的是其中的一半，即85夸特，那么他们所取得的是5个人的劳动所能生产的。至于生产180夸特的那10个人所取得的并没有多些；但是在那块土地上的85夸特是用少于5个人的劳动所生产的。这是对的。但是，谷物的价值是被在最不利的情况下在土地上最后使用的资本所生产的量所支配的。②较优土地的所有者所占有的优势是带几分垄断性质的，因此，劳动者

① 这里有一段被删去：“地租不是所取得的产品的比例，它不是像工资或利润那样地由比例规定的，而是取决于两个等量资本所取得的产品量之间的差额。因此，假使我曾在任何地方说过地租将随着所取得的产品的增减而成比例地上升或下降的话，我便犯了错误。但是我却想不起我曾经犯过这样的错误。”
② 这一句原先是："但是，价值是被最后生产的量所支配的。"

跟国家的利益连结在一起的。(116)

的报酬的价值,不应该用在较优土地上生产85夸特所需要的劳动量来衡量,必须用在较差土地上生产这一数量时所需要的劳动量来衡量。马尔萨斯先生说,"农业改进,即使按照李嘉图先生作出的让步,也会提高归于地主的份额在总产值中的比例。"我不知道在什么地方说过这句话。如果我犯了这个错误的话,③希望把这句话改正一下,用马尔萨斯先生所使用的④字眼"部分"代替"比例",否则,假使要保留比例这个字眼,那就必须是在较肥沃土地上取得的产品的比例。⑤

(116)第216页。但是,实际上,等等。 [198]

马尔萨斯先生一再提到,认为我把农业改进说成是有害于地主的利益的,并且认为我根据这个见解,断定地主的利益是同社会中其他阶级的利益对立的;而他在这里却说,我承认农业改进,在一个适当期间,会提高归于地主的份额在总产值中的比例。那么为什么要加以攻击,说我持有不同论点呢?⑥

③ 这一分句原先是"如果我这样说过的话"。
④ "马尔萨斯先生所使用的"是插入的。
⑤ 参阅李嘉图在第3版《原理》内的改写,载英文版《李嘉图著作和通信集》,第一卷,第83页,脚注1,另见第402—403页。
⑥ 以下还有未完成而被删去的一段:"像我以前曾说过的那样,马尔萨斯先生似乎没有理解我关于比例的一些说法。重要的是,在这个问题上我不应当被误解。假定随着价格的上升,我在同一块土地上相继地使用了三笔等量的资本。我说,当使用了第二笔资本时,在第一笔资本下所取得的产量内〔这里有'付给地主'字样被删去〕的比例将增加,而地主在第二笔资本项下将没有任何份额。当使用了第三笔资本时,他在第一笔资本项下取得的产量内所得的比例将更大,在第二笔取得的产量内所得的将是一个较小的比例,在第三笔内则一无所得。虽然他在居先的各个产量内所得的比例将增大,但在整个产量内分配给他的比例将缩小。假定第一笔资本所取得的产量是1800夸特,第二笔所取得的是1780夸特,第三笔1760夸特。当使用了第二笔资本时,地主将占有20夸特作为地租,即第一笔资本所取得的产量的1/90,但这只是全部产量的1/179。当使用了第三笔资本时,他在第一笔项下所得的将是40夸特,即1/9,在第二笔项下将是20夸特,即1/17。"

上面一些计算上的错误,部分是由于数字有了改变,而前后没有贯彻。

第九节　在输入谷物的国家，地主利益与国家利益的关系

关于地主利益与国家利益的密切一致，其唯一可以引起疑问的是在输入的问题上。这里很明显的是，无论如何，地主不会处于跟别的阶级相形见绌的境地，有些对自由贸易最热烈的支持者理直气壮地认为，地主的处境比别人的处境要好得多。从来没有人怀疑，丝、麻或毛织品制造商可能会由于国外竞争而使他们的个人利益受到损害；也不会有人否认，大批劳动者从国外输入时将使工资下降。⊗因此，即使对这个问题采取最不利的看法，关系到输入时，地主的情况是跟社会中其他阶级的情况分不开的。(117)

[199]　(117) 第217页。因此，即使对这个问题，等等。

这里存在着明显和①重要的差别。丝、麻或毛织品制造商的个人利益也许会受到国外竞争的损害，他们把资本移转到别的行业时，也许不得不蒙受②损失，但是他们仍然会拥有比前不至于差得过远的资本和③收益。可是，假使对谷物输入予以极端的自由，较差土地的地主的地租将完全不存在，那些较优土地的地租将大大缩减。④

关系到地主的是农产品输入的限制，关系到制造业者的是制

① "明显和"是插入的。
② 这里有"巨大的"字样被删去。
③ "资本和"是插入的。
④ 这一条评注的以下部分是插入的。

［亚当·斯密认为，由于国外竞争，虽然制造商不免要波及，但地主不会受到损害。

亚当·斯密的说法未免过于强硬，但可以肯定的是，由于国外竞争，谷物和家畜的生产者所受到的损害，比各种制造品的生产者所受到的要轻些。

关于输入问题必须注意的是，就资本实际使用于土地这一点说来，国家的利益与耕种者的利益彼此之间并不是均衡的。

在这个国家，耕种主要是由承租者进行的，近年来农业方面的持久性改进，有一大部分是通过这一类人的资本完成的。］

如果这个说法是对的——在我完全相信是对的——即土地上实现的改进的一个极大部分，是出自承租者的资本、技术和勤劳，△那就再明显没有，这些人从他们在农业上使用的资本得来的利益，同在工商业上使用的资本比较，对国家利益的贡献，彼此是不均等的，换句话说，就这里的情况而论，在使用资本方面，个人的利益跟国家的利益并不是等同的。

如果仔细研究一下，在农业或制造业，在所述的情况下，使用资本一万造品输入的限制；如果把两方的利益说成有任何类似之处，错误就没有比这个更大的了。他们的利益是建立在彼此完全不同的基础上的。不管对输入作怎样的限制，作为一个制造业者是决不能在任何长时期间享有高于一般和通常的资本利润率的，因此，如果他能够轻易地把他的资本从这个行业移到那个行业，他由于限制撤销所受到的损失，就必然是轻微的。

但是对地主说来，这是一个地租的有和无的问题，是拥有一架有用的机器还是一架无用的机器的问题。有几微相似之处的，不是地主和制造业者的处境，倒是农场主和制造业者的处境。的确，后两者的情况是可以类比一下的。

镑，对个人和国家会发生什么样的相对效果，就可以把这个论点完全搞清楚。

⊗假定在商业或制造业投入资本一万镑，为期二十年，利润约计百分之十二，在期限结束，这个资本家退休时，他的财富增加了一倍。很明显，在农业中投入这样一笔资本要得到同样的鼓励，那就必须这个投资者获得同样或基本上同样的利益。但是，为了要他在租入的土地上使用其资本，把他的一万镑在二十年间转变为二万镑，这就可以肯定，他必须获得每年较高的利润，才能使他的实际埋没在土地上、期限结束时无法收回的那部分资本得到补偿。如果通过他的经营，土地获得实质上的改进，他于租期届满，△将土地归还地主时，与租期开始时通货价值上的任何变动无关，这块土地的地租所值，比前必然将大大提高。对于暂时占有土地的农场主说来有必要的这种较高的每年收益，于土地租期届满时，至少有一部分将以地租形态继续下去，这就必然有利于国家。（118）

[201]　　（118）第220页。假定在商业或制造业投入资本一万镑，等等。

在这里，马尔萨斯先生跟他向有的态度略有出入。这次他用货币价值来估计国家的利益，而不是像他应当做的那样使用他自己的价值尺度——谷物和劳动。假定马尔萨斯先生能够证明，即使容许自由输入，我们以一定量资本使用于国内农业，仍然可以获得同样的货币利润，就像原来我们以等量资本①所能获得的那样；但这是他做不到的。我可以这样回敬他："假使输入是许可的，你听任谷物价格低贱，靠同量的货币资本，我可以使用多得多的劳

[202]　动，我凭这项资本，仍然可以取得同样的货币收益。因此，由于不允许自由输入，你就使我们失去了这一劳动的增益所能使用②的

① "以等量资本"是插入的。
② 这里"使用"大概应该是"生产"。

就工商业使用的资本说，利润对国家与对取得利润的个人是均衡的，就农业使用的资本说，前者的所得要大得多，无论用货币或谷物和劳动来估计：情形都是这样。不论用哪一方式估计，在多半是实有的情况下，从农业中使用资本得来的利润，由国家所得，估计约为百分之十四或十五，而个人所得也许只有百分之十二。

⊗约翰·辛克莱爵士在他的《苏格兰农业报告》中举示了关于在东洛西安*一块田地的细节，那里的地租几乎占到产额的一半，地租和利润合在一起所提供的报酬是使用资本的百分之五十六。但是，地租和利润合在一起，是国家从这样使用的资本得来的财富的实际尺度。由于这里叙述的田地是实行轮作制的，近年来作出了极大的改进，△无疑是，财富的这种增长的一个很大部分是从租约重订以前的承租人的资本那里得来的——虽然由此对国家财富的增长，不会成为个人这样使用其资本的一个动机。(119)

　*　苏格兰的一个区。——译者

一切商品。"与这一切实的利益相对，马尔萨斯先生提出的是承租人对所租土地作出的持久性③改进，这种改进永远固着在土地上，他是无法拿走的。这种细微利益，是不是总会得到同意，归于地租，是不是会真正成为地主的地租的一个组成部分，是有疑问的。

至于承租人于租期截止时如上所述的那种留置在土地上的价值，究竟如何，别人会作出更恰当的鉴定。我不打算对此作出过高的估计。如果以换取劳动的力量作为价值尺度，价值就必须取决于必需品的数量，而不是它的货币价值。

[203]

（119）第221页。约翰·辛克莱爵士，等等。

马尔萨斯先生当真认为让谷物极端自由地输入时，会使我们原来从那块土地得来的数量有任何些微的减损吗？至于那块地上

　③　"持久性"是插入的。

⊗如果国外谷物的输入在战争中没有发生障碍，因此农业利润降低到只有百分之十，而工商业利润则为百分之十二，那里的资本就当然要流向工商业；这时仍然用个人的利益来衡量国家的利益就会看出，这是朝着比较有利的动向，有利的程度是十二比十。但是，如果这里对问题的看法是对的，那么情形也许是，以国家的利益来衡量时，是从百分之十四的利润，走向仅有百分之十二的利润的不利方向，而不是以有关个人的利益来衡量时，从百分之十的利润走向百分之十二的利润的有利方向。（120）

因此很明显，在战争期间，用强制提高国内耕种利润的措施、对国外谷物输入作出的自然*△限制，可以使我国的资本流向比不存在这一措施时更加有利的渠道，结果不是像有些人最初所料想的那样要妨碍到财富和人口的进展，而是明确地、根本地对两者的进展起了促进作用。

> * 极关重要的是要始终记住，1798年到1814年间谷物的高价格，是由战争和气候造成的，不是谷物法造成的。有通商口岸的国家，不论在战时或平时，容易发生价格上的巨大变动。

的巨额地租，据说是从承租人方面累积的资本得来的，我对这个问题不禁有所怀疑。

（120）第222页。如果国外谷物的输入，等等。

这里又是用货币利润作出估计的。但我要求的是，在两个事例中，都应把货币利润折合成换取劳动和商品①的力量。我要想知道的不是在两个事例中我们可以取得的价值是多少，而是可以取的财富——实现社会福利的手段——是多少！

（121）第223页。无论什么时候，等等。

假使以谷物报酬而不是以货币报酬作估计，情形确是这样。实际上，唯一的重要问题是，我们能不能以资本和劳动的最少的支出

① "和商品"是插入的。

⊗无论什么时候，出于对国内所产谷物的需求，假使资本用于耕种新土地时的利润，同由此产生的地租结合在一起，使所使用的资本获得的报酬，在比例上大于在工商业中使用资本的报酬，那么，这样的限制就不但可以、而且必然会发挥上述促进作用。因为，在这种情况下，假使没有这类限制，虽然可以在低于国内所产谷物的货币价格下购得国外谷物，却不能以这样少的资本和劳动的支出来购得这项谷物；** 这就是对资本的有利使用的真实证据。（121）

⊗假使基于对国外谷物输入的这类限制，△使一定量的资本和劳动在国 224

** ⊗假使对输入的这类限制，必然要增加取得谷物时所需要的劳动和资本的量，（122）那么，从财富和生产力方面说，当然是绝对不能予以辩护的。但是，假使由此可以将资本导向土地，从而导致持久性改革，那整个问题就不同了。农业上的持久改革，就像是获得了增益的土地。但是，即使这类限制措施没有这种效应，在更加重要的别的基础上，这也是合乎需要的。最近事态的发展，使我们不得不在极其激动的心情下注意到的是，我们工业人口在比例上的巨大增长，这是关系到我国的福利和自由的。

购得国内或国外的谷物。②只有以一定量的资本能够输入的数量，和以等量资本能够生产的数量加以比较，才能对此作出判断。我们所据以判断的必须是数量，而不是货币价值。任何事物，使它变成稀少时，就可以具有高的货币价值。

（122）第 223 页。假使对输入的这类限制，等等。　　[205]

只是由于这类限制的后果确是这样，所以受到攻击。有谁会怀疑它确是有这样后果的。

至于政策在别的基础上的后果，那是另一问题。在我对这个问题的观点下，我认为支持限制措施的有关那些别的基础的论证，是不大站得住脚的。③

② 这里有"马尔萨斯先生认为事实不是这样"一个分句，被删去。
③ 这一句原先是，"在我对这个问题的观点下，我认为那些基础是不稳固的"。

内所购得的农产品数量,大于以等量的资本和劳动从国外所能购得的数量,从而使财富的发展不是受到阻碍而是有所促进,(123)这就十分明显,人口的增长必然是有所促进,而不是受到阻碍。在战争的近十年或十五年期间,人口有了非常迅速的增长,远远超过了一个世纪以来的平均进度,这一点肯定足以有力地证实这里的结论。

⊗这里提出的论点也许是显得有些惊人的;但是读者会看到,论点是有它的限度的。(124)它所断言的一般效果,取决于资本所作出的持久性改进,而资本自身对这种改进的成果只享有短期性利益。至于对输入的限制,则取决于由此所引起的对国内农产品已提高的需求,会具有能够导致否则就不会发生的那种改进的效果。但是,通常总是并存的这两点,都不是必然会实现的。

(123)第223页。假使基于对国外谷物输入,等等。

前提既经假定,就会得出这样的结论。

(124)第224页。这里提出的论点,等等。

在我看来,这确是很惊人,因为我认为这是完全没有根据的。

[206]　(125)第225页。我说的是交换价值和利润率,等等。

假使情形是这样,即使你证明了你的论点,在实践中也不起作用。我们所关心的不是商品的名义交换价值的高低(我还得说,也不是其实际价值①的高低),而是我们所拥有的享用品和奢侈品的充裕程度。假使你所说的字字是真,假使由此使我们所得到的,不管其价值是高是低,却是丰富的享用品和必需品,我们就拥护无限制谷物贸易。

但是我要再问一问,马尔萨斯先生的实际交换价值尺度到底

---

① 原先是"实际交换价值"。

在土地上可以使用大量资本,即使没有农业上的持久性改进,对国内农产品的需求也可以引起暂时的增长。这里的意思是说,在所述情况下,当农业的确有了持久性改进,也产生了地租时,这就不可能不赞同这样的结论:△在这样的限度内,就这样的资本所产生的交换价值而论,*国家所得的利益,肯定大于个人所得的利益。

这里的研究,与以前所谈到的结合在一起,至少会引起一个疑问:即使在限制国外谷物输入的情况下,国家的利益会不会有时同地主的利益是不一样的。关于其他商品的限制输入,就不存在这样的疑问。在完全自由交流的情况下,资本和人口在增长中,这时对依靠地租生活的那些人显然是有利的,而

* ⊗我说的是交换价值和利润率,不是享用品和必需品的充裕程度。(125)在机器方面的几乎一切的改进中,最后得到较多利益的总是国家,而不是个人,但是就利润率和实际交换价值说却不是这样。

是怎样的。他告诉我们,这指的是某一定量的必需品和奢侈品,事物出售时所换得的这些享用品和必需品较多或较少,就表明这些事物的实际交换价值在上升或下降,而且由于经假定某一定量的必需品和享用品所换得的总是某一定量的劳动,劳动就被选为价值尺度。但是,由于劳动被认为是易变的,这就还得经过一次校正。可取的办法认为是应当采用另一种商品,这种商品认为也是易变的,但是会朝着另一方向变动,因此这一方的变动可以矫正那一方的变动,据说这两者之间的中点所提供的,将是一个不变的价值②尺度。因此,最后确定下来的实际交换价值尺度是谷物和劳动之间的中点。

必须看到,对这一点一向并不是经常提及的,在这一次论证中,看来它已被完全丢开,因为他告诉我们,涉及的是交换价值,不

② "价值"是插入的。

依靠资本利润和劳动工资生活的那些人,当资本和人口增长时,对他们是否有利,至少是有大得多的疑问的。这就可以大胆断言,再没有别的阶级的利益像地主的利益那样密切地、必然地跟国家的财富和力量连结在一起的。

是享用品和必需品的充裕程度。①这里的所谓交换价值,指的究竟是什么,我们茫无头绪。不可能是谷物和劳动,我已在上面表明,这两者被认为是跟享用品和必需品属于完全一样性质的。据我揣测,极有可能指的是受到排斥的货币价值。假如这样,马尔萨斯先生必然跟我的意见相同,认为价值与财富之间存在着显著区别:价值取决于生产成本,财富则取决于生产的充裕。

① 原稿这里有一个十字符号,指的恐怕是写在失落了的纸片上的一条脚注。

第十节　土地剩余产品概论

△在社会发展过程中，社会从土地的剩余产品得到的极其巨大的利益，主要是以地租形式归于地主的；显得有些离奇的是，这一点竟然还没有被充分理解和认识。我把这种剩余叫作上帝的慷慨赐予，并且坚决认为这个称号是分所应得的。但是，李嘉图先生却有如下的一段话：

"有一种再通常没有的说法，认为土地具有优于有用产品的任何其他来源的好处，因为它能以地租的形式提供剩余产品。然而，土地在最充裕、最肥沃、生产力最大的时候，并不提供地租。只是在地力减退、对劳动所提供的报酬减少的时候，较肥沃土地的原有产品中，才会有一部分被划分出来成为地租。奇怪的是，土地的这种性质，跟有助于制造业的种种自然要素比起来，本应说是一种缺陷，却会被指为土地的特殊优点。假使空气、水、蒸气的伸缩力和大气的压力也具有不同的品质，也可以被占有，△而且属于各种品质的存在量也有限度的话，那么，当各级品质依次被投入使用时，它们也会像土地一样地提供租金。每当使用一种较差的品质时，用它们制造的商品的价值就会上升，因为等量劳动的生产力减低了。在工作的完成中，人们的血汗劳累将加多，自然的贡献将减少，那时土地也就不再会由于其力量的有限度而独占优势了。

"假使土地以地租形式提供的剩余产品是一种利益，那么，每年新制的机器，其效率低于旧机器的话，便会成为一件合乎需要的事，因为由此不只是这种机器所制造的商品，国内用一切其他机器所制造的商品，都无疑会有更大的交换价值，这时对拥有生产效率最高的机器的那些人，就得缴纳租

⊗要晓得，提到上帝的赐予，我们当然是把它的价值相对于我们的性格以及我们生活于其中的世界的规律和结构来说的。可是，任何人如果不怕麻烦去计算一下，就会看到，假使生活必需品可以取之不尽，用之不竭，人口可以每二十五年增加一倍，那么从公历纪元开始，一对夫妇可能繁殖的人口，不仅足以充斥地面，△使每方码要站着四个人，而且会使我们太阳系所有的行星同样都充满居民，还不仅是这样，假使我们肉眼看得到的那些恒星都同太阳一样，绕着它们旋转的都有像太阳系那么多的行星，这些行星也会同样充满居民。这样说也许显得有些过分，但是我坚信，这个人口规律跟人类的性格和环境是最相配合的，十分明显，粮食或某些别的生活必需品的生产的某种限度是必须存在的。在人类的性格结构和人类在地球上的处境还没有彻

* 《原理》，第2章，第75页。

---

[210]　（126）第227页。要晓得，提到上帝的赐予，等等。

我不赞同在政治经济学论文中这样来考虑问题。赐予是大还是小，要根据它是多还是少来说，不是根据它在道义上高度有益还是低度有益来说。我限制我的朋友每天喝一品脱酒，这对他的健康也许有好处，但是，如果我每天送他一瓶酒，这就成为很有价值的礼品。问题不是造物主由于限制了土地的生产力而没有顾到我们的现实福利，而是他是否作了这样的限制这一事实；而在另一方面，他是使我们有了水和空气的无限供给的，在大气的压力、蒸气的伸缩力和大自然给我们的许多其他服务方面，他是使我们能充分利用而没有设定限制的。

马尔萨斯先生说，我贬低了由于自然规律的作用而终于成为地租的那种特有剩余。在这一段开头提到这一点时，我受到的责

底改变时，其整个生活必需品就决不可像空气、水、蒸气的伸缩力和大气的压力那样丰富地取得供应。假使在有限度空间具有生产粮食的无限度便利，那就很难设想，是不是还有比这个灾难性更大的礼物，会使人类陷于万劫不复的痛苦深渊。仁慈的造物主，知道他所创造的人类的欲望和要求，可是在他使人类必须受其支配的自然规律下，不能出于怜悯，使整个生活必需品的供给像空气和水那样地漫无限度。这就直接说明了，为什么前者的数量是有限度的，而后者是取之不尽、用之不竭的。但是，如果承认——事实上也必须承认——生产粮食的力量的限度，对被限制在有限空间的人类说来显然是必要的话，那么，△他们所取得的现有数量的土地的价值，就取决于同土地所供养的人数相对的、那项必须在土地上操作的少量劳动，或者换句话说，就取决于被李嘉图先生所那样贬低的那种剩余，由于自然规律的作用，这种剩余终于成为地租。(126)

难却是，我对土地的生产力感到不满足，因为它不是像许多别的自然赐予那样地无限度的，结论是我低估了土地的一切生产力。总之，我既抱怨土地没有能提供足够的如马尔萨斯先生所说的剩余产品，同时又抱怨它所提供的超过了其合用程度。

　　面对这样两个相反的责难，我无法为自己辩护，向这一面服了[211]罪，那一面就无话可说。这里让我打总地表明一下，我认为土地所提供的剩余产品，是使我们取得①我们所拥有的一切力量的根源。我们跟这个力量对应地享有闲暇，从而从事学习、研究，取得了知识，这才使我们感到生活的尊严。假使没有这个力量，我们既不会有艺术，也不会有工业，将用全部时间来取得粮食，来维持我们的枯索、简陋的生活。

　　① "使我们取得"是插入的。

⊗假使制造品，由于如李嘉图先生所设想的机器的分成等级而产生了地租，就会如他所说的那样，在工作中人们的血汗劳动将加多；*假定这时他们

* 这就是说，假定等级的变化是趋向越来越差的机器，其中有些却仍然必须使用，而不是可以放弃不用。关系到租金时，制造品与必需品之所以不容相比，是由于在有限度的土地上，所花费的劳动不论是多是少，必需品总是倾向于相同的交换价值；而制造品如果不受到人为的垄断，其价格必然随着生产的便利而下降。因此，我们不能假定价格是既定的。可是，假使我们能够作出这样的假定，就两者的情况说，生产的便利将同样是劳动减轻的一个尺度。

只是由于别的国家土地的生产力，大于我们必须从以取得我们的最后供应的那些土地的生产力，我才主张乞助于别国的土地，赞成输入谷物，这样可以用较少的劳动从事于取得粮食，用较多的劳动来满足其他方面的需要。

关于另一点，我以满怀信心的态度，一再说明，地租的产生，是由于大自然赐予的有限度，而不是赐予的漫无止境。假使土地的肥力是没有限度的，假使在同一土地上，资本一笔接着一笔地投入，可以取得同样的产量，这就不会产生地租。"但是地球不能容纳在这样情况下可能繁衍的人口！"我不否认这一点，这一论证也没有反驳①我所陈述的任何有关意见。

我的论证对不对？马尔萨斯先生说不对。你的论证呢？说是礼物将是一个灾难性的礼物，人类将陷于无穷的苦难之中。试问这是不是针锋相对的一个回答。假使由于施舍大方，我对上帝口出怨言，对大自然心怀不满，马尔萨斯先生可以出来证明，我的怨愤是无根据、无理由的。但是，我曾这样说过吗？绝对没有。我只是说，假使他没有把所赐的礼物加以限制，就不会有地租。而马尔

① "反驳"原先是"回答"。

所取得的仍然是等量的商品（但是，实际不会是这样），劳动的增加就会与所产生的租金的增大相对应。(127) 但是，一定量的土地所提供的以地租形式出现的剩余，情况完全不同。这种剩余，并不是衡量从事于生产总的说来土地所能提供的那一数量的谷物时所需要增加的劳动的一个尺度，而归根到底是衡量从事于生产上帝所赐给的粮食时所减轻的劳动的一个尺度。假使这个最后剩余很少，社会中一大部分的劳动，就要经常以血汗劳累从事于取得仅有的生活必需品，△社会所享有的享用品、奢侈品和闲暇，就必然少得 230

萨斯先生在论证中回答说，显得有些离奇的是，社会从土地的剩余产品得到的极其巨大的利益，在社会发展过程中，主要是以地租形式归于地主的，却还没有被充分理解和认识。现在谨提出我的异议，他并没有提示任何事实或任何论据，借以证明，我或者是有所误解的，或者是认识不足的。

(127) 第229页。假使制造品，等等。

是这样。但是，假使你降低土地的肥力，从而提高地租，情况 [213] 岂不是一样的吗？在这种情况下，劳动的增加与所产生的地租的增大，岂不也是相对应的吗？但是，你可以通过提高土地肥力来提高地租，因此，在那个机器的假设情况下，你可以通过增加其生产力来扩大这些力量之间的差异。"归根到底，地租是衡量从事于生产上帝所赐给的粮食时所减轻的劳动的一个准确尺度！"马尔萨斯先生尽可以这样说，假使他喜欢的话。但是，假使土地肥力增加，劳动的真正②减轻岂不是更加明显吗？地租下降、"礼物"岂不是显得更加慷慨吗？但是，地租是不是生产粮食时劳动减轻的一个准确尺度呢？对此我是不能同意的。剩余产品是这样的；但地租

② "真正"是插入的。

可怜；反之，假使这种剩余很大，制造品、外来奢侈品以及艺术、文学和闲暇就会丰饶和繁荣起来。

看来有些使人难解的是，李嘉图先生一般总是把他的注意力集中在永久和最后的结果方面，甚至给劳动的自然价格下的定义是供养稳定的人口的那个价格，实际上这样的价格即使在相当良好的政治下，在通常情况下，几百年来也难得发现；但是在处理地租问题时，他却采取了相反的方针，指的几乎完全是暂时性的作用。

显然是由于这种态度，所以他反对亚当·斯密如下的说法：以生产大米的国家与生产小麦的国家相比，前者的产品中归于地主的份额较大；假使我国平民所喜爱的植物性食物不是小麦而是土豆，这里的地租就会上升。*⊗李嘉图先生不得不承认——事实上他已经承认**——在上述两种情况下，地租最后将有所提高。（128）但是，他随即假定，这种食性上的改变是突然发生的，还认为这是土地被抛荒的暂时结果。⊗然而，即使在这种假设下，他认为所有被抛荒的土地，也会比在自然状态下使劳动价格降低到仅△足以供养稳定的人口所需要的要短得多的时间内重新被耕种。（129）李嘉图先生在他整个

---

* 《国民财富的性质和原因的研究》，第6版，第1卷，第1篇，第11章，第248—250页。

** 《原理》，第24章，第334页。

与剩余产品并不是同一事物。在美国，剩余产品与人口的比例比这里大。那里的地租是不是跟这里的一样高呢？马尔萨斯先生谅必也不会说是的。在美国，剩余产品主要表现在利润和高①工资方面，这种形式比以地租形式出现时，对一般繁荣所起的促进作用要大得多。

（128）第230页。李嘉图先生不得不承认，等等。

① "高"是插入的。

著作中所主要考虑的是在永久和最后的结果方面，他既以此为目的，他就应当承认亚当·斯密的说法是正确的。

但是，事实上极有可能的是，即使是地租的暂时性下降，也不会发生。没有一个国家曾经突然改变它所消费的粮食的性质，将来也永不会有这样的事。无论是耕作方面新法的采用，或口味上新嗜好的养成，其变化过程必然是非常缓慢的。要从小麦改成大米，就欧洲大部分地区来说，大概永远不会发生。姑且就可能发生的那些地区说，在灌溉方面就得作好那样充分的准备，以便赢得充分时间，使人口的增加与所产粮食的数量上的增加可以十足均等。我们知道，在实际生产大米的那些国家，地租很高。布卡南博士经过马索尔＊＊＊时，在他有价值的《游记》中说，在戈茨河下游的水田区，政府向例征收产量的三分之二。＊＊＊＊种小麦的田地，大概没有能提供这样高的地租的。⊗在印度和其他国家发生了从种小麦改种大米的实际变动的那些地区，毫无疑问，其地租不仅最后会大大上升，而且在改变过程中就已经在上升。（130）

△关于土豆，可以在我们近邻中找到机会，来研究一下，以此作为广大人民的植物性粮食时所发生的影响。近一百年来，爱尔兰人口增加的速度，超

＊＊＊ 在印度南部——译者。
＊＊＊＊ 第2卷，第212页。

然而，"被李嘉图先生所那样贬低的那种剩余，由于自然规律的作用，这种剩余终于成为地租。"②这两段话是前后一致的吗？

（129）第230页。然而，即使在这种假设下，等等。

"在自然状态下"，要使劳动价格降低到仅足以供养稳定的人口，是只需要很少的时间的吗？

（130）第231页。在印度和其他国家，等等。

② 马尔萨斯著作第229页。

过欧洲任何其他国家。这一事实无法从它的现实行政中求得合理解释,只能从土豆采用的逐渐推广这一现象去寻求。我相信,要不是由于土豆的关系,在最近一个世纪中,爱尔兰的人口莫说增加三倍,就是加一倍也不可能。人口这样的增长,使许多土地免于被停止耕种,使之免于在反而比较合算的情况下沦为天然牧场;而同时却使劳动的货币工资相对地大大下降。经验告诉我们,这种下降并没有促成利润的相应上升,结果是地租显著上升。(131)爱尔兰的小麦、燕麦和家畜是按英格兰的货币价格卖给英格兰的,而耕种和饲养时所花费的劳动,是按货币价格的一半给付报酬的。这种情况必然使或者从利润或者从地租得来的收入大大增加。实际得来的情报使我们深信,从中得到最大利益的是后者。

因此,我想到,虽然不把暂时工资率与最后工资率截然分开必然会造成
233 重大错误;△但是,把上述粮食上的改变的暂时效果与最后效果等同起来,认为结果都是必然提高地租,却不会造成那样大的错误。⊗我深信,如果要作出相当公平的对比,就应当拿那些幅员广狭和土地上使用资本量大小大致相同的国家来比较,这显然是唯一公平的比较方式,这时我们就会看到,地租是

这就是说,剩余产品有了显著的提高,却被政府所侵夺。这跟地租上升是显然不同的。①假使把赋税豁免了,产品价格岂不是要下降?如果你说是的,那么赋税不仅吸收了地租的全部,还吸收了利润的一部分,这部分利润是消费者以产品高价格形式付出的。

[216]　(131)第232页。②

利益将首先归于利润,然后归于地租。完成这一转变的时间,③取决于人口的增长,和由此而来的④对于所能提供的、增加

① 下面两句是插入的。
② 这里应摘录的马尔萨斯著作首句,原文缺。——译者
③ "完成这一转变的时间"原先是"这"。
④ "由此而来的"是插入的。

跟自然肥力和人为肥力成比例的。(132)

⊗假使这个岛的自然肥力比现在提高一倍，人民同现在一样地勤劳奋发，那么，以一切公正的理论为根据，我国现在的财富和人口也就会提高一倍，地租比现在还远远不止提高一倍。反之，假使这个岛的土地，其肥力只有现在的一半，并如我在前面说过的那样，只有一小部分土地可以种植谷物，那时我国的财富和人口就会少得可怜，地租将减少到还不及现在的一半。但是，假使认为在类似的情况下，地租和肥力是步调一致的，而用地租在英国高于南美洲这一事例来反对地租与肥力这两者之间的自然关系，这种论证是不正确的，因为前者在土地上使用了大量资本，后者的土地比较肥沃，可是在同样面积的土地上使用的资本还不及前者的二十分之一，其人口也极其稀少。(133)

△土地的肥力，不论是自然或人为的，可以说是资本获得长期高报酬的唯一根源。⊗假使一个国家专门从事于工商业，所需谷物全部得按欧洲的市场价格向国外购买，其资本的报酬要在任何长时间期间保持高水准，是绝对不可能的。(134)⊗在历史的早期阶段，巨额资本极其罕见，只限于极少数几个

234

了的农产品的需求。

(132) 第233页。我深信，等等。

[马尔萨斯先生屡次要我注意南美洲，告诉我，我的研究结果有些是不符合事实的。他不提别的，单单提出那个地区来证明在最肥沃的土地上地租是低的。这种作风是有欠公正的。]⑤

(133) 第233页。假使这个岛的自然肥力，等等。

[217]

没有人否认地租与肥力之间自然和通常的但不是必然⑥的关系。

(134) 第234页。假使一个国家专门从事于工商业，等等。

⑤ 这一条评注被全部删去。
⑥ "自然和通常的但不是必然"是插入的。

城市，某些工商业享有的这种垄断，使高利润得以保持很长时期；这时有些差不多专门从事于工商业的城邦，无疑取得了巨大、辉煌的效果。(135) 但是在现代欧洲，资本普遍充裕，国与国之间交往便利，国内竞争与国外竞争的法则，使资本除使用于土地外，无法获得稳固而丰厚的报酬。⊗在现代，任何工商业大国，不论它具有何等智巧，总不能使它所获得的利润，长期地高于欧洲其他国家所获利润的一般水准。(136) 但是在中等土地上被有效地使用的资本，可以长期地在无所顾忌、不受阻挠的情况下，获得报酬百分之二十，有时达百分之三十或四十，有时甚至达百分之五十或六十。

235　　关于在土地上使用的和在其他方面使用的资本在其效果上的比较，△有一个显著例证，刊载于我国财产税报告。从土地上使用的资本得来的有税收入，所提供的财产税将近六百五十万，而从使用于工商业的资本得来的收入，

在这样一个国家，跟所有的国家一样，其利润率①取决于供给劳动者的工资时所必需的劳动②量。假使谷物的③价格，同用以购买谷物的一切其他事物的价格相比是低廉的，不管这个国家的谷

[218] 物是自己种，还是向国外输入，利润当然是高的。④

谷物的实际低廉及其低廉的劳动价格——不管这项谷物是直接取自土地的还是依靠输入的——是高利润的动因。没有谷物的低廉，就是说，没有大量的剩余产品作为劳动的报酬，利润就不可能高；有了它，利润却也不一定高，因为劳动者的境地也许碰巧是这样——他具有换取这项剩余产品的一个大部分的力量，就是说，他享有高工资。

① "率"是插入的。
② 这里插入《比例》字样，后又被删去。
③ 这里有"相对"字样被删去。
④ 下面有未写完的一段被删去："假使商品是以通常的劳动量在本国制造的，那么，谷物对制造品的相对低廉……。"

其所提供的这项税收只有二百万。* 可能有的情况是，部分由于资本的分类，部分由于其他原因，以致从使用于工商业的资本得来的收入，有较大一个部分逃避了赋税；但是，由此造成的税额不足，绝对不能与使用于农业的资本的非常巨大的生产力相抵。** ⊗如果将两个具有相同资本和相同利润率的国家加以比较，一个拥有种植谷物的土地，另一个却不得不向国外购入谷物，这就十分明显，有可耕土地、特别是如果土地是肥沃的那个国家，必然比较富裕，人口也比较稠密，并且有较多可支配的收入，以供课税。（137）

肥沃的土地还有一个极其称人心意的优点，具有这样条件的国家，就可以不必用多大心力于那些工商业主为了使他们能够找到出口市场而发出的

---

* 报告内第4号表包括一切类型的职业，总税款是三百万，其中属于专门职业的认为在一百万以上。
** 要注意到，关于土地的国民收入，必须把它看成是包括地租和通常利润在内。

（135）第234页。在历史的早期阶段，等等。

这些城邦当时并不存在严格意义下的垄断，市民彼此之间存在着竞争，互相压价，结果把他们商品⑤的价格削减到相当于其生产成本或自然价格的情况必然是有的。 ［219］

（136）第234页。在现代，任何工商业大国，等等。

这是由于在这些国家，其谷物的劳动价格没有多大差异，或者是由于有些国家的劳动者的工资高于别的国家。

（137）第235页。如果将两个，等等。

我们说，假使谷物能够按较低价格输入英国，利润就会是很高的。我们说，现在的地租以及一切的地租，曾一度构成利润，因此必须从利润中减去。⑥马尔萨斯先生回答说，如果利润是相同的，而你输入了谷物，相形之下你就要贫困些，相差就全部在于你的地

⑤ "商品"是插入的。
⑥ 这一句原先是，"我们说，现在的地租曾一度构成利润"。

236 要求降低工资的叫嚣，这种叫嚣，对每个善良的人说来，都会使他感到极端懊丧、极端烦恼。△⊗假使一个国家只能借助于在低工资竞赛中获胜的办法来求得富裕，那我就要爽直说，让这样的富裕去见鬼罢！（138）虽然一个大部分粮食要向国外购入的国家注定非这样做不可，拥有肥沃土地的国家就不必这样做。一个国家的一些特有产品，也许决不足以使它能够借此输入所需粮食的大部分 * 以及享用品和奢侈品，但是一般说来，却足以使它在国内和国外的商业经营中具有充分的勇气和活力。另一方面，在产量上作少许牺牲，就是说在种植方面不作过分的推进，同时在平民中养成拘谨习惯，** 也

* 棉花，就像丝绸一样，不是我们的特产。假使为了供应我们任何相当部分的人口，使我们有必要发展我们的棉花贸易，那就会使我们大难临头，灾害性质的严重，将是我们所从来没有经历过的。
** 在资本、智巧等等方面类似的情况下，明显的是，如果由于拘谨作风广泛流行，劳动者生活过得很好，具有同样贫瘠程度的土地就不会加以耕种。⊗但是，由于放弃耕种这样的土地而形成的产品和人口的少量增加，对整个辽阔而肥沃的领土说来虽然是一种细微的牺牲，对广大人民说来，其由此造成的幸福却是无可估量的。（139）

租。确是这样，如果利润是相同的！但是，这恰恰就是争论的所在。

[220]　（138）第 236 页。假使一个国家，等等。

我也是这样想。我们希望劳动者得到丰富的供应，认为实现这个目的的方法是，使他所消费的主要商品的劳动价格低廉。马尔萨斯先生认为一个大部分粮食要从国外购入的国家，是注定要让它的劳动阶级的工资降到最低度的。这是用未决问题为论据的推论。我的答复是，问题的决定不在于购买①粮食的方式，而在于是在什么条件下购得的；如果在国内购买价格比较低廉，就没有一个国家会向国外去购买。

① 这里有"或种植"字样被删去。

能使广大人民衣食丰足。⊗在主要依靠工商业的国家，其劳动阶级的拘谨习惯，也许足以毁灭这个国家。（140）但是，在拥有肥沃土地的国家，△这样的习惯却是想象中最大的福音。

出于土地的属性，使它能够提供大量地租，由此带来了难以估量的利益，其中绝对不可轻视的一点是，在社会发展过程中，它对人们提供了保证，使个人或整个社会无须以其近于全部的时间使用于仅仅是为了取得必需品。⊗按照李嘉图先生的说法，随着社会的发展，不但各个资本所提供的收益会不断趋减，而且来自利润的收益总额也会减低；这就无可置疑，劳动者将不得不以较大的劳动量，从事于生产他工资中必须用以购买必需品的那个部分。（141）因此，社会上这两个主要阶级，在为他们自己争取闲暇方面，在换取跟供给必需品的那些人有所不同的、供给社会享乐的那些人的劳动方面，预计其力量将削弱。然而，对人类来说有幸的是，在私有财产制下，净地租决不会随着耕种的发展而减低。不论地租在总产品中所占成分是多少，其现实数额总是在不断增长，足以为社会的享乐和闲暇提供基金，从而使全体人民生气

（139）第236页。但是，由于放弃耕种，等等。　　［221］

如果把这种拘谨的习惯贯彻到足够程度，使人民的粮食需要限制在容易供应的范围，任何民族居于任何领土，大概都可以把日子过得很愉快。

（140）第236页。在主要依靠工商业的国家，等等。

这是个崭新的论点。究竟确不确，将来还有别的机会，准备考察一下。

（141）第237页。按照李嘉图先生的说法，等等。

我的话没有被公正地征引。我说的是，由于资本积累的结果，假使你不得不乞助于较差土地来供养你增长中的人口，情形就会［222］是这样。同时我还说，假使你能够、并且愿意向国外购取廉价粮

勃勃。

238　假使我们能够获得提供地租的土地的唯一条件是，△土地应该留在最初所有人的直系后裔的手里，那么，即使目前所得到的利益肯定将大大减少，但是，从地租对社会的普遍和无可避免的影响作用来看，把它当作没有价值的东西而加以拒绝是极其不明智的。但是幸而利益是附着在土地上的，不是附着于任何一个所有人的。地租既是现在的勇决和智慧的报酬，也是过去的力量和技巧的报酬。土地是用勤奋和才能的成果来购取的，这种事天天在进行。*对任何种值得称颂的努力，土地会给以最高的犒赏："otium cum

> * 李嘉图先生本人就是这里所说的一个例子。他凭着他的才能和勤奋，现在已成为一个大地主。他是个高尚的人，杰出的人，他的智慧，他的胸怀，使他所挣得的一切，可以完全受之无愧，对于他的收入，他也处理得非常适当。在整个地主团体中，我简直找不出比他更出色的人物。
>
> 　　显得有些奇特的是，李嘉图先生是个大量地租的收入者，却那样贬低地

食，情形就不会是这样。①

按照我的设想，不会发生从利润或工资转移到地租的现象；禁止输入，就会发生这种现象，而现实产量将减少。马尔萨斯先生说："看一看种植谷物比输入谷物有多大的好处；随着资本的发展，利润和工资将下降，假使你自己种植谷物，你就会有地租来抵偿这方面的损失。"我的答复是，拒绝自种谷物，利润就不会下降，你既没有受到损失，你将不再需要适当的补偿。引用我的话来证明，不论输入谷物还是自种谷物，利润都将下降，这是不公正的。

① 英文版《李嘉图著作和通信集》，第一卷，第126页。

dignitate"（无损于尊严的有闲）。我们有充分理由相信，随着社会的发展，由于资本和人口的增长以及农业的改进，土地会越来越宝贵，其所提供的利益，也会被越来越多的人所分享。

⊗△因此，从可以用来考虑这个问题的任何观点来说，出于土地属性，根据自然规律，最后必然产生地租；看来这是一种恩惠，对人类的幸福是至关重要的。我相信，只有对地租的性质及其社会影响仍然抱着错觉的人，才会贬低地租的价值。（142）

239

> 租在国民经济中的重大意义；而我从来没有取得、也不希望取得任何地租，却不免要受到指责，认为是过高估计了地租的重要性。我们的不同处境和不同见解，至少足以表明我们双方所共有的诚意，从而提供了一个有力的假设，即，提出我们的理论时，不论在我们的思想上存在着什么偏见，却不是那种最难防范的、最难觉察的、出于自己的处境和利益关系而产生的偏见。

（142）第239页。因此，从可以用来考虑这个问题的，等等。［223］

土地可以提供剩余产品，从而取得利润和地租。我的看法是，允许自由输入谷物，就可以最高度地促进社会利益，结果，得自在国内耕种的土地的剩余产品，在分配比例上，将比较地有利于农场主和资本家，比较地不利于地主。马尔萨斯先生跟我的见解不同，但是他要证明的，却不是从资本家手里拿出来给予地主会使社会得到利益，而是把地租看成净利得，埋怨我低估了它的价值，因为我不愿承认剩余产品是随着地租的升降而增减的。

第四章 劳动工资

第一节 劳动工资对供给和需求的依存关系

[劳动工资是对劳动者个人劳役的报酬，可以区分为名义工资和实际工资。

名义工资是劳动者挣得的货币。实际工资是货币所换得的必需品和享用品。

工资决定同用以付偿劳动的那些物品的供求情况对比下对劳动的需求和供给。]

供求原则不仅是劳动价格以及商品价格的暂时的而且是长期的首要支配者；而生产成本只是作为劳动或商品的持久供给的必要条件时，才会影响这两者的价格。

作为供给的条件，生活必需品的价格对劳动价格有非常重大的影响。要使劳动者能够保持一个稳定的人口，一定部分的生活必需品是必要的；要使劳动者人口不断增长，这个部分即须增大。因此，不论生活必需品的价格怎样，劳动者的货币工资必须使他能够买到上述两个部分，否则劳动的供给就不可能按照所需要的数量实现。

⊗为了要证明所谓劳动的生产成本，只是在它支配劳动的供给时才会影响工资，我们只须注意一下生产成本不支配供给的那类暂时存在的情况就够了；在那类情况下我们一直看到的是，生产成本立即停止支配价

格。(143)

当谷物价格由于连年获得丰收,或者是由于对农场主资本无所损害的任何原因,而在一个时期连续下降时,△可以说劳动的生产成本是有所下降的,但是劳动工资这时却并没有下降;* 由此可见,在为期十六年或十八年间,生产成本降低并不会显著影响劳动市场的供给。反之,如果由于连年收获平平,或者是由于使劳动需求大体上跟以前无所变动的任何原因,而使谷物价格上升,也不会引起工资上升;这是因为在市场上的仍然是为数不变的劳动者,这时虽然生产的代价提高,供给在一个期间仍然不受影响。这就表明,生产成本对价格的影响,实际上完全取决于它支配供给的方式。假使近二十年来在我国或任何别的国家,是绝对不需要生产劳动的成本的,但是劳动仍然按照与需求完全相等的比例供给,劳动工资就不会跟原来的有什么两样。这个论点的正确,可以用前一章里提到的一个事例来加以充分证明:如果对纸币的数量加以严格限制,使之不超过不使用纸币时硬币的流通量,在这种情况下,虽然纸张的成本微不足道,但是,由于所供给的△是与硬币相等的数量,它就完成了与货币同样的任务,取得了同样的交换价值。

* 1815年和1816年发生的劳动价格下降,完全是由于农场主的损失而引起的对劳动需求的减退,不是由于劳动的生产成本降低。

---

(143)第241页。为了要证明所谓劳动的生产成本,等等。

马尔萨斯先生在他著作中的许多场合,坚持了关涉到商品时的这种见解;但是我不知道他责难的是谁。自然价格是生产成本的另一名称。当一种商品可以按照或超过自然价格出售时,市场上就会获得这种商品的供给,因此,生产成本是支配商品的供给的。马尔萨斯先生说,与供给相对,需求是支配价格的,①而商品的生产成本是支配供给的。这是用词上的争执。凡是支配供给

① "与供给相对,需求是支配价格的",原先是"需求支配供给"。

第四章　劳动工资　223

［亚当·斯密认为劳动的货币价格是受劳动的需求和必需品价格的支配的这个论点，是事实上完全正确的；但重要的是要经常意识到必需品价格影响劳动价格时的方式。

从亚当·斯密所列举的各种职业中各种劳动价格的一切事例来看，结果显然取决于足以影响劳动供给的那些原因。］ 244

亚当·斯密在这类事例中一般都提到供求原则，但有时会把它忘掉。⊗ 245 他说："如果某种劳动需要出类拔萃的熟练和机巧，对于具有这样才能的人的推崇，会使其产品获得超过按照其使用的时间所应得的价值。"**（144）在另一个场合谈到中国时他说："假使在这样一个资源处于静止状态的国家，工资当真能供养一个劳动者而有余，使他能抚养全家，那么，出于劳动之间的竞争△和雇主的利益，会使工资很快就降到不违反中常人道的最低水平。"*** 246 读者会看到，在上述前一情况下，使商品价格提高的，并不是对熟练和机巧的推崇，而是由于这种才能的稀少，因此也就是由此产生的那类物品与需求相对下的稀少。在后一情况下，从中阻止劳动价格进一步下降的，并不是所谓中常人道。假使人道当真能够有效地从中干预，它应当早就出来干预，从而

** 《国民财富的性质和原因的研究》，第6版，第1卷，第6章，第71页。
*** 同书，第1卷，第7章，第108页。

的，也就支配价格。

（144）第245页。他说，如果某种劳动，等等。　　　　　　　［226］

这就是说，人们会愿意为这种产品多付出一些。但是支配产品价值的不是这种意愿而是供给，而供给则又取决于做父亲的对他的孩子获得这种熟练和机巧的关怀，和获得这种才能时的费用。②假使劳动者很容易使他的孩子获得这种才能，代价又很低，那么，不管这种才能会怎样倍受推崇，它仍然不会有多大价值。

② "和获得这种才能的费用"是插入的。

防止由食物粗劣或不足引起的过早的死亡。不幸的是,中常人道不能改变国家的资源。当资源处于静止状态,而下层社会的习惯,又足以助成在低劣待遇下供养一个静止的人口,劳动工资就势必是微薄的,但仍然不能低于在人民的现实习惯下保持一个静止的人口所必需的那个限度。因为根据假设,国家的资源是静止的,不增也不减,因此供求原则会不断出来干预,从而使工资保持在这样一种水平,它既不会使人口增加,也不会使人口减少。

第二节　影响劳动阶级的
习惯的主要原因

⊗△李嘉图先生给劳动的自然价格下的定义是,"使劳动者大体上可以维持生活并不增不减地延续其后裔所必要的价格。"*（145）像这样的价格,我真想把它称作最不自然的价格；因为,在自然状态下,在财富和人口的进展不存在重大障碍的情况下,这样的价格在几百年中也不会出现。如果在通常

* 《原理》,第2版,第5章,第93页。

（145）第247页。李嘉图先生给劳动的自然价格下的定义是,[227]等等。

我这样做是由于应用到类似的一切情况时,可以有一个共同语言。所谓自然价格,我指的不是通常价格,而是经常①供应一定的需求时所必要的那个价格。谷物的自然价格,是在提供通常利润下可以供应的价格。需求的数量每有一次增加,谷物的市场价格就会上升到这个价格之上,出现的刚好是自然价格的情况,大概是从来不会有的,不是偏高些,就是偏低些。关于劳动的自然价 [228]格也可以这样说。②

① "经常"是插入的。
② 原先是,"需求的数量每有一次增加,谷物的价格就会上升到这个价格之上,因此,如果资本和人口作有规律的增长,其市场价格会一连好几年超过它的自然价格。可是我并不怎样热衷于保留我的关于劳动的自然价格的定义。马尔萨斯先生的定义也〔这里插入了"大体上"字样〕同样适应我的目的。"

情况下，在这样的长时期间，这种价格的确是罕见的，那么，把劳动的市场价格看成只是固定价格的向上或向下的暂时偏离，不久就会回到定价，那就必然要导致重大错误。

我认为在任何国家的劳动的自然价格或必要价格的定义应该是："在社会的现实情况下，为了导致劳动者的一般供给从而满足一般需求所必要的价格。"至于市场价格的定义，我认为应该是：市场上的现实价格，这种价格，

248 由于临时原因，△有时高于、有时低于供应这种一般需求时所必要的价格。

〔劳动阶级的处境，部分取决于国家资源增长的进度，部分取决于人民的习惯。

这两个成因都会变更，往往同时变更。

249 但是，在同样的资源增长的情况下，仍然会有彼此不同的习惯；而贫困既是低级生活方式的原因，也是其结果。

能够查明通行于各国的贫民阶级中生活方式彼此不同的主要原因，虽然困难，却是件值得争取的事。

250 高工资可能产生两种结果，不是人口迅速增加，就是生活方式显著改进。

对贫民的性格特征所起的作用，凡是具有加以摧残的倾向的，就会助成上述前一结果，凡是具有加以发扬的倾向的，就会助成上述后一结果。

251 摧残的最有效成因是专制暴虐、压制和愚昧；发扬的最有效成因是公民自由、政治自由和教育。

足以养成谨慎习惯的最不可少的一个成因是公民自由；要保持公民自由，一般说来政治自由是必要的。

教育在专制政治下未尝不能普及，在自由政体下也未尝不会有缺陷；但是在不良政体下，对教育不能有多大作为，在健全的政体下就大有可为。

252 爱尔兰是一个例子，其地农产品增加后人口有了迅速增加，而居民的处境没有获得改善。

253 英格兰是另一个例子，它在上一个世纪的前半叶，高工资使生活方式有

了改善，而人口并没有迅速增加。

　　从劣质面包到高级小麦面包的转变，是偶然的原因所促成，大概也是由于小麦、燕麦和大麦的相对价值的变化所助成。

　　当小麦面包在某些地区风行之后，就会蔓延到别的地区，这时即使在别方面的享受有所牺牲，也在所不计。]

257　　　　　第三节　影响劳动需求和人口

　　　　　　　　　　增长的主要原因

258　　　除了人民在习惯方面的改变之外，还有个原因，会使一个国家的人口不能与劳动者对生活资料的表面购买力保持均衡。有时候会出现的是，△同劳动的需求对照下，工资比应有的水平要显得高一些。最可能发生这种情况的是，当农产品价格下降时，种植者以同样价格雇用人数相同或有所增加的劳动者的力量有所减弱。⊗假使农产品价格下降相当显著，又没有获得数量上

---

[230]　　（146）第258页。假使农产品价格下降，等等。

　　除非是由于供给增加、需求减退或生产成本降低，①价格怎么会下降？如果由于需求减退，劳动者必然事先已经失业，就不能把他们得不到工作说成是由于这个原因。如果供给增加，而其他事物的供给没有减少，就全国一般来说，这就不会降低使用劳动的力量，而是适得其反，必然会增加这种力量。

　　由此可能降低农场主的力量，因为他必须照付货币地租，因此，当产品数量无所增加时，他于缴纳地租之后，其换取劳动的力量也许比前将有所降低。但是，假使他的力量降低，必然会另有一些人，其力量将有所提高。地主所获得的地租，足以使他使用更多的劳动。如果资本家保持着同样的货币资本，②如果工资是下降了

① 原先是，"除非是由于供给增加和需求减退"。
② "资本"原先是"利润"。

的增加使价值上的损失有所弥补，就会有许多劳动者因而失业，经过一个痛苦阶段，工资一般将相应降低。（146）但是，假使下降是逐渐的，并且由于数量增加，使交换价值部分地得到补偿，劳动的货币工资就不一定会下降，结果只是对劳动的需求趋于呆滞，这样也许不会使在业的劳动者失业，只会妨碍或减少临时工，停止雇用妇女和儿童，对劳动者的下一代引起消极作用。在这种情况下，劳动者及其家庭实际所挣得的生活必需品的量，也许事实上还不及由于价格上升劳动者的计日工资所能换取的谷物的有所缩减的量。⊗劳动阶级对生活必需品的购买力，尽管表面上是在前一情况下较强，后一情况下较弱，但实际上则相反，因此，根据一般原则，在后一情况下，对人口增长应当发生较少的影响作用。（147）

在实行济贫法的那些国家，表面工资和人口增长之间的不一致会更加显的，他就可以用等量的货币雇用较多的人，而劳动者的境况也许还较胜于前。如果货币工资没有下降，对劳动的需求仍然会有所增加，因为同样的货币工资，可以购得较多的商品和粮食，因此使劳动得到较大的鼓励。这时如果别的方面没有什么需要，至少将需要更多的磨坊主来研磨谷物，更多的面包师傅来烤面包，更多的厨师来做糕饼。如果谷物的生产成本降低，其价将在供给没有增加的情况下下降，但是在国内③对劳动的需要不会减少，④因为，随着在谷物生产上使用劳动的减少，在其他事物的生产上所使用的劳动将相应增加。⑤

[231]

（147）第258页。劳动阶级对生活必需品的购买力，等等。

③ "在国内"是插入的。
④ "减少"原先是"增加"。
⑤ 原来写在散页上的一条脚注，琼斯·霍普金斯版把它附印在这里。但是这条脚注大概应当属于评注第（208）条。

259 著，△在那里，劳动者工资的一部分用教区捐款来支付，已成为常事。当谷物价格上升时，如果某一教区的农场主和地主一方面压低工资，一方面对儿童给以经常津贴，这就很明显，这时计日工资与劳动阶级所具有的供养家庭的实际手段之间，已经不存在任何必然的关系。人们一旦自安于这种制度之后，当不包括教区补贴的劳动工资，仅足以供养一妻一孩，或者甚至只能养活一身，更无力兼顾妻儿时，人口的增长仍然可能是很快的，因为，这时其合计收入既足以鼓励结婚，也足以养活儿女。

    假使这里的意思是说，单是必需品价格下降，这一点本身并不是对劳动需求增长，或者是使劳动者的处境实际上比前改善的一个原因，那么在这个问题上是不可能有什么争论的；因为货币价值也许会改变，同时，谷物也许比前减少。这时谷物的货币价格将下降，可是劳动①的货币价格将下降得更多。

    假使货币价值没有变动，那么，谷物的货币价格下降就必然有利于劳动者。下降的原因只能是由于产量丰足，这种丰足必然是暂时的，②是由于偶然的一次好年成；否则就必然是由于比较持久性的原因，是由于生产的代价降低。由好年岁而来的丰足，对③农场主是不利的，但是对一切其他阶级都有利。农场主的收益也许要减少，甚至资本也将减少，因为他对地主的约定是以货币为依据的，一次大丰收以货币计的所值少于歉收时的所值。地主所得的货币地租不会增多，但是他为自己家庭以及为饲养他的牛马所消费的谷物，其价格将降低，他将在价格的这个差额上得到好处。假使工资下降，制造商将得到好处，这是由于利润增加，以及在支出

[232]

① "劳动"原先是"工资"。
② "是暂时的"是插入的。
③ 这里有"资本家"字样被删去。

第四章　劳动工资　231

　　[为了增加人口，总得有一种粮食，使其在现实使用中的数量增大，用以　260
供养劳动家庭；这种情况一般是可以觉察得到的。

　　近年来在美国、爱尔兰、英格兰和苏格兰人口的增加，就可以用这个原
因来解释。]

　　⊗△对人口的迅速增长来说，持续和巨大的劳动需求是十分必要的。促　261
成这种需求的是，一国的资本和收入总值逐年增加的进度，需求的增长并且
是与这一进度成比例的；因为一年的总产值增加得越快，购买新生劳动的力

方面取得了与地主所取得的相同的利益。甚至农场主由于所支出
的④工资降低，也可以多少得到点补偿。假使工资不下降，劳动者
将在享受的许多方面有所增进，其主要支出项目的价格既然是低
廉的，就可以把在谷物上以前所花费的和现在所需要花费的这两
者之间的差额，用在别的事物方面，或者是把它储蓄起来。假使劳
动者所储蓄的跟农场主所损失的足以相抵，社会的处境就不会比
以前差，即使谷物仍然是以前的⑤平均价格，以后所需求的也还是
同样的劳动量。但是，假使劳动者没有进行储蓄，而工资没有下　[233]
降，⑥在我看来，那就必须认为由于好年岁而来的谷物的暂时丰收，
是足以减少国内的有效资本的。由于生产成本持久性的降低而造
成的谷物价格下降，就不会发生这种情况。这也可能对农场主不
利，对地主暂时也可能是不利的，但一切其他阶级将由此获得持久
的利益，因此，从整个社会来看，这些微小的缺陷是可以得到补偿
而有余的。

　　关于问题的这个方面，在别的场合已屡次说明我的见解，这里

　　④　"所支出的"是插入的。
　　⑤　"以前的"是插入的。
　　⑥　"而工资也没有下降"是插入的。

量就越大，每年所需要的人手也就越多。（148）

⊗曾有人认为，劳动的需求只能与流动资本的增加成比例，不能与固定资本的增加成比例。就各个情况说这无疑是对的；* 但就整个国家说，无须作出这一区别；因为用固定资本来代替，可以节省大量劳动，而这项劳动又不能用之于别处时，就会妨碍资本和收入共同的增长。（149）

⊗举个例，假定一个资本家使用二万镑于生产性劳动，他一向的做法是，

* 参阅巴顿先生写得很高明的关于劳动阶级情况的一个小册子。

没有必要再详谈了。

马尔萨斯先生似乎认为，农产品价格下降，在一切情况下，不管是怎样引起的，都会使劳动的需求减少。在一种情况下他说，"会有许多劳动者因而失业，经过一个痛苦阶段，工资一般将相应降低。"在另一种情况下他说，"劳动者及其家庭实际所挣得的生活必需品的量，也许事实上还不及由于价格上升劳动者的计日工资所能换取的谷物的有所缩减的量。"

[234] （148）第 261 页。对人口的迅速增长来说，等等。

这个论点决定于对价值这个词所给予的定义。按照我的看法，①即使国内的资本价值缩减，换取劳动的力量也有可能增加。这主要决定于资本的量，或者是用以雇用劳动的那部分资本。按照马尔萨斯先生的说法，价值是决定于必需品和享用品的量的。那么，他的论点就是："人口会随着劳动的需求和供养劳动者的手段而增加"，而这样一个论点是没有什么可以争论的。

（149）第 261 页。曾有人认为，等等。

劳动的有效②需求必然要取决于支付劳动工资的那一部分资

① 参阅英文版《李嘉图著作和通信集》，第一卷，第95页。
② "有效"是插入的。

将货物按二万二千镑售出，△获利百分之十，现在却用同样的劳动量来制造一架值二万镑的机器，这样可以使他在事业的经营中，除机器可能需要修理外，以后不再需用劳动。很明显，在第一年存在的是同样的年产值和同样的劳动量。但是在第二年，资本家为了享有与前相同的利润率，只须使他货物的售款稍多于二千镑，而不是二万二千镑，这时年产值将下降，资本将无所增加，收入将肯定缩减。劳动的需求取决于总产值的增长，也就是资本与收入合计的增长；根据这个原则，足以恰当地说明这种情况下对劳动需求所以会

本的增长。③假使我有二千镑收入，于花费这笔收入时，我必然要使用劳动。假使我把这笔收入变成资本，我首先就得跟以前一样地使用劳动，但是使用的性质是生产性的，不是非生产性的。我可以用这项劳动来制造一架机器，机器这就变成了资本，它所生产的一切是从这项资本而来的收入。否则，我也可以把这项劳动用于土地，由此生产的谷物就可能是一项资本，使我可以使用更多的劳动量。④社会可以按需求的比例做这一件或那一件所需要的事物，或者是用人的劳动来完成，或者是差不多完全用机器来生产。一般说来，积累的资本系由固定资本和流动资本两者混合组成。因此，对从事积贮资本的个人说来，他的资本究竟是用作固定资本还是流动资本是无关紧要的。假使利润是百分之十，两者会同样地从二千镑资本提供二百镑收益。但是，假使用作固定资本，也许要用总计达二百五十镑或三百镑的货物来补充资本，从而取得利润二百镑；假使用作流动资本，也许有必要将所生产的货物按二千二

③ 这里删去了一句："如果不通过劳动手段，固定资本是不会增加的；因此，事先必须做到的是流动资本增加，或者，实际是一样的，是非生产性消费减少，生产性消费增多。"
④ "更多的劳动量"，原先是"这项增益的资本以供养劳动"。

趋于弛缓的原因。(150)

但是一般说来，固定资本的使用是极其有助于流动资本的充裕的；如果产品的市场能够相应扩张，全国的资本和收入的总值就会大大增加，从而形成对劳动的广大需求。

263 改进的机器经采用之后，棉织品的总值突飞猛进；我们一刻也不容怀疑，近四十年来，棉织业对劳动的需求大大增加了。△棉织业最发达的城市，如曼彻斯特、格拉斯哥等等的人口大量增加，就充分证明了这一点。

我们的五金、毛织品和其他制造业，尽管对固定资本的使用在不断增加，其产值也都出现了类似的增长——虽然增长的程度参差不一——而与此同时发生的是，对劳动需求的增长。

⊗即使在我们的农业中，像马匹这样一种固定资本，从它所消耗的农作

[236] 百镑出售，除用以重置资本外，从而取得利润二百镑。对国家说来，足以使财富增长的只是净收入，不是总收入，所以两种情况对它所起的作用相同。对资本家说来，他的资本究竟是由固定资本还是流动资本构成是无关紧要的；但是对依靠劳动工资生活的那些人说来，却极其重要。他们对于总收入的增加极其关心，因为供养人口的手段必然要取决于总收入。假使把资本使用在机器上，那就不需要增加劳动量。假使资本是促成了对劳动的增益需求的，它就必然是使用在劳动者所消费的那些事物上的。

（150）第 261 页。举个例，假定一个资本家，等等。

[237] ［在我看来，整个论证是错误的。我有流动资本二万镑，用以制造货物，售得价款二万二千镑。然后突然搁下我的买卖，不制造货物了，却去制造一架值二万二千镑的机器。这时我既没有变穷也没有变富，因为在一个情况下是货物，在另一情况下是机器，两

物的量来看，是最不合算的一种固定资本，可是如果不使用它的话，很大一部分现在生产谷物的土地，大概就会放弃耕种。这时，质量较差的土地所提供的，就绝不足以付偿用铁锹耕作、用手车运肥到远隔的田地、用同类运输工具将农作物送到遥远的市场所需要的劳动。在这种情况下，谷物产量将大大减少，总产值将大大降低，对劳动的需求以及人口总额将大大缩减。*（151）

*　近来有人说，用铁锹耕作可以提供较多的总产品和较多的净产品。我是什么时候都乐于服从既定的经验的。如果把这种经验联系到这里的例子，那么，在农业中继续用犁和马是不足为奇的。△即使假定在某种土壤上使用铁锹可以改进土质，分别计算时，足以使收获物能够付偿增益的劳动费用而有余；⊗可是，既然必须用马来运肥，来运送农作物到市场，而耕种者却用人力来锄地，让他的马闲在马厩里，这对他是肯定不合算的。（152）经验还得流传下去，而我要断言的是，使大片贫瘠的荒地得到耕种的是商业、价格和技能，而不是铁锹。

者是属于等值的。]①

（151）第263页。即使在我们的农业中，等等。

在我看来，"对劳动的需求以及人口总额将大大缩减"并不是一个必然的结果。

假定出产了一千夸特谷物，其中二百夸特可以认为是剩余产品，其余八百夸特，四百用以付偿从事工作的劳动者，四百用以饲养在农场上服役的马和牛。假定由于用铁锹工作，在农场工作中不再使用马和牛，现在所生产的不是一千夸特，而是九百夸特。②

在这个九百五十夸特内，假定剩余产品只有一百五十夸特，③将其余的八百夸特付给从事农场工作的劳动者。在这种情况下，

①　整个评注被删去。这里所存的只是个断片；因为从原稿上用铅笔所注页码的断缺看来，这条评注在原稿所占地位当在六页以上。
②　据下面的说法，应该是九百五十夸特。
③　"九百五十"和"一百五十"，原先分别为"九百"和"一百"。

⊗另一方面，如果借助于逐渐扩大固定资本的使用量，能够以少得多的费用从事于土地的耕种和施肥，并把农作物送上市场，那就可以把全部荒废土地投入耕种，并在方式方法上逐步改进，从而大大提高产量。假使固定资本的替代，是在我们可以设想的唯一实际可行的方式下、即逐步进行的方式下实现的，那就无可置疑，农产品价值将大体上保持其原有水平。农产品大量增加，加上工商业可能增加使用人员，无疑将使总产品的交换价值大大提高，从而导致扩大劳动需求和人口大幅度增长。（153）

因此一般地说，我们无须担忧像在事实上多半会发生的那样，固定资本的采用会减少对劳动的有效需求。实际上，我们正是从这一根源来探索劳动

当总产品和净产品都有所缩减时，对劳动的需求也许会有所增长。究竟会不会增长，这要取决于当利润率这样降低时可能被放弃耕种的土地的量。但是必须看到，①生产缩减是可以同出于人类的消费的增加并行不悖的。就这里的情况说，产量全部将由人类消费，

[239] 这时虽然谷物价格会提高，其生产成本会增加，但是对劳动的需求却可能增长。②

（152）第264页。可是，既然必须用马来运肥，等等。

关于铁锹耕作我不想表示意见，我没有资格谈这个问题；但是我看不出有什么必要，要让马闲在马房里。这些马尽可以在别的农场上工作——可以长期出租，让它们在别的使用目的上做它们所能胜任的工作，或者是，可以听候用户随时作短期租用。

（153）第264页。另一方面，等等。

① 这里有"极有可能的是"字样被删去。
② 这里有一句被删去："这也许是唯一的一个例子，用劳动来代替固定资本——假使对于马匹可以这样来称呼的话——没有为资本家带来好处，受益的却是工人阶级。"

needs在未来的增长的主要成因的。⊗△同时,这样的想法——下面还要进一步详细讨论——也肯定是正确的,这就是,假使固定资本的进行替代发展得很快,以致来不及为由此得来的进一步充裕的供给、以及为过去失业而现在被雇用的劳动的新产品找到适当市场,那就会普遍感到劳动需求的减少和社会上劳动阶级处境的困苦。(154)⊗但是在这种情况下,由于供给与需求对比下的暂时过剩,总产品,即全国的资本与收入并计,其价值肯定将下降,从而表明,这个价值与以前用以支付工资的价值对比下的变动,是使用劳动的力量和愿望的主要支配者。(155)

人所做的工作几乎全都有可能用马来做。这在种情形下,用马代替人,即使能使产量增加,难道只会有利于工人阶级而不会相反地使劳动需求大大减少吗?我要说的只是,可能发生的是,使用低价的耕作方式,对劳动的需求可能缩减,用高价的方式则后者可能增长。

(154)第265页。同时,这样的想法,等等。

马尔萨斯先生特有的理论是,供给会那样充裕,以致无法找到市场。在他著作中好几个场合,坚持这一论点。在某些情况下,由于生产的高度便利,会助成一种疏懒习惯,因此会成为商品生产不够充裕的一个理由;但是,商品一旦已经被生产出来之后,这就没有理由可以认为它们相互之间是不进行交换的。我们都喜欢买进,喜欢消费,困难是在于生产。一件产品总是被另一件所购买的。任何人,如果有一件产品可以提供交换,他就要进行购买,所获得的是否高于所提供的商品的价值,他是不重视的。

(155)第265页。但是在这种情况下,等等。

这就是说,在假定为马尔萨斯先生意想中的实际交换价值尺

⊗一个国家的总产品价值的构成，部分决定于价格，部分决定于数量。单纯决定于价格的那个部分，在性质上不及决定于数量的那个部分的持久和有效。在数量无所增加的情况下的价格上升，不久必然会发生大体上与之相

度，即以享用品和必需品计的尺度下，总产品的价值将下降。但是假定这种已增加的产品系由享用品和必需品构成，其价值就必然要上升，因为标准尺度的价值决定于它的数量。①

[241]　也不能说总产品换取的劳动将减少，除非劳动的价值上升，因为对劳动的换取必然取决于付偿时的手段，而由于享用品和必需品的量增加了，这方面的手段将有所增长。如果换取的劳动减少了，这只能是由于劳动有了相对于必需品的上升，这一点是利润为什么会下降，资本积累为什么会放慢的原因，可是低利润只是当劳动继续上升时才会存在。增加人口，降低相对于必需品的劳动价值，利润就会重新上升，从而提供从事于新的积累的动机。这里我必须再提一提我在别处时常提到的一点：资本②和劳动不可能同时丰足，因为不管两者的量怎样累进，这一个总是要购买那一个的。

假定我说我有充足的资本，就等于是说我对劳动有很大需求。假定说劳动极其充沛，就等于是说没有足够的资本来使用它。

①　"因为标准尺度的价值决定于它的数量"，原先是"因为价值决定于数量"。
②　"资本"原先是"利润"。

应的工资上升。当已增加的工资对生活必需品的购买力不断下降时，人口就必然要停止增长，这时，价格进一步上升，也不会引起对劳动的有效需求。（156）

（156）第 265 页。一个国家的总产品价值，等等。③ ［242］

假使价格是用价值不变的媒介计算的，价格和价值的含义就完全相同，那么，我对这个论点的理解是这样的。或者是产品的总量有所增加，各个事物的价格依然不动；或者是数量没有增加，而各个事物的价格有所上升。一百五十夸特小麦的总价格，也许大于一百夸特的总价格，可是各个夸特的价值也许与前相同；或者是 ［243］一百夸特的价值跟一百五十夸特以前所具有的价值相同，因为各个夸特的价值也许是有所上升的。在不变的媒介下，各个夸特的

> ③ 这条评注一共有三个稿本，最后一个刊载如上。最初一个是这样开始的："马尔萨斯先生所说的价格，指的是货币价格，当然，货币在那个时候的价值是不变的。应当想到，这就是他那样大声呼斥我所建议的价值尺度。在这个节段里，他对我抱和解态度，如果我对他的价值尺度作一半让步，他对我的也将作出一半让步，这我是不能答应的。"李嘉图写到这里半途而止，然后重新开始：
>
> "马尔萨斯先生的意思，指的总不外是以价值稳定或价值变动的货币计的价格。假使是前者，我认为整个价值就决定于价格［改为'就决定于价格而不是数量'；然后又改为'就决定于整个数量的价格'］；这种价格是可以持久的。在数量无所增加的情况下，工资就不会提高，因为对劳动的需求决定于数量。这时，把产品综合起来看，虽然价格可能较高，但逐个事物却也许依然是原来的价格。一百五十夸特小麦的价格也许大于一百夸特的价格，可是各个夸特的价格也许与前相同。假使马尔萨斯先生的意思是说，总产品的价值是在一定程度上决定于以变动中的媒介计的价格的，那我就不晓得怎样同他展开辩论，因为彼此间对价值的观念既这样地互不相伴，我们各自的用词是无法互相了解的。在这样一个媒介之下，价格可以在数量没有任何增加时上升［这里插入一个分句，'甚至可以在数量减少时上升'］，还可以发生相反的现象，数量与价格可以同时升降。"这一段写成后又被抹去，只有末句的大意保留在最后定本的末尾。

266　⊗另一方面，假使产品数量增加得那样快，以致总产品价值△因供给过剩而缩减，它今年所能换取的劳动也许不及去年的那么多，那么，对工人暂时就不会再有需求。(157)

这里见到的是两个极端，一个是起因于价值增长而数量不增，另一个是价格上升，在时间上如果有任何持续性，那就必然是由于生产成本增加；但是在较大数量上价格的上升，是可以与生产成本下降同时存在的。

马尔萨斯先生说，"在数量无所增加的情况下的价格上升，不久必然会发生大体上与之相应的工资上升。"我很怀疑，工资会随着谷物价格的上升而作相应的上升；因为假使谷物价格在不变的媒介下，只能由于生产成本提高而上升，那么，要取得同样数量，就必然要投入较多的劳动。

假使劳动增加，劳动者人数也必然增加，假使较多的劳动者所得的只是与前相等的谷物量，各个劳动者所得的部分当然将减少，因此劳动不能与谷物在价格上作等比例的上升。我同意马尔萨斯先生"劳动者对生活必需品的购买力将不断下降、人口必然要停止增长"的说法，为此我就不能赞同他的意见：劳动工资将随着谷物价格作相应的上升。假使当真是这样，人口决不会停止增长。假使产品总值上升是由于数量增加，那么，工资大概确是要上升的，因为这时对劳动的需求将提高。

[244]　货币工资上升，而用工资购取的商品的价格却不上升，这时劳动者将取得较大的商品量，人口不是停止增长，而是将继续增长；在这种情况下，再来一次价格上升，将进一步引起对劳动的有效需求。

由于数量增加而价值不增。

显然，我们最希望达到的目标是两者的结合。就一个国家的资源来说，总会在某处存在着一个中点，财富的增长和劳动的需求在这个中点上达到最高度。但这个中点是无法确定的。在价格稳定、或者甚至价格略趋下降的情

这里所始终依据的假设是，用以计算价格的货币，其价值在那个时候是不变的。但是，假使这一点不是论点的一个条件，假使马尔萨斯先生的意思是，总产品价值的提高，是用价值在变动中的货币计算的，那我对这个问题将感到茫然不知所措，因为我们可以假定媒介自身是价值较高的，或价值较低的。在这样一个媒介之下，产品量无论是无所增减，还是增多，还是减少，都可以发生价格上升。数量和价格也可以同时上升，或同时下降。①各个事物都可能上升或下降，也可能随着工资的升降而升降。除非作出垫支的那个人，在事前决定，关于那个时候的货币，其价值是稳定还是变动的，假使是变动的，会变动到什么程度，朝什么方向变动，否则，关于价格所提出的任何论点，都不可能加以否认。 [245]

（157）第265页。另一方面，等等。

商品数量增加以后，也许不能换取像以前那样多的劳动。这一点我是懂得的，因为商品相对于劳动是低的话，劳动相对于商品就是在同等程度上高的。那么，对劳动是有很大需求的，用以付偿的是高价值，劳动者将有丰富的享受——商品充斥，他在其中占有一个很大的份额。马尔萨斯先生说没有这样的事，因为"对工人暂时就不会再有需求。"怎样使这些论点统一起来呢？

① 改写的部分到此为止。

况下，数量增加，是与总产值大幅度增长不相矛盾的，由此可以导致对劳动的广泛需求。但是在现实事态中，在贵金属现实的分配情况下，价格上升总是与对产品的最有效需求和人口增长的现象相伴出现的。数量增加和价格上升同时并进，肯定会引起对劳动的最大需求，会高度激发勤劳风气，一般还会促成人口作最大限度的增长。

第四节 货币价值下降对劳动需求和劳动者处境的影响

267

[货币价值下降对劳动者处境的不利影响,并不像向来所设想那样地确定。

从十五世纪末到十六世纪末,与货币价值下降同时发生的劳动实际工资下降,是得到可靠史料的证实的。

268
269

但问题是,高工资和低工资两者之中,究竟哪个是比较不正常的现象。

270

在爱德华三世王朝,劳动者的实际工资似乎同伊丽莎白王朝时一样地低。

271

在这两个王朝期间,随着谷物和劳动价格的变动,实际工资变动很大;但是从 1444 年起直到该世纪末,实际工资一直很高。

272
273

从十四世纪中叶到十五世纪末叶,谷物的名义价格只作些微的上升,而硬币的含银量减少,上升的程度绝不足与此相抵,这就表明谷物的现银价格是显著下降的。

274

但是,当谷物的现银价格下降时,劳动的现银价格显著上升。假使亚当·斯密不用谷物而用或者是劳动、或者是谷物与劳动之间的一个中点作为他的尺度,他关于白银价值的结论就会大大不同。

但是要证明十五世纪最后六十年期间劳动工资的情况是独特的,那就必须将这个时期的工资与货币贬值停止以后各时期的工资情况作进一步比较。

275

在十七世纪最后六十年间货币贬值已经停止以后,劳动者的收入,低于在伊丽莎白王朝和爱德华三世王朝时的收入。

276
277
278

279　　在1720年到1750年期间，谷物价格下降，劳动工资上升，但是劳动者所能换取的，仍然只是略多于十五世纪所挣得的一半。

280　　从这一时期起，谷物开始上升，而劳动则没有作出完全相应的上升；但是从1770年到1810年和1811年的四十年期间，劳动工资，从所换取的谷物来看，似乎是大体上稳定的。]

第五节 从以上关于近五个世纪谷物 281
价格和劳动价格的研究得出的结论

〔根据这里的讨论可以看出,十六世纪劳动工资的大幅度下降,必然多半是由于以前所达到的不寻常高度,而不是由于美洲银矿的发现。至于十五世纪时的高工资,只能是由于一些临时性的原因,使谷物与劳动比较下的相对供给增加。

这样的高工资,不论出于什么原因,即使没有发现美洲银矿这一事实,在 282
下一世纪也必然要下降。

我们有理由可以相信,单是由于货币价值下降而引起的谷物价格上升, 283
对劳动阶级造成的损害,为时至多不过几年。

根据这里的讨论,还可以得出一个结论:近五百年来,在英国的劳动的 284
谷物工资,大都稍低而不是稍高于一配克小麦。

第三个结论是,气候对谷物价格和劳动的实际工资有很大影响,其持续 285
期间不只是偶尔两三年,而是一连十五年或二十年。

当谷物价格上升在不利于劳动价值上升的情况下发生时,一般说来会出 286
现一个工资最低的时期。在亨利八世王朝和伊丽莎白王朝,人口增长迅速,
因而使工资不能跟着谷物的价格上升。

如果美洲发现银矿时,人民的收入不是半个蒲式耳小麦,而是不到一配 287
克小麦;则十六世纪时资源的增加,尽管谷物的货币价格在上升,也将使劳
动的谷物价格上升。

1793 年到 1814 年间的劳动价格,假使没有用人为的方法压低,它将按谷 288

物价格完全成比例地上升。]

289　　在这一研究过程中,谈到劳动的谷物工资时,无法△把谷物价格下降的影响,同劳动价格上升的影响区别开来。单是把两者互相比较,结果是彼此完全相同的;可是,上面已经提过,两者在助长人口方面所起的作用,有时会彼此大不相同。无可置疑,人口增长的高度促进和农产品价格下降这两者之间是没有矛盾的,因为尽管出现这样的下降,国内总产品的交换价值,与劳动对照下,仍然可能在提高中。但有时会发生的是,与农产品价格下降相伴而生的,是雇用劳动的力量和愿望的减退。在这种情况下,对劳动的需求和人口的助长,就不会与劳动的表面的谷物工资齐头并进。

如果由于对劳动的需求引起的工资上升,使劳动者一天的所得,其所能换取的小麦,不是四分之三配克而是一配克,这就可以肯定,凡是愿意而又有能力工作的一切劳动者,也许还包括其妻子和儿女,都可以得到雇用。⊗但是,如果劳动者所以能够换取这一为量较多的小麦,是由于足以促使农场主资本缩减的谷物价格下降,那么劳动者的利益与其说是实际的,不如说是表面的。即使劳动价格暂时可能在名义上不下降,然而对劳动的需求纵然不后退,也可能处于停滞状态。这时在一个大家庭共同劳动的收入方面,或者是

---

[248]　　(158) 第 289 页。但是,如果劳动者,等等。

这个论证的一切必须取决于小麦价格下降的原因。原因是临时性的呢,还是持久的?是由生产便利促成的呢,还是由供给过剩促成的?是不是货币的价值与谷物或其他事物对照下上升了,还是谷物的货币价格上升只是以谷物为限的?下降可以有种种不同的原因,因此结果也各不相同。

我不懂,劳动的价格既没有变动,何以对劳动的需求会纵然不后退也处于停滞状态。

第四章 劳动工资 247

在一个家长从事临时工的额外努力的收入方面，△劳动的现行价格就不再是 290
一个明确标准。（158）

⊗这就很明显，这种现行谷物工资，在不同情况下，对人口的助长会发生
不同的影响。（159）

［这里采用了小麦，因为这是我国所消费的主要粮食；但是，不论何地何
时，情况不是这样时，小麦工资就不是助长人口的适当标准。

一个劳动家庭常年中实际能够挣得的主要粮食数量，既是助长人口的尺 291
度，也是劳动者处境的尺度。

从社会的最初阶段到最近阶段，贫民阶级只有依靠谨慎小心的处世习惯，
才能使他们得到相当过得去的一份生活必需品和享用品。］

⊗这里没有提到用李嘉图先生所假定的标准来衡量的劳动价值。他的标
准是，为劳动者取得的收入所花费的劳动，或者是劳动工资的劳动成本。在
我看来，我所说的劳动的实际工资和名义工资，包括了与劳动者的处境、人
口的助长和货币的价值有关的一切方面，这三大点正是我们主要应当注意的。
按照李嘉图先生对问题的看法，无论根据高工资或低工资，关于这里所说的
几点，都无法作出任何推断。（160）△这样的高工资或低工资，只能用以 292

劳动的现行价格，是我们可以拥有的劳动者及其家庭的处境
的最适当标准。当需求弛缓或供给增加时，有什么东西能阻止竞
争对价格所起的作用？

（159）第 290 页。这就很明显，等等。　　　　　　　　　　［249］
这里作出的结论，至少是不能使我满意的。

（160）第 291 页。这里没有提到，等等。

马尔萨斯先生认为，他所说的劳动的名义工资和实际工资，包
括关系到劳动者处境和人口的助长的一切方面。但是，按照我对

决定利润率，它们在这方面的影响，将在下一章加以充分讨论。

问题的看法，正如他所说的，关于这几点都无法作出任何推断。是不是我的观点妨碍了对劳动者的实际处境进行探讨呢？不错，我说过，如果劳动者在工作上得到的报酬是高价值，就是说，他得到的是含有很多劳动的产品，那么他的工资是高的。要了解他的实际处境，就得进一步探索从量上看这是什么产品，而这正是马尔萨斯先生所探索的。由于我对马尔萨斯先生的名义价格和实际价格使用了别样的名称，他以为我们彼此之间存在着真正的差别，就这个方面说，我认为并没有差别。我首先要探究的是劳动者的货币工资，然后按照这些货币工资能使他取得的必需品的丰足程度，来估量他的①处境。

[250]

① 这里有"实际"字样被删去。

第五章 资本的利润

第一节 取得生活资料的困难增加时对利润的影响

国民收入中,通过使用资本,作为报酬而归于资本家的那个部分,通常称为资财(stock)的利润。但是在这里,资财这个词不及资本(capital)那样恰当。资财是一般用语,可以把它解释为一国的一切物质财产,或一切现实财富,不管其用途是什么;而资本是这项财产或这项积累的财富中,专用于以求取利润为目的的那个部分。这两个词往往被无区别地加以使用,由此也许不会引起重大错误。但是记住这一点也许有好处:尽管一切资本都是资财,但严格说来,并不是一切资财都是资本。

资本的利润是,由生产一种商品时所必要的垫支的价值与已经生产出来的商品的价值两者之差构成的。至于构成这类垫支的,一般说来是以前在生产中所花费的一定量工资、利润和地租的积累;就农产品说,其直接支付的地租除外。

利润率是垫支的价值与所生产的商品的价值两者之差对垫支价值的比例,它随着与产品价值相对下垫支价值的变动而变动。当垫支价值与产品价值相对说来是大的,余额既小,利润率就低。当垫支价值不大,余额既大,利润率就高。

因此,变动的利润率显然取决于改变垫支价值与产品价值之间的比例的那些原因。足以改变这个比例的,不是会影响垫支价值的、就是会影响产品价值的那些情况。

关于生产中必要的垫支，一般说来，供养劳动的手段是其中最显著的，也是最重要的。因此，这类手段对垫支价值有极大的影响。

足以影响供养劳动的手段的主要原因是：

第一，⊗土地上生产的困难或便利。由此决定总产品价值中能够用以供养所雇用的劳动者所占的比例，是较大还是较小。

295　　△第二，资本量对所使用的劳动量的变动的比例。由此决定归于每个劳动者的生活必需品是较多还是较少。（161）

这些原因中单只一个，就足以使容易受影响的利润发生变化。如果只是一个原因在起作用，其作用还比较简单。当两个原因结合在一起，或者还有别的原因参加在内，彼此有时互相联合，有时互相排挤，这就会在社会发展过程中引起各种各样的现象，这些现象并不总是容易解释清楚的。

---

[252]　　（161）第294页。土地上生产的困难或便利，等等。

第295页。资本量对所使用的劳动量，等等。

两个原因都可以列入高工资或低工资这个名称之下。实际上，足以决定利润的，除了高工资或低工资之外，再没有什么别的。

在总产值中必须用以供养劳动所占的比例越大，工资就越高。

资本量与所使用的劳动相对下越大，工资也就越高。

关于这些，马尔萨斯先生同我，看来是一致的。不论何时，如果土地上生产的困难是在于要将总产值中的较大比例用于供养劳动，我就说工资是高的，因为我是用这种比例来衡量价值的。根据马尔萨斯先生这里的说法，谁都会认为他是跟我一致的，然而他却在第291页里说，"这里没有提到李嘉图先生所假定的标准。他的标准是，为劳动者取得的收入所花费的劳动，或者是劳动工资的劳动成本。"这跟马尔萨斯先生的标准有什么两样？在最后投入耕种假使第一个原因在单独地发挥作用,各个劳动者的工资始终不变,此外再假定,农业技术也一成不变,同时也不具备从国外取得谷物的手段,那么,随着社会的进展,就会有必要乞助于需要较多劳动才能使它动作起来的次等机器,这时利润就必然要有规律地、无间断地下降。

在这种情况下,为取得粮食而最后加以耕种的土地,在其未耕种情况下是否提供地租这一点是无关紧要的。可以肯定,地主除非能取得至少像在未加耕种以前那样多的地租,否则就不会允许耕种。在进步国家,必须把这一点看作将最劣等土地投入耕种时的一个绝对条件。作了这一支付以后,产品的其余部分△将主要*在资本家和劳动者之间进行分配。很明显,如果取得

* 这里所以说"主要",是由于实际上总有一些地租,虽然为数细微,却要在农场主资本项下的材料中支出。

的土地上,在增加了一定程度的困难下,生产了谷物一百夸特,①[253]在这个一百夸特内,劳动者所取得的部分是六十五夸特。但是在这块土地未被耕种之前的最后耕种的土地上,用同样劳动量②所生产的是一百十夸特,劳动者作为他们的份额所取得的是七十夸特。现在付给劳动者的部分比前减少,但是通过他们的劳动所取得的在总产品中所占的比例比前提高,以前是百分之六十三,现在是百分之六十五,并且现在的一百夸特,将上升到与以前一百十夸特相同的价值。由于在产量中占有较大比例,也就占有较大价值,而这个较大价值,是与以前的较小价值相比时使用了较大劳动量的产物。衡量价值时,任凭马尔萨斯先生爱用什么媒介(只是农产

① 这一句的以下部分原先是,"虽然劳动者的份额,在以前生产的一百夸特内是七十夸特,现在减为六十五夸特,然而后一数量也许在总产值中占有较大比例。谷物的价值,用马尔萨斯先生指定的任何尺度来衡量,也许有所上升,因此,假使六十五夸特所占的是一个较大比例,……"
② "用同样劳动量"是插入的。

一定量产品时所必要的劳动者人数不断增加,而各个劳动者的工资保持不变,那么,用以付给利润的那个部分,必然要被用以付给劳动的那个部分所不断侵蚀,利润率当然将不断地有规律地下降,直到由于缺乏储蓄的力量和愿望,积累的进程停顿为止。

⊗在这种情况下,假定同一产品的一切部分具有同等的需求,*那就很明显,农业资本的利润,跟最后投入耕种的土地的肥力或用一定量劳动所取得的产品量是相应的。由于在同一国家内的利润趋于均等,一般利润率也会遵循同样的方向前进。(162)

297　　⊗△但是,我们想一想就会明白,这里作出的关于实际劳动工资持久不变的假设,不仅与实际情况相反,而且也自陷于矛盾。(163)

人口的增长,几乎完全是被实际给予劳动者的生活必需品的量所支配的。如果一开始除足够维持现有人口外别无所余,劳动阶级就不可能增大,也不会有任何机会不断扩大对较差土地的耕种。另一方面,如果实际劳动工资可以容许并且可以促进人口增加,而工资始终不变,这就会陷入矛盾:在资本积累和支持这种增加的手段已经完全停顿以后,人口还在不断增加。

因此,我们不能作出劳动的自然价格和不变价格的假设——至少如果对

* 有必要在论点上加以这样的限制,因为关于主要农产品,很容易出现的是,它的一切部分不是具有一样的价值的。如果一个农场主雇用住在他家里由他供给衣食的长工耕种土地,他作出的垫支,在数量上,在使用价值上,也许始终没有多大变动,但是,当他惯常交易的市场停闭,使他的存货突然壅塞,或者是由于特大丰收,以致使他收获的一部分既失去使用价值,又失去交换价值,这时他的利润就不再被决定于所生产的数量超过生产时必要的垫支的余额。

品本身除外,因为它的价值正是所要衡量的),他总会看到我的论点的正确性。当然,在要加以比较的两个期间,媒介本身必须是无所变动的。

[255]　　(162)第296页。在这种情况下,等等。

这样的价格,我们的意思指的是生活必需品的一个不变的量的话。我们既不能固定实际劳动价格,这个价格显然就必须随着资本和收入的演进和相对于供给的劳动的需求的变化而变化。

然而,我们不妨假定的是资本和人口的均一进展,这并不意味着两者持久地具有同样的增长率,那是不可能的,而是说两者向着有可能实现的最大的数量作均一的前进,其间不发生暂时的加速或推迟现象。△在谈到现实情况之前,也许会感到奇特的是,在这种情况下,利润是怎样受到影响的。

当文明的殖民地居民在膏腴之乡开始种植时,整片的肥沃土地大量存在,以地租形式支付的,只是其产值中的一小部分。全部产品几乎都是在利润与工资之间进行分配。在受到各个劳动者所取得的份额的影响下,双方各自所占的比例,必须取决于在劳动需求和供给的对照下,资本的需求和供给。

随着社会的继续前进,如果领土是有限的,土壤是属于不同质量的,这就十分明显,使用于土地耕种的劳动的生产力必然要逐渐降低,一定量资本和劳动所提供的报酬将越来越小,在劳动与利润之间进行分配的产品将越来越少。

如果劳动的生产力降低,劳动者的物质需要也等比例地下降,留给资本家的也许是总产品中同样的那一份额,利润率就不一定会下降。但是劳动者的物质需要是始终不变的。虽然在社会的发展过程中,由于与劳动对照下粮食越来越稀缺,对这类需要的供给一般会不及以前丰足,劳动的实际工资会逐渐下降;△然而这里显然有一个不可逾越的限度,这个限度也许离开得并

我完全同意马尔萨斯先生对利润在这里作出的解释。

(163)第297页。但是,我们想一想就会明白,等等。

可是,劳动价值是马尔萨斯先生的实际交换价值的标准尺度。看下面几段。

不远。劳动者为了供养他自己和仅仅足以维持固定人口的一个家庭，获得一定量粮食是绝对必要的。因此，如果要使需要较多劳动的较差土地，能够相继地投入耕种，各个劳动者的谷物工资就不可能随着产量的减退而比例地减退，总产品中一个较大部分必然要归于劳动，利润率将继续有规律地下降，直到资本积累停顿为止。

当资本不断地运用于耕种新开发的肥力较差的土地，或者是运用于已耕土地上的进一步改进时，这就是资本在不断积累中利润和工资演进的必然过程。根据这里作出的假设，开始时利润率和实际工资率都达到最高度，然后一同逐渐有规律地下降，直到两者同时趋于停顿，这时农产品需求的增长已不再发生作用。

有人会问，在此期间，使用于工商业的资本利润会发生什么情况呢？以资本使用于这类事业，跟使用于土地时劳动的生产力必然要倾向于降低的情况不同，在前一情况下，生产力非但不一定会降低，还往往会大大提高。

△在土地耕作中，利润必然要降低的直接和主要的原因是，要取得等量的产品，需要越来越多的劳动量。在工商业方面，利润下降是由于其产品的交换价值与谷物和劳动相对下的下降。

⊗由于不可避免的自然的原因，劳动和谷物的生产成本会不断提高，而工商业制造品的生产成本则会有时降低，有时不增不减，有时提高，无论如何，即使提高，也比劳动和谷物生产成本的提高要缓慢得多。因此，根据任何供求原则，这一类物品的交换价值，与劳动价值对比，必然要下降。如果劳动的交换价值不断上升，而制造品的交换价值或者下降，或者不变，或者在差得多的程度上有所上升，利润就必然要不断下降。同时也可以看出，随着农业的改进，当越来越差的土地投入耕种时，利润率必然要受到最后耕种的土壤的力量的限制。如果最后投入耕种的土地，只能提供超过其生产时所必要的劳动价值的某一价值余额，这就很明显，根据竞争原则，一般说来，利润不可能高于这个余额所能容许的限度。在上升倾向下，这是一个不可逾越的障碍。但这种限度并不是十分明确的。△在下降倾向下，利润可以作任何程度的降低。这里没有决定利润率的必然的控制因素。在土地现实情况所能容许的最高限度以内，其他原因是有发挥作用的广泛余地的。(164)

（164）第300页。由于不可避免的自然的原因，等等。

马尔萨斯先生在这一段里所说的，原则上我全都同意，我们只是在如何构成实际①价值尺度这一点上意见不同。

① "如何构成实际"是插入的。

第二节　资本与劳动的比例对利润的影响

第二个主要原因，通过垫支量增加而影响到利润的，是资本对劳动的比例。*

很明显，单是这一原因，就可以发生极大影响。假定在资本供给与劳动供给之间发生了相当显著的变动，对利润就可能发生与在第一个原因的作用下相同的影响，而发生的时间却要短促得多。

302　当资本与劳动相对，确是非常充裕时，就什么也阻止不了利润下降；△除非资本与劳动相对下是稀缺的，否则即使生产上有了极大便利，也不能产生高利润。

为了把第二个原因对利润的强有力的影响作用看得更清楚，让我们暂且认为它是单独起作用的；并且假定，当一国的资本在不断增长时，出于某种不可思议的影响作用，人口的增长受到抑制，不能满足需求。在这种情况下，资本对劳动的比例会发生逐渐的变化，结果我们会看到，利润率也会发生逐渐的变化。

⊗如果在改进的初期，资本与劳动相对是稀缺的，由于这一原因，劳动工资是低的，而由于土地肥沃，劳动的生产力是大的，那么，留下来归于利润的比例就必然很大，利润率就必然很高。

一般地说，虽然在耕种的初期，可以把资本说成是稀缺的，然而，最终要转化为粮食的那个部分的资本，与人口相对，往往是充裕的，因此，高利润和

---

*　在前面一章里曾提到，劳动的需求并不单是取决于资本，而是取决于资本与收入两者的综合或产量的价值。但是，要说明这里的假设，所必须加以考虑的只是资本和劳动。我们可以认为，关于需求，这里是不会发生困难的。

高度实际工资往往结合在一起。(165)在最正常的状态下,情况一般说来总是这样;虽然,假使由于奢侈浪费或其他原因,资本事先受到抑制,那情况就不是这样了。但是,不论我们从低的或高的谷物工资出发,由于相对于△劳动的资本的逐渐增长,利润率降低的趋势将不受干扰。

⊗不论何时,如果资本增长的速度超过劳动,利润将下降。如果资本不断增长,而由于某种隐蔽的原因,尽管土地肥沃,粮食充裕,人口却不能与资本齐步前进,利润就会逐渐降低,直到进行积累的力量和愿望不再发生作用为止。(166)

在这种情况下,利润的进程,将跟资本积累不断进展时所经历的完全一样,即不断下降;但是地租和工资所受到的影响显然不同。从前面关于地租问题的讨论可以看出,在这样一个国家,地租数额是不会很大的。根据假设,人口的增长既受到抑制,劳动者人数是有定限的,还有相当肥沃的土地没有

---

(165)第302页。如果在改进的初期,等等。

我高兴地看到,马尔萨斯先生是用比例来估计利润的,我要求于他的只是用同样标准来估计工资。他假使这样做,就不会说在耕种的初期,高利润和高度实际工资会结合在一起那番话。我们之间唯一的分歧是对同一事物所给予的名称,我们一致认为劳动者所取得的将是高度谷物工资,所以马尔萨斯先生把他所说的工资叫作高度实际工资。但是,我们已经看到,谷物既然这样易于生产,其价值必然是低的,因此他的意想中的高度谷物工资,其价值是低的,也就是说,他所说的实际工资是低工资;证据是,工资在产值中占较小比例。 [259]

(166)第303页。不论何时,如果资本增长,等等。 [260]

这时劳动者将居于垄断地位,劳动价格将完全取决于需求。

被投入耕种。因此，对肥沃土地的需求，与供给对照，是比较微小的。至于在全国总产值中构成地租的那个部分的大小，将主要取决于在人口还没有停止增长以前已耕土地的肥沃程度，和从未耕土地得来的产品的价值。

304 　　至于工资，则将作不断的、累进的上升，使劳动者△不仅对制造品、对国外产品（在目前的假设状态下，国外贸易一般总是存在的），而且对谷物和其他必需品都拥有较大的购买力；这时只要资本在不断增长，他的处境将会在一切方面不断获得改善。

　　总之，全部产品在地租、利润和工资这三大分类中进行分配，前两者一定是低的，因为土地的供给和资本的供给，与需求相对，都是充裕的；而劳动工资却一定是很高的，因为劳动者的供给是相对稀缺的。这就表明，支配着各方的价值的是伟大的供求原则。

　　我们不妨换个就有限的地区说来比较近情的假设，我们不再假定由于受到某种特殊影响使人口的增长受到抑制，一方面假定，在这一地区内，一切土地的质量大致相同，都非常肥沃，只须使用少量资本。在这种情况下，同前一例子相比，虽然对地租和工资将发生不同的影响，对资本的利润则影响完全相同。在一切土地都已获得耕种、土地上无法容纳更多的资本以后，毫无疑问，地租将非常之高，利润和工资则很低。这时由于在工商业中增加资本

305 的竞争，将使利润率降低；而根据人口原理，劳动阶级的人数将不断增长，△直到其谷物工资低到足以使其人口的进一步增长受到抑制为止。有可能的是，由于土地上生产的便利，以及在工商业中使用的人数占很大比例，出口数量会很大，货币价值会很低。⊗谷物的货币价格和货币工资，也许会高得好像

　　（167）第 305 页。谷物的货币价格和货币工资，等等。

[261] 　　由于这样一个原因，就会使货币价值下降到这样程度，是有可能使人相信的吗？就算情况是这样，这又有什么重要意义呢？①

　　① 这一条评注原先是："我不理解，著者在这里所说的究竟是什么意思。"

其劳动成本增加了两三倍那样。(167)地租这时无须借助于较差土地的耕种和土壤的分等分级,就会上升到非常的高度。利润则在无须增加为获得劳动者的粮食所必需的劳动的情况下,可能降低到仅仅足以维持现有资本的程度。

⊗从上述两种假设显然会产生的结果清楚地证明,将较差土地相继投入耕种时需要越来越多的劳动量这一点,对利润从最高度下降到最低度这一点说来,并不是理论上必要的。(168)

这两个假设中的前一个还进一步证明,社会中的劳动阶级具有极大的力量,如果他们愿意的话,就可以发挥这种力量。上面我们认为由某种不可思议的影响作用所引起的对人口增长的抑制,实际上也许是出于贫民谨慎小心的习惯的结果,由此无疑会使人口增长受到抑制。⊗如果从全国的土地、资本和劳动所取得的大量产品中,各个劳动者所得的份额是那样小的一个部分,△劳动阶级的处境当然要感到困难。但是,不论在目前还是在将来,收入的分配总是被无可避免的供求规律所决定的。如果市场上劳动比较缺乏,地主和资本家就不得不使各个工人得到产品中的一个较大份额。但是,当劳动供给充裕时,要长期地得到这样一个份额是绝对不可能的。要人为地使劳动在市场上处于不足状态,那些财主们既没有这个力量,也不能指望他们都会有这样的愿望。而且,如果劳动市场不存在改善的趋势,要普遍改善贫民处境的任何努力,都是过于天真的想法,都是枉然的。因此很明显,贫民自己的知识和谨慎小心的习惯,是使他们的处境得以普遍改善的绝对的唯一手段。他们确实是自己命运的主宰者。别人对他们进行帮助,同他们自己的努力相

---

(168) 第 305 页。从上述两种假设,等等。

就这里的情况说,地主处于全面垄断地位,谷物的价格将上升到消费者支付能力的限度。②

② 这一分句原先是:"谷物的价格将按消费者的支付能力比例上升。"

比，只是像在天平上加上一点儿灰尘。这里所谈的一些真理，对社会中广大群众的幸福说来是非常重要的，我们应当利用一切机会，将这个道理反复说明。(169)

但是，可以肯定的是，劳动的供给和资本的供给并不总是能彼此齐步前进的；这一点与贫民在谨慎小心方面的任何努力无关。劳动和资本往往会在一定距离上彼此脱离，而且会持续相当时期，有时人口△比资本增加得快，有时则相反。

307

例如，由于人口自身的性质，以及要使劳动者等到充分成长而后投入市场所需要的时间，当资本突然增加时，至少在十六或十八年内，无法使劳动作出相应的供给。另一方面，由于缺乏从事积累的愿望而使资本处于静止状态时，人口一般会比资本增加得快，这种现象是大家都熟悉的，结果是直到劳动工资降低到按照那个国家的现实习惯，仅仅足以供养一个固定的人口那样的水准为止。

像这样资本和人口的互相脱节，其经过的时期显然是相当长的，足以对利润率产生极其重要的结果，使国民财富的增长，受到极其显著的影响。

---

[262]　(169) 第 305 页。如果从全国的土地，等等。

这一段写得很出色，劳动阶级要尽可能地把它时刻铭记在心。

[263]　(170) 第 307 页。政府的长期年金债券，等等。

马尔萨斯先生是不是以为会有任何人怀疑利润是变化无常的这一点的正确性吗？

[264]　(171) 第 308 页。然而，尽管用单一原因来说明，等等。

这里马尔萨斯先生对我提出的责难，他会感到是难以自圆其说的。他在第 294 页这一章的第一节自己提出利润下降的两个原因。他认为利润变动总不出于这两个原因之一；我完全同意这个

⊗政府的长期年金债券，当逐渐接近期满时，其价值会有一种自然的、不可避免的降低倾向。我认为，这个说法没有人会怀疑。但是，在完全认可这一说法的情况下，假使单是凭这种债券存在的年数来估计其价值，就会在计算上发生极大错误。大家知道，以期限比较短的九十年为期的年金而论，有时像二十年△那样长的一段时间已经过去，而价值非但不低，实际还有所提高。(170)

同样情况，由于取得粮食的困难增加，在社会发展过程中，利润会有自然和必然的下降倾向；这个论点大概也不会有很多人打算反驳的。但是，单凭这一个原因，要试图估计任何国家为期十年、二十年甚至五十年的利润率，那就必然要导向严重的、实际的错误，在这样的长时期间，国家在繁荣方面是可以发生极其重大的变化的。

⊗然而，尽管用单一原因来说明当前现象是完全不适当的，李嘉图先生在他高明的论利润那一章里，却没有考虑到别的原因。(171)

假使一些前提确是像他所假定的那样，就是说，假使对利润发生作用的，除了取得劳动者的粮食越来越困难这一点之外，别无其他原因，要影响到商

说法。但是我曾试图表明，两者可以列入同一项目，因为在两种情况下都是在总产品中劳动者不是取得较大的份额就是取得较小的份额。取得较大份额时，我把它叫作高工资，较小时叫作低工资。

工资低时利润就高，高时利润就低。总之，马尔萨斯先生谅不会否认，他所说的关于高利润或低利润的两个原因，可以最后归纳为工人在产品中所取得的是较大还是较小的比例。工人在产品中获得较大比例时，他不把这个叫作高工资，因为他是用数量而不是用比例来衡量价值的。但是这里只是他在使用名称上的不同。我们所指的——他也明晓得我们所指的，是同一事物。我始终断

品的交换价值和货币价值的,除了生产成本中的劳动量这一点之外,也别无其他原因,那么,他所得出的结论是正确的,利润率无疑会像他所说的那样受到支配。但是,由于在现实事态中,那些前提跟他所想象的根本不同,由于如言高利润或低利润决定于低工资或高工资,怎么能煞有介事地把我说成是,我只承认为劳动者提供粮食时的便利或困难是高利润或低利润的唯一原因呢?我要声明,另一个人口对资本的相对量[265]的原因也是我所认可的,那是工资的另一个伟大支配因素。

我在第2版第110—111页论利润的那一章里说,"如果工资继续不变,制造者的利润将保持不变;但是,如果工资随着谷物价格的上升而上升——这是绝对肯定的——其利润就必然要下降。"在第115页里我说,"在每一种情况下,农产品价格上升,如果相随出现工资上升,农业利润以及制造业利润就会下降。"

我读到马尔萨斯先生著作第五章第一、二节时感到非常高兴,其中关于利润的论证,在我看来是正确的,而且表现了很大的才能,写得极其清晰。我自己在我的作品中也曾试图阐明同样的原理,但是在写作中缺憾很多,因此见到马尔萨斯先生这样高明的叙述,使我非常满意。

但是,读到这一节将近末尾时,不免使我有些失望,他认为他所提出的论点跟我的论点是本质上不同的。他在第308页里说,对利润起作用的有两个原因,而我只是专门注目在一个原因上,对实际产生的效果说来这是不适当的。关于这一指责,但愿我已作出了能使对方满意的答复。在第309页里他说,"因此,我们对李[266]嘉图先生在论利润那一章里所得出的结论是无法赞同的:'在任何我在这一节里所力图证明的，对利润起作用的还有一个极其有力的原因，由于△如我在前一章里所力图证明的，商品的交换价值并不是决定于它所花费的劳动的，因此，李嘉图先生所得出的结论就必然同经验相抵触。这种抵触

国家，在任何时期，利润总是取决于在不提供地租的土地上或用不提供地租的资本为劳动者供应各种必需品时所需要的劳动量。'"要晓得，这跟马尔萨斯先生用不同的言辞来表达的论点并没有什么两样。我不说劳动者的收入是始终不变的，但是不管他们收入多少，利润将取决于这项收入的价值对最后耕种的土地所生产的总值的比例。总产品取得时需要一定量的劳动，利润则取决于提供劳动者的收入时也许是①必要的总量对总产品的比例，所剩下的才是利润。

马尔萨斯先生说，"如果说商品的价值是在劳动与利润之间进行分配的，这一方取得的份额越大，剩下来给那一方的就越小，换个说法，工资上升则利润下降，工资下降则利润上升，这只是一种陈词滥调。"②

即使是陈词滥调，却不是错误言论，那又何必要这样加以注意呢？使我们大为惊异的是，马尔萨斯先生对于这样的陈词滥调却不是一贯认可的。有时候他会跟这个原则发生抵触，下面要谈到这一点，不过一般说来，他的不同论调是表现在用语方面。例如，他说利润和工资也许会、而且往往会同时上升。我说这个说法绝对不确。为什么？因为价值是用比例来衡量的，高价值的意思

① "也许是"是插入的。
② 见马尔萨斯著作第310页。

现象不是轻微的,不是就短时期说的,不是像某些商品的市场价格有时会同自然价格或必要价格不相一致的情况那样;而是显著的、广泛的,涉及的时间是长久的,假使看不到这种抵触现象,那就不仅是像物体坠落时看不到空气的阻力一样,而且简直是像将球打出以后由对方打回时,看不到球的方向有了变换一样。

因此,我们对李嘉图先生在论利润那一章里所得出的结论是无法赞同的:"在任何国家,在任何时期,利润总是取决于在不提供地租的土地上或用不提供地租的资本为劳动者供应各种必需品时所需要的劳动量。"*

* 《原理》,第2版,第6章,第126页。

就是在总产品中占有一个很大的比例。在整体中这一个的比例提高了,那一个的比例就必然降低。马尔萨斯先生说,价值不是用比例衡量的,是用数量衡量的;数量增加了,虽然改变了比例,而两方的所得仍然可能都有所增加。"除非在提高必需品价格的原因之外,将各个劳动者所以会从这类必需品中取得较大或较小份额的原因说明,否则我们就根本不会懂得决定利润的规律。"①的确,这是我愿意建立的一个重要原则;可是,要说我把利润的决定只是归于一个原因,即,在减低的生产力之下,给予劳动者的必需品的较大或较小的份额,这样的责难我是不接收的。

马尔萨斯先生的责难归结起来实际是这样:"你承认利润是决定于工资的。你也说过工资受到两个原因的影响:由于为增长中的人口不断增加粮食供给的困难;由于资本对人口的变化不定的比例,这对工资必然要发生影响。但是你过于偏重前一原因,过于轻视后一原因。"这样说来,我在原则上还是对的,不过在各方力量的

① 马尔萨斯著作第310页。

第五章 资本的利润 265

假使把劳动者的必需品理解作刚好足以保持人口的那样的工资，也就是李嘉图先生所谓的劳动的自然工资，那就等于是说，具有同样肥力的土地必然提供同样的利润。这个论点当然是不正确的。

举例说，假使在某个国家，属于一定肥力的最后一块土地已投入耕种之后，资本处于停滞状态，这不是由于缺乏需求，△而是由于消费过多和储蓄观念不足，那就可以肯定，过了一个时期，劳动的所得将显著下降，利润将显著上升。

假使在另一国家，土地耕种的情况相似而富有储蓄观念，从而使资本积累超过人口增长的速度，那就可以肯定，利润将显著下降。

权衡上没有做到恰到好处。*

*附注。

在我论工资的那一章里我们看到：

第94页。"劳动的市场价格是根据供求比例的自然作用实际支付的价格；劳动稀缺时价就高昂，充裕时价就低廉。"

第94—95页。"工资虽然有顺应其自然率的倾向，但是在进展的社会中，其市场工资率可能无期限地、经常地高于自然率。"

第97页。"货币价值的变动必然要影响到工资，但是这里我们已经假定它不发生作用，把它看成是始终具有相同价值的；将这一点撇开，这就显得工资是由于以下两个原因而升降的：

第一、劳动者的供给与需求；

第二、用劳动工资购买的那些商品的价格。"

现在可以看到，这里所说的两个原因，跟马尔萨斯先生在他著作第294页里所说对利润发生作用的那些原因，实际上是一模一样的。

并可参阅第16章第215页和第216页。

由此可见，上述论点是完全站不住脚的。

否则，假使把必需品理解作劳动者的现实收入，不管这些必需品是什么；这样的论点是本质上不完整的。即使认为商品的交换价值是被在其生产中所使用的劳动量所支配的（已经证明，实际并不是这样），对利润率的决定也无所助益。如果说商品的价值是在劳动与利润之间进行分配的，这一方取得的份额越大，剩下来给那一方的就越小，换个说法，工资上升则利润下降，工资下降则利润上升；这只是一种陈词滥调。除非在提高必需品价格的原因之外，将各个劳动者所以会从这类必需品中取得较大或较小份额的原因说明，否则我们就根本不会懂得决定利润的规律。这就很明显，我们必须乞助于那个伟大的供求原则，或者是亚当·斯密△所提出的竞争原则，而这是李嘉图先生所公然反对的，或者他至少认为这是在性质上属于暂时的，在利润的一般理论中是无须加以注意的。*

然而造成长期高利润的，除资本供给不足之外，实际上再没有别的原因。将某一国家与别的国家相比，由于消费过度而导致的资本不足，可以一连好几百年，使其地的利润一直高于别国，考其原因，只是在于资本对劳动的不同比例。

据说在波兰和欧洲一些别的地区，其利润比美国的高，可是以最后投入耕种的土地的肥力而论，在美国的大概高于波兰。但是，美国的劳动者一年收入的价值，大体上相当于小麦十六到十八夸特，而在波兰的这一收入的价值，只是裸麦八到九夸特。在彼此产量相同或差不多相同的情况下在分配方面的这种差异，必然使彼此的利润率发生极大差异。这里所说，在性质上绝不是暂时的，是决不容加以漠视的，它可以在任何长期间发挥极其有力的作用；然而简直很难说决定这种分配的那些原因，曾经构成李嘉图先生利润理论的任何部分。美国的疆土这样寥廓，其劳动价格也许可以经过好几百年而不显著下降；△其无多的和无大增减的资本，对于一个充溢而稳定的人口的

---

* 《原理》，第2版，第6章，第125—126页；又第21章。

影响，也许可以永久继续下去。

　　这里详细讨论了在决定利润的原因的任何解释中必须加以考虑的、资本对劳动的比例必然要发生的有力的影响作用，和对供求原则或竞争原则给以适当重视的必要性；但这并不是说，对于李嘉图先生几乎用全力加以考虑的那个原因，就认为不足重视。它确是属于这样一种性质：最后会压倒一切其他原因。让我们再回到前面使用过的说明。当长期债券越来越接近于届满的期限时，单为这个原因，其价值必然要减低，起因于财力丰足的任何需求，终无法使其价值维持不坠。同样情况，当耕种已经推进到事实上的最后限度，就是说，当在最后投入耕种的土地上，一个人的劳动，除了供养一个人口处于静止状态的家庭时所必需者外，更无任何余力时，这就很明显，再没有别一个或若干个原因能够阻止利润下降到保持现有资本所必需的最低率。

　　但是，虽然这里所讨论的原则最后是具有极大力量的，其进展却极端缓慢，是逐渐而来的。当它还在以难以察觉的步伐前进到它最终目的地时，第二个原因，特别是同别的原因——这将在下一节里△谈到——结合在一起时，却在发生影响，这种影响会完全把它压倒，往往会使利润率在二十年或三十年、甚至一连一百年间所遵循的路线，跟按照前一个原因所应当遵循的路线绝对不同。

第三节　现实事态中起作用的一些原因对利润的影响

我们现在要探讨的是在现实事态中影响利润的一些原因。这里很明显，我们会看的不仅是上面已经提到的两个原因的作用，还有以各种各样方式来干扰和制约这些原因的其他原因在发挥作用。

例如，当资本和人口在增长，将较差土地相继投入耕种时，根据上述第一个原因，利率将作有规律的下降；但是，如果这个时候农业在改进，那就可以肯定，在相当时期内，不但可以制止利润下降，还可以使它显著上升。至于这种情况，可以打断由第一个原因引起的利润的进程到多大程度，可以延续多长时间，那是不容易断定的。但是可以肯定，在一个国土辽阔、其土壤的自然生产力没有多大差别的国家，由第一个原因引起的△利润下降将极度缓慢；因此，在一个很长期间，农业改进——当然包括耕作中使用的农具和机器的改进以及播种、收割、管理方面的改进——可能会抵消这个原因的作用而有余。

⊗会有助于产生同样效果的第二种情况是，劳动阶级中个人努力的加强。这方面的努力，在不同国家，在同一国家的不同期间，是差别极大的。一个印度人或南美印第安人的一天劳动同一个英国人的一天劳动，是不能相比的。甚至有人这样说，在爱尔兰一天劳动的货币价格，只略多于在英格兰的一半，而前者的劳动代价实际并不比后者低廉；虽然大家知道，在良好的示范和适当工资的刺激下，爱尔兰劳动者在我们这里也会像他们的英格兰同伴一样地辛勤工作。

单是后一情况就清楚地表明，在同一国家的不同时期，劳动阶级的个人努力会有多大的差异。因此，我们可以看到，在社会从野蛮阶段的懒散前进到文明阶段的活跃这一过程中，一定天数的劳动的产量更加会有多大的差异。这种活跃的精神，在一定限度内，在最需要的时候，也就是在有大量工作要做而人手不够的时候，似乎必然会涌现出来。△就拿南美印第安人、印度人以及波兰和爱尔兰的农业劳动者来说，他们的个人努力，在五百年后，也许仍然会大不相同。(172)

上述两种情况会促使生产费用降低，或者是缩减取得产品的某一价值时所必要的垫支的相对量。⊗但是在这一章开头时说过，利润取决于产品价格与生产费用之比；因此，出于任何原因，从而影响到价格而没有相应地影响到成本，或者影响到成本而没有相应地影响到价格，利润就必然要变动。(173)

(172) 第314页。会有助于产生同样效果的，等等。

所有这些情况都可以归入已经提过的一个总的原因，即，"给予劳动者的产品所占的比例。"①这里所列举的情况，无疑要影响到工资，因此要影响到利润。

这里承认，一个印度人或南美洲人的一天劳动，不能同一个英国人的相比。可是马尔萨斯先生说，我谈到劳动量支配价格和利润时，不管这是出于印度人、爱尔兰人还是英国人的一定时间的劳动，我认为是无关紧要的；这样说难道是公正的吗？我的论点是就一个国家说的，只是专就那个国家所共有的标准说的。我没有用印度人的劳动来估计英国的利润，也没有用英国人的劳动来估计印度的利润——除非我有办法使两方纳入一个共同标准。

(173) 第315页。但是在这一章开头时说过，等等。

① 这一句原先是："所有这些情况可以归纳为一点，'使劳动者所占有的是产品中的什么比例'。利润取决于工资。"

因此，对利润的相当显著的影响，是可以由并不是不常见的第三种情况引起的；这种情况是，当谷物价格由于需求增长而上升时，资本的某些部分的生产性会有突出的提高。在论地租的那一章里，对于这个以及上述的两个原因，我只是做了一些暗示。⊗这里我要加以补充的只是，当谷物和劳动的价格上升，终于使货币价值改变时，（174）由于赋税方面不均等的压力和商品生产中所使用的固定资本的量的不同，许多国产商品的价格会暂时发生显著变动，国外商品以及用国外△原料在国内制成的商品的价格，将长期地比较低廉。⊗国内谷物和劳动的价格上升，不会相应地提高这些商品的价格。这些商品如果构成农场主资本的任何部分，就这部分资本说，其生产性将增大。但是，皮革、铁、木材、肥皂、蜡烛、棉花、羊毛等等会或多或少地渗入农场主的资本或劳动者的工资，它们的价格都会或多或少地受到输入的影响。当农场主的产品价值上升时，这些商品的价格却不会比例上升，结果一定价值的资本将产生较大价值的产品。（175）

马尔萨斯先生在这一著作中使用成本这个词时，始终极其含糊。他提到商品的成本时，是把资本的利润计入还是不计入的呢？这里他显然是不计入的。

（174）第 315 页。这里我要加以补充的只是，等等。

我不理解谷物和劳动的价格上升终于使货币价值改变这个说法是什么意思。由于生产的困难增加，谷物的价格也许要上升。这样就会使谷物价格相对地高于其他事物的价格，但是货币价值不会改变。如果谷物价格上升是由于货币价值下降，那么一切其他事物的价格都要上升，对实际①工资和利润这就不会发生影响，这种上升完全是名义的。

① "实际"是插入的。

很明显，所有这些情况都有很强烈的倾向，会制止由于将较差土地投入耕种的必要而引起的影响。我们会看到，由扩大耕种土地所引起的影响，在人口增长和农业改进的自然进展中，具有一种提高效能的性质，它要到什么时候才会在多大程度上抵消或压倒那种强烈的倾向，是难以断言的。

读者会看到，讨论利润问题时，我为什么这样偏重农业利润的理由是，整个问题的关键就着落在这一点上。同认为利润是主要决定于资本的竞争这一通常见解对立的论证，是以取得同样粮食所需要的劳动量△越来越增加时农业利润下降的必然性为基础的。可以肯定，如果土地上的利润，由于这个原因或任何其他原因而持久下降，工商业利润也就必然要下降。大家知道，在进步的、文明的国家，在所有各种行业中所使用的资本，其利润必然在大体上趋于同一水平，至于少数例外情况，那是很容易说明的。

我完全承认这一论证的正确性，它既适用于农业利润，也适用于一切利润的自然后果。在我于1815年分别出版的《人口原理》和地租理论中，都不

（175）第316页。国内谷物和劳动的价格上升，等等。　　[274]

如果谷物和劳动的价格是真正上升，不是货币价值下降，这就不会提高国外产品的价格。但是对国内产品将发生什么样的影响呢？将按照在这些商品的生产中所使用的固定资本的较多或较少，使某些商品价格上升，某些则下降。见第②页。马尔萨斯在这一　[275]段里所说的，概括起来是这样："谷物价格上升，不会使利润下降得如所预料地那样多，因为劳动者的工资虽然要上升，由于他所消费的其他必需品价格比较低廉，不会上升得过多。"③关于这一点没有争议，也不可能发生争议。

② 原稿这里空白。见马尔萨斯著作第91页起。
③ "上升得过多"原先是"下降"。

免要涉及这一真理。但是我要指出,虽然不论在理论上还是在实践中,这个原因是既有力又确切可靠的,其最后效果甚至是足以压倒一切其他原因的;然而,在世界的现实情况中,其自然的进展,不但极端缓慢,而且往往被其他原因所抵消,所掩盖,使资本竞争原则有极大的活动余地。因此,就最近的或其后的百年中的任何一个相当长时期来说,我们尽可以大胆断言,不论过去还是将来,由资本供给较多或较少造成的原因决定利润的现象,其广泛程度,会远远超过由最后投入耕种的土地的自然肥力决定利润的现象。

318　　支持这个论点的一些事实都是显而易见、△无可争辩的,有些在上一节里已经提到,要多举出一些是很容易的。这里只想再补充一个事例,这是一个极其有力的论证,几乎单凭它就可以决定问题,这是发生在我们自己国家的,是完全可以加以仔细检验的。

⊗从1727年乔治二世即位到1739年战争开始,货币利息略高于百分之三。公债利息减低到百分之四以后,又显著回升。据查默斯所说,当时的自然利息率稳定在百分之三左右。*从约翰·巴纳德爵士的一次发言看来,三厘债券是在高于票面价格下在交易所出售的。1750年战争结束之后,四厘债券减为三厘半,这样持续了七年,其后就一直是三厘。**

这样,战争期间除外,我们就有一个长达二十二年的时期,其一般利息率是在百分之三点五与百分之三之间的。

政府债券价值的暂时变动,当然并不总是利润率、甚至利息率的一个正确标准。但是,当它在某一持续期间大体上稳定的时候,就必须把它看成是
319 相当近似于正确的一个利息的△尺度。当政府的社会上的债权人同意原定利息显著下降而不愿债款被偿清时,这就是当时有利地运用资本极其困难的一个确证,因此也就是低利润率的一个确证。

在这里提到的时期开始后大约七十年期间,特别是在最后四十年间,资

* 《大不列颠国力的估计》,第7章,第115页。
** 同上书,第7章,第120页。

第五章　资本的利润　273

本有了大量积累，大量新土地被投入耕种；此后的二十年间，平均市场利率不是低于而是高于百分之五。基于资本在战时遭受破坏以后恢复得非常之快，我们完全有理由可以相信，这时的利润率一般是完全与这种高利息率相应的。（176）

大家知道，在这个时期中有很长一段期间，进行抵押借款是很困难的。虽然公债的压力势必被认为要造成一些惊慌，使拥有现款的人宁愿接受土地抵押；可是从阿瑟·扬格的纪录可以看到，以年收益的年数计算的土地价格，在 1811 年是 29 $1/4$ 年，而在四十年前是 32 年或 32 $1/2$ 年。*** △这是能够设想的在土地上使用资本时利润增加的最明确的证据。

⊗这里提到的两个期间不同的利息率和利润率，是跟以最后投入耕种的土地的自然属性为依据的利润理论完全对立的。这些彰明较著的事实，不但不能用这个理论来解释，而且不论是专一地或概括地涉及这个理论时，要使事实与理论配合，就非颠倒事实不可。（177）

***《农业年鉴》，第270期，第96—97页，又第271期，第215页。扬格先生对这种结果感到惊讶，他似乎没有充分意识到，购买土地时付出的年收益的年数同价格并没有关系，它主要表示的只是，活动的资本同使用这项资本的手段对照，是有余还是不足。

（176）第 318 页。从 1727 年乔治二世即位，等等。

没有人能够否认，农业改进和在土地上使用劳动，在提高利润方面，会跟增加土地肥力发生一样的效果。

（177）第 320 页。这里提到的两个期间，等等。

这种说法是不够坦率的。"以最后投入耕种的土地的自然属性为依据的利润理论"是谁提出的？理论的内容是，利润取决于最后投入耕种的土地的生产力，不管这种生产力是来源于土地的自然属性，还是来源于劳动中的节约和智巧。不论是减少在提供一定产量的最后土地上投入的劳动量，还是增加用一定劳动量所提

⊗这些事实的性质以及其发生时的情况（一种情况是处于和平时期，对农产品需求弛缓，还有一种情况是处于战争时期，对农产品有迫切需求），不论从什么角度看，都清楚地表明，是同资本的相对的有余或不足分不开的。（178）现在还得研究的问题是，在这一节里所声述的一些情况，是否在理论上足以说明，尽管资本在不断地积累，新的土地不断地投入耕种，而这里提出的原理仍然能够无阻碍地发挥作用，使利润在这个发展过程中的初期比较低，后期比较高。无论如何，这些事实既昭著△又富有概括性，在现实生活中还有其他同类的事实会不断地反复出现，因此必须加以注意，并且不得不认为这些事实是同跟它们不相投合的任何利润理论直接对立的。

我们知道，在上述两个时期中的第一时期，谷物价格下降，而劳动工资不但没有相应下降，有些著者还认为是有所上升的。亚当·斯密把上一世纪最初六十四年中谷物价格下降和劳动工资上升说成是一种既定事实。*但是阿

*《国民财富的性质和原因的研究》，第6版，第1篇，第9章，第309、313页。

---

[277] 供的产量，都会使利润增加。我深信马尔萨斯先生不会说，我曾经否认过这个原理，深信他也不会说，我没有明确地提出过这个原理。

（178）第320页。这些事实的性质，等等。

所谓资本的相对有余，马尔萨斯先生的意思指的是什么？我不喜欢这个词。这一点姑且丢开。总之，资本有任何增加时，如果人口增加得更快而劳动下降，人口与资本相对就是有余的；如果人口增加的速度低于资本，资本与人口相对就是有余的。这依然是用另一个方式来说，随着工资的下降或上升，利润将上升或下降。

[278] （179）第321页。然而，即使认为劳动价格，等等。

不管马尔萨斯先生有着怎样的看法，劳动的价格总是高的，因

瑟·扬格在他发表的《农业年鉴》中对谷物价格和劳动价格作了很有益的研究，他似乎很合情理地认为上述事实没有充分根据，他说在上述时期内对劳动和产品的需求显然是弛缓的，人口的增长也是缓慢的，因此认为上面的说法不大符合实际。**⊗然而，即使认为劳动价格甚至没有变动，谷物价格在下降，这一点就直接说明了农业利润的下降。单是这样一个价格状态，就足以抵消由于很多优质土地没有投入耕种所产生的影响。假使再加上一种情况，当农场主的主要产品下降时，其资本项下的其他支出，如皮革、铁、木材等等的价格△却在上升，这时尽管国家的土地资源没有用尽，仍然不碍及我们对农业低利润率作出的解释。至于商业和制造业的低利润率，那是可以用资本对劳动的比例直接得到解释的。（179）

在随后的1793年到1813年期间，凡是这一节里所提到的一些情况大概都凑合在一起，使利润取决于资本对劳动的比例的那个原则有了发挥作用的

** 《农业年鉴》，第270期，第89页。

为根据他自己的说明，给予劳动者的①从最后土地上取得的产品，在总产品中所占的比例是有所提高的。他格外地非把这种工资叫作高工资不可，因为他是用数量来衡量价值的，当他告诉我们劳动者所得的谷物量有了增加时，他就把这个叫作实际工资提高。由于工资提高了，于是利润下降，情况使劳动者居于有利地位。劳动与资本相对是供应不足的。②如果货币工资比前提高，其意义将是商业利润下降。如果货币工资没有提高，这时货币价值不可能是与前相同的，它必然有所提高，③商品的价格就必然是下降的。

① "给予劳动者的"是插入的。
② 这一句之前有"在上述情况下"字样被删去。
③ "有所提高"原先是"有了变动"。

余地。

首先，在这二十年期间，农业方面，不论是关于土地的一般管理和耕作中使用的工具，还是以任何方式促进农产品运销市场的便利，种种改进无疑都在不断进展中。其次，在这二十年间，临时工办法的日益流行，加上雇用妇女和儿童的风气日益普遍，无疑会大大促进个人的努力，同样人数和同样户数所完成的工作比前增加。

⊗有关劳动生产力的这两个原因，显然是受到当时情况的鼓励，而且在若干程度上是由此发动起来的，这个情况就是谷物的高价格。（180）这就助成以更多的资本在最有效的方式下使用于土地，从而增加了对劳动的需求，△同时由于陆、海军也需要大量人手，在农业和制造业中，这就显得劳动力更

[280]　　　（180）第322页。有关劳动生产力的这两个原因，等等。

货币，价值不变的货币，是马尔萨斯先生一直在提到的，虽然他以前那样尖锐地反对以此为价值尺度。假使货币价格像他一直①所认为的那样，是名义价格，是同实际价格大相悬殊的，那么，高货币价格对某一商品生产的增加，将不起任何推动作用。只有高实际价值，才会发生这样的推动作用。我希望马尔萨斯先生保持着他自己的标准，②用这个标准来解释政治经济学原理。如果谷物价格每夸特从4镑提高到5镑，他把这个叫作谷物价格上升，如果劳动价格从10先令提高到12先令，他就称为劳动价格上升，但是他有的时候却把同一事物叫作劳动的实际③价值下降。不错，他会说劳动者所得的是较多的货币，但是用这项货币所换得的是较少的谷物。但是，当他谈到劳动的高价格时，我怎能知道他的

---

① "一直"是插入的。
② 这里还有一段"不要在不同场合，把他自己的标准换成我的标准，或是把我的标准换成他自己的标准"，被删去。
③ "实际"是插入的。

第五章　资本的利润　277

加缺乏。

⊗第三个原因是，谷物的货币价格上升而制造品价格没有相应上升，这一点有很显著的影响，比一般所认为的要显著得多。这种情况必然使劳动的谷物工资作相当减退，而劳动者的享受却没有作相应减退。假使农场主产品的货币价格提高，而劳动价格和构成他的资本的那些材料的价格没有相应提高，这项资本就有了较大的生产性，他的利润势必上升。（181）

在一个劳动得到适当报偿的国家，很明显，当劳动与资本之间的比例有了改变时，可能促使利润率上升，而无须作出劳动生产力有任何提高的假设。但是所有上面提到的原因，都是属于劳动和资本的生产力提高的性质。在任何情况下，如果这种提高的生产力强大得足以消除因较差土地被投入耕种所

意思指的是高实际价值还是低实际价值呢？

（181）第 323 页。第三个原因是，等等。　　　　　　　　　［281］

马尔萨斯先生有时会把两种价值尺度——谷物价值和货币价格混淆起来，从而得出错误的结论，在我看来，这里所显示的就是一个例子。

他假定，谷物相对于其他商品有所上升，工资也是这样，但以谷物计算有所下降，然后他断言利润将上升。

首先，制造业者的利润怎么会上升的，以商品计的工资比前提高，因此，制造业者支付工资以后为他自己保留的制造品，数量将减少。制造品彼此的相对价值没有变动，因此，他用减少了的制造品数量换取一切其他制造品时，所得的也只能是减少了的数量。但是，制造品与谷物比较，其相对价值是下降的。假使他保有的制造品数量与前相同，所能取得的谷物已经要减少了，何况他保有的制造品数量比前减少，所得的谷物当然更加减少。这时他的利润，

发生的影响时，即使劳动的实际工资增加，利润率仍然可能同时上升。

就上述情况论，虽然一般假定为劳动的货币工资没有按粮食价格作比例的上升；但是我不得不认为，在既定的劳动需求和人口△迅速增长的假设下，部分由于教区救济和土豆供作食用的扩大，部分由于临时工和妇女儿童雇用的增加，一般说来，劳动阶级对生活必需品的购买力是有所增加的。因此我认为，1793年到1813年间利润率的上升，主要不是由于付给劳动者家庭的农产品数量有所减少，而是由于同样数目的家庭所取得的农产品的数量有所增加。事实上无可置疑的是，如前在论地租那一章里所说，1813年在最后投入耕种的土地上所使用的资本，其生产性高于1727年在最后投入耕种的土地上所使用的资本。在我看来，前面提到的一些原因，已经足够在理论上说明，这样的事态不仅是可能的，而且是多半会发生的——会反复发生的。

无论以商品计或以谷物计，都将比前下降。①

谷物的相对价值为什么会上升的？因为生产时困难增加，或者是需求与供给相对有所增加。但是根据假设，劳动者的消费是减少了的，因此需求不可能增加。假定由于年成不好，供给减少，那么这时的农场主利润只是偶然和暂时性的，此外在数量减少而价格提高的情况下，对他还会起弥补作用。那么，谷物上升唯一的持久原因是生产成本提高。在最后耕种的土地上，所取得的将减少，这时给予劳动者的数量虽然减少，它在总产品中所占的却是较大比例。农场主所取得的总产量，用制造品计算时，其价值也许不会比前增大，甚至肯定不会比前增大。②他得从这个等同的③价值

① 这一句的下面有完成的一段被删去："在最后耕种的土地，谷物归农场主所得的将是一个较下部分，劳动者……"。
② "甚至肯定不会比前增大"是插入的。
③ "等同的"是插入的。

第五章 资本的利润

也许有人会说，上面提到的原因，有些是带几分偶然性的，为未来的情状预作考虑时，不能把农业改进和劳动阶级中个人努力的加强作为原因来进行解释。这个说法不能完全否定。⊗同时也必须看到，当国内生产的谷物有高度需求时，必然会大大推动农业改进，（182）当劳动有高度需求时，必然会促使现有人口做更多的工作。如果在这个△情况之外，再加上由于财富增长引起谷物上升、同时其他商品的价格却没有比例上升而必然要发生的影响，（183）这时劳动生产力的提高足以抵消以更多土地投入耕种时所发生的影响的可能性就会那样大，从而就世界上多数国家的现实情况说，或者是就若干世纪以后这些国家的或有情况说，必要时我们尽可以用这里提出的原因来进行解释。

⊗例如，我就毫不怀疑，二十世纪初期，跟我们眼前就要来到的二十年中，以较大比例，因此也就是用制造品计算的（如果你喜欢这样做的话）较大价值，④付给劳动者。试问，这时他的利润怎么会上升？他的利润势必要下降到制造业者利润的水平。在质量较优的土地上，地租将上升，由此将使这样土地的耕种者的利润相应下降。

（182）第324页。同时也必须看到，等等。

在自由输入制度下，国内生产的谷物会有足够的需求以推动农业改进。

（183）第324页。⑤

马尔萨斯先生谈到由于财富增长而引起的谷物价格上升。如果这不是由生产成本提高引起的，为什么对谷物所发生的作用会超过对其他事物所发生的作用？如果与生产成本无关，那么，不是谷物不上升，就是谷物上升时其他商品也将比例上升，这时一切也

④ "价值"原先是"比例"。
⑤ 这里应摘录的马尔萨斯著作首句，原文缺。——译者

相比，我国的利润率将有所上升——只要在这个近在眼前的期间没有战争，局势安宁，资本充裕，在那个未来的期间，资本同因一次战争引起的需求相对是稀缺的，同时存在着贸易日益增长、对农产品的需求不断扩大、跟1793年到1813年的经历相类似的情况。(184)

如果事实是这样，这就表明，就世界上多数国家的现实状态说，就长短适中的有限时期说，对决定利润率起主要作用的将是，足以影响资本的相对有余或相对不足的那些原因，而不是最后投入耕种的土地的自然肥力。⊗因此，把注意力集中在后一点，以此作为决定利润的主要或者甚至唯一的原因，△必然要导向极端错误的结论。(185) 亚当·斯密说明利润下降的原因时，没有提到这一点，这就漏去了一个极重要的论点。但是，他专意于资本的充裕和竞争这一点时，跟专意于最后投入耕种的土地的质量问题的那些人相比，还是他的说法接近真理得多。*

* 也许应当看到，亚当·斯密谈到积累和竞争对利润的影响时，他的意思当然是就有限国土、有限人口和有限需求下的情况而言的；但是，在这种情况下资本的积累，势必要牵涉到会影响利润的一切原因。

许是起因于货币价值下降，这对利润将不发生影响。

(184) 第325页。例如，我就毫不怀疑，等等。

那么多的条件啊！唯一重要的一点是，资本与需求相对的有余或不足；换句话说就是，在二十世纪开头时，资本与劳动的相对量应当是这样：从最后耕种的土地上取得的产品中，劳动占有的比例不能过大，①然后利润才会上升。在这样的条件下，作出的结论是无可否认的。至于情况是不是会这样，这要取决于农业的改进，或者是在别的国家不限制输出谷物的情况下，法律是否允许②输入谷物。

① "不能过大"原先是"较小"。
② 这里有"自由"字样被删去。

第四节　评李嘉图先生的利润理论

⊗据李嘉图先生的说法，利润受工资支配，而工资是受最后投入耕种的土地的质量支配的。（186）这一利润理论完全取决于这样的情况：大量商品的价格不变，无论劳动价格有什么变化，而货币价值依然不变。这种把工资和利润合在一起时的价值的一致性，是李嘉图先生在他的一切考虑中，在他的全部著作中所始终坚持的。如果这是正确的，△这就当然使我们有了一个准确的标准，从而决定货币工资在任何上升或下降情况下的利润率。可是，如果这是不正确的，整个理论将完全落空。假使商品的价格不是不变的，而是在不同方式上受到影响的，有的上升，有的下降，还有少数确是依然稳定，这时要根据货币工资上升来推断利润率，将一无所得。但是，在前面一章里已经说明，** 当劳动价格上升时，这是必然要发生的情况。因此，劳动的货

** 第2章，第4和第5节。

（185）第 325 页。因此，把注意力集中在后一点，等等。一个没有根据的指责。见第　页。③

（186）第 326 页。据李嘉图先生的说法，等等。

马尔萨斯先生在这里对我的见解作出的解释，跟他在第 309 页里所作出的，相差很大；但是他在这里所说的不十分正确。我不说利润受工资支配，也不说工资受最后投入耕种的土地的质量支配，而对土地的生产力全然不顾；因为，如果假定工资是属于固定价值的，那么支配利润的显然是土地的生产力。④

③　原稿这里空白。见评注第（171）。
④　从"因为"起这一段最初是，"因为，支配利润的显然是土地的生产力。我在第2版第66页里已经说过"；后改成"因为，支配工资和利润的显然是土地的生产力"；最后写定如上。

币工资是不能支配利润率的。

  如果假定关于取得贵金属所采用的方式是要确保贵金属价值完全不变，就是说，取得时除劳动者一天的生活必需品以外，别无在资本形式下的任何垫支，是由一定量的独立劳动来进行的；在这样的假设下，上述结论就格外显得正确。由于贵金属生产时所花费的和它所换取的劳动量相同，这时其价值的稳定将保持得比在任何其他情况下都更加完整，这是无可否认的。在这种情况下，前面已经提到，劳动的货币价格决不会持久上升。然而，我们却不可以为，劳动的货币价格不可能上升或下降这一现象，就会在任何方面阻碍或打断△利润的自然进程。资本不断积累，获得粮食的困难不断增加，无疑会降低利润。一切商品，在其生产中使用的依然是同样的劳动量，可是所使用的资本的种类和数量却各不相同，其价格这就要下降，其下降程度，恰好跟商品价格以前受到利润影响的程度成比例。至于谷物，在其生产中将需要较多的劳动，这时虽然用于生产中的资本，刚好足以使谷物工资减低到保持人口不变的程度，其货币价格将上升。这就表明，所有李嘉图先生认为是由货币工资上升引起的对利润的影响，这里都会发生，而货币工资和货币价值却丝毫没有变动。这里的假设进一步说明，把利润下降看成跟货币工资上升是等同事物，或者是把劳动的货币工资看成是利润率的伟大支配者，是何等错误的想法。很明显，在这种情况下，利润只能被竞争原则或供求原则所支配，这两者将决定商品价格的下降程度，而与劳动的均一价格对照下的商品价格，将主要地支配利润率。

  但是，李嘉图先生从来不认为价格下降会引起利润下降，虽然实际上△在许多情况下，以及根据上面的假设，利润下降必然是这样产生的。

  ⊗假定有这样一个繁荣的商业城市，在某些制造品方面是占有很大优势的，所需要的谷物则全部向国外购入。最初，也许是一个相当长的时期，其制造品在国外市场的价格，与所输入谷物的价格相比，可能是享有高利润的。但是，当资本在不断积累，以越来越大的资本量使用于供输出的制造品时，根据供求原则，这些制造品的价格多半将下降。这时就必须用制造品的一个较大部分来交换谷物的一个既定部分，于是利润必然下降。的确，在这种情况下，制造业中的工人，为了他的供养，必须多做些工作，这时李嘉图先生就会说，这是利润下降的正常原因。对于这一点，我十分愿意表示赞同。但是，就这里的情况说，可以肯定，所以必须以较多工作来挣得等量谷物的具体原因是，用以购入谷物的供输出的制造品，其价格有所下降，而不是谷物价格上升，它的价格也许与前完全相同。制造品价格下降，是资本积累的速度超过其产品需求扩大的速度、从而使供给增加的自然结果。如果我们承认——当然是必须承认的——当这些制造品找到一个新市场时、△利润下降就会停止的话，就不得不承认，在这种情况下形成的利润下降，是完全取决于供求原则的。（187）

（187）第 329 页。假定有这样一个繁荣的商业城市，等等。　［288］

马尔萨斯先生在这一段以前的一切陈述中清楚地表明，可供选择的媒介，没有一个是准确的尺度，或者在任何情况下，甚至①没有一个可以假定为准确的尺度。对于这一点我不但认可，而且我自己也曾经指出。②对于这种无可救药的缺陷必须作出的任何纠正，关于尽善尽美的价值尺度的任何设想，我绝无反对意见。就已挑选的尺度说，可以这样地影响某些商品，那样地影响另一些商品，但是一般说来，不会影响过甚。尺度虽然存在着无可避免的缺陷，但绝不会破坏一般原则。我，除了马尔萨斯先生在他的第 5 章前两节里作出的很高明的阐述以外，别无其他主张。他有时会跟他自己所说的不相一致，但是我相信，在我却从未发生过这种自相矛盾的情况。

① "甚至"是插入的。
② 见英文版《李嘉图著作和通信集》，第一卷，第17页，注3。

根据把商品价格看成是不变的这个同一原则，李嘉图先生认为，如果我

现在谈到马尔萨斯先生的这一段内容时，首先不得不在尺度及其使用的问题上作一番澄清。

假定这个繁荣的商业城市所需要的谷物，不是全部从国外输入，而是所输入的只占所需要的四分之三；假定所剩下的未耕土地所能提供的，不能使农场主按输入①谷物的那样低价出售而仍然享有当时通行的利润率。这时如果谷物的输入价格不变，利润就不会下降，因为在谷物价格没有上升之前，较差土地是不会获得耕种的；这一点马尔萨斯先生大概是会同意的。如果较差土地得到了耕种，其产品数量同所使用的劳动两者之间的比例将不会跟以前一样，因此，要保持利润的均衡，不是谷物价格必然要上升，就是商品价格必然要下降。如果较差土地得到耕种，我就要说谷物的自然价值②已经上升——不论按货币的什么价值评定。如果谷物价格没有上升，而商品价格下降，我就认为货币价值上升了。货币价值的这种上升，可能是一切国家所共同的，也可能是这个国家所独有的。如果是一切国家所共同的，而这个国家的谷物价格不变，别的国家的谷物价格将下降；如果这个国家的这一价格上升，别的国家的这一价格将保持不变。这里国内国外情况不同的真正原因是，所需要的谷物的最后部分，生产时需要较多的劳动。在国外没有这样的原因在发挥作用，因此谷物会从国外输出到这个国家，直到双方的相对价格恢复到与在较差土地投入耕种以前相同的状态，这种输出输入关系才会解除。

[289]

① "输入"是插入的。
② "价值"原先是"价格"。

们这里的谷物和劳动的价格下降,我们对外贸易的利润将相应上升。⊗但是

现在假定我国的需求增加了,增加了一倍——如果你喜欢的话。问题是,外国能不能在不使用新土地耕种的情况下供给这个增益量。如果它们能够这样做,它们的谷物价格就没有上升的理由;如果这一点办不到,谷物价格将上升,结果双方的利润都将下降。当谷物在英国的价格依然低廉时,商品价格就不会下降,③其理由前已指出;如果下降,农业利润将跟制造业利润不同,资本将从这一方移转到那一方。但是,对国外谷物的需求也许会那样大,以致外国无法供给,或不愿供给,它们也许要拒绝接受更多的商品,而只有这些商品是我们最后能提供交换的。可是英国需要谷物,因此不得不允许输出货币以购取谷物。在外国,货币的蓄积会提高谷物价格,但是不会在同等程度上提高英国商品的价格,因此,在外国,谷物与商品之间的关系就不再会同以前一样,英国向外国购买谷物的诱因将减少。

英国货币输出的趋向将逆转,从而降低④其谷物和商品的价值。由于双方的谷物和商品的价值,彼此都比前接近一步,谷物输入和商品输出两者都将受到抑制。如果英国对谷物的需求殷切,它或者将在新的条件下允许输入,或者将自己从事种植。不论处于哪一情况,利润将降低,因为给予劳动者的如果是同样的、或者甚至是有所减少的一个谷物量,在以一定劳动量所取得的产量中,仍然是一个较大的比例。

所以会发生这样的效应,是由于我们能够用以交换谷物的商 [291]

③ "下降"原先是"上升"。
④ "降低"原先是"提高"。

我要问一问，决定国外市场上的价格的是什么？（188）不单单是在商品生产中使用的劳动量。因为，前一章里已经提到，商品会在国外市场上按同样价格出售，而在这些商品上所花费的劳动量是差别很大的。⊗不论是一般地说，或就当时情况说，如果这些商品是决定于——实际上当然是决定于——供给和需求的，那么凭什么可以阻止由于失去用途的资本所导致的供给的大量增加，从而很快地降低价格，降低利润率呢？（189）

⊗假使在最近二十五年间，谷物价格能够保持在每夸特五十先令的水准上，一方面把国内日益增长的资本主要使用于出口商品的制造，用以购入国外谷物，我深信，在那种情况下，资本的利润将较低而不是较高。（190）在持

品，在国外的需求是有限度的。而我们对国外谷物需求的限度却没有那样狭窄，因此它们就好像是对我们居于一种垄断地位。不论在什么国家，利润必然是主要取决于为取得谷物所支出的劳动量，谷物也许是在本国土地上生长的，也许是体现在用以向别的国家购入谷物的制造品身上。这里说"主要取决于"，是由于我认为工资是主要取决于谷物的价格的。既然马尔萨斯先生谈到了可能影响劳动的其他原因，这里就不得不预防一下，以免误认为我是否认关于工资的那些其他原因的影响的。

马尔萨斯先生所提出的事例，只是证实了一般的原则。这里显得很清楚，他所谓的制造品价格下降，其实是粮食的劳动价格上升。我承认所说的结果，但是我认为对于这些结果，我已作出了公正的解答。

（188）第 330 页。但是我要问一问，等等。

我回答：是在外国的生产成本。如果英国今年售予葡萄牙用

久性农业改进方面所使用的数以百万计的资本，*△绝对不存在利润降低的倾向。但是，使用于制造出口商品的资本已经为数巨大，假使再加上使用于国内农业的整个资本的一个很大部分，那就毫无疑问，对国外市场的供给将超过其所需而有余，那时的商品价格，将使资本的利润显著降低。**那时将有大量资本找不到出路，这项资本不会呆着静候这种局面出现，会及时作

* 使用于排水方面，以及为便利农产品运输的公路和运河方面的数以百万计的资本，不会降低利润，倒是会提高利润的；此后还会有为数更加巨大的资本使用在这些方面，发生同样有利的效果。

** 我们的一些制造商，在需要输入谷物的情况下，他们想的主要是由于输入增加而引起的对他们商品需求的增加；他们似乎完全忘记了，在同一行业中投入了这样越来越多的资本和工人而引起的竞争，势必使商品供给猛烈增加。

以换取葡萄酒的铁器，数量跟去年的一样，如果制造铁器时所花费的劳动比前大大减少，而有关的劳动者的报酬没有相应地增加，在英国的这个行业的利润将提高。

（189）第330页。不论是一般地说，等等。

因为你无法降低农业利润。如果谷物和劳动的实际①价格是低的，农业利润就必然是高的，一切其他资本的利润这就必然也是高的。因为如马尔萨斯先生在第296页里所说，"在同一国家内的利润趋于均等"。见 ②

（190）第330页。假使在最近二十五年间，等等。

那就是说，我们不应当以贱价输入谷物；所谓贱价，我的意思是指，相对于输出商品的低廉价格。假使当真是这样，那我们就应当以自种谷物为比较可取的办法，在那种情况下，利润将保持不变。

① "实际"是插入的。
② 原稿这里空白。见评注第（162）。

出流向国外的打算。

⊗李嘉图先生对于持久性农业改进对资本利润的影响,从来没有给以任何重视,虽然这是在政治经济学整个范围内应加以考虑的最重要的问题之一,因为这种改进,无疑会为资本的使用开辟极其广大的活动场所,而不会降低利润。他说:"一国的领土无论怎样寥廓,如果土地贫瘠,并且禁止输入粮食,即使不太多的资本积累,△也会引起利润率大幅度下降,地租迅速上升。反之,在面积小而土地肥沃,特别是允许粮食自由输入的国家,却可以积累巨额资本,而不会造成利润率大大降低或地租大大上升的任何现象。"*(191)

谈到土地上持久性改进的效果,就上述两个例子而论,我不得不作出与李嘉图先生所作出的恰恰相反的论断。一片广大的疆土,土质贫瘠,然而全部、或者差不多全部是可以耕种的,借助于不断的农业改进,可以成百年地容纳大量、大量的资本,而利润下降得很少,或者根本不下降。至于那片狭小而土质肥沃的疆土,将可以使用在土地上的资本尽量使用之后,很快会达到饱和点,这时继续积累的资本,就不得不使用于生产其价格不断下降的制造品,用以换取谷物。在这种情况下,资本积累还没有达到如前一例子中所达到的三分之一以前,就很容易使利润降到最低度。

一个比它周围的邻国积累得更快的国家,如果在持久性土地改进方面取得成就,就可以成百年地保持着它的利润率。但是,在同样的积累速度下,如

* 《原理》,第2版,第6章,第126页。

---

(191)第331页。李嘉图先生对于持久性农业改进,等等。

我得再一次说明,我对持久性农业改进寄予最高度重视。所征引的那一段,其所涉及的当时事态,改进还没有发生,因此,据以建立起来的关于对改进的意见方面的推测,是没有基础的。

果主要依靠输入谷物，其利润△就断难免于下降；⊗引起这种下降的，也许不是在欧洲港埠谷物现金价格上升，而是用以购入谷物的那个国家的输出品现金价格下降。（192）

在我看来，这里所说是跟最正确的利润理论相一致的，似乎可以肯定会得到经验的证实。前已提到一个无疑的事实，即1813年土地上的利润高于八十年前的这一利润；虽然在这一期间，曾以成百万地积累起来的资本使用在土地上。现在看来，价格下降对降低利润的效应是再明显没有的。就我们输出中主要商品的制造而论，其目前的劳动工资，低于在通常状态下谷物价格是每夸特五十先令时其可能达到的工资水平。按照新创的利润理论，如果我们的输出品价格不变，制造业者将处于异常繁荣的境地，由于资本的迅速积累，很快就会使能够找到的一切工人得到工作。但是，实际却不是这样，我们听到的只是市场存货过剩，价格低落，棉织品在堪察加的售价低于生产成本。

也许有人会说，棉织业存货过剩可能是偶然现象，利润和需求的新学说的一个信条，如果某个行业资本过剩，这就是个明确迹象，必然有别一行业资本不足。△但是，试问现在有哪个重要行业是明显地感到资本不足的，在哪里是利润很高，而长期以来恳求增益资本不能如愿的？现在战事结束已经四年多。虽说移动资本一般要遭到损耗，如果受到需求大、利润高的引诱而觉得移动一下大有好处时，资本是不会长期呆着不动的。但是，如果只是由于利润在下降，使人不想在惯常过程中继续进行，而一切其他行业，由于价格普

（192）第333页。引起这种下降的，等等。　　　　　　　　　　[294]

这个问题是无关紧要的。假使它当真会发生的话，我觉得无可怀疑，引起利润下降的将是谷物的现金价格上升。货币价值变[295]动，对个人说来是个重大问题，对国家利益说来，其效应是关系不大的。

遍降低，其利润也在下降，不过下降的程度也许有参差，这时极有可能的是，关于资本的移动将犹豫不决，即使作出什么决定，也非常缓慢。

⊗这就必须看到，于考虑劳动与其所取得的产品之间的关系有了改变，从而导致利润下降这一问题时，如果只是谈劳动工资上升，而不计及商品价格下降，那就只是看到了问题的一半。两者对利润的影响也许是完全一样的。但是后者——那是跟土地的情况无关的——直接表明，利润是在多大程度上取决于商品的价格，在多大程度上取决于决定这些价格的原因，即供给与需求的对比关系。(193)

〔根据任何假设，关于取得粮食日益困难这一有决定意义的伟大原则，总是随时在发挥作用，它最后必然要降低利润；但是，即使是这个原则，也得根据供求规律发挥作用。

335　当剩下的未耕土地变得越来越少时为什么利润必然要下降的原因是，对必需品的有效需求，决不能按生产必需品费用的增加而成比例地增加。

当从最后投入耕种的土地所取得的，仅仅足以付偿资本和供养从事于耕种的人口时，对谷物的进一步需求就必然要停止。

336　但是，对积累的任何具体数额的利润会发生什么样的影响是无法事前预见的，它始终必须取决于供求原则。〕

（193）第334页。这就必须看到，等等。①

　　① 原稿这里留下了写评注的空白位置，但是评注没有写出。

第六章　财富与价值的区别

［一个拥有大量商品而不具备劳动的国家，可以说是在没有交换价值的情况下的一个富国。

但是，在人类寄居的地球上的现实国家中，财富与交换价值的关系，有时比我们所想象的还要密切得多。

用改进的机器，在同样成本下取得同样质量的更多的商品时，财富与价值之间的区别是明显的；然而，即使就这里的情况说，这一增益量的拥有者，也只是从消费看来，而不是从交换看来，比前富裕。

于比较不同种类的物品时，除了用它们的相对交换价表示的对它们作出的相对评价以外，对于它们所提供的财富程度，别无其他评价方法。］

⊗△然而，我们会看到，财富并不总是按价值的提高而成比例地增加的，因为在生活必需品、享用品和奢侈品实际减少的情况下，价值提高的情况有时也会发生。（194）可是，财富也并不是单纯地按照列入财富名义下的那些

（194）第 339 页。然而，我们会看到，等等。

这是我的看法，跟马尔萨斯先生的理论是绝对不相容的。他在第 60 页里说，"我们所进一步需要的是，某种方式的评价，这种评价可以称之为实际交换价值，从而表明那些工资、收入或商品能够使其持有人换得的生活必需品和享用品的数量。"

在那一段里他告诉我们，价值是跟必需品和享用品的充裕程度成比例的；在这一段里他却要使我们相信，在必需品和享用品实际减少的情况下，也会发生价值增加情况。

事物的数量的增加而成比例地增加，因为构成这个数量的多种多样的物品，

340　△也许不能与社会的需要和力量相应，从而使它们具有应有的价值。

〔财富部分取决于产品的数量，部分取决于产品对社会的需要和力量的适应，从而使它具有最高度价值。

财富与价值连结得最密切的一点是在于，后者是前者产生的必要条件。

341　在现实情况中，商品的价值，也就是人们为了取得这些商品所愿意作出的牺牲，可以说是任何数量的财富存在的唯一原因。〕

342　△总之，商品的市场价格，是社会在财富的生产中一切重大活动的直接原因；商品在某时某地进行交换时的交换价值，总是通过这些市场价格，以明确、直率的方式表示的。市场价格可以不同于自然价格和必要价格，正像就任何某一商品来说，其供求的现实情况可以不同于通常和一般的情况一样。

343　读者当然会看到，△于使用价格或交换价值这个词时，我的意思始终是在那种扩大的和我认为是惯常和正确的意义下来理解的，这我在本书第二章里已试加阐述，并给它下了定义，而决不是如李嘉图先生在近年使用的那种狭义下来理解的，在那意义下，认为价值完全取决于在生产中使用的实际劳动量。*在后一意义下来理解的价值，当然与财富没有这样密切的关

*　⊗李嘉图先生说（第20章，第275页），"唯一不变的商品是，生产时所要付出的辛勤和劳动永远都相同的商品。"这里"不变"这个词是什么意思？不可能是交换价值不变。因为李嘉图先生自己说过，付出了相同的辛勤和劳动的代价的那些商品，它们之间往往不会互相交换。（195）作为一个交换价值的尺度，这个标准比他所拒绝的那些，要易变得多。至于这个词应该在什么别的意义下来理解是不容易断言的。

---

[299]　（195）第343页。李嘉图先生说，等等。

我承认它们的市场价格会有差别，但是我说，处于这样情况的商品会有相同的自然价格，因此其市场价值也会有趋于一致的经常倾向；因为自然价格是市场价格的伟大的支配者。

系。将两个具有不同程度的土地肥力的国家来进行比较，或者是将一个农业国家同一个工商业国家来进行比较，根据各自在生产中使用劳动的比例来看，两者的相对财富会大大不同。于生产任一商品需要日益增加劳动量时，可以肯定，这决不是使其生产增加的一个刺激因素。因此，从这一点来看，财富跟价值是差别很大的。

但是，如果在最广泛使用的意义下，同时按照我作出的定义来理解价值这个词，那么，财富与价值两者虽然决不会始终相同，彼此却显得是密切关联的。这时就必须看到，对财富作出评价时，如果只考虑价值而不计及数量，那就同这考虑数量而不计及价值是一样严重的错误。

第七章 财富增长的直接原因

第一节 略述研究的主要目的

［研究的主要目的是，探索能够最有效地推进各个国家的生产力的那些原因。

在这个方面，道义上和政治上的原因居于首要地位；但这里要考虑的主要是比较直接地处于政治经济学范围内的那些原因。

许多国家拥有巨大的生产力而很穷，还有许多国家生产力薄弱而比较富裕，双方在财产的安全方面却并没有什么本质上的差别。

假使一国的实际财富，在一定期间以后，跟它的生产力大体上显得并不相称，其间必然缺乏促进生产的刺激因素；这时要考虑的实际问题是，对财富的增长说来，最直接和最有效的刺激是什么。］

第二节 人口增长，作为财富不断增长的一个促进因素

[假使单是需要，或者是劳动阶级对生活必需品的想望，就足以刺激生产，地球上早就会有人满之患。

348　　一个除了他的劳动以外别无所有的人，如果没有人需要他的劳动，他对产品就无法作出有效需求。

349　　要证明使用资本是有理由的，那么，除了可能由所雇用的工人产生的需求以外，对这项资本所要生产的产品总得有个需求才行。

人口增加时，靠降低工资来提高利润，其效果必然是极其有限的，不久利润必然会因需求缺乏而受到抑制。

350　　根据经验就会发现，凡是最大刺激只是靠人口增加而来的那些国家，其财富的增长往往是最迟缓的。

351　　一个实际问题是，当人口增加到迫近生活资料供养的限度时，这是不是财富增长的一个适当的刺激因素。根据世界上大多数国家的情形来看，对这个问题的答复是否定的。]

第三节　积累，或将来自收入的储蓄投作资本，作为财富增长的一个促进因素

那些否认单纯以人口作为对财富增长的适当刺激的人，一般总是把一切依靠在积累这一点上。没有资本的不断增加，就不会有财富持久和不断的增长，这当然是对的。但是劳德代尔勋爵认为，除了把预定供直接消费用的资金节省下来△移作可以提供利润的那个用途以外，就是说，除了把收入转化为资本那个方式以外，还可以用别的方式使财富增长；* 这个说法我不能同意。

但是我们还得研究，是什么情况使得一个国家一般会倾向于积累；其次，是什么情况会使这种积累发生最大效应，从而促使资本和财富进一步不断增长。

肯定有可能的是，通过节约，任何国家可以立即提出比通常多得多的产品中的一个份额，以供养生产性劳动。的确，这样被雇用的劳动者是消费者，也是非生产性劳动者。就劳动者方面说，消费或需求是不会减少的。⊗但是，前面已经指出，由从事于生产性劳动的那些人产生的消费和需求，决不会单独地构成积累资本和使用资本的动机。至于资本家本身以及地主和其他富人，根据假设，他们是同意实行节约，宁愿放弃一般△享用品和奢侈品，把收入中节省下来的转为资本的。试问，在这种情况下，由为数增加了的生产

---

* 参阅劳德代尔勋爵的《公共财富的性质和起源的研究》中《论节约》一章（第2版，第4章，第198页）。正如有些别的作家对积累过于推重那样，劳德代尔勋爵对积累却未免过于轻视。我认为这种走极端的倾向，正是政治经济学中产生错误的重大根源。

性劳动者所生产的数量扩大了的商品，怎样有可能假定其可以找到买主，而不引起价格下降，甚至使其价值降低到生产成本之下，或者至少大大削弱从事节约的力量和愿望。（196）

有些有才能的作家认为，虽然就各个种类的商品说来，也许是容易发生

[302]　　（196）第352页。但是，前面已经指出，等等。

　　由被雇用来生产任一数量的财富的人所导致的消费和需求，绝不足以构成生产这项财富的动机——假使所生产的商品全部归这些人所有，用以交换的只是生产这些商品的劳动。假定受雇者取得所产商品的八分之七，由其雇主保留八分之一，使他借此可以增雇五个或十个人，这些人所得的，依然是他们所产商品的八分之七，让雇主在下一年可以有力量继续增雇劳动。当最后耕种的①土地所产生的粮食超过耕种者所消费的时候，这样的积累能不能持续进行下去呢？当最后耕种的土地的这一超过量不复存在的时候，在一切系统上的积累就到了尽头。但是，假使社会的组成分子只限于地主、农场主、必需品制造商和劳动者，同时只要人口是以足够的高速度增加的，积累就可以持续进行。假使资本对人口说来增加得太快，那么劳动者所取得的也许要达到产品的百分之九十九，②而不是八分之七，这就不再存在进一步积累的动机。假使每个

[303] 人，除了他的迫切需要以外，都想把收入的每一个部分积累起来，就会出现这样的情况；因为这时对劳动者的需求是那样大，人口原则的力量是不够应付的。但是，这个时候劳动者的处境是最幸福的，因为他要出售的一种商品，其需求几乎是无限度的，而供

①　"最后耕种的"是插入的。
②　这里有"或者甚至全部"字样被删去。

过剩的，但是就商品一般地说，却不可能发生这种情况；因为按照他们对这个问题的看法，商品总是与商品相交换的，其中的一半将为另一半提供市场，而生产是需求的唯一根源，这一商品的供给有余，只是说明另一商品的供给不足，普遍过剩的情况是不可能的。萨伊先生在他有关政治经济学的名著中甚

给却是有限度的，只能以比较缓慢的进度增加。还有比他这样的处境更优越的吗？所有这些，都是与我们时常提到的一般原则相一致的。工资高利润就会低，除非人口增加，劳动价格重新下降，否则情况就一直是这样。

马尔萨斯先生问，"由为数增加了的生产性劳动者所生产的数量扩大了的商品，怎样有可能假定其可以找到买主，而不引起价格下降，甚至使其价值降低到生产成本之下，或者至少大大削弱从事节约的力量和愿望？"我的回答是，节约的力量和愿望将大大减退，因为这必须取决于产品中分配给农场主或制造商的份额。至于另一问题——商品向哪里去寻买主？如果商品是适合有力量买的那些人的需要的，就不会找不到买主，价格也不会下降。 [304]

假使生产了一千顶帽子、一千双袜子、一千件外套、一千盎斯黄金，它们彼此之间都会有一个相对价值，如果它们是适合社会需要的，这个相对价值就会保持下去，不管其中绝大部分是归于劳动者，还是归于他们的雇主的。

假使工资低，其中也许只有一半是给予劳动者的；假使工资高，给他们的也许要占到四分之三。但是，不管掌握在雇主手里还是工人手里，价值是不会两样的。

假使500镑货币在雇主手里，500顶帽子、500夸特谷物等等和其余数量在工人手里，它们的相对价值，就跟600镑货币在雇主

至说，商品因被消费而退出市场，这就减少了一份需求，而商品的生产则相应地增加需求。

然而，依我看来，这个论点在一般应用上是完全没有根据的，是跟支配供

手里，其他每一种商品的 600 个单位和其余数量在工人手里时一样。实现的究竟是哪一种分配情况，决定于资本与劳动之间的比例，然而，不论是哪一种情况，如果商品是适合于能购买它们的那些人的需要的，对价格就不会发生影响。如果不合需要，怎样做到使它们适合，那是生产者所关心的事。这就表明，根据这里所说，如果所生产的商品是适合买主需要的，就不会发生那样的过剩情况，以致找不到市场。

[305]　　错误是可能发生的，制出的商品也许不合需求，这就会出现存货过剩，不能按通常价格出售；但这是由于发生了错误，不是由于对生产缺乏需求。生产出来的任何东西必然有一个所有人——或者是老板，或者是地主，或者是劳动者。不论是谁，凡是据有一件商品的，就必然是个需求者。他或者自己要消费这件商品，那就不需要买主；或者要把它卖出，用售款来买进某一别的事物，这一事物，或者他打算自己消费，或者是要借以进行下一步的生产。他凭他所据有的商品，或者可以实现他的愿望，或者不能。如果愿望实现，目的达到，那就是说，他的商品已经找到了市场。如果愿望没有实现，它说明的是什么？说明他没有采取适当的手段来达到他的目的；他失算了。举个例，假定他需要棉织品，为此他生产了呢绒。市场上也许有棉织品，也许没有。如果有的话，其所有人所以愿意出售，目的只是在于易购某些别的商品。他不要呢绒，要的是

求的伟大原则直接抵触的。

实际上，商品必然与商品△相交换的说法是绝对不确的。⊗大量商品是跟生产性或非生产性劳动直接交换的。很明显，这些大量商品，同所要交换丝绸、亚麻布或葡萄酒。这就立即表明，这个呢绒的所有人为了要取得棉织品而错用了手段，他应该生产丝绸、亚麻布或葡萄酒才对。如果他是这样做的，任何商品这就不会有过剩现象。现在是已经肯定有一种商品，即呢绒，发生了过剩现象；发生这种现象的也许不止一种，有两种，因为棉织品也许任何别的人都不需要。但是，也许市场上没有棉织品，那么要这件东西的人，为了要实现他的愿望，应该生产些什么呢？假使他无法用商品来换得他所需要的东西——这是一个大胆的假设——他尽可以不去生产他所不需要的呢绒，他为什么不自己去生产他所需要的棉织品呢？这里我要使读者得到的印象是，真正的祸害总是在于生产商品时没有能好好地适应人类的需要，而不是在于商品过剩。需求是只以购买的力量和愿望为限的。

不论是谁，据有商品，就有消费商品之权。由于分工是适合人类需要的，个人①就会为了要购买别一商品而生产这一商品。这种交换是双方有利的，但不是绝对必要的。因为每个人都可以使用他的资金和他所支配的劳动，生产他的工人所要消费的那些商品。在这种情况下，就不会有市场，因此也不会有商品过剩现象。产品在雇主与被雇者之间的分配是一回事；在终于取得这些产品的人们之间的交换是另一回事。

① "个人"原先是"他们"。

的劳动对照,会由于过剩而价值下降,正像任何一种商品,用劳动或货币对照,会由于供给过多而价值下降一样。(197)

⊗在上述假设情况下,由于资本积累,使国内非生产性劳动者转变为生产性劳动者,于是市场上一切种类的商品,其数量显然会异乎寻常地增加;可是总的说来劳动者为数并没有增加,而根据假设,地主和资本家为消费而进行购买的力量和愿望是下降的,商品与劳动相对的价值就必然要下降,从而使利润降低到几至于零,这就会暂时抑制进一步生产。(198)这正是剩余这个词的含义;在这种情况下,过剩显然是普遍而不是局部的。

---

[307] 我在这里仔细探讨了这个问题,因为这是马尔萨斯先生著作中一个绝对最重的论题。①假使他在这个问题上的见解是正确的,假使商品会增多到那样程度,以致人们无意于购买和消费,那么,他含糊其辞地推荐的那个救治方案,无疑是极其适当的。假使对生产出来的商品有权消费的人,自己不愿意消费,也不愿意为了进行再生产而让别人消费,假使构成需求的两个必要条件——购买②的力量和愿望,缺乏愿望那个条件,结果使商业出现普遍停滞状态,那我们除了接受马尔萨斯先生的劝告,就没有更好的办法,就得责成政府来弥补人民的不足。在这种情况下,就应当请求国王罢免现在管经济的大臣,改用一些能够向大众提倡奢侈浪费从而更有效地促进国家最大利益的那些人来执政。这时我们就好像处在一国满是生产者而很少消费者的国家,祸害最后会演变到那样地步——如果议会或大臣们不及时采取扩大浪费的有效措施,

① 这里有如下一段被删去:"凡是我认为错误的见解,在他的著作中却不惮烦地加以发挥。"
② "购买"原先是"消费"。

△萨伊先生、穆勒先生*和李嘉图先生是利润新学说的主要创始者,在我看来,他们在这个问题上的观点似乎陷入了某些根本的错误。　355

主要是,他们把商品看成好像是一大堆数字或算术符号一样来比较其间的关系,而不是把它们看成消费品;要晓得,这是必须跟消费者人数及其需要联系在一起来看的。

* 穆勒先生在1808年发表的给斯本斯先生的复信中,极其广泛地提出了一个论点,认为商品只是用商品来购买的,其中的一半必然为另一半提供市场。在前面一章里提过的载于《大英百科全书》附录中一篇写得很漂亮而有用的关于谷物法的论文,其作者就尽可能地采用了这个论点。

我们将沦于无可挽救的悲惨境地。

（197）第 354 页。大量商品,等等。　　　　　　　　　　［308］

的确,商品与劳动对照会那样充裕,使它以劳动估计的价值会下降到那样程度,以致对进一步生产不再能提供任何诱力。在那种情况下,劳动可以换得大量商品;而马尔萨斯先生所否认的就是这一点。假使他的意思是说,商品会发生那样的过剩情况,以致以劳动计的价值贱到无可再贱,③这是我同意的;事实上这也就是说,劳动价值是那样地高,结果把应当属于利润的基金全部吞并了,因此资本家对继续积累不再发生兴趣。④但是,劳动者那时的处境会怎样呢?会不会是不幸的呢?

（198）第 354 页。在上述假设情况下,等等。　　　　　　［309］

没有人否认这一点。商品以劳动价值计,但不是以货币价值计,将下降。

③　原先是,"假使他的意思是说,用劳动估计,商品会发生过剩情况。"
④　下面是插入的。

⊗假使商品只是被互相比较和交换的，那么，情形就的确会是这样：各自按固有的比例即使增加到任何程度，其彼此间的相对价值也会依然不变。但是，如果我们像我们当然应该做的那样，将商品跟消费者的人数和需要相比较，那么，在人数比较稳定、需要由于节约而缩减的情况下，倘使产品大量增加，以劳动估计的商品价值，就必要要大大下降；同样产品，尽管所花费的劳动量也许跟以前一样，却不再能换取跟以前一样的劳动量。因此，积累的力量和进行积累的动机，都将受到有力的抑制。（199）

⊗有人认为，有效需求不过是提出一种商品来交换另一种商品。难道构成有效需求所必要的就仅仅是这个吗？虽然各种商品在其生产中所花费的可能是等量的劳动和资本，在交换中△彼此可能恰恰相等；但是，这些商品为什么不会充裕到那样程度，以致不能换取多于所花费的劳动，或者即使有得多，也多得极有限呢？在这种情况下，对这些商品的需求是不是有效的呢。会不会推动商品持续生产呢？当然是不会的。这些商品相互间的关系可能没有变

（199）第355页。假使商品只是被互相比较和交换的，等等。

我否认消费者的需要会由于节约而普遍①减少；需要只是跟消费的②力量一起移转到另一批消费者。我承认，资本家进行积累的力量和动机将受到抑制。

附注。我是在人口不是按准备雇用劳动的资金增加的同样速度增加的这一假设下，作出上述的否认和承认的。

（200）第355页。有人认为，有效需求，等等。

假使我拿出一盎斯黄金换取一夸特谷物，马尔萨斯先生认为这两项商品在交换中彼此是相等的。

但是他问道，"这些商品为什么不会充裕到那样程度，以致不

① "普遍"是插入的。
② "消费的"是插入的。

化；但是它们对社会需要的关系，对现金银的关系，对国内国外劳动的关系，可能已经经过了极其重大的变化。(200)

我们会看到，一种新商品投入市场时，以其所使用的劳动为依据，往往具有比通常为高的交换价值，这是跟需求方面的增加完全适应的；因为新商品意味着不单是一个增加的量，而且是对社会的好尚、需要和消费的进一步适应。⊗但是，要制造或取得这种商品是很困难的，它并不是随着资本的积累和商品的增加而自然和必然地发生的，特别是当这样的积累和增加，是基因于对消费的节约和对好尚和需要的克制的时候，而好尚和需要正是需求的成因。(201)

李嘉图先生虽然把资本不可能过剩作为他的一般论旨，但是不得不作出如下的让步。他说，"粮食价格低廉时，只有一种情况，△可能使资本的积累引起利润下降，那就是维持劳动的基金增加的速度，远远大于人口增加的速度。这时工资会较高而利润则较低。但这种情况只会是暂时的。如果所有能换取多于所花费的劳动，或者即使有得多，也多得极有限呢？对这些商品的需求是不是有效的呢？会不会推动商品持续生产呢？"我的回答也是这样：当然是不会的。但是，这是争论中的问题吗？这只是说，当劳动与商品对比下异常高昂时，利润将这样的低，以致不能成为对积累的诱力。这个论点谁会否认？马尔萨斯先生原来的问题是这样：假使积累了资本，生产了大量商品，它们就不能在市场上相互自由交换，对它们就不再有需求。③任何两个论点，还有比这两个相差得更远的吗？由于商品那样充裕，以致不能换取很多劳动，这时，难道向人民征税，增加政府支出以提高利润，是为了确保商品得以持续生产所唯一要做的一件事吗？

(201) 第356页。但是，要制造或取得这种商品，等等。

③ 从"它们就"起原先是，"它们还能在市场上相互自由交换吗？"

的人都不使用奢侈品而专意于积累，所生产的必需品就会有一部分无法立时找到消费者。那时有限的商品无疑会发生普遍过剩现象，从而使其增益量既找不到需求，使用更多的资本也不能得到利润。总之，如果人们停止消费，也将停止生产。"他还说，"认可这一点，并不会推翻一般原理。"*⊗我对这番话不能完全同意。（202）基于人口的性质，即使对劳动者有迫切需求，非经过十六年到十八年，无法使增出的劳动者投入市场，而将收入转变为资本却要快得多。国内供养劳动基金增加的速度，往往会超过人口增加的速度。但是，如果每逢发生这种情况，商品就会普遍过剩，那么，我们怎么能说资本决不会过剩，并以此作为一般命题呢？又怎么可以说，由于商品的相对价值可以保持不变，过剩就只会是局部的而不是普遍的呢？

358　　△上述一些作家及其信徒们似乎还陷入一种根本错误，他们没有考虑到人类性格中那样普遍、那样重要的一个因素——懒散或贪逸恶劳的影响作用。

* 《原理》，第2版，第21章，第292—293页。

马尔萨斯先生谈到"对消费的节约和对好尚和需要的克制，而好尚和需要正是需求的成因"，整个争执中的问题就集中在这几句话上。萨伊先生、穆勒先生和我认为不会有消费的节约，需求不会停止。马尔萨斯自己对这个情况是怎么说的呢？"商品会充裕到那样程度，以致不能换取多于所花费的劳动，或者即使得多也多得极有限。"但是，假使大量商品只能换取少量劳动，每个劳动者就会有消费大量商品的力量。不论何时，既然有消费的力量，就有消费的愿望。马尔萨斯先生认为这个力量没有消失，只是转移到劳动者身上。我们同意这个说法。我们认为，无论哪里，只要存在着消费的力量和愿望，就必然存在着需求。

第七章　财富增长的直接原因　307

　　有人认为，** 如果若干农场主与若干制造商一向以其剩余食物和衣着互相进行交换，后来他们的生产力突然增长，他们双方都能够以同样的劳动，在原来所生产的以外，再生产一些奢侈品，那时在需求方面是不会发生什么困难的，因为农场主所生产的部分奢侈品，可以与制造商所生产的部分奢侈品相交换。那时唯一的结果是，幸福的双方都将得到更多的供应和更多的享受。

　　⊗但是，在这个互相满足的交往中，有两点被认为不成问题，而这正是争论的所在。他们认为不成问题的一点是，人们所喜欢的必然是奢侈而不是懒散，还有一点是，双方都会把利润作为收入而加以消费。在这种情况下，节约的愿望会发生什么效应，随后将加以研究。如果宁愿疏懒而不愿追求奢侈品，结果将显然使在所假定的生产力增加的情况下所生产的产品缺乏需求，使劳动者陷于△失业。（203）在耕种者方面，他现在已经能够以较少的辛劳　359
和困难来取得他所惯常使用的一些必需品和享用品，至于丝带、花边和天鹅

　　** 《爱丁堡评论》，第64期，第471页。

　　（202）第357页。我对这番话不能完全同意。　　　　　　　　[312]

　　我确是说过，"那时有限的商品无疑会发生普遍过剩现象。"但是，这样的情况是有存在可能的吗？难道生产出来的，当真会只是这样为数有限的一点商品吗？不可能的。因为，如果劳动者能够取得享用品和奢侈品，他们自然会乐于去消费这些享用品和奢侈品。代雇主设想，为实现他的目的，他也自然会乐于生产他的劳动者既有此愿望又有此力量来付偿的那些商品。　　　　　　　　[313]

　　（203）第358页。但是，在这个互相满足的交往中，等等。

　　这里马尔萨斯先生再度改变了他的主题。我们不说喜欢懒散不会胜过喜欢奢侈。我认为情况是会这样的；因此，如果问题是关

绒的爱好却还没有充分养成，这就很有可能使他安于懈怠，在土地上少用些劳动；而在制造商方面，看到他的天鹅绒销路不畅，自无意于继续制造，这就势必要跟农场主一样地陷于懈怠状态。对奢侈品的有效好尚，也就是足以适度地促进勤奋的这样一种好尚的形成，不是立呼立应的，而是像树木一样，要慢慢成长起来的；人类社会的历史充分证明这一点。认为人类会生产和消费他有力量生产和消费的一切，决不会宁可贪图安逸而不重视辛劳的报酬，认为这是理所当然；这种看法是极其错误的，只要约略看一看我们所熟悉的那些国家的情况，就可以获得充分证明。关于这个方面下一节还须提到，请读者参阅。

上面提到的一些作家的第三种很严重——实际是三者之中最重大的错误在于，识为有积累就保证有需求，就是说，目的在于节约的那些人所雇用的劳动者的消费，会导致对商品的有效需求，从而促使产品不断增长。

360 △李嘉图先生说，"每年有十万镑收入的人，如果另外得到一万镑，他不会把它锁在箱子里，不是把他的开支增加一万镑，就是自己用在生产上，再不然就借给别人用在生产上。无论在哪一情况下，需求都会增加，虽然其目的各不相同。如果是增加开支，他的有效需求就多半是在于房屋、家具之类方

[314] 于生产的动机，我们之间的意见并没有分歧。但是，马尔萨斯先生假定有足够强烈的动机从事于生产商品，然后认为产出以后会找不到市场，因为人们对这些商品没有需要。

我们所否认的是这一论点。我们不说商品在不论什么情况下都会生产；但是，如果商品已经生产出来，就必然有某些具有消费这些商品的愿望和力量的人，换个说法就是，对这些商品必然有需求。马尔萨斯先生提出处于这样情况的一个社会，这里不从事积

[315] 累，喜欢懒散而不喜欢奢侈，对劳动没有需求，不耕种他们的土地，

第七章　财富增长的直接原因　309

面的享受。如果把这一万镑用在生产上，他的有效需求就在于粮食、衣着和原料，借此使新加入的劳动者从事工作；但这仍然是需求。"*

⊗根据这个原理，所假定的是，如果社会上比较富裕的那部分人为了积累而放弃其惯常使用的享用品和奢侈品，其唯一效应是使国内相近全部的资本导向必需品的生产，从而使耕种和人口大大扩张。但是，除非假定，关于积累的通常动机有了彻底改变，否则这是不可能实现的。在我看来，积累的通常动机不外是，从事于积累的那个人的未来财富和享受，或者是为了将来接受他的财产的那些人的未来财富和享受。在这样的动机下，由土地所有人将耕种中的土地所能供养的劳动者，差不多全部地加以雇用，那是决不会符合他的愿望的；因为这样做必然要毁灭他的净地租。这时，如果不把他的劳动者的极大部分加以解雇，△从而引起悲惨后果，就会使他为自己遥远的将来谋取较大享受、或是把这种享受遗留给他子孙作打算时所要行使的手段无法实行。(204)

⊗肥沃土地本身的定义就是，土地所能供养的人数，远远超过必须在这块土地上从事耕种的人数。假使地主不把这项剩余用于享用品、奢侈品和非

* 《原理》，第2版，第21章，第291页。

以此作为有害影响的明证；而我认为结果恰恰会在相反的进程下发生——这里从事于资本积累，有的是积极性而不是懒散，对劳动有高度需求，使土地发挥最高度的生产力。这是由于，所有这些都包括在积累这个词的含义之内。人们会宁愿懒散而不要奢侈品！这样奢侈品就不会生产出来，因为没有劳动，这些东西是无法生产的，而劳动却是懒散的对立物。如果没有生产出来，就不可能发生缺乏市场的现象，就不会发生这些商品的过剩。

（204）第360页。根据这个原理，等等。

生产性消费者，而是尽其力之所及地用于使尽可能多的劳动者在他土地上工作，这就很明显，通过这样的行动，他不会变富，而是会变穷，开头是这样，将来也是这样。除了对积累发生了不同的动机之外，没有别的可以认为是采取这样行动的理由。所谓不同的动机是增加人口的愿望，而不是爱好财富和享受。在人类的性格和爱好还没有发生这种变化之前，我们可以深信无疑，地主和耕种者是不会用这种方式来雇用劳动者的。(205)

那么，事情会怎么样呢？地主和耕种者一看到他们增加产量从而使他们得以在将来换取财富的愿望不能实现，他们就会停止在土地上雇用更多的劳动。* 如果社会中不从事于种植农产品的△那部分行业，所制备的只是一些其他简陋的生活必需品，为这一目的所需要的数量是微不足道的，这时土地能够供养的其余的那些人将失去工作。既然缺乏对农产品的一部分作出正当需求的手段，这些农产品最初无论怎样丰富，数量也会逐渐减少。对土地上的产品缺乏有效需求，必然会减少耕种，这就会使为数更多的人沦于失

---

* 政治经济学的理论作家，由于恐怕使自己会显得过于重视货币，在其推论中往往把货币放在他们的考虑范围之外。我们要的是商品，不是货币，这是一个抽象的真理。但是，事实上，没有一种可以立即用我们的货物去换取的商品，使它能够成为流通媒介的一个适当代替者，从而使我们可以按使用流通媒介时的同样方式为子女作准备、购置产业或支配一两年后的劳动和粮食。对任何大量的储蓄说来，流通媒介是绝对必要的。即使是一个制造商，如果对工人的工资全部要用实物来进行蓄积，其事业就必然要进展得很慢。这就难怪他所希求的是货币，而不是货物。我们可以肯定，在文明国家，如果农场主或制造商出售他的产品时，不能获得以货币计的利润，他的勤劳意志就会立时消灭。流通媒介在财富的分配中和对勤奋的激励是那样重要的一个部分，因此在推论中如果把它搁在一边，就往往会使我们趋入歧途。

这里讨论的问题是关于积累的动机，这不是争论中的问题。我们谈的是积累的效应。两个问题是有显著区别的。

(205) 第 361 页。肥沃土地本身的定义就是，等等。

所有这些我都同意；但是这与问题无关。

(206) 第 363 页。像我们这样一个，等等。

业。这种作用和反作用将持续到新好尚和新习惯确立，使生产和消费恢复平衡时为止。这就很明显，如果没有足以鼓励商业、制造业和非生产性消费者的支出，或者是用意在于改变积累通常动机的均地法，土地所有人就不会有△努力进行耕种的充分积极性。⊗像我们这样一个既富庶又人口众多的国家，363假使存在着这样的节约习惯，就必然会变成一个贫困而又人口零落的国家。（206）

同样推论，对前提到的事例显然也可应用。如果农场主愿意消费制造商所生产的奢侈品，后者也愿意消费前者的农产品，那就一切都会顺利前进。但是，如果两方或两方中的一方，为了改善处境，或者是为了家庭的未来作准备，而愿意进行储蓄，情况就会大大不同。农场主现在对比较朴素的衣着已经心满意足，他不想享用那些丝带、花边和天鹅绒了。**⊗可是，由于这样的节约，他就使制造商不再能按原来数量购买他的产品；（207）这时在土地上使用那么多劳动得来的报酬，大大增长了的生产力，就显然没有了市场。同样情况，制造商也可以为将来打算而偏重储蓄，将糖、葡萄酒、烟草一概摒除；但是，由于农场主也实行节约，制造品缺乏需求，他的这种打算是要完全落空的。***

** 《爱丁堡评论》，第64期，第471页。
*** 在我看来，我所遇到的一些才智之士所提示的种种见解，要算萨伊先生"产品不论被消费还是被毁灭总是一种出路"的说法，与正确理论离开得最远，跟经验最不相一致了。然而，这是随着所述的新理论而来的，认为商品只应从彼此之间的关系来考虑，而不是从商品与消费者之间的关系来考虑。我不禁要问，假使在下半年除面包和水以外一切消费都停止，对商品的需求会变成什么样呢？那时，商品会堆积到什么程度！这是什么样的出路啊！由此会引起的是什么样的骇人听闻的市场啊！

这就是说，既没有节约和积累的动机，在需要这样有限的情况下，就不会有节约和积累，存在着这样简陋风尚的国家，就会变穷，人口就会越来越少。

（207）第363页。可是，由于这样的节约，等等。　　　　[318]
话是不错；可是，难道制造商的劳动者不会买，难道不能制造

364　　△这时，在某种程度上，双方都可能有一点通常食品和通常衣着的蓄积，但数量必然是极其有限的。假使单是为了供给劳动者的衣食而从事耕种，对农场主说来就没有任何意义。假使劳动者所生产的剩余产品，农场主自己既不消费，又无法使它转变为一种可以遗留给他子孙的形式，那么，他对他自己，对他的家庭，就都是一场空。假使他是个佃户，在田间的这一番辛劳将完全白扔。假使他是个地主，不管市场怎么样，一心为了将来，要使他的田产提供尽可能多的净剩余，这就可以肯定，这项剩余的大部分，他自己既不需要消费，也不需要用以为他自己或他的劳动者购置衣着，将完全被废弃。假使他既不想用这项剩余购买奢侈品，又不愿用以供养劳动者，那还不如把它扔进

些别的来代替？

　　（208）第365页。因此，对产品和人口两者，等等。

[319]　　这里格外感到缺乏的是人口。马尔萨斯先生说，"假使劳动者所生产的剩余产品，农场主自己既不消费，又无法使它转变为一种可以遗留给他子孙的形式，单是为了供给劳动者的衣食而从事耕种，对他说来就没有任何意义。"使他无法把剩余产品转变为一种可以遗留给他子孙的形式的，除了人口不足还有什么？我是个农场主，拥有谷物一千夸特，我的意图是，为我的家庭蓄积一宗财产。凭这项谷物，我可以在租来的土地上使用一定数量的人手，在缴

[320]　　纳地租以后的第一年，获得谷物1,300夸特，也就是获得利润300夸特。下一年，如果市场上劳动充裕，我可以雇用比前更多的人，1,300会变成1,700夸特，这样年复一年地累进到了一万夸特，这时如果劳动价格不变，我就可以支配十倍于我开始经营时雇用的人。*这样，难道没有为我的家庭积起一宗财产吗？难道没有使他们获得以他们所喜欢的任何方式去使用劳动的力量吗？我要这样

大海。△上面已经说过，假使把它节省起来，用以供养在土地上更多的劳动者，那就会使他自己及其家庭趋于贫困。

制衣的制造商，假使在农业劳动者和他们自己所需要的以外，继续生产衣服，就更加没有意义。制造商人数的多寡，实际是完全取决于农业者的需求的，因为制造商只有在对他们的制造品存在着交互需求的限度内，才会具有购买生活资料的手段。在这样的社会，用优良机器来供应简陋衣着，则这类行业所需要的人手为数一定是有限的，这些人对于肥沃而又加以精耕的土地所提供的正常剩余，只会吸收其中的一小部分。⊗因此，对产品和人口两者，都显然会普遍地缺乏需求。（208）如果说，对消费有适当的热情，不管生产

做时，除了劳动价格上升或土地的生产力减退，还有什么阻力呢？关于后一点，以前已经谈到，那是必然要限制一切积累的。关于劳动价格的提高，我也提过。假使人口没有跟资本齐头并进，劳动价格将上升，我每年获得的谷物量，就不会按 1,000、1,300、1,700 等等的比例累进，由于为取得所需要的劳动而不得不作出牺牲，我的资本也许只能按 1,000、1,200、1,300 等等的比例增加。这就表明，我的积累为什么会慢步前进的症结所在是劳动稀缺。那么，马尔萨斯怎么能说"对产品和人口两者都普遍缺乏需求"呢？然而，他确是可以认为，我的上述经营方式，会使谷物量的增加超过供养现实人口所需要的程度。

我承认这一点。但是，如果我的意图是在于蓄积，为什么要专一地生产谷物，为什么不去生产可能有需求的任何别的商品呢？

*附注。我拥有谷物一千夸特时，在一年内把它全部消费了，在以后每一个期间都这样做——谷物总是这样被消费掉然后把它再生产出来。许多人对积累这个词发生误解，我认为马尔萨斯先

力怎么样，就可以充分保持供求之间的正常比例；那么，同样可以说，过度热衷于积累，就必然会使商品供给超过这样社会的组织和习惯在消费方面所能容许的程度。*

366　　假使情形是这样，那么，把对消费者的热情与积累的热情△看成好像是属于同一性质而相提并论，认为生产性劳动者对衣食的需求，足以保证对商品的普遍需求，足以使用以生产这些商品的资本取得那样高度的利润率，从而足以适当地发挥土地的力量和人类的才智，最大限度地取得农产品和制造品——这种看法肯定是极其错误的。

采取李嘉图先生的利润观点的那些人也许要提出质问：当人口的增长只是由于需求缺乏而受到抑制时，所生产出来的商品将如何进行分配？据认为生产力并没有开始下降。可是，如果劳动者生产多而报酬少，那就可以说利润必然是高的。

* 读者谅已知悉，我并没有像欧文先生那样对机器的长远影响抱着不安心情。但是我坚决认为，在这一点上，跟那些认为有积累就保证有有效需求的论调相比，他的论证还是比较高明的。

生有时候也在所不免。有许多人认为谷物是要被积累起来的，其实要使这样一宗资本具有生产性，从而增加财富，就必须不断地把它消费掉并且把它再生产出来。①

[322]　　（209）第366页。由于缺乏需求，等等。

对积累资本，存在着炽烈的愿望。作出的假设是这样的。按照马尔萨斯先生的说法，其结果是，劳动者的"报酬也许并不高，无论就所取得的粮食数量说，或者就生产时所需要的劳动说，他的工资也许断然是低的"。

这就是说，我切望从我的收入中积累资本。如果用我的收入

① 这条脚注是写在一张散页上的。参阅上面第（146）条评注。

我在前面一章已说过，资本材料的价值与资本产品的价值，两者往往不会成比例地下降；单是这一点就往往足以说明低利润的原因。但是，与这一点无关，在除必需品以外的任何其他商品的生产方面，也足以说明问题，道理是很简单的。⊗由于缺乏需求，这类商品会价格很低，其整个产值中的一大部分会归于劳动者；虽然，劳动者的以必需品计的报酬也许并不高，无论就所取得的粮食数量说，或者就生产时所需要的劳动说，他的工资也许断然是低的。(209)

⊗△如果说，由于根据假设，制造品价值中一个很大部分是被工资所吸取的，这就可以断言，利润下降的原因是高工资——对这样公然地滥用言辞，我坚决表示反对。采用新词，或是在新意义下使用旧词的唯一正当理由是，以进一步正确的知识传达给读者。但是，这里不把商品价格下降而把工资上升说成是利润下降的原因，就显得作者好像是蓄意要使他的读者对事实真相尽可能地陷于无知状态。(210)

应当看到，关于必需品的生产，答复问题时没有那样简单，然而仍然可以把它完全搞清楚。李嘉图先生承认，与地力枯竭无关，由于社会有限度的需

作资本，我就需要劳动力，劳动者生产得很多，可是以他所生产的商品支付的报酬却很差，总的说来是，我将得不到丰厚利润，更谈不上发财致富。

(210) 第367页。如果说，由于根据假设，等等。

在所假设的情况下，劳动者不是取得在最后土地上所产谷物很大的一个部分，就是将不能取得制造商所制商品很大的一个部分。在最后土地上的农场主是个谷物的制造者，他不负担地租。业主与工人之间不管按什么比例分配所制造的产品，农业也将按同样比例分配所生产的谷物。

劳动是不可能在这一方价高、在那一方价低的，利润也是这

要,在土地上使用资本会有一个限度。就所假设的情况说,这个限度的范围必然是很窄的,因为除农业劳动者对产品的有效需求外,需要这项产品的人口是比较少的。⊗在这种情况下产出的谷物,也许会丧失作为财富的特性和属性。(211)我在前面一条脚注里说过,同一产品的各个部分并不是属于同一价值的。受雇的现实劳动者也许吃得相当好,在由农场主供养劳动者的那些国家里,实际上情况就是这样;*△但是对他们已长成的子女来说,却没有工作或粮食。当按照产品的分配,就是说,当产品除支付给劳动者之

* 在挪威和瑞典,特别是前者,其农业劳动者,或者住在农场主的家里,或者派给他一部分土地以代替工资,他一般总是吃得很好的,虽然,其地对劳动的需求不大,因此对这类工作存在着很强烈的竞争。对处于这样情况下的国家,要根据产量超过其生产中的消费量的余额来估计利润是完全徒劳的,这项余额往往几乎没有市场。一切显然取决于可处理产品的交换价值。

[323] 样。我认为劳动在两方都是高价。但是马尔萨斯先生反对由于劳动者以商品计的报酬优厚而称之为高工资。照说,马尔萨斯先生是最不应当提出这个反对意见的,我们本来是不应当从他那里听到这样的话的:"这是在新意义下使用旧词,或者是采用新词,从而意味着作者蓄意要使他的读者对事实真相尽可能地处于无知状态。"我说,最不应当这样说的就是马尔萨斯先生,因为他曾经告诉我们,货币工资只是名义工资,劳动的实际工资是由劳动者借此能够换取的必需品和享用品的充裕程度构成的。事实上,构成实际价值的是这些享用品和必需品,除此以外,一切都是名义的。但是,当我看到劳动者以实际价值计的报酬优厚,因此说他的工资是高的时候,马尔萨斯先生却一本正经地告诉我,说我以新义用旧词,这样做除了引起误解和迷惑别无作用。

幸勿误以为这次我采取了马尔萨斯先生的尺度;不论用他的

第七章　财富增长的直接原因　317

外的相对余额达到最高度的时候，农场主的利润原应达到最高度，而恰恰在这个时候，他在不同市场和不同收获中所得到的利润达到了最低度。劳动者的工资不能低落到某一定点之下；但是由于供给过多，产品的一部分暂时会绝对无用，并且由于竞争，其价格会那样地下降，以致只能提供最低利润。

⊗还有一层，如果由于谷物的需求减退，种植者为了改善其资本的使用方式、得到适当报酬而抽回他的资本，他仍然无法以任何别的方式使用他所抽回的资本（按照上面的假设，他是无法这样做的）；这就可以肯定，虽然他继续在农业上使用的△少量资本，暂时还可以获得相当利润，而这时作为一个种植者的处境，不论从哪一点来看，就像他所有资本的价值都普遍低落一 369

还是用我的尺度，工资总是高的。劳动者取得了产品中很大一个成分，因此我说他的工资高。除非货币价值有了变动，否则，他的以货币计的工资也是高的，因为，促使农场主和制造商支付以商品计的高工资的那些原因，同样会促使货币持有人支付以货币计的〔324〕高工资。至于货币、谷物和制造品的相对价值为什么要变动，这里没有提出充分理由。

（211）第367页。在这种情况下产出的谷物，等等。

产出的谷物也许会丧失财富的特性！那么谷物将异乎寻常地低贱，跟制造品相比是低贱，跟劳动相比也是低贱的。而马尔萨斯先生却说工资也许断然是低的。用什么来计算时是低的呢？当然不是谷物——他的①实际价值尺度。参阅第357页。②

① "他的"是插入的。
② 评注第（202）条。

样。(212)

⊗李嘉图先生说,在节约过程中,假使资本家所失去的全部为劳动者所得,对财富进展的抑制就只会是暂时的,因此对其后果无须担忧。但是,假使把由收入向资本的转化推迟到某一限度之外,由于对产品的有效需求减退,必然要使劳动阶级陷于失业;这就很明显,节约习惯的过度发展会招致悲惨的后果,会长期地使财富和人口处于显著衰退状态。(213)

这里的意思当然不是说节约、或者甚至消费的暂时减退,*对财富的增长,不是经常极其有利、有时绝对必要的。浪费肯定可以使国家毁灭。由于这个缘故,缩减现实支出不仅是必要的,而且当一国的资本与其产品的需求相比感到不足时,就必须暂时节制消费,以便为供给资本作好准备,△只有这样,才能为将来增加消费提供手段。⊗我的意思只是说,没有一个国家有可能通过长期缩减消费的方式来积累资本而成为富国。(215)因为,这样的积累远远超过了适应对产品的有效需求所需要的程度,其中一部分很快就会丧失

* ⊗如果收入先增加的话,节约或收入向资本转化,可以在消费不作任何减退的情况下进行。(214)

---

[325]　　(212)第368页。还有一层,等等。

马尔萨斯先生说,农场主除了在土地上,无法以任何别的方式使用其资本。我认为,既然他的资本在原有方式下不能产生利润,①他就会以另一方式使用。无论是资本家或劳动者,都有权需求劳动的产物。凡是他们所需求的,就会生产出来。

(213)第369页。李嘉图先生说,等等。

这里坦率地说明了马尔萨斯先生和我之间的分歧。读者必然会判断真理在哪一边。

① "既然他的资本在原有方式下不能产生利润"是插入的。

它的用途和价值，不再具有财富的特性。

在一定的消费假设下，资本积累超过某一定点，就必然会立即显得完全无用。即使考虑到由于商品既丰富又价廉，多半会使劳动阶级的消费增加，可是，这种廉价是由牺牲利润而来的，这就明显，即使积累动机不会很快减退，这种由节约引起的资本增加范围很窄，是很容易被越过的。

支配利润率和资本增进的规律，跟支配工资率和人口增殖的规律，存在着很显著而又很微妙的相似之处。

李嘉图先生曾明白指出，由于劳动者取得粮食越来越困难，即使在最有利情况下，利润率也必然要降低，积累的进增最后也必然要停止。我也曾同样在△《人口论》中试图说明，由于取得生活资料越来越困难，即使在现实事态中可以设想的对耕种最有利的情况下，劳动者的工资也会逐渐缩减，人口增殖最后也会停止。

⊗但是李嘉图先生并不以证明上述论点为满足。他不满足于证明取得劳动者粮食的困难是利润下降唯一绝对必要的原因，而我是表示完全同意他的这一论点的。他还接下去说，在现实事态中，利润下降再没有别的原因是

（214）第369页。如果收入先增加的话，等等。　[326]

我说，在消费没有任何减退的情况下，这是一直在进行的。②马尔萨斯先生对这个论点加上了一个条件："如果收入先增加的话"。我不懂他这句话——如果收入先增加是什么意思。先于什么？

（215）第370页。我的意思只是说，等等。

所谓从收入积累资本的意思就是，增加生产性劳动者而不是 [327] 非生产性劳动者的消费。消费在这一方面和那一方面同样确定，差别只是③在于由此而来的生产的数量。

② 以下的话是插入的。
③ "只是"是插入的。

具有任何程度的持久性的。(216)我认为他的后一说法,恰好陷入了我有可能陷入的同样性质的错误。假如我说明了无限制的人口增殖力,无比地大于土地在尽可能有利的情况下生产粮食的力量之后,还认为除非使土地力量赶上人口生殖力的努力已经到了尽头,否则人口是不会过剩的,那我就陷入了这种错误。但是我一直说的是,虽然同国土的范围以及这种土地可以生产更多生活资料的力量相比,可以极有理由地认为人口不足,△并且大大地不足;但是同对人口的需求以及供养人口的现实手段相比,人口也许是过剩的,并且大大地过剩。在这种情况下,尽管公认人口不足、希望人口大大增加,但是因此直接鼓励生育是无济于事的,是愚蠢的;因为,如果没有对劳动的需求,没有适当付偿劳动的手段,这种鼓励的结果,只会增加困苦,提高死亡率,而人口最后并不会增加。

⊗虽然李嘉图先生采取了不同的方法,我认为同样性质的推论也适用于利润率和资本的发展。我充分认识到,在全世界,简直没有一个国家,跟它的

---

(216)第371页。但是李嘉图先生,等等。

我难道没有说利润在一切情况下取决于工资?我有信心地提请参阅我的关于工资那一章,在那里除了取得粮食的困难以外,还提到了高工资以及关于相当长期间的情况,从而表明,我是不否认其他原因的。

(217)第372页。虽然李嘉图先生,等等。

这里再度认为资本会缺乏,人口会过剩,结果工资下降,而资本的使用却不会使商品生产者获得适当利润。①

如果马尔萨斯先生愿意告诉我们,他所说的在这种情况下的低工资是什么意思,我将深表欢迎。如果这种工资是付给工作做

① 这一分句原先是,"而资本却不会为商品生产者提供适当利润"。

领土与人口对照,不感到资本缺乏,有些是非常缺乏的,同时我也看到对增加资本希求的殷切。应当说,当商品的需求不足以使生产者得到适当利润,资本家不知道怎样或在哪里去有利地使用他的资金时,从收入中节约资金使这些资金获得进一步增加,就只会过早地减退积累动机,使资本家进一步感到沮丧,对有益和有效的资本增加很少帮助。(217)

⊗在不足的资本(218)和不足的人口这两种情况下,首先需要的是对商品的有效需求,即,有力量并且愿意△对商品付出适当代价的那些人的需求。373虽然高利润不会像高工资促使人口增加那样肯定地促使资本增加,但是我相信,高利润促使资本增加的情况,比一般所想象的更加普遍。这是因为,如我前已说及的那样,在许多国家,由于货币的利息高,当利润率实际是低的时候,往往被认为是高的;还因为,一般地说,资本运用的风险,正同低利润一样,对削弱积累的动机,减少积累的报酬,有着完全相同的影响。同时要看到,坚决侧重浪费和坚决放弃节约,会使利润长期处于高度。在特殊情况下,

---

得很少或不做工作的人,工资虽然在名义上是低的,在许多情况下,②我却要把它叫作高的。

假使我说,当资本对生产者不能提供利润时继续从事积累资本仍然是可取的这句话,其间是有某种根据的。这个举动不合乎资本家的意图,但对国家决不会有害。抱怨生产太多,跟抱怨水或空气太多同样地有理由。③我说,在这种情况下,资本就不会被积累起来。 [329]

(218)第372页。在不足的资本。

不足的资本是什么意思?如果资本是不足的,通过从收入中

② "在许多情况"是插入的。
③ 从"这个举动"起是插入的。

最有力的刺激也会遭到抵拒。但是依然不可否认的是，资本增加的自然和正常的推动力，是受到高利润怂恿的节约的力量和愿望的增进；并且，在任何程度上相似的情况下，这种节约的力量和愿望的增进，差不多必然会引起资本的相应增加。

足以说明这个意见的正确，并且可以进一步证明支配资本增加的规律和支配人口增加的规律的奇妙相似之处的最显著事例之一是，在一次不阻断贸易的战争中，资本损失会恢复得很快。对政府的出借使资本转化为收入，在借款最初使供给手段减少的同时，△会使需求增加。* 结果必然是利润提高。这自然要增加积累的力量和积累的报酬。只要资本家之间流行的节约

* 资本只是从最容易省免的那些事业中撤出，很少可能从农业中撤出。如同我在论地租那一章里所指出的，在非但没有从土地上撤出任何资本而且还不断增加资本的情况下，利润会有所增加，这是再通常没有的事。李嘉图先生不变价格的假设，使我们绝对不可能从理论上来说明事物的现状。如果认为资本不在供求的范围之内，则在战争时资本的迅速恢复这一惯见的事态，就无从解释。

的节约①从事积累资本，使不足的东西增加起来，怎么会引起任何祸害？

马尔萨斯先生的意思是不是说资本的利润不足？不足的资本，其利润将是高的。

（219）第375页。因此，虽然可以认为，等等。

增②加资本的诱力并不是出于对其产品的需求，因为需求是

① "中的节约"是插入的。
② 开首时原先有"我们都认为"字样被删去。

习惯同以前一样，资本损失的恢复就必然是快的；正是由于同性质的原因，人口于因故突然大量死亡之后，会很快恢复。

现在人们已经充分认识到，在上述后一情况中，以为没有先前的人口减少、仍然会出现同样的人口增殖率这种想法，是一个严重错误；因为，正是由于对劳动的需求所引起的高工资，才产生了使人口增加得这样快的影响。根据同样原则，以为没有先前的由支出问题引起的资本损失，资本也会迅速积累起来，在我看来，这种想法是同样严重的错误；因为，正是由于对商品的需求以及由此而来的对这些商品的生产手段的需求所引起的△资本高利润，才能同时产生从事积累的力量和愿望。 375

⊗因此，虽然可以认为支配资本增加的规律没有支配人口增殖的规律那样明显，但是，两者肯定是属于同一性质。这就表明，当增益资本所生产的产品没有相应需求时，而为了谋求财富持续增加，不断将收入转化为资本，就同没有对劳动的需求，供养劳动的基金无所增加时，而不断鼓励结婚和生育，一样地枉费心机。(219)

绝不会没有的。诱力是出于由出售产品而来的利润。而高工资可以完全消灭这种利润。

马尔萨斯先生所谓的对资本的需求，我把它叫作高利润。资本不是可以买进卖出的，是花了利息借入的，当利润高时，就会愿意付出很高的利息。在我看来，马尔萨斯先生在这里③的说法是"新奇而不合常情的"。④

③ "在这里"是插入的。
④ 参阅马尔萨斯著作第214—215页，脚注。

第四节 土地的肥力,作为财富不断增长的一个促进因素

[肥沃土地是一个国家可以拥有的财富的最大自然潜力。如果说一个拥有肥沃土地的国家财富不足,那是从相对意义而不是从绝对意义上说的。

376 如果土地肥沃,而土地位置最初的分配不当,与市场联系时交通上处于不利地位,其地的财富和人口就会增长得很慢,其居民就很容易染上懈怠习惯。

377 ⊗△据说,凡是拥有可供其自由支配的粮食和必需品的人,就不会长期缺少使他能够拥有某些最有用和最合意的物品的那些工人。*但这个论点跟经验似乎是直接抵触的。如果本国制造业的创立、扩大和改进是那样地轻而易举,我们的祖先就不会几百年来沦于供给恶劣的处境,以致不得不花费农

378 产品的大部分来供养一些怠惰的侍从。他们只要有机会,△也许极其愿意用剩余农产品来交换他们所熟悉的和懂得怎样去评价的那些国外商品。但是,要他们运用其支配劳动的力量,在自己土地上建立制造业,却是件困难的事,这既不符合其习惯,其智力也不相适应。即使土壤肥沃,也许对于所需要的原料的生产并不适宜。关于必要的机器、使用机器的必要技术以及管理方面的必要知识与活动力,起初势必是缺乏的,在这种假设情况下,其成长一定很慢。在社会的早期阶段,所需要的,所生产的,只是一些比较粗糙而不可缺少的物品,在这样的供应情况下,作为一个显要人物,为了表现自己,只要是他

* 《原理》,第2版,第21章,第292页。

力之所及，势必会乐于取得一些漂亮的国外商品和大批侍从，而不愿意使用在管理中要涉及许多麻烦的那些大量的笨拙的制造品。（220）

⊗然而，如果以各个工人为例，假定他具有一定程度的技术和勤劳，那就毫无疑问，他用于取得粮食的时间越少，用于取得享用品和奢侈品的时间就越多。但是，把这个论点应用到全国范围时，如果由此断定，取得粮食越便利，人民关于享用品△和奢侈品的供应就越丰富，那就是一种轻率而且错误的结论，由于对根据前提运用命题时的变化没有给以应有的注意，往往会发生这种错误。就这个例子说，一切得取决于一定程度的技术和勤劳以及使用它们的手段这一假设。如果工人于取得生活必需品以后，认为闲散、安逸比用进一步劳动取得更多享受为可取，那么，命题就立即失去其正确性。事实上，从各国现存纪录所证实的情况来看，必须认识到，在其发展的不同阶段，这种贪逸恶劳的习性在社会的早期是很普遍的，在最进步的国家也不是不常见的。（221）

⊗如果享用品和奢侈品的主要制造者，其生产只是为供自己享受而别无更进一步的强烈动机，社会上这部分产品就会少得可怜。这时使劳动阶级从

（220）第377页。据说，凡是拥有，等等。 [332]
这番话适用于我国，对半开化国家是不适用的。

（221）第378页。然而，如果以各个工人为例，等等。

如果工人的工资高，他可以爱怎么做就怎么做，懒惰或者争取奢侈品，两者随他选择。如果他的工资低，利润高，①他就没有 [333]
选择余地，必须为他的雇主生产享用品和奢侈品，否则就得挨饿，至于上述产品的数量和质量，取决于生产时所需要的便利程度和时间。

① 这条评注的以下部分原先是，"如果他能以较大的便利和较少的时间生产他所需要的必需品，他就必须为他的雇主生产享用品和奢侈品。"

事生产奢侈品的促进因素，主要是必需品的需要。假使这种刺激力量消失或大大削弱，生活必需品用很少的劳动就可以取得，那我们就完全有理由可以相信，用于生产享用品的时间将会更少，而不是更多。(222)

380 在耕种的早期，只是肥沃的土地获得耕种时，与生产时△所需要的劳动量对照，谷物的产量是最大的，这时我们看到的应当是，从事于农业的只占人口中的一小部分，大部分则从事于处理社会的其他需要。假使获得了供养劳动的手段，就不难使劳动从事于生产具有相当价值的物品，或者是，假使粮食很容易取得，就会以更多的时间致力于享用品和奢侈品的生产——假使情形确是这样，那就毫无疑问，上述情况是我们实际应当看到的。⊗但是，于考察不发达国家的情况时，我们看到的是什么？几乎一无例外，其全部人口中使用于土地的那个部分，同由于人口增加而不得不乞助于较差土地的那些国家使用于土地的那部分人口相比，在比例上要大得多，其致力于生产享用品和奢侈品的时间却是较少，而不是较多。(223)

在欧洲、实际在全世界拥有广大土地的国家，除一二例外，英国可以说

[334]　(222) 第379页。如果享用品和奢侈品的主要制造者，等等。

在英国的现时情况下，假使劳动者能以同样时间、同样劳动产出比前为多的必需品，马尔萨斯先生将作何看法？认为劳动者的处境将有所改善呢，还是大惊失色，认为将引起贪逸恶劳的后果呢？

(223) 第380页。但是，于考察不发达国家的情况时，等等。

这是用对制造享用品的技术、甚至对享用品的享受还一无所知的不发达国家的情况，来解答最先进国家关于技术、情势和力量的论证。所有这些不发达国家的粮食，当真是很容易取得的吗？

[335]　如果它们没有我们的改进技术，其劳动量既不大，就不会具有我们

是在耕种上最先进的国家。虽然就相对的肥沃程度说，英国整个土地的天然质量并不是很高的，但是同世界上任何其他农业国家相比，在农业上使用的人所占比例比较小，从事于享用品和奢侈品的生产或是靠货币收入生活的人所占比例比较大。苏斯米克列举了各国人口在城在乡的不同比例，△据他的计算，住在城市、不从事于农业的人口，跟住在乡村的人口相比，各国中比例最高是三对七；*而在英国，则从事于非农业的跟从事于农业的人口相比是三对二。**

⊗这是一个很不寻常的事实，由此突出地证明，在政治经济学中，得出结论时，单根据被动地起作用的物质的物理属性，而不考虑能动作用的精神上以及物理上的属性，是多么危险。（224）

如果土地由具有一定程度的勤劳和技术的人耕种，与所使用的人手对

* 《苏斯米克全集》，第3卷，第60页。《人口论》，第5版，第1卷，第459页。在外国，住在乡村的人很少是不从事于农业的，在英国却不是这样。
** 《1811年人口摘要》。

的某些生产手段。马尔萨斯先生说，在英国从事于农业的人，在人口中所占的比例①比别处小。这是很可能的，如果确是如此，是使人感到满意的；但是不可忽视的是，在英国的耕地上使用着为数较多的马和牛；它们也是列入劳动者名义的，是用以代替人力的，也是要用粮食来供养的。*

* 在英国农业中使用的，此外还得加上优良的②机器。

（224）第381页。这是一个很不寻常的事实，等等。

谁曾单根据土地的物理属性③而绝不考虑与使用于土地上的

① 这里有"大概"字样被删去。
② "优良的"是插入的。
③ "土地的物理属性"原先是"土地的状态"。

比，能提供大量产品，那么，这里所体现的，无疑是肥沃土地的物理属性。但是，如果肥沃土地所提供的生产便利，在某种情况下，具有妨碍勤劳和技术发展的效应，那么，与所使用的人手对比，其产量也许会比不那么肥沃的土地所生产的为少。

根据同一原理，假使一个人每周用两天的劳动就可以取得他一家所需要的粮食，而另一个人△须用四天的劳动，则前者比后者具有较多工作时间这一实质力量来取得享用品和奢侈品。但是，如果由于取得粮食的便利而养成懒怠习惯，这种习惯就可能使他宁可取得少工作或不工作的享受，而不愿以更多工作来取得享用品和奢侈品。在这种情况下，跟他不得不用较多的勤劳以取得粮食时相比，他用在取得享用品和奢侈品上的时间会比较少，在这方面的供应也会比较简陋。

⊗许多国家的现状足以或多或少地说明和证实上述这些论点的真实性，但是，大概再没有比亨博尔特先生近来所作关于美洲西班牙领地的极有价值的记述具有更明确的证明作用。（225）

劳动对应的生产力得出过任何结论？马尔萨斯先生花了很多时间来反驳一个从来未经提出的论点。他以为我说过，在一切国家，利润总是取决于最后耕种的土地的肥力，然后煞费苦心地证明这个意见是没有根据的。我从来未曾有过这样的见解，也不知道谁曾有过这样的见解。

在任何国家，利润总是同最后耕种土地上的劳动的生产力成比例的——只要各个劳动者以获得这样数量的必需品为满足。但是，由于情况并不是这样，由于种种原因，劳动的报酬是有变化的，利润这就取决于在最后耕种的土地上为取得产品所必须支付的那个部分与总产品的比例。

第七章　财富增长的直接原因　　329

谈到在新西班牙种植的各种植物时,关于香蕉他说,"我怀疑地球上是否还有别一种植物,能够在那么小的土地上产生那么多的富有营养的物质。"*在另一场合,他作了进一步详细的推算。他说,"在特别肥沃的地方,以半公顷种植大品种香蕉,可以供养五十人以上。在欧洲,假如以相同的面积种植第八类谷物,一年所提供的只有面粉576公斤,这一产量,还不够作两个人的生活资料。一个人口很多的土人家庭生活在一个小屋里,△在小屋的周围进行种植的只有极小的土地,这使得初到热带的欧洲人感到非常惊异。"**

[香蕉的产量,与所使用的劳动对比,是何等巨大,据说在盛产香蕉的那些地区的居民,除非禁止种植香蕉,否则绝不会摆脱他们的极度懒惰状态而振作起来。

虽然劳动阶级有充分时间可以为取得享用品和奢侈品而工作,但是他们

*　《关于新西班牙的政治论文集》,第3卷,第4篇,第9章,第28页。
**　同上书,第36页。

（225）第382页。许多国家的现状,等等。

这里马尔萨斯先生再次对没有争论的问题提出了煞费苦心的[337]证明。许多国家现在总是按其所具有的生产手段成比例地生产的!姑且认为是这样。马尔萨斯先生由此将得出什么推论呢？他是不是说,他是仇视在英国谷物生产方面获得新的便利条件的,因为由此会使人们陷于懒惰,会使他们丧失对奢侈品的爱好,会诱使他们满足于最菲薄的饮食？他的意思势必是这样,否则他的论证将完全落空。看一看南美洲生产手段低廉的影响,那个地方的居民是何等懒惰成性！为什么要注意到他们？无非是作为一个警惕的榜样。假使听从要使英国谷物低贱的那些人的危险计划,情况

不具备这类事物；由于缺乏为将来作打算的习惯，有时甚至感到粮食不足。

385　　贫困并不限于新西班牙低地，登上世界上气候最好的科迪勒拉兹山时，那里的情况也并没有什么两样。

386　　玉米是科迪勒拉兹山区居民的主要粮食，其生产率之高，远过于欧洲的谷物。

　　即使在墨西哥城，人们的生活资料也可以用每周一天或两天的劳动取得，然而他们却穷得可怜。

387　　在乡村地区，也同样普遍存在着贫困情况。由于玉米歉收，再加上人民的懒惰和缺乏远虑，饥荒是时常要发生的。亨博尔特把这几点说成是对人口危害性最大的制约。

388　　这种懒惰和无远虑的习性，必然成为财富和人口迅速增长过程中难以克

[338]　就是这样。我对马尔萨斯先生主要感到不满的是，他常常会脱离争论中的本题。他开始时争论的是某些措施会不会使谷物价格低廉，但在论证还没有结束时，却又努力于证明，使谷物低贱是不足取的，原因是由此会对人民发生的道义上的影响。这是两个性质绝不相同的命题。

　　萨伊先生说得好：进忠告，下说辞，不是政治经济学家的本分。①他要告诉你的是怎样使你富裕起来，但是他不会劝你宁可富裕，不要懒惰，或宁可懒惰，不要富裕。

[339]　　（226）第388页。土人的懒惰习性，等等。

　　所述矿场这一事实表明，关于南美洲整个论证，对英国并没有什么可资印证之处。实际上使我感到诧异，为什么要提出这样一个事实来证明在英国资本和人口两者可以同时丰足这个见解是有根

---

① "喂，先生，我曾说过多次，高明的政治经济学家是很少向读者有所劝告的"——《给马尔萨斯先生的信》，1820年版，第85页，并参阅第72页。

服的障碍。]

⊗土人的懒惰习性,由于其政治上处境而变本加厉,这是无可置疑的,但是尽管处境如此,当受到外界刺激时,这种习性也会有所转变;以下事实可以充分证明这一点。当其地发现一个新矿时,产生了对劳动和农产品的活跃的有效需求,附近土地即迅速地获得耕种。"需求立即唤起了勤劳习性,人们开始在邻近的山谷山坡上种地,岩石到处为沃壤所遮盖,农村在矿场附近建立起来。生活费高涨,而由于买主的竞争,农产品价格大大提高。山区的艰苦,本来使农民处于困境,这一切变化却使他们获得补偿,把他们从困苦中解救出来。"*(226)

△ 389

如果上述摆脱困境的现象,是对产品和劳动存在着真正活跃的需求的结

---

* 《关于新西班牙的政治论文集》,第3卷,第4篇,第9章,第12页。

据的。

由于关于英国和与英国类似的国家我说过,"假使我有粮食和必需品供我自由支配,我不久就会找到工人,他们会使我拥有某些对我最有用、最合意的东西。"马尔萨斯先生却以最笼统的形式叙述了这个论点,他说,"据说,凡是拥有可供自由支配的粮食和必需品的人,就不会长期缺少工人,等等。"②然后他说到南美洲,竭力表明,那里有的是拥有可供其支配的粮食和必需品的人,但是他们不雇用工人,这是由于:第一,他们不需要享用品和必需品;第二,即使有这种需要,工人也没有制造的技术,况且他们是懒惰民族,要推动他们去工作极其困难;第三,哪怕是最容易生产的商品,市场也极其狭窄,会发生长期过剩现象。关于南美洲的这一叙述,其中大部分也许是恰当的,用以驳倒他所要驳倒的那些原理时,整个

[340]

② 马尔萨斯著作第377页。

果,我们就不难了解其地的绝大部分为什么迟迟没有开垦的主要原因。⊗除了在矿场附近和大城市的郊区,其他地区对产品的有效需求并不足以诱使大业主在其广大土地上认真进行耕种。并且,我们已经看到,仅有的生活资料受到人口的压力很大,人口一般显然超过对劳动的需求,也就是超过其地农业和制造业实际上可以经常雇用的人数。(227)

土人置身于广大的肥沃土地,却时常感到由此而来的供应不足。在大地主拥有的广大土地上,他们很愿意耕种其中的一部分,这样就准可以为自己和他们的家属取得丰富的粮食。但是在领域的许多地区对产品需求的现实情况下,在土人愚昧和懒惰习性的现实情况下,这样的佃户所能缴纳的地租,也许还不及△土地在不耕种情况下所提供的收益,因此,在这类土地上,他们很少被允许去从中插手。结果,原来可以供养数以千计的人口的土地,却只是用来供养几百头牲口。

谈到维拉·克鲁兹州的一个地区时,亨博尔特说,"今天在许多平方公里

这一叙述也许显得是完全恰当的。但是,有些国家人口稠密,①资本、技术和工商业都很发达,人民对于自然界、艺术或科学所能提供的一切享受都有高度爱好,在这些方面是用不着认真审察的;上述论证,对这样一些国家说来,并没有什么可资印证之处。

(227)第389页。除了在矿场附近,等等。

在我看来,这一段里所说的显然存在着矛盾。"对产品的有效需求并不足以诱使大业主在其广大土地上认真进行耕种。"难道产品是任什么也换不到的吗?难道不能用以换取劳动,然后用劳动来换取一切财富吗?马尔萨斯先生应该答复这些问题。"仅有的生活资料受到人口的压力很大,人口一般显然超过对劳动的需求,

① "人口稠密"是插入的。

的土地上,只有两三间小屋,在其周围活动的是一些还处于半野状态的公牛。少数居住于中央高原上的有势力的家族,掌握着这个州和圣路易·波托西州的绝大部分土地。假使这些富裕的大地主坚决不同意开发这片广阔的土地,却并没有一条法律强制出卖他们的世袭财产。"*

⊗就这类土地所有人来说,往往由于疏懒和胸无定见而不去耕种他们的土地。(228)一般来说,这种倾向,原可以指望至少在相当程度上,会向更加稳固的利己主义力量让步。但是,由于土地极不合理的分配,使利己主义动机在扩大耕种方面不能发挥它本应具有的强有力作用。没有足够的对外贸易,使土地上的农产品获得价值;在制造品被广泛采用从而为国内工业△开辟道路之前,大地主们对劳动的需求很快就会满足;还有,劳动阶级使用他们的土地时,并没有什么可以提供。虽然这些地主们尽有力量在其土地上供养大批人口,但是由此使他们在享受上获得的增益,即使有也极其微薄,很难指望借此

* 《关于新西班牙的政治论文集》,第2卷,第3篇,第8章,第342页。

也就是超过其地农业和制造业实际上可以经常雇用的人数。"这里是这样一个地区,其土地的肥沃,几乎像神话样地使人难以置信,同时存在着无数人民,使生活资料受到的压力很大,他们愿意用劳动来换取农产品,而对产品的需求却那样少,以致不能为在土地上进行耕种提供动机。

(228)第390页。就这类土地所有人来说,等等。　[342]

既然是这样,土地所以得不到耕种,就不能归咎于产品缺乏需求。"由于土地极度不合理的分配,使利己主义动机在扩大耕种方面不能发挥它本应具有的强有力作用。"这是我能够理解的。但这并不是在欧洲的情况。马尔萨斯先生说过,所以不存在利己主义动机,是由于对产品没有需求。

就可以克服他们的自然惰性，就可以压倒对事业进行时可能发生的种种麻烦的畏难心情。如果土地经过划分和再划分，出现了大批新家庭，就会促进人口增加；而这个地区，由于其产权所处的原始状态以及由此必然会产生的封建的风俗和习惯，却丧失了发生这种现象的可能性。在这种情况下，产权的极端不平等，只会延续而不会纠正工商业的相对不足现象；如果由此阻碍了对劳动和产品的需求的增长，因而无法挽救由产权不平等引起的对人口的消极作用，这就很明显，西属美洲与其自然资源对照，也许会长期停留在人口稀少而贫困的状态。

事实上它正是这样。虽然由于与其母国的商业最近比较开放，其人口和财富特别在近几年有了相当发展；但是，即使在西班牙政府的统治下，△总的说来，其发展情况，跟假使产权在比较适当的划分下，使地力获得充分发展，使农产品获得经常性的较大需求时所能达到的发展情况相比，也还差得很远。

⊗亨博尔特说，"凡是认真研究过墨西哥土地的资源的人都知道，只要改用一种比较节约的耕作方法，并不需要使用格外的劳动来灌溉土地，就可以使已经开发的那部分土地，生产大于现在产量八倍到十倍的人民所需要的生活资料。"然后他又接着说，说得很正确，"阿塔利斯科、乔卢拉和帕布拉三处肥沃平原的农产品，其产量并不比别处丰富，主要原因是消费者缺乏，谷物在国内贸易中遇到障碍，特别是把谷物运赴安的列斯海沿岸地区时遇到的障碍，两种障碍都是崎岖的地势造成的。"*（229）从这些地区的实际情况看，

* 《关于新西班牙的政治论文集》，第3卷，第4篇，第9章，第89页。

---

[343]　　（229）第392页。亨博尔特说，等等。

马尔萨斯先生说，"他又接着说，说得很正确，'阿塔利斯科、乔卢拉和帕布拉三处肥沃平原的农产品，其产量并不比别处丰富，主要原因是消费者缺乏。'"在这样一个地区，难道劳动当真会缺少

使土地不能获得开发的主要和直接原因，确实是消费者缺乏，即缺乏一种力量，使产品的售价既可以推动人们从事于适当的耕种，又可以使农场主于使用地主的土地时给以所需要的适当报酬。使这样一种价格不能实现的最显著原因是，在国内和国外贸易方面那些自然或人为的障碍。

[亨博尔特说，新西班牙资本充裕，可见其地财富迟迟不能增长的原因是缺乏需求而不是缺乏资本。

总之，新西班牙的情况充分说明，单靠土地肥沃，不足以成为增加财富的一个促进因素。 393

根据爱尔兰的情况，也可以得出同样结论。] 394

爱尔兰种植土豆，以此为下层社会的主要粮食，因此为供养一个家庭所必需的土地和劳动，跟欧洲大多数国家相比，为量非常之少。生产上这样方便，但是由于没有同时存在足以促进财富增长的那一系列有利情况，结果使其所处境地，在许多方面与文明和发展程度较差的那些国家的情况相似。

⊗爱尔兰最突出的特征是，它所拥有的和可以发挥的力量，可以供养为数比它现在所能雇用的要大得多的人口，这一事态的自然和必然的结果是懒散习性的普遍存在。土地所有人和主要租地者掌握着粮食和必需品，或者至少掌握着取得这些东西的现成手段，并且看到，可以由他们支配的工人多的是；但是这些工人，在他们定居的田地里既没有充分工作可做，因此就很少可能使他们的地主得以拥有那些"最有用和最合意的"东西。（230）固然，有时由于人口过剩而引起的对土地的竞争，为宜于种植土豆的小块土地支付了很高的地租；但是，支付这项地租的力量，在很大程度上必须取决于从事工作△的 395

需求，仅有的生活资料当真会受到人口很大的压力。参阅第389页。①

（230）第394页。爱尔兰最突出的特征是，等等。　　　　　　　　［344］

① 上面第（227）条评注。

力量,而住在一块田地上能够支付高额货币地租的人,以户数计,必然有一个明显的限度。我们有理由可以相信,当爱尔兰贫农无法履行契约偿付地租时,就往往可以看出这种限度的存在。据说爱尔兰最精明的地主,出于人道和利己两种动机,现正竭力防止其土地上的人口过度增长。这样的增长,既会加深贫困程度,又会滋长懒惰习性。当人手增加,雇主不得不加以雇用,或号召他们从事于指定的劳务时,即使工资低,也很难使他获得补偿。他现在懂得,

[345] 爱尔兰所供养的人口大于它所雇用的人口,这也许是确实的;但是它所供养的并没有大于它所拥有的雇用手段。无论什么人,凡是要吃要喝的,并且身体健康,如果他别无取得粮食的手段,就不得不工作。根据马尔萨斯先生的叙述,表明在爱尔兰虽然供养了众多的人口,而工作完成得很少,因此在那里对于所完成的工作量付出很大的代价。资本家只占有产品的一个不太多的①部分。因此,按照我的理论,利润并不很高,与低贱的粮价对照,利润是不高。马尔萨斯先生否认这一推论。他认为地主和资本家拥有大量粮食和必需品,作为报酬,却没有能获得对他们说来最有用和最合意的那些东西。利润并不取决于数量,而取决于比例。为什么资本家不能凭他们所拥有的粮食和必需品取得对他们说来最有用和最合意的那些东西?因为在爱尔兰的技术和勤劳的现实状态下,对于在极其平凡的技术和勤劳下产生的成果,必须付出大量粮食,或者,实际是一样的,必须付出很大的价值量。其次是因为,爱尔兰特有的粮食和必需品在别的国家没有多大价值,因此不能用以换取别的国家任何大量的技术和勤劳。我没有说足以供养一百个人的粮食和衣着,会成为向英格兰、爱尔兰或南美洲取得等量的

① "不太多的",原先是"小"。

为数较少而比较勤劳的劳动者，可以为他生产较多的供城市和制造商消费的产品，由此劳动者对全地区一般财富的增长，也作出了较大贡献，他们自己的处境也会有所改善，并且使雇主也可以从他的土地上获得较多的和比较可靠的地租。因此不妨说，爱尔兰粮食和必需品的持有者，没有得到作为报酬时对他说来最有用和最合意的那些东西。

爱尔兰农村劳动者的懒惰是远近闻名的。

有用和合意的那些东西的手段；但是我说过，可以用这些粮食和 [346] 衣着来取得按照各该国家的技术和勤劳程度说来是有用和合意的那些东西。如果在国内没有技术，所生产的商品在别的国家没有价值，就不会有什么积累资本的动机；否则，如果这个国家是有技术的，但是技术在其地既稀罕又珍贵，就也会成为不能很快地积累资本的一个原因。但是所有这些推论跟英国有什么相干？我所谈的主要是英国。

我们这里是不是缺乏技术和勤劳？具有支配劳动手段的那些人，是不是无法取得那些有用和合意的东西？他们要得那些有用 [347] 和合意的东西时，除了劳动价格之外，还有什么会使他们的能力受到限制？如果劳动价格高，劳动者就有了得到这些奢侈品的一部分的手段；如果价格低，这些奢侈品将全部归于具有雇用他们的手段的那些人。

就爱尔兰的情况说，马尔萨斯先生没有用他的价值标准——支配劳动的力量来估计其地的财富，而是用这个力量可以使它取得的有用和合意的事物来估计其财富的。

有了一个价值标准，如果从来不用以估计价值，那又要它何用呢？

[根据经验看来，爱尔兰劳动者并没有利用其多余的时间，使他得以拥有大量的享用品和奢侈品。

396 由于跟要进行的工作相对下人口的众多，一些通常的促进因素没有能唤起爱尔兰农民的勤劳习性。

397 如果爱尔兰农民不论在家庭里还是在田地上的劳动能够保证有需求，他的懒惰习性也许很快可以改变过来。]

398 △也许有人会说，爱尔兰所缺乏的只是资本，假使这个缺憾获得弥补，其地所有人民就会很容易找到工作。资本是爱尔兰所最感缺乏者之一，这是很容易看到的。但是，假使认为，在可以实现的情况下输入大量资本，就会立即达到所要求的目标，就会产生跟似乎乐于接受雇用、从事生产的那一份劳动力相适应的一宗财富；这种想法，在我看是完全错误的。⊗在爱尔兰，能够提供的、用以制造外销商品的资本，显然必须取决于国外市场的情况；而能用于国内制造业的资本量，则显然必须取决于国内需求。(231) 企图用资本来夺取国外市场，势必促使利润过早地下降，在遭受巨大亏损之后，企图也许会完全落空。至于国内需求，当人民大众的习惯还处于目前的情况时，是决不足以消纳任何大量新资本的产品的。在这样一个国家，其地的必要粮食是用少量劳动取得的，人口与产品的产量是相等或大致相等的，这时，在下层社会对

399 享用品和奢侈品△还没有形成明确的爱好之前，要希望用生产粮食以外的时间产生相当数量的财富，要产生足以对这项财富提供有效需求的购买力，看来

[348] （231）第 398 页。在爱尔兰，能够提供的，等等。

假使爱尔兰于制造商品时，具有跟别的国家同样的技术，其劳动价格不在名义上而在实际上是低的，假使以少量货币可以完成大量工作，那么在国外市场的销售中，还会存在着什么限制。假使它能够卖出，它也就能够买进。它的出品既价廉物美，它难道不能跟所有其他国家展开胜利的竞争？需求缺乏只是由于手段缺乏。

是完全不可能的。但是，众所周知，爱尔兰农民对这类物品的爱好还有待于形成。他所需要的既很少，而且这些需要是惯于主要由国内供给的。其地的下层社会以土豆为主要粮食，土豆价格低贱，因此他的货币工资也很低，所得工资，除用以购买绝对的必需品之外，可以用于购买享用品的已所余无几。所有这些情况，都极其不利于通过供应国内消费的制造业来增加财富。但是，广大人民的爱好和习惯的变化是极其缓慢的；运用资本时，如果其数量超过了与变化进程相适应的限度，就肯定不会产生足以促使资本继续积累、继续以同样方式运用的利润。一般可以这样说，资本增加有赖于需求，就跟需求有赖于资本增加的情形一样。两者相互影响、相互促进，任一方如果远远落在后面，余下的一方就失去了进展的活力。

［一般地说，爱尔兰制造业和各种生产之所以受到制约，与其说是由于缺乏资本，毋宁说是由于缺乏需求。资本不一定会导致需求；而需求却一般会导致资本。

如果使爱尔兰多余的人口从事于工商业，它也许会比英格兰富裕得多；400 但是要达到这个目的，比较有效的是改变习惯，不是过早地供给资本。］

△因此可以说，根据爱尔兰的情况使我们得出的是，与新西班牙情况大 401 致相同的结论；它表明：

⊗供养劳动的力量往往比供养劳动的愿望在大得多的程度上存在着。（232）

一经取得劳动的成果，就不仅是有了消费这些成果的愿望，而且有 ［349］了消费这些成果的手段。

（232）第401页。供养劳动的力量，等等。

这里指的必然是资本家，而不是劳动者。我认为这个说法对爱尔兰是不适用的。那里还有什么资本没有被使用吗？

⊗如果只须用一小部分时间来生产粮食，由此不一定会促使人们用较大部分的时间来生产享用品和奢侈品。（233）

⊗在土地肥沃国家的财富不足，可能更多地是由于需求缺乏，而不是资本缺乏。（234）

⊗因此，一般地说，单是土地肥力，并不是对财富持久增长的一个有力的促进因素。（235）

（233）第401页。如果只须用一小部分时间，等等。

如果选择权操在劳动者手里，在那样情况下工资必然是高的，再说得确切些，其工作所得到的报偿必然是很优厚的，那么这里所说的就肯定不对。如果劳动价格低，选择权操在资本家手里，那么这里所说就肯定是对的。如果作出别样的假设，那就是认为有很大一部分①资本将得不到使用。

（234）第401页。在土地肥沃国家的财富不足，等等。

如果工资实际上是高的，这个说法是对的；如果是低的，这个说法就不对。

（235）第401页。因此，一般地说，等等。

如果人民习性懒惰，报酬优厚，并且很容易感到满足，那么这个说法是对的。

① "有很大一部分"是插入的。

第五节 节省劳动方面的发明，作为财富不断增长的一个促进因素

　　［在技术进展过程中，出于人类的需要，一般说来，会促进关于节省体力劳动的发明；而这种发明，很少会显著超过需要。

　　但是，适用于肥沃土地的规律也同样适用于机器：如果没有适当市场，402两者中的任何一个也无法加以充分利用。

　　机器的固有倾向是，使所产商品的代价减低，借此扩大市场，从而增加其总值；关于棉织业，就是这方面一个突出的例子。当机器具有这样的效应时，其致富的力量是可惊的。］

　　△但是，用机器制造的商品，如果不是属于这样的性质，即，对于该商品 403 的消费并不是随其代价的减低而扩大的，由此而来的财富增加，那就既不会怎么大，也不会怎么可靠。然而，这还是可能非常有利的，不过有利到多大程度，要碰机会。假定有若干资本家，他们一向各自用二万镑来制造一种消费有限度的商品，然后由于采用机器，节省了劳动，各自只须用资本一万镑，不必用二万镑，制出的商品即足以适应现实需求。在这种情况下，将有为数若干的一万镑，和这些资本所雇用的工人，失去被使用的机会。另一方面，收入中的一部分将多余出来，用以购买另一些商品，这无疑是极其有助于促进△闲 404 置资本在别方面的运用的。同时却必须看到，这种需求并不是新生的，即使获得充分满足，也只能借此补偿原来要用若干二万镑而现在只要用若干一万镑资本的那个部门在资本和利润方面的缩减。⊗但是，将资本从一种使用中撤出而投之于另一种时，一般总是要有些损失的。即使多余的资本全部直

接获得使用,其数额也将有所减少。即使这项资本也许可以提供较大的产量,它所支配的将不是跟以前一样的劳动量,除非使用的仆役增加,否则许多人将失业。这就表明,全部资本是否能够支配跟以前相同的劳动量是要碰机会的,机会好才能做到由原来的行业中撤出的闲置资本无所减损,并且立即在其他行业中获得同等的使用。(236)

[351]　　(236)第 404 页。但是,将资本从一种使用中撤出,等等。

　　的确,将资本从一种使用中撤出,投之于另一种时,一般是要遭受些损失的;但是,就所假设的情况说,损失决不会达到同由机器发明带来的利益相等的程度。个人也许会吃些亏,而社会是受益的。①

[352]　　的确,假使国内的全部资本用货币或劳动估计,则改进以后的将小于改进以前的估值;但是,我们不能由于资本用劳动的现行价格估计时其值较低,就跟马尔萨斯先生一样地作出推论,认为这时的资本所雇用的,当真是较少的劳动。雇用劳动的力量并不取决于资本的价值,而是主要取决于它每年所能提供的产量。因此我不能同意马尔萨斯先生的说法:"即使这项资本也许可以提供较大的产量,它所支配的将不是跟以前一样的劳动量,除非使用的仆役增加,否则许多人将失业。这就表明,全部资本是否能够支配跟以前相同的劳动量是要碰机会的,机会好才能做到由原来的行业中撤出的闲置资本无所减损,并且立即在其他行业中获得同等的使用。"我懂得他说这番话的意思。假定我在一个棉纺厂里有二万镑,由于用改进的机器制出的棉织品价格那样低贱,我认为以改营

---

① 这里有未完成的一段被删去:"假定我用十辆大型运货车,一百匹马,把货物从伦敦运到伯明翰,每辆所载值一百镑,十辆值一千镑。假定现在有了改进"。

为了考验这个原理，我们不妨把它再推进一步，假定在没有扩大我国商品的国外市场的情况下，借助于机器，只使用现在所用劳动的三分之一，就可以取得现在需用的一切商品；这时是不是有可能有利地使用大批闲置资本，或者是，是不是有可能使大批失业的劳动者找到取得全国产品中一个适当的份额的手段呢？假使国外市场有扩充余地，△借助于闲置的资本和劳动，可别的行业为宜，这时除非我能够将棉纺厂里的财产全部变卖，卖得现金二万镑，并且在别的行业中获得同等的使用，否则我所使用的劳动将不及以前那样多。

在原来所投资本二万镑内，一万镑也许是机器，这在任何别的行业中也许全然无用。因此，要撤出资本一万镑以上是行不通的。要晓得，问题不是在于能不能撤出那样大的一个价值，而是在于凭缩减的资本能不能使用那样大的一个劳动量。明显的是，在那个行业中所使用的全部劳动量，并不是与二万镑成比例，而是与一万镑成比例的。除一万镑所能付偿者外，不能使用更多的劳动，因此，发明改进的机器以后，所使用的劳动量没有作任何减少的理由。从个人方面说，当他不得不移动其资本时，我认为实际上他只能凭一万镑而不是凭二万镑取得利润。但问题是所使用的劳动量会不会有任何减少，社会得到的利益能不能超过个人遭受的损失。在这一点上，要使马尔萨斯先生满意，我已无须深论下去，因为他承认全部资本会提供较大的产量。再说，社会所主要关怀的就是这一点；增加享受的实际手段是符合愿望的，分配这类享受时，人民中占最多数的阶级所得的不应该是较小的份额。我们已经看到，用以供养劳动的将是为数无所改变的货币资本，人民既未经假定有所增加或减少，他们所得将是同样的货币工资。

以获得大大发展，情况就会立即完全改变，从这种贸易得来的收益，可以成为保持国民收入的价值的一个促进因素。假使只能使国内商品增加，这就完全

[354]　但是，总的说来，商品将更加丰富，其价格将更加低廉，结果每个人的工资将使他获得较多的享受。这里我故意把情况说得尽可能对自己不利，假定在新的情势下，一万镑固定资本对棉纺业不再适用，将不存在任何价值。假使这项固定资本，在任何某一别的行业中也可加以利用，这是很有可能的，那就会更进一步地增加产量，对消费者更加有利。

除非价值一万镑的劳动①所制造的棉织品，跟以前用价值一万镑的劳动和价值一万镑的固定资本合起来所制造的棉织品一样多，否则棉织品价格就不会下降到那样程度，以致一万镑固定资本被认为全无价值而加以放弃为宜；因为，如果由于使用原先的机器而使棉织品价额抬高了一千五百镑，其价格就得下降一千五百镑，才会使制造业者认为以放弃该项固定资本为宜。发生了这样的情况时，他只能从他的两项资本中之一获得百分之十五的利润，这是根据假设，他在任何某一别的行业使用他的一万镑时所能获得的。

马尔萨斯先生说，"为了考验这个原理，我们不妨把它再推进一步，假定在没有扩大我国商品的国外市场的情况下，借助于机器，只使用现在所用劳动的三分之一，就可以取得现在需用的一切

[355]　商品；这时是不是有可能有利地使用大批闲置资本，或者是，是不是有可能使大批失业的劳动者找到取得全国产品中一个适当份额

　　① "除非价值一万镑的劳动"，原先是"除非一万镑资本"。

有理由要担心，勤劳的习性会松弛下来。农民也许会为了获得一些烟和茶的享受而愿意增加几个小时劳动；但是，为了添置一件新外套，也许宁可安闲自

的手段呢？"②我回答：有可能的。假定有三个人，各自雇用十个人，一个从事于生产鞋子，一个生产袜子，还有一个生产呢绒，所有这些商品都是社会所需要、所要消费的。假定现在他们各自发现了一套改进的制作方法，按照新法，他们各自只须用五个人，就可以分别生产其数量与前相等的商品。这时他们都拥有雇用十个人的劳动的手段，他们会不会继续雇用那多余的五个人呢？在呢绒、鞋子和袜子的生产中，诚然是不会雇用的；但是在对人们有用和合意的无数商品内某些商品的生产中却不是这样。他们既有余力，难道不会以这项余力来经营他们可能比较接近的帽子、葡萄酒、啤酒、家具或别的任何商品的生产事业？依我看来，马尔萨斯先生的错误在于，认为除了扩充国外市场，就别无可为。我们对国内的生产，难道都已心满意足了吗？我们之中难道就没有一个想添置考究些的衣服、家具、车马，想使自己住得宽敞些的吗？当我们对这些事物还没有感到过多的时候，对生产便利方面的增进是决不会不关心的。"农民也许会为了获得一些烟和茶的享受而[356]愿意增加几个小时劳动；但是为了添置一件新外套，也许宁可安闲自在。"照这样说，就没有人会被要求去增加几个小时劳动；如果他所有的不超过他雇主的所有，他也许会有些烟和茶而没有新外套。要使他获得工作，只须他的雇主有需要，而马尔萨斯先生认为要使劳动者产生这种需要却那样困难。

② 这一引文以及这条评注内以下的一些引文，见马尔萨斯著作第404—406页。

在。佃农或小土地所有者，如果能按以前三分之一的价格取得通常的享用品和奢侈品，也许就不会像原来那样地努力劳动，从土地上取得像原来那样多的剩余产品。商人为了能够让他自己和他的客人们喝红葡萄酒和香槟酒而继续做他的买卖；若是为了添置家用器物，他也许会认为不值得经常操这份做买卖的心。(237)

据说，当一笔收入准备供应需求时，在使用劳动和资本以供应这一需求

"商人为了能够让他自己和他的客人们喝红葡萄酒和香槟酒而继续做他的买卖；若是为了添置家用器物，他也许会认为不值得经常操这份做买卖的心"！那么说，他将结束他的业务，靠资金的利息生活。在这种情况下，这笔资金仍然会由一个还没有获得足够的家用器物的他的后继者，以同样的热情，使他的资金获得同样生产性的使用。

"如果一个国家收入的总额，在很大程度上取决于劳动、活力和经营管理这些方面的努力，那么，在人们要取得的商品中，就必须具有一些使人们充分合意的什么，使之与人们的这种努力相抵，否则努力就会停止。"这无疑是对的。但是，在如我们这样的国家，有着成千上万的人，他们只要认为商品在大体上有任何程度的改进，于取得对他们说来是充分合意的那些商品时，就会在使用

[357] 别人资金的情况下——如果别人为这个目的把资金委托给他们的话——欣然提供那种活力和经营管理；即使认为对资金所有者说来（这在我是不以为可的），物品对他们自己并不充分合意到足以对他们的努力起鼓励作用。"人们实际上很少会只是为了购买除了其中含有所使用的劳动量外别无可取的商品，而每天到办公室坐上六小时到八小时。"

的方面，不可能存在什么困难；因为这样一笔收入的所有人，既不愿意把它留着不用，就会去买需要一百个人劳动一年来完成的一张桌子或一把椅子。就来自遗产或不费什么辛苦得来的固定收入的情况说，这也许是对的。大家知道，主要靠掠夺的那种轻松方式△来取得巨大财富的罗马贵族，为一些珍奇的奢侈品，有时不惜一掷千金。天平的那一端如果空无一物，则一根羽毛也会使这一端下垂。但是，如果一个国家收入的总额，在很大程度上取决于劳

我并不特别赞赏这种人的智慧，但这种人到处都是。那些金制餐具、珠宝首饰、花边之类，除了所使用的劳动量之外，还有什么会使它们具有那样较大的价值？然而就有那么一些人，认为为了把它们拿到手，付出无论怎样多的辛劳也值得。

（237）第 405 页。①

这里马尔萨斯先生的论证显得有些矛盾。他说，由于使用了机器，资本被闲置起来，因此你不能为你的劳动者安插工作。我以为接下去他将详谈这个阶级的不幸处境，因此将反对机器的无限使用。②恰恰相反。对于我们要寄以同情的劳动者处境是另一种写法：劳动者心头所犹豫不决的是，在烟茶享受之外，是一件新外套好呢还是安闲自在好。小佃户不晓得把他的剩余产品应当花费在什么上面。商人所关心的是能否找到国外市场，用我们的国内商品去交换红葡萄酒和香槟酒，因为他的处境是那样优裕，只有像精制饮料那样的东西，才能推动他照常干下去。假使对本国商品缺乏需求，这些就是要遗留给我们的灾害的话，不管它何时到来，我准备应付。

① 这里应摘录的马尔萨斯著作首句，原文缺。——译者
② "的无限使用"是插入的。

动、活力和经营管理这些方面的努力,那么,在人们要取得的商品中,就必须具有一些使人们充分合意的什么,使之与人们的这种努力相抵,否则努力就会停止。经验充分表明,有些人明知继续工作下去一定会改善境遇,但每天仍有人离开工作;多数人愿意为取得享用品和奢侈品而努力,但是在取得的数量上总会设置某种限度,虽然这种限度各不相同;实际上人们很少会只是为了购买除了其中含有所使用的劳动量外别无可取的商品,而每天到办公室坐上六小时到八小时。

⊗情形尽管是这样,但是,当以大量地租、利润和工资的形态出现的巨大收入,一旦在一个国家构成以后,其价值如果发生任何实质上的下降,就会作出相当大的抵抗。(238)休谟说得很正确,*他说,当社会的活动处于那样情况,即,通过对外贸易,养成了一种爱好,使得用于现实必需品以外的大量劳动具有了价值;这时,即使丧失这种贸易的大部分,国家仍然会继续△强大,因为,为了适应已经形成的爱好和已经产生的收入,国内多余的资本和才能必然会作出巨大努力,从事于改进国内制造品。但是,即使承认,这样一个国家的收入有可能在这种情况下继续保持,却不会有增长的希望;几乎可以肯定地说,没有国外贸易导成的市场,其收入决不会达到有国外市场时那样的数额。

* 《伦理与政治论文集》,第1卷,第293页。

---

(238)第406页。情形尽管是这样,等等。

这里是在什么意义上使用价值这个词的?

[360]　　(239)第408页。除以上考虑外,等等。

这里只是断言,由于机器的发明和使用和我国人民的高度才能,使我们能在极其便利的方式下产生的商品,由于市场扩大而获得很大利益。这种说法本来是无可非议的,除了斯本斯先生和少数跟他想法相同的人之外,我从来没有听见有人否认过这种利

第七章　财富增长的直接原因　349

关于这一点，如果看一下我国主要由于使用机器的结果而输出的商品数量，以及换回的商品的性质，我们就可以信服。根据截至1818年1月5日止一年的统计，单是在生产中使用机器的三种商品——棉织品、毛织品和包括钢制品的金属器具，其输出价额即达二千九百万镑。而同一年度的主要输入品中有咖啡、靛青、糖、茶叶、丝、烟草、葡萄酒和粗棉；单是这几项，其价值在输入总值三千万镑中就占一千八百万镑以上！试问，假使我们没有利用机器来扩大我们棉织品、毛织品和金属器具的国外市场，我们又怎样能取得这些宝贵的输入品？还有一层，这样的输入品是具有促进土地耕种、资本积累和人口增殖的影响作用的；假使我们没有这种输入，国内在哪里可以找到其替代者，△使之能具有同样的影响作用呢？⊗除以上考虑外，还可以引申一下。由于上述输出品的制造而获得了财富，市场在日益扩展中，不断需要使用更多的资本和更多的人手。假使没有这种输出，就得经常搜寻使用这些资本和这些人手的新方式；每有一种新发明，旧有业务中就会有一部分资本和人手得不到使用。现在我们不得不相信，假使在机器发明方面像过去那样地发挥了才能，而所生产的商品却没有像过去那样的扩大的市场，则我国的处境跟现在将完全不同，肯定不会获得如现在这样的地租、利润和工资的收入。(239)

[假使从爱德华一世时代起，我们一直没有对外贸易，单凭我们从陆地上益。① 无论如何，总不会怀疑我是轻视自由贸易的好处的吧。商业就是享用品和奢侈品的交流。随着市场的扩大，各国人民都可以做到最适度的分工，使他们的努力得到最有利的使用。由此不仅可以使他们得到除此以外别无他法可以得到的、比他们自己做得更好、价更低廉的商品，而且为他们提供了取得其他商品的手段；

① 参阅穆勒：《为商业辩护》（1808年）；其副题为《对斯本斯先生、科贝特先生等试图证明商业不是国民财富的根源的论证的答复》。

的收入,就不会达到现在所达到的程度,从工商业方面得到的收入将少得多。

欧洲的多数国家,在其地产的现实分配情况下,假使没有制造业和市场扩大的刺激,其人口就会比较稀少。]

409　⊗△在最近一次战争中,我们得到了蒸汽机的有力帮助,使我们得以换取大量国外产品和国外劳动。但是,假使我们不能输出棉织品、呢绒和金属器具,蒸汽机的效能将受到多大的削弱。(240)

410　△假使美洲的矿场可以顺利地用机器开采,西班牙国王的租税可以任意增加,从而尽量利用这种优势,那时矿场会为国王提供多大的收入! 但是很明显,如果贵金属的市场只限于邻近几个国家,而使用机器的主要结果是使资本和劳动闲置起来,这就会使机器的作用失去其重要意义。

这些商品,除了通过对外贸易,是绝对无法取得的,他们那里的气候是不适宜于生产这些商品的。

[361]　我们从对外贸易得到的利益,这里已加以充分认可。机器上的改进,加上广大的国外市场,其由此使我们得到的利益,比有了改进而没有这种市场时所能得到的利益要大得多,因为这可以使我们把时间和精力专用于我们具有高度生产技术的那些商品的制造。但这并不是争论中的问题。我们要知道的是,在任何情况下,改进除了对我们有利之外,会不会有什么相反的情况。马尔萨斯先生的论证表明,是会有相反情况的。

(240)第 409 页。在最近一次战争中,等等。

我认为马尔萨斯先生在这个例子里对于从蒸汽机等等得来的利益,未免有所夸大。采用这些制造商品代价较低的手段,使商品价格降低,就使我们不得不向国外付出较多的这些商品,用以交换一定量的他们的商品。因此,外国基于我们的改进而获得的利益,

第七章　财富增长的直接原因　351

　　就我国的现实情况说，曼彻斯特、格拉斯哥、利兹等城市的人口和财富都在显著增长，这是由于对它们商品的需求有了扩大，不断需要更多的人手来完成任务。假使由于机器的采用而节省了劳动，同时却不能适当地扩大市场，因此所需要的人手要少得多的话，这就很明显，这些城市将比较贫困，人口也将显得非常稀少。至于一个地区多余出来的资本和劳动，会使别的地区受益到多大程度，是难以断言的；在这个问题上，由于无法用事实验证，因此可以提出任何看法。⊗但是，有人以为，任何时候从这些制造业多余出来的资本，不仅会在别处被保持并得到使用，而且会得到同样有利的使用，△会产生如同在曼彻斯特和格拉斯哥所产生的那样多的交换价值，并使市场日益扩大。试问，这样的说法，是否有一丝一毫说得通的理由？总之，假使我们现在 411

隔一段极短时间之后，跟我们自己从他们那里获得的利益是同样大的。对可以买到这些商品的所有消费者说来，利益是共同的。假定某一国家发明了一种改进的机器，用以制造一种商品，专销国外市场，国内一无消费。在这种情况下，改进的全部利益将由国［362］外取得，而使用和发明这种改进机器的国家，却全然没有享受到这种利益——除非是这样一种利益，即，作为使它取得它所要买的那些国外商品的一个手段，在工作分配中，再没有比这样的分配能使它于使用人力时发挥更好的效果。

　　我认为，随着生产商品时的越来越便利，这些商品在国内的价格将下降，在国外也将跟着下降；凡是同意这个说法的，想来就不会否认上述结论。

　　使人难解的是，马尔萨斯先生对于由市场扩充产生的利益的价值，估计得那样恰当，而对于从谷物的自由贸易得来的利益，却那样轻视。扩充市场和自由贸易只是同一事物的两个名称；因为，［363］

输出的价值二千万镑的棉织品，由于国外的有力竞争或国内的主动禁止而完全停止输出，认为这时会使我们的资本和劳动一无困难地另谋出路，就利润方面说，对个人同样有利，就国家收入的交换价值说，使国家的财力同样获得增加；这样的说法，难道还有什么说得通的理由吗？（241）

⊗毫无疑问，任何国家有权消费它所生产的一切，不管其数量怎样大；任何身体健康的个人有权运用他的智力和体力，每天从事于十或十二小时生产劳动。但是，这些只是关系到一国的权力的空谈，不一定会涉及有关财富增

除了让商品可以从外国以最自由、最便利的方式买到以外，还有什么可以使我们的棉织品、呢绒和金属器具的市场达到更大的扩充？

（241）第410页。但是，有人以为，等等。

我就是这样的人，认为资本将在别处获得使用，并且在同样的利润率下获得使用；然而我毫不怀疑，假使棉织品停止输出，不得不将那个行业所吸收的资本使用于别处时，我们将成为在这样部署下的莫大的受害者。

利润率并不取决于对外贸易，而是取决于国内最后耕种土地上劳动的报酬和产品的分配。假使这两者都没有变动，贸易从国外转入国内的变化，也没有能使它们变动，则利润率将依然如故。[364] 如果我原来以二万镑资本每年获利二千镑，现在获得的会仍然是这个数目；但是，凭这二千镑，我不再能换取与以前等量的外产和国产商品。国家的整个收入还是属于同样的货币价值，并且应当说是同样的实际价值，但是体现这个价值的是品种有所减少的商品，其中有许多，其价格已经提高，用同样的实际收入所购得的将是较少的享受。

在这个问题上，马尔萨斯先生和我并没有实质上的分歧。他

加的任何实际结果。假使我们的棉织品不能输出,这就可以肯定,要把它们全部在国内消费掉,尽管我们有这样的权力,却不会有这样的愿望。这时,我们的国民收入和财富能否保持,将完全取决于从棉织业撤出的资本,能否用以生产同以前输入的国外产品同样受到重视、同样地为人民乐于消费的商品。(242)国外市场并没有什么神秘之处。最终的需求和消费总是出于国内的。如果商品能够在国内生产,能够促使人们一天做很多△小时的工作,这就会给人们带来同样的享受,⊗形成同样价值的消费,(243)这时就不需要什

认为货币利润将减少,而商品价格不动。我认为货币利润如故,而商品价格将提高。

我们表面上①的分歧,是由于我们估计价值时所使用的媒介不同。

(242)第411页。毫无疑问,等等。

要运用个人的体力和智力每天从事十或十二小时生产劳动,这需要作出相当程度的努力;但是,要他消费以前费心费力地生产出来的东西是不需要作出任何努力的。前者引起的是痛苦;后者引起的是愉快。这样两个不同类的事物,怎能相提并论呢?

就所假设的事例说,②我们也许不具有消费全部棉织品的愿望;但是,原来从事于生产这种商品的劳动,尽可用以生产别的我们愿意消费的事物。

(243)第412页。形成同样价值的消费。

一个国家的幸福取决于它所享受的事物的量,而不是取决于那些商品的"价值"。

① "表面上"是插入的。
② 这里有"的确"字样被删去。

么国外市场了。但是，我们从经验中知道，很少国家能够生产跟通过贸易从不同气候、不同土壤的国家所取得的具有同样效能的那些商品。假使没有这样的对外贸易，而生产力有了巨大增长，就会发生勤劳、消费和交换价值将趋于减退的莫大危险。假使机器促使国内商品价格低廉，所导致的是储蓄增加，而不是支出增加，这种危险就无疑会变成现实。

但是众所周知，生产的便利具有在国内和国外开辟市场的极强烈倾向。所以，就多数国家的现实情况说，没有理由担心于采用机器后会发生任何长期性弊害。一般总是认为，由此会导致财富和价值的巨大增长。但是仍然应当看到，用机器代替体力劳动的显著利益能不能实现，还得取决于所产商品的市场能不能扩大，对消费所引起的刺激能不能加强。假使市场没有扩大，消费没有加强，利益就会基本上丧失。优良机器的发明，就像土地的肥力一样，会提供巨大的生产力。但是，假使位置和环境，△或者社会的习惯和爱

马尔萨斯先生对于机器的使用究竟作何想法，毕竟是难以理解的。可以把世界看成一个广大的国家——马尔萨斯先生这样想时是不反对机器的最广泛使用的，在这一点上我是同意的。我们之间的分歧看来是这样的。我认为，假定一个民族定居于某一限定的区域，而出于某种偶然的原因，过去既没有、将来也不会与外国发生任何贸易关系，然而，他们仍然会从"资本的积累、土地的肥力和节省劳动的发明"①中获得纯粹的利益。马尔萨斯先生认为，所有这些因素，必须有需求与之同时存在，才能有利于人民；否则，在许多情况下，对他们将成为灾害性的礼物。而我认为需求只取决于供给，在我看来，取得大量商品的手段，②除了有利以外，是不可能带来别的什么的。

① 见马尔萨斯著作第413页。
② "在我看来，取得大量商品的手段"，原先是"上述因素"。

好,不允许市场充分扩大,不允许消费适当加强,这两种力量就没有一个能充分发挥作用。

最有利于生产的三大成因是,资本的积累、土地的肥力和节省劳动的发明。三者都朝着同一个方向发生作用。由于它们都倾向于便利供给而不涉及需求,因此,对财富的不断增长,不大可能各自地或共同地提供适当的促进力量;要做到这一点,就非有对商品需求的不断增长的配合不可。

第六节 为了确保财富的不断增长，生产力与分配手段结合的必要性

⊗我们已经看到，单是生产力，不论巨大到什么程度，是不足以保证财富在适当程度上的增长的。为了使这种力量充分发挥作用，看来还需要一些别的什么。这就是这样一种情况的产品分配，和产品对消费者的需要的这样一种情况的适应，从而使全部产品的交换价值不断提高。（244）

414　△就各个情况说，生产某一商品的力量，是按着对这一商品的有效需求的比例而发挥作用的。对生产某一商品起最大推动作用的是，在还没有以更多的资本和劳动使用于这一商品之前的高昂的市场价格，或者是其交换价值的提高。

⊗同样情况，对整个说来的一切商品的持续生产起最大推动作用的是，在还没有以更多的资本和劳动使用于这些商品之前，其交换价值的提高。（245）价值的这种提高，是由具体产品的这样一种分配而来的，这种分配

[366]　（244）第 413 页。我们已经看到，等等。

不错，欠完善的分配是会发生不利的影响作用的。但是，要防止这个弊害，只有让每个人生产他自己喜欢的东西，消费他自己生产的商品，或者用产品交换别人的劳动，此外还拿得出什么别的保证办法呢？他需求商品的力量，必然是决定于他选择他所生产的事物的能力的。

[367]　（245）第 414 页。同样情况，等等。

"在还有以更多的资本和劳动使用于这些商品之前，其交换价

与满足社会现时需要和唤起社会新需要是最相适应的。

前已指出，假使一个国家所有的公路和运河都被破坏，其产品的分配手段根本受到阻碍，其产品的整个价值将显著下降。很明显，假使产品的分配不能适应处于不同地位的现有居民的需要、爱好和力量，其价值也许会下降到微不足道的程度。根据同一原则，假使国家的分配手段获得进一步的方便，在适应消费者的需要、爱好和力量方面，比现在更加完善，那时全部产品的价值，就无疑会跟着大大提高。

我们只须根据经验，△就可以说明分配在提高大部分交换价值上的力量。415在英国还没有出现良好的公路和运河之前，产品在许多乡村地区的价格，与伦敦市场同类产品的价格相比，极其低廉。⊗在分配手段获得改进之后，农村产品的价格，和运赴农村用以交换农产品的某些伦敦产品的价格，都上升了；上升的程度，超过农产品在伦敦市场下降和伦敦产品在农村市场下降的程度。结果，全部产品的价值，或伦敦与农村合计的供给量，都大大提高。这时由于需求扩大，资本的运用因受到鼓励而有所增加，由需求扩大而引起的利润的暂时增长，又大大有助于必需的增益资本的提供。（246）

也许有人要问，怎样来估计全国总产品交换价值的提高？前面曾说过，实际交换价值，由于其本身性质上的关系，不容许有准确的、标准的尺度。因

值的提高"是什么意思？如果指的是与劳动相对的价值提高，那么，这就是劳动价值有所下降①的转弯抹角的说法。马尔萨斯先生是 [368] 用劳动者挣得的商品量②来衡量劳动价值的；不论什么时候，不论出于什么原因，劳动所得的报酬是较多的商品，就说劳动价值提高了，如果所得的是较少的商品，就说其价值降低了。

（246）第415页。在分配手段获得改进之后，等等。

① "劳动价值有所下降"，原先是"或者是商品价值上升而劳动价值没有对应上升，或者是劳动值价绝对下降"。
② "用劳动者挣得的商品量"，原先是"用商品而不是用商品的价值"。

此，就这里的情况说，提不出什么完美的尺度。然而，一般就短时期说，即使是我们最通常的价值尺度——现金银也可以应用。虽然，在抽象的观察下，财富几乎是与货币无关的，但是从世界各国相互关系的△实际情况看，如果一个国家对商品的需求，与供给对照下，没有增加或减少，其全部商品的现金银价值就很少会发生大幅度上升或下降。

然而无疑的是，现金银价值不但会普遍地发生变动，而且会在各个国家发生变动。这并不是说，一个国家全部商品的货币价格发生下降情况之后，就绝无可能促进财富的增长。作为应用于不同国家、不同时期的商品的一个最近似于完美的实际交换价值尺度，我曾建议用谷物与劳动之间的中点；*要估计谷物和劳动本身以外的任何商品时，我总是愿意引用这个尺度。但是，当谈到全国财富时，必须包括粮食的交换价值。由于粮食不能成为粮食的

  * 第2章，第7节。

在这里所假设的伦敦与乡村之间自由交流的情况下，我认为接着发生的将是劳动价值下降。如果谷物可以在进一步的便利下从农村运往伦敦，它在伦敦的价值将下降，由于谷物是劳动价格的支配者，劳动价格大概也将下降，而利润将上升。为什么谷物在伦敦要跌价？因为谷物从第一步到最后一步，从种植到运到目的地这一过程中，所需要的劳动量减少了。

交流的便利，会降低农产品在伦敦和伦敦产品在农村的价格，但是农村产品在农村的价格既不会上升也不会下降，①伦敦产品在伦敦的价格也是这样。支配它们在产地、实际是在其他一切地区的价格的，是它们的生产成本。*

  * 我所说的生产成本，是始终将按通行定率计的利润包括在

  ① "既不会上升也不会下降"，原先是"将不会上升"。

尺度，我一般要引用的是，产品在现金银价格支配下的国内和国外的劳动，或者是，人们为了取得劳动而愿意和能够使自己或别人作出的牺牲，以此为能应用的价值的最切实际的尺度。这个尺度虽然明知是不精确的，但在这里的目的上还是够精确的。

△整个财富，跟个别部分的财富一样，总是随着有效需求而来的。⊗凡是对商品有高度需求的时候，就是说，凡是全部商品的交换价值，在同样价格下，可以换取比平时为多的劳动的时候，就可以预期商品将普遍增加，作出这种预期的理由，就跟当个别商品的市场价格上升时，可以预期其产量将增加的理由一样。反之，如果一个国家的产品用它所换取的劳动来估计时，价值下降，这就很明显，用以易购同样劳动量的力量和愿望，必然有所减退，对增加产品的有效需求，必然是暂时受到了制约。（247）

李嘉图先生在他的《价值与财富》那一章里说，"一定量的衣服和粮食无论

417

内的。

（247）第 417 页。凡是对商品有高度需求的时候，等等。

我们看到，马尔萨斯先生总是不失时机地强调在推动国家作出努力方面需求的重要性，总是害怕会缺少这种鼓舞力量。既然是这样，我们不妨探索一下，他使用"需求"这个词时，所赋予的是什么意义。这里他告诉我们，对商品有高度需求的含义是，全部商品的交换价值，在同样价格下，可以换取比平时为多的劳动。

假定我有一批存货帽子、鞋子、袜子等等共值一千镑，劳动工资是一天二先令，我的全部商品以劳动计值时为一万日劳动。如果价格降为一先令八便士一天，我的商品价额仍为一千镑，但它所换取的则为一万二千日劳动。按照马尔萨斯先生的说法，这时我的商品的需求增加了，这一增加了的需求会促使生产增加，就像个别

[370]

[371]

由一百人还是二百人的劳动生产出来,所能供养并雇用的人数是相同的,因此都能取得相等的所要完成的工作量。然而生产时如果使用了二百人,其价值却会加倍。"*但是,这个说法,即使用他自己特有的那种价值估计来说,

* 《原理》,第20章,第279页。

商品的市场价格上升时会使那种商品的生产增加一样地肯定。如果让我来表达的话,我就要说,商品价值没有变动,而劳动价值下降了,由于劳动价值下降,利润上升了;而不是把这个现象叫作需求增加,也不是把由于商品换取较多的劳动这一现象叫作商品价值提高,商品所以能换取较多劳动,也许是由于人口过多,因为再没有别的可以构成劳动的低商品价格。商品的需求既没有扩大,也没有缩小,但是雇主将有权多消费些,劳动者将少消费些。至[372]于高利润会不会促使生产推进,这要看雇主是要把他增加的收入积累起来还是花费掉而定。利润普遍高涨时对增加商品生产所提供的诱力,跟某一商品的高昂市场价格对这种商品增加生产所提供的诱力,差别是很大的。

在后一情况下,高利润只能于生产那一种商品时取得;在前一情况下,高利润是全体享有的。假使认为,由于用劳动估计商品时,其所值现在是一万二千日劳动,而不是一万日劳动,因此能够实行一万二千日劳动的劳动者将被雇用;这样的想法是错误的。假使雇主的所有以及他们所储蓄的①全部供作生产性使用,情形才会是这样。但情形决不会是这样。如果葡萄牙一个朋友送我值一千日劳动的一桶红葡萄酒,这个国家的商品的所值将比前多一千

① "的所有以及他们"是插入的。

也决不会是正确的。⊗除非在极端反常的情况下，否则只花费一百天劳动得来的衣服和粮食，决不能取得与花费二百天劳动△相等的所要完成的工作量。(248)作出这样的假设，就等于说，用必需品估计的劳动价格，在任何期间、任何国家都是一样的，而不是取决于与劳动对照下必需品的有余或不足；

日劳动；但是，如果我和我的儿女们把这桶酒喝了，被雇用的就一个人也不会增加。②我决不希望看到，"全部商品的交换价值，在同样价格下，可以换取比平时为多的劳动"，因为，从高利润得到的利益，我是高度重视的，但是我决不希望看到我的利润是由于使劳动阶级受到损失而增加的。我深信，在这个问题上马尔萨斯跟我有同样的心情；可是，他却没有觉察到，上面所述就是商品价值提高而数量不增加③时会带来的情况。我们想望的是，商品数量增加而价值不增。④全部商品的货币价值可能跟以前一样，这时劳动价格如果从每天二先令下降到一先令八便士，他的处境也许会更好些，因为他用一先令八便士也许比以前用二先令时，可以买到更多的东西。利润率将同以前一样地提高，但不是由于使劳动阶级受到损失而提高的，只是由劳动的生产力增长而来的。

(248)第417页。除非在极端反常的情况下，等等。

我知道这一点，并且欣赏这一点。如果做得到的话，一切利益将归于利润。深所想望的是，一部分将归于劳动者享受的增加。

② 原稿上这一全句写在一张粘着的纸条上。纸条覆盖处的文字是接着上一句写下去的：（但情形决不会是这样），"不会有一万日以上能经常受到雇用而全力工作，其中六分之一……"；这一段经更改变为"不会有比现在能挣得一万日工作的更多的人，能经常受到雇用而全力工作"；这一段再被替换如上。
③ "而数量不增加"是插入的。
④ "而价值不增"是插入的。

这样的假设是与一切经验抵触的。在英国，九夸特小麦大致可以换取一年的劳动；但是在美国，十六夸特还很难取得所要完成的相等的工作量。⊗假使，或者是由于收入转化为资本的过于迅速，而使生产性劳动突然增加，或者是等量的劳动，其生产力突然提高，这就毫无疑问，一定量的必需品将全然不足以发动等量的劳动。如果产品交换价值的下降，在比例上超过了产品数量的增加（这是很容易发生的），那时，增加了的必需品量将不足以发动同以前一样的劳动量，财富的增长将被断然制止。（249）

⊗如果由于对外贸易衰落或其他任何原因而使产品的需求减退，财富增长的被制止将更加明显。在这种情况下，产品的数量和价值不久都会缩减；这时，由于缺乏需求，劳动价格虽然很低廉，而资本家将失去雇用与前相等的

[374]　（249）第418页。假使，或者是由于，等等。

我是个农场主，生产谷物100夸特，我把其中50夸特给予我的劳动者。我改进了土地的生产力，没有增雇劳动，取得了谷物120夸特，我现在给我的劳动者55夸特。制帽者、制衣者、制鞋者在他们的行业中作了同样改进，对于所取得的产品，在他们自己和他们的劳动者之间，在同样比例下作了分配。社会不是富裕些了吗？它的处境不是比以前好吗？不管你喜欢把价值叫作什么，不管你说商品在上升或下降，社会的情况不是肯定比前有所改善吗？

马尔萨斯先生说，①"由于等量的劳动，其生产力突然提高，这就毫无疑问，一定量的必需品将全然不足以发动等量的劳动。"产品将归谁所有？业主还是工人。如果归于前者，他们将有力量换取较多的劳动。如果归于后者，虽然所使用的将不是等量的劳动，而劳动者处境是优裕的，业主在减少了劳动量的情况下，也将跟以前

① "马尔萨斯先生说"，原先是"马尔萨斯先生这样说会是对的吗"。

劳动量的愿望和力量。(250)

⊗△在任何情况下，用劳动估计的产品价值的不断提高，对财富的不断 419 和无阻碍的增长说来，似乎是绝对必要的。因为没有这样的价值提高，就不能发动新加入的劳动。(251) 为了保持这个价值，对产品就必须实行有效的分配，在所要消费的事物与消费者的人数、需要和力量这两者之间，也就是在商品的供求之间，就必须保持一个适当的比例。

前已指出，如果社会上层阶级不断缩减支出和消费，从而导致资本的迅速积累，产品的这一价值就无法保持。*然而，人们一下子就会认识到，从收入中节约出来以增加资本，是财富增长过程中一个绝对必要的步骤。那么，

* 本章第3节。

一样宽裕。在这种情况下，马尔萨斯先生是不是要把它说成是一 [375] 种弊害，认为一定量②的必需品将全然不足以发动等量的劳动呢？我们所想望的是，情况将不是这样。

（250）第418页。如果由于对外贸易衰落，等等。

在我看来，这个结论下得何其荒谬！

（251）第419页。在任何情况下，等等。

在这个问题上谈得过久，恐怕读者要生厌了，但是马尔萨斯先生却缠着这个问题不放。他在这里的主张，其含义必然是这样：如果一个国家一切种类的生产都增加了一倍，除非它能支配较多的劳动，否则就不能说它比前富裕。我则认为，其利润在价值上③也许没有提高，但它所取得的享受却在量上加了一倍，因此它比前加倍地富裕。

② "一定量"，原先是"等量"。
③ "在价值上"是插入的。

怎样实行节约，才可以避免引起所担心的价值缩减呢？

⊗节约是可以实行的，而且实际上几乎是一直在实行的，只要价值或收入事先有了增长，在这种情况下，节约不但不会减少需求和消费，而且在过程的每一阶段，需求、消费和价值实际都会增长。（252）事实上正是价值和收入的这种事先的增长，△既有力地促进积累，又使这种积累在财富的继续产生中发生促进作用。

[西斯蒙第先生认为任一年的产品价值，只是以上一年的收入价值为限。这就否定了价值的增长。通过比较适当的产品分配和比较适当的对社会需求的适应，交换价值和需求的大幅度增长，可以在任何的一年实现。]

⊗△一个国家的财富，虽然是要比较缓慢地积累起来的，但其方式也跟经商的个人的致富方式一样，不外是储蓄；但是，储蓄要从增加的收益中得来，这样就不会牵涉到对奢侈品和享用品支出的削减。（253）

⊗不知有多少商人发财致富，可是在其致富过程中，也许简直没有一年

马尔萨斯先生承认财富和价值不是同一事物，可是他在这里断言，"产品价值的不断提高，对财富的不断和无阻碍的增长说来，似乎是绝对必要的。"如果你设法使商品的量加了一倍而没有使用更多的劳动，这样，难道国家的财富就没有增加吗？①

（252）第419页。节约是可以实行的，等等。

无疑，这是一个方式。

（253）第421页。一个国家的财富，等等。

然而，应当承认，个人可以通过减少对奢侈品和享用品的支出来改善他的处境。为什么国家就不能这样做？

（254）第421页。不知有多少商人，等等。

① 这一段是插入的。

不是减少而是在增加其奢侈品、享用品和馈赠品方面的支出的。(254)我国的资本总额是巨大的,在最近二十五年来肯定有了显著增加;但是回顾过去,几乎找不到什么在供养非生产性劳动方面△减少支出的迹象。然而,即使是找到了这些迹象的,也会发现,这些迹象跟这里提出的理论完全符合。这些迹象总是出现在这样的时期,其时由于特殊情况,国内产品的价值不能维持,结果支出力量大大降低,财富的产生受到了很大阻碍。

⊗也许有人要说,这样强调分配,并且用总产品交换价值来衡量需求,未免过于偏重国家的总收入而不顾及其净收入,过于偏重在每一件事物上要使用为数最多的人手的那种耕种和制造的制度。(255)但是,前已指出,无论在农业或制造业,通过节省劳动和提高技术,使国家可以加强耕种较差土地而不致减少利润,可以广泛扩大其制造品市场,这必然会提高全部产品的交换价值。无可置疑,最近三四十年来,我国全国财富在价值上所以有迅速和惊人的增长,上述两个因素是其主要根源。

　　的确如此。但是,一个赚取等额利润的他的同业者,如果避免在奢侈品、享用品和馈赠品上增加支出,岂不致富得要比他快些。

　　(255)第422页。也许有人要说,等等。

　　这里又是用商品的交换价值来衡量需求。交换价值是用什么来计算的。是用劳动吗?假定你使国家的一切商品在数量上②增加了百分之二十,通过提高工资,使劳动阶级可以取得增益商品的全部;这时难道由于数量有所扩大的商品所换取的只是跟以前一样的劳动,你就没有提高商品的价值吗?这时每个劳动者都会具有需求和消费商品的增益量的力量和愿望;尽管如此,而由于商品没有能换取较多的劳动,难道这就表明需求没有增加吗?"在这

　　② "在数量上"是插入的。

423 因此，主要谈一国的总收入而不谈其净收入，决不是轻视由技术和机器得来的巨大利益，只是对总产品价值给以应有的△重视。论述国家财富时，只提净收入，决不会在任何程度上令人满意。重农学派由于单是谈土地的净产品而失去了他们著作的实际效用。还有些作家，认为构成财富的只是地租和利润，把工资排除在外，这就犯了同性质的错误，不过在程度上轻些。那些靠劳动工资过活的人，不论从事于非生产性劳动还是生产性劳动，其收入和支出占年产品中的绝大部分，他们缴纳巨额赋税以支持政府，构成了国家物质力量的中坚部分。在偏于谨慎习尚的风气下，整个这一广大集体，日子也许过得几乎同其他两阶级中的个人一样地安乐，其中较多的人，虽然不是大部分人，也许会感到更加安乐。因此，从任何方面看，不论是在年产品中所得的份额，或者是可以认为是这一份额所给予的健康和幸福，总得把靠劳动工资过活的那些人看成是社会中最重要的部分。任何为财富所下的定义，假使为了供应全部人口，要求他们获得较少的年产品，从而涉及他们人数的减少，那就必然是错误的。

424 在本书第一章，为财富下的定义是，"对人类必需的、△有用的和合意的那些物质对象"，然后我说，一个国家是富还是穷，取决于这些物质对象的供

样情况下供应商品，对生产者说来是不感兴趣的。"这没有答复问题；商品是供应了的。我们不否认，要资本家于生产商品时，其所换取的劳动不超过在其生产中所使用的劳动，他没有这样的动机。

[379] 但是，假使他采取跟他的兴趣相反的动作，他怎样会使他的国家受到损害？为什么要怀疑生产出来的商品的需求和消费？为什么有必要去劝告某个人不要继续从事生产？难道他自己的利益所在不会告诉他，他是在为别人的消费而从事生产？尤其不解的是，赋税怎样会使他感到安慰？由于得从他那里或从他所雇用的工人那里

应，与其领土面积对照下，是充裕还是缺乏。人们会看到，这个定义不包括所谓可处理产品量或赋税基金的问题；但是我们仍然认为，为一国的财富作出这样的定义，比只以可处理部分为限的定义要正确得多。假使一国的人口和产品减少了三分之二，而其地租和利润仍有可能保持不变的话，我们对于这个国家的财富应当怎么说呢？根据上述定义，这个国家肯定是比前穷得多，不同意这个结论的人，我想是不会很多的。

在国家财富的定义中，最好是既包括对可处理产品的考虑，也包括产品的实际数量和价值；这是无可置疑的。但是这样一个定义似乎在事实上不可能。因为，可处理产品的什么样的增加，才可以算是相当于总产品的某一减量，就各个情况说，各人的意见不同。

因此，我们不得不以一般地提到全国产品的数量和价值为满足；随后可以作为一个单独的、虽然是极其重要的问题来叙述——某些国家，其产品的数量和△价值彼此相同，而其中的可处理产品，则有的比例较大，有的比例较小。⊗关于这个方面，无疑的是，拥有肥沃土地的国家，跟那些财富几乎完全依靠制造业的相比，处境要优越得多。在人口相同、利润率相同、产品的数量和价值也相同的情况下，土地富饶的国家，其可处理财富所占的部分必然是最大的。(256)

425

取去一个部分，以致使他资本的一部分没有利润，这会使他感到什么样的安慰，我无从猜测。

（256）第 425 页。关于这个方面，等等。

[380]

马尔萨斯先生说，一个农业国家与一个工业国家相比，"在人口相同、利润率相同、产品的数量和价值也相同的情况下，其可处理财富所占的部分必然是最大的。"请问，两者怎么会有相同的人口、相同的利润率和相同的产品的数量和价值？价值和产品的总额，在工业国家，是要在工资与利润之间进行分配的，在农业国家，幸而，我们很少有必要去断定由增加净收入而牺牲总收入所引起的利弊。各个资本家，不论所从事的是哪一行业，他们的利益所在，必然会促使他们注意节省劳动。理论和经验都表明，他们在这方面的有效努力，由于提高了生产力，为最大限度地增加总产品的数量和价值提供了手段，*这时所需

---

* ⊗根据这里作出的论证，读者会看出，我绝不能同意李嘉图先生在《论总收入与净收入》那一章里提出的论点。我要率直说明的是，这里有这样一个国家，它的原有的来自地租和利润、由粮食和衣着构成的净收入，是供五百万人使用的，假使这样的净收入，不是取自五百万人，而是取自七百万人，同时大家都得到同样适当的供应，那就可以肯定，它比原来富强。产品总量将扩大，增出的二百万劳动者，其中有些无疑会有一部分可处理工资。（257）但是我还要

是要在地租、工资与利润之间进行分配的。如果在相等的价值中，双方对工资和利润，分别给以同样的价值，那么，在农业国家还有什么是留给地租的呢？

（257）第425页。根据这里作出的论证，等等。

马尔萨斯先生说，"增出的二百万人，其中有些无疑会有一部分可处理工资。"那么说，他们将据有净收入的一部分。我不否认，可能会是这样的工资，从而使劳动者获得净收入的一部分。但是我把我的命题限于这样的事实，即，工资很低，除绝对①必需品外，不能使劳动者有任何剩余。马尔萨斯先生没有正确地引用我的话。我说，②"如果五百万人能够生产一千万人所必需的粮食和衣着，则净收入便是供五百万人使用的粮食和衣着。假使需要七百万人来生产这一等量的净收入，就是说，要使七百万人来生产供一千二百万人使用的粮食和衣着，那对国家又会有什么好处？这时，净收入仍然是供五百万人使用的粮食和衣着。雇用更多的人，既不能

① "绝对"是插入的。
② 见英文版《李嘉图著作和通信集》，第一卷，第348页。

第七章　财富增长的直接原因　369

要的是，于商品的供给增加以后，△其分配和消费，足以不断提高其交换　426
价值。

⊗一般说来，产品的增加和价值的提高是一道发生的；（258）这是极有利于财富增长的、正常和健康的状态。产品数量的增加，主要取决于生产力，产

> 问，在这样变动的情况下，资本和人民结果会怎么样呢？极明显，其中很大一个部分必然会成为过剩和无用。然而，我完全同意李嘉图先生在肯定节省劳动和机器发明这个方面的见解，不过这是由于，我认为由此可以提高总产量，从而使更多的人口和更多的资本可以有发挥力量的余地。如果节省劳动所带来的结果是如同李嘉图先生所指出的那样，那我就会跟西斯蒙第先生和奥文先生的态度一样，把它看成严重祸殃。

使我们陆海军增加一名士兵，也不能使赋税多添一个几尼。"

"亚当·斯密所以偏重足以最大限度地激发勤劳的那种资本的使用方式，并不是由于大量人口可以产生任何想象中的利益，也不　[382]
是由于可以使较多的人享受幸福，而显然是由于这样才能增加国家的力量"等等。

马尔萨斯先生认为不需要七百万人；这是改变而不是反驳我的命题。③萨伊先生对这一段也曾有所评论。④虽然我曾小心翼翼地表明，这里我只是在应答亚当·斯密关于缴税力量等等方面的论证，不是在考虑在任何别的场合无疑是极其值得考虑的多数人幸福的问题；可是，他却把我说成是，在我的意念中，认为这方面的考虑是完全不重要的。我明确告诉他，他作出的判断对我是不公道的。我对这个问题一时一刻也没有在心头放下，也没有不把它放在适当的分量上来考虑。　[383]

（258）第 426 页。一般说来，产品的增加，等等。

③　"而不是反驳我的命题"，原先是"我的论证"。
④　见李嘉图的《政治经济学及赋税原理》1819年版法译本内的一条脚注，第2卷，第222—224页；参阅英文版《李嘉图著作和通信集》，第一卷，第349页，注3。

品价值的提高则取决于分配。生产和分配是财富的两个主要因素,在适当比例的结合下,能够在不太长的时间内,使地球上的财富和人口增长到可能容许的最大限度。但是,如果把两者分开,或是结合得不适当,那么,即使经过几千年,也只能产生如现在散布在地球表面上那样的稀少的财富和稀少的人口。

一切从支出节省出来并投作资本的储蓄,总会使商品的数量增加,同时使换取劳动——马尔萨斯先生的价值增加的标准——的力量增大;情形很少会不是这样。①说是积累会增长得那样快,以致使劳动的供应赶不上需要;那样的情形是不大可能发生的。在那种情况下,商品也许不能换取较多的劳动。

① 以下有"一切机器上的改进都具有同样效果"句被删去。

第七节　由地产划分导致的分配，作为提高总产品交换价值的手段

［最有利于分配的三个成因是：地产划分、国内外贸易和非生产性消费者的保持。

于殖民地初开拓时，为了使人口原理得以发挥作用，对土地的再划分抱宽大方针是必要的。］

⊗美国的迅速发展，总的说来，无疑是由于在对外贸易方面得到很大帮助，特别是在于它出售用很少劳动得来的农产品的力量，去换取用很多劳动得来的欧洲商品。（259）

［北美洲建设事业的迅速发展，在很大程度上是靠了脱离祖国来到那里建立新家庭时的便利。

导源于封建时代几乎遍及欧洲的那种恶劣的地产分配制度，是使中世纪的耕种事业和财富的发展受到阻碍的主要原因。］

亚当·斯密出色地描写了在中世纪大地主中多半会发生而且事实上的确是发生了的那种对耕种的懈怠状态。他们不仅是蹩脚的耕种者和改进者，

（259）第428页。美国的迅速发展，等等。

美国用它自己的商品换回欧洲的商品时，换回的商品在欧洲所花费的劳动是多还是少，对它是无关紧要的。它所关心的只是，通过购入商品，是不是比它自己制造时可以少花费些劳动。

而且有时对制造品似乎也缺乏适当的爱好。然而，即使他们对那些制造品具有像现在所普遍看到的那种程度的爱好，由于他们微不足道的人数，他们的需求也不可能促成这样大量的财富的产生——尽管我们已经听饱了历代王公贵人那种豪华壮丽的作风。⊗困难主要不是在于如何利用对精美事物的喜爱来打动富有者，而是在于如何分割他们的庞大地产，从而养成对生产性劳动的成果具有购买的力量和愿望的为数比较广大的需求者。（260）显然，这一

430　点只能逐渐地实现。△不断增长的对精美事物的喜爱，会大大有助于实现这一目的，这是大有可能的；可是单靠这种爱好，而没有较好的分配制度同时存在，爱好就会完全归于无效。拥有无数地产的大富翁，把他的府第或城堡装饰得富丽堂皇，置备了漂亮的服装和漂亮的车马，可是他总不会单是由于有充分财力而把这些东西每隔两个月来一次彻底更换。在他看来，与其从事于这种无谓而又麻烦的换旧翻新，不如多豢养些仆役和闲散的扈从，少收些地租，以便对佃户能加以较强的控制，也许还要牺牲他土地的很大一个部分的生产，辟作娱乐场所，在行猎中追飞逐走时，可以放纵自如，少受羁绊。总之，三四十个一年收入在一千镑到五千镑之间的地主，对小麦面包、精美食品和制造品的有效需求，会比单独一个年收入十万镑的地主所作出的这类需求多得多。

　　〔由一小撮极其富裕的地主和资本家产生极大的需求，这在物质上说来是可能的；但实际看到的总是这样：少数人非常巨大的财富和许多人酌乎其中的财富，就有效需求来说，双方是决不会相等的。

431　　　虽然地产的划分在一定程度上是有利于财富增长的，可是同样真实的是，划分超过一定限度时是不利的。

---

〔384〕　（260）第429页。困难主要不是在于，等等。

〔385〕　〔需求者是一个大户还是许多小户，这又有什么关系。需要的不是需求者，而是生产者和资本的积累者。要用收入来购买的实

第七章　财富增长的直接原因　373

我们会看到，政治经济学上关于财富的一切重大成果都决定于比例关系；432
关于地产的划分，这一重要真理特别明显。]

△关于地产的大规模再划分，其成效如何，法国正在进行一种骇人听闻 433
的试验。法国的继承法规定将一切种类的地产平均分配给子女，没有长子继
承权，不分性别，只允许地产中的一小部分可以随意处分。

⊗新法既施行未久，现在还看不出它对国家的财富和繁荣会发生什么样
的影响。即使法国的地产分配现状，似乎是有利于养成勤劳习尚和促进需求
的，也不能由此推断在将来是有利的。大家公认，一定程度的地产划分是极
其可取的。大片土地的占有，作为封建时代遗留下来的痕迹，几乎遍及全欧；
因此，从财富的观点出发，如法国所颁行的这种法律，对欧洲许多国家说来，
在若干年内，可能不是没有用的。但是，像这样在地产上控制后代的法律，
△假使长期持续下去，假使人们想不出规避的方法，假使它的影响没有由于 434
人们对结婚采取非常慎重态度的作用而受到削弱（这样的法律是肯定会使这
种慎重态度受到打击的）；那我们就完全有理由可以相信，这个国家，在一个
世纪结束时，将以非常贫困的状态使人注目，就像它在地产上非常均等而使
人注目的情形一样。在细致划分下的地产所有者，情况总是这样，总是特别
缺少资源，结果是，每有一次饥荒，就会发生大批死亡。这时除了向政府领
取薪金的那些人之外，几乎什么人也不会富裕起来。（261）

⊗在这种情况下，既没有什么地产上的自然力量，足以同时抑制国王的
权力和人民的暴力，这就不可能设想，像法国目前建立的这种混合政权能够
维持下去。我也不能相信，在处于这样贫困的情况下，会有利于一个共和国
的持久存在。此外，如果考虑到，如一切历史经验所证明的那样，在任何情况

物也是需要的。]①

（261）第 433 页。新法既施行未久，等等。　　　　　　　　　　　　[386]

①　这条评注全部被删。

下要建立一个组织健全的共和国是何等困难，那些对它持续存在的阻挠力量是何等可怕，我们就会说，这样一种形式的政府，没有可靠理由可以希望它能长期保持；我认为这样说并没有言之过甚。(262)

435　　上述情势下的地产状况，会成为酝酿军人独裁的土壤。△即使没有采取东方方式，使政府自身成为唯一土地所有人，也至少会从重农学派那里得到暗示，把自己说成是跟地主一道的共同所有人。从这方面获得的资源（虽然由于其人数关系，地主也许是很穷的，但这方面的资源也许仍然很充裕），加上少数其他赋税，军队就很容易成为社会中最富有的部分；这时它将据有压倒一切的势力，在这种情况下，就再没有什么可以跟它对抗的力量。专制君主可能时有更迭，就像禁卫军对待罗马皇帝那样，可是专制政体肯定将树立在牢固的基础上。

〔在英帝国，由于商业的繁荣昌盛，以前一度存在的大片占有地，已被分割。

　　为什么这条法律会引起那样严重的地产再划分？不仅是对婚姻的慎重态度，还有由家庭中各个成员自己所获得的财富，对这条法律也会起抵消作用。他自己所获得的，也许足以使他留给子女的遗产，跟上一代给他的不相上下。他的子女也会愿意、并且多半会有这个能力①去学习他们父亲的榜样。在英国所有的家庭，除贵族外，实际上行的不就是这个法律吗？所有那些商人、银行家、制造商、农场主、店主等等，②不都是把他们的地产平均分给他们的子女的吗。由此曾发生过任何如马尔萨斯先生对法国事例所逆料的那些不良影响吗？

　　① "愿意，并且多半会有这个能力"是插入的。
　　② "农场主、店主等等"是插入的。

在那里，通过商业、制造业、专门职业等等，构成了一个广大的中层阶级，这比一些小土地所有人，很有可能成为更进一步的有效需求者。

在这种情况下，认为废止长子继承权就会增加国家财富，作出这样的结论也许是鲁莽的；但是，即使能作出这样的结论，也不应据以改变政策。

我们有理由认为，英国的宪法，没有贵族政治就不能保持；而没有长子继承权，有效的贵族政治就不能保持。

很难说，废除长子继承法会使这个国家的地产分割到什么程度；但是这种分割大概是不利于优良的政体的。

因此，虽然地产的进一步均等分配，也许比现行制度更加适当，可是废除长子继承法，可能不是个明智办法。

但是，不管施行的是什么样的法律，地产划分是分配的重要手段之一，有助于保持并提高全部产品的交换价值，这个原则总是颠扑不破的。]

土地由于被均分给子女而加以细致的再划分以后，并不就由此表明，或者是土地将由这些子女各自分别地加以耕种，或者是各自将继续成为他所得的那个份额的所有人。土地是可以出售、可以出租的。一个大地主，为了有利于耕种的改进，会把它分成若干独立的农场；同样的道理，为了同样目的，若干邻接的③小地主，会把他们的小块土地集合起来，变成一片良田。

（262）第434页。在这种情况下，等等。

马尔萨斯先生对于在这样制度下的一个自由政体的持续存在，这样忧心忡忡，我跟他是无法抱有同感的。

③ "邻接的"是插入的。

440 ## 第八节　由国内外贸易导致的分配，作为提高产品交换价值的手段

有利于来源于分配的交换价值提高的第二个主要成因是国内贸易和国外贸易。

［一个国家发生的每一次交换，都会使得其商品的分配进一步适应社会需要，从而可以指望其全部产品的市场价值会有所提高。］

441　△重农学派为了要力图证明商业的非生产性，总是认为商业的作用只是在于平衡价格，价格在某些地区过高，在别一些地区过低，但是在发生交换之后，总计其来的价额依然如旧。我们把这种见解看成是全无根据的，是可以用无可争辩的事实驳倒的。无可置疑，价格提高，首先是由于市场扩大。如果再进一步考虑到，对产品需求扩大所产生的影响，由此为了满足这种需求对迅速积累所提供的手段，这就不容丝毫怀疑一切国内贸易对全国产品价值

[389]　（263）第442页。有关商人的报酬，等等。

马尔萨斯先生在这里以及其他许多场合，似乎认为商业和商品的交换会大大增加商品的价值，使商人在数额上和价值上增加其利润，并且，巨大的储蓄和积累就是由此而来的。

[390]　他说，"假使某些伦敦商品，在格拉斯哥的价值并不高于伦敦，某些格拉斯哥商品，在伦敦的价值并不高于格拉斯哥，这两个城市间进行交换的商人，通过交换，"对人对己，就都没有任何好处。"

第七章　财富增长的直接原因　377

提高所起的直接作用。

假使贸易当真没有提高全国产品的价值，△它就不会继续下去。⊗有关 442 商人的报酬，就是从这种价值的提高而来的。假使某些伦敦商品，在格拉斯哥的价值并不高于伦敦，某些格拉斯哥商品，在伦敦的价值并不高于格拉斯哥，在这两个城市间进行交换的商人，对人对己，就都没有任何好处。假使交换的双方，在商品的新分配发生之后，谁的处境也没有比前好一些。那么，把这一批商品去换那一批，岂非空费劳力。除非收入的商品，在价值上那样地超过在所提供的商品上所使用的劳动，使有关资本家能获得适当利润，使他能具有继续雇用劳动从事于原有行业的力量和愿望，否则用一件商品去换取另一件，将跟有效需求全无关系。（263）

有人说，一国的工业是用它的资本大小来衡量的，资本运用的方式，虽然对居民的享受方面会发生一些差异，但是对国民收入的价值却没有什么影响。这个说法只有在一种假设、而且是在唯一的这种假设下才是对的；这就是，要能够使居民对他们范围有限的产品作出的评价，跟对远地得来的商品所作出的评价一样地高，取得和消费这些商品时，抱着一样的热烈心情，为此而艰苦工作并付出重大代价时，怀有一样坚决的意愿。但是，我们是不是可以随便作出这样的假设呢？正是△为了克服对购买国内商品缺乏热情，商人 443

这无疑是正确的。

但是，通过这个说法，怎样证明，这些商品借助于交换会获得较高的价值，或者是怎样证明，有关商人把商品从这处送到那处，会为他的资本提供任何增益利润呢？

难道国内的大量商品，由于通过这样交换的结果，就会换取较多的劳动，或者是，换取较多的其价值已知的任何媒介吗？

伦敦金属器具的价格决定于它的生产成本，就是说，其价格要才用这些商品去交换别的更加需要的商品。只要能够改变格拉斯哥居民的需要和爱好，使他们对自己所生产的大量棉织品作出的评价，跟在兴旺的贸易下，用他们自己的商品所换回的任何商品所作出的评价一样地高，我们就不会再听到他们发生困难的消息。也许可以认为，一国所保持的生产事业的

足以付偿投入的一切费用，连同通常和一般的利润率，只有在这样的条件下，它才能被生产出来。对它通常或正常的需求是某一定量，还是隔了一段很短的时期以后是这一定量的十倍，这就表现在价格上。马尔萨斯先生也许要说，这段间隔期间是极其重要的，如果在这段期间对商品的需求扩大，制造商将获得巨大利润，积成大量储蓄。我不否认这一点。但是，这种较大的利润，①是在谁的牺牲了得来的，由此会不会使商品总量的价值有所增益？假使某一定量的金属器具的通常价格是一百镑，由于需求增长，我不得不出价一百十镑，这样商人将获得较大利润，但付出的是谁？

[391]　马尔萨斯先生所考虑的只是制造商，他要我们相信，制造商获得较大利润时，没有受到损失，因此对国家来说，这项较大利润是净利得。但是我认为这是由消费者支出的，因为他必须就下列三者择一而行：他不得不以较少量的金属器具为满足；他不得不在他惯于消费的某一别的商品方面少支出十镑；或者是，他在商品数量上所享受的仍然跟以前一样，但是跟他原来惯于从储蓄转为资本的那个数额相比，不得不减少十镑。如果他从支出中节省十镑，他就确实使金属器具制造商从增益利润得来的资本得以增加十镑。但是，如果这个消费者能够以任何别的方式节省这十镑，出现的将

---

① "较大的利润"，原先是"储蓄"。

量，大体上是同所使用的资本的量相应的；但是，收入的价值是较大还是较小，将随着所产商品的市场价格而定。这些市场价格显然必须取决于商品的交换；因此，收入的价值以及增加收入的力量和愿望，就必须取决于最能适应社会需要和爱好的商品的分配。

是同样结果；其间的差别只是在于，在一种情况下所增益的是消费者自己的资本，在另一种情况下所增益的是金属器具制造商的资本。在两种情况下，国民资本都将在价值上增加十镑；如果劳动价值没有提高，都可以由此雇用较多的劳动。这里我要说的只是，这种由增益利得中得来的储蓄，按照马尔萨斯先生的说法是造成一切巨大财富的手段，其实是靠减少支出得来的储蓄，在他著作第421页中可以看出，他对出于这样根源的储蓄是很轻视的。现在仍然回到当前的问题。如果金属器具的买主所购入的依然是通常数量，他就不能像以前那样地储蓄十镑，在这种情况下，金属器具制造商也许确实可以进行储蓄，但这是从牺牲社会中另一成员的储蓄而来的，对国民资本并无任何增益。如果你假定，在格拉斯哥市场上的需求，没有提高伦敦金属器具的价格，可是尽管如此，商人仍然能向格拉斯哥消费者索取高利润；那么，我对这一现象的意见仍然与上面所说的相同。商人所取得的，不是通常利润，就是较高利润。如果他取得的只是通常利润，那就不能自欺欺人地把这类交易说成是对国民资本有任何增益。如果他的利润高于通常水平，他只能在别的资本家没有向他展开竞争之前处于这样的优势，这一情况过去之后，他的商品的价格，也就是他的利润，将仍然回降到固有的水平。也许有人要说，就是在这个高利润期间，进行了

[392]

我们可以把一国的总产品说成是有一个以货币和劳动计的市场价格的。当这个市场价格是高的时候，就是说，在使用同样的资本和同样的劳动者人数的情况下，商品价格有所上升，从而能换取与生产中所花费的劳动相对、比以前为多的劳动量，这就很明显，每年将发动更多的劳动投入生产，财富将作

储蓄，增加了资本。但是我给予的回答，也仍然跟上面作出的一样。当在格拉斯哥的金属器具价格，下降到它原来水平的价格时，这一商品的买主由此得到的节约，是要用来花费在别的事物上呢，还是用以增益资本。如果是用以花费在别的事物上的，我承认，在高利润期间从消费者袋里移转到商人袋里的十镑，也许有利于资本的积累，因为我晓得，一方既浪费，一方可能是节约的。但是这里必须再一次看到，如果由于商品价格低落，消费者从他的支出中节约了十镑，并且用以增益他的资本，那是会获得完全同样良好的效果的。

[393]

我屡次说过，一个国家的一般利润，取决于工资的情况。工资低，利润就必然是高的。但是个别行业的制造者或个别行业的商人的个别利润，不管工资情况怎样，却必然取决于他们能够向消费者索取的他们的商品的①价格。

假定一定量毛料、一定量鞋子、一定量帽子等等，其正常价格各为一百镑。如果毛料的所有人能够为他的毛料得价一百十镑，那必然是出于消费者的牺牲，由于这些消费者只能用他们所拥有的商品来购买这一商品，这一商品的涨价跟他们自己商品的跌价，性质是一样的。如果在涨价之前，制鞋者用他的鞋子数量的一半

---

① 这里有"相对"字样被删去。

可靠而迅速的增长。反之，如果商品的市场价格使得所换取的劳动只能略为超过△生产中所使用的劳动，这就很明显，全国财富将增长得很迟缓，甚至陷于完全停滞状态。

⊗在商品的分配中，流通媒介在任何国家都居于极其重要的地位。我在

来购买毛料数量的一半，现在毛料的价格既上升到一百十镑，他就必须把他的鞋子多拿出十分之一，即数量的百分之五十五，来购买与以前数量相同的毛料。这就表明，在一切情况下，某一行业的超额利润②是由消费者的牺牲而来的，在增益资本的力量上，一方有所增加，另一方即相应地有所减少。一个商人向国外以高价出售其商品，从而获取巨大利润时，③他的利润是对他祖国说来的利润，然而仍然是在消费者作出牺牲的情况下取得的；所不同的只是消费者是外国人，交易是在国与国之间进行的。

从上面所说的一切，切不可以为我是轻视在格拉斯哥与伦敦之间进行商业交流时所带来的利益的，我否认的只是，这种利益会以高利润和提高价格的形式显现。伦敦和格拉斯哥的劳动由此将进一步导向生产，因此双方都会从这一贸易中得到好处。假使由格拉斯哥自己来制造金属器具，或者由伦敦自制棉织品，总的说来，在一定量的资本下，它们各自都将获得较少的金属器具和较少的棉织品。由于适当的分工，在伦敦的棉织品价格，在格拉斯哥的金属器具价格，都将比较低廉。双方得到的利益，不是在价值上有任何提高，而是在等量的价值下，双方都能够消费和享受在数量上

② "某一行业的超额利润"，原先是"一个行业的某一利润"。
③ 这两个分句原先是"一个商人进行售货时"。

前面一条脚注中曾说过，如果把这一点置之度外，就会使我们的推理非但不能获得进一步澄清，而且会更加混淆。如果不提到流通媒介，实际上就不容易确定，在某一分配制度下的一国的商品，是否表示了它们的固有价值。(264)

也许可以说，在任何时，假使供养劳动的基金非常充裕，这就不妨认为，这些基金能够换取比平时为多的劳动量。但是，假使基金的分配是欠完善的，那就肯定不能换取较多的、甚至只是像平时那样多的劳动。在一个拥有流通媒介的国家，其分配有缺陷的具体证明是，其全部产品不能换得像以前那样大的一个数额的流通媒介，结果是生产者不得不在货币利润大大减少、甚至遭受明确损失的情况下出售其产品。

从1815年收获期到1816年收获期，我国供养劳动的基金无疑是非常充裕的。谷物特别丰饶，其他必需品也无所欠缺；可是公认的事实是，部分由于缺乏力量，△部分由于缺乏愿望，所雇用的劳动量比前减少，使许多人沦于失业。这一现象该怎样解释呢？上面说过，这里如果不计及流通媒介，是不容

有所增加①的商品。假使它们无意于让自己购买这一增益量，它们就增加了从支出中进行储蓄的手段。认为"收入的价值是较大还是较小，将随着所产商品的市场价格而定"②的说法，不可能是正确的。假定商品的生产成本不变，一方的市场价值高，实际上就意味着另一方的市场价值低；因为商品是用商品来购买的，如果用丝绸估计的毛料的价值高，用毛料估计的丝绸的价值就必然是低的。如果用丝绸和一切其他商品来估计的毛料商的利润是高的，那只是由于从毛料的一切消费者的资金中，对这项利润提供了协助。

① "在数量上有所增加"，原先是"一定量"。
② 见马尔萨斯著作第443页。

易解释的；因为不这样做，要证明分配有缺陷就极其困难。只要一提到流通媒介，所看到的事实的理论方面，就会完全明朗。众所周知，当时农产品的货币价值下降了将近三分之一。⊗如果农场主售出其产品时，得价仅及以前的三分之二，这就很明显，他将无力去换取同上一年那样多的劳动量，无力在他的农场上使用同上一年那样多的资本量。(265) 其后，在很大程度上由于已经发生的农产品价格下降，使一切制造品的货币价格都大幅度下降时，这就同样很明显，制造商将不再能换取像以前那么多的工人的劳动。在必需品丰饶之中，社会上这两个重要阶级雇用劳动的力量将实际降低；而所有那些有固定收入的人，其雇用劳动的力量将增加，不过要他们相应地扩大这方面的需求，增进这方面的愿望，是不大可能的。这时，其一般结果，就会跟交通受到阻碍时部分产品△分配发生偏差的情况相似。⊗暂时也许可以产出同样、甚至更大数量的商品；但是由于分配不是每个方面都供求均衡的，全部商品的交换价值将下降，全国的生产将受到明显的挫折。由此可见，如果必需品不是掌握在有能力而又愿意雇用相当劳动量的那些人的手里，社会上的劳动阶

(264) 第 444 页。在商品的分配中，等等。

只要假定媒介自身是不变的就行，至于估计价值时使用的是什么媒介，关于这方面的正确原则的解释是无关紧要的。货币，谷物，劳动，都同样适用。我看马尔萨斯先生于使用货币时，往往把货币自身的变动，错认为他所谈到的商品的变动。货币③价值变动对商品的相对价值是没有影响的，因为它会使商品的相对价值作等比例的上升或下降。从政治经济学家的立场来看，当商品、特别是必需品和奢侈品的相对价值有了变动时，才会造成极其重要的后果。

(265) 第 445 页。如果农场主售出其产品时，等等。

③ 这里有"相对"字样被删去。

级就可能在必需品的丰饶之中沦于失业。(266)

因此，假使拒不考虑流通媒介这一因素，而贸然得出结论，认为产品大量增加以后，这一增额将得到适当的分配，有效地被消费，那是不切事理的。根据无论是理论或经验，都使我们认识到，如果全部产品的货币价值下降，这时的分配必然是阻碍了生产的。只要产品的货币价格的这种下降，在不断削弱换取国内劳动和国外劳动的力量，生产就必然要不断受到重大打击。如果劳动使它自己同价格的新水平相适应之后，产品固有的分配和人民固有的爱好

[397]　　农场主在第二年是否能换取同样的劳动量，将取决于劳动的价格。可能的是，即使劳动价格在同谷物相当对应的程度上下降，农场主也会感到很大苦恼，因为他跟地主所订的契约是要缴纳货币地租的；不管产品的价格怎样，这项地租的金额是不变的。但是，如果农场主只能雇用较少的劳动，地主假使是收到了他的地租的，却能雇用较多的劳动。马尔萨斯先生认为雇用劳动的力量将缩小，因此对劳动的需求将降低。他承认，作为劳动者所消费的主要食品——谷物的价格将下降，可是在他的论证中却假定劳动的价格将跟以前一样。他还说，"其后，一切制造品的货币价格都大幅度下降。"但是，为什么制造价格要下降？制造品的生产成本跟以前是一样的。谷物价格所以相对下降，只是由于谷物生产时代价低廉，产量丰富，而制造品的情况并不是这样。

[398]　　发生的是怎么回事？谷物的量增加了，实际是，与整个人口对照下，这项商品的量增加了。按照马尔萨斯先生的说法，结果将怎样呢？结果是，一切阶级普遍陷于困境。农场主将陷于困境，这是我能够了解的，上面已作了说明。但是，并非每个人都是谷物生产者，都在契约的束缚下要缴纳货币地租。假使劳动者的工资，按照他

和习惯,不能适当地同消费相配合,⊗根据政治经济学原理,这就极其清楚地△表明,就任何长时期说来,资本利润会低于按照土地情况使之有必要达到 447的那个程度。(267)这时生产受到的阻碍,可能会同产品的欠完善分配和不相适应的爱好和习惯一样地持久存在。

[谈到以所能换取的劳动作为全部产品的价值的最后尺度时,应当先提到它的现金价值,这样才可以确定产品的分配是否能使产品所换取的劳动同产品的数量存在着某种比例关系。

于购入谷物时所能节约的数额,作等比例下降,他就依然能够购买像以前那样多的商品。假使工资没有下降,他还可以多买些。每个制造商自己都能够向别的制造商购入更多的制造品。他在面包上可以少花费些,在别的事物上就可以多花费些。地主的处境也是这样。虽然农业方面对制造品的需求无疑将减少,但是,我认为不可能发生争议的是,其他阶级的需求将增加。这就表明,[399]制造品的货币价格不会下降,制造商也不会不再能换取像以前那么多的工人的劳动。如果劳动价格下降,他还能换取比前更多的劳动。

(266)第446页。暂时也许可以产出,等等。

马尔萨斯先生说,"全部商品的交换价值将下降。"这是什么意思?是商品的货币价值要下降吗?马尔萨斯先生作出的答复必然是肯定的。那么我要问一下,这个货币价值所换取的是不是更大的劳动量?他说,劳动阶级将陷于失业。如果是这样,货币价值所换取的将是比以前为多的劳动。这时商品的、按照马尔萨斯先生的实际价值的定义来说的实际价值,难道没有上升吗?

(267)第446页。根据政治经济学原理,等等。 [400]

448 　　由国内贸易而来的商品分配，是走向大量增加财富和资本的第一步。]

449 　　⊗促使个人从事对外贸易的△动机，同促使在国内比较遥远的地区之间进行商品交流的动机，是完全一样的，这就是当地产品市场价格的提高。个人由此获得利润的增加，或者是，对于假使在国内使用这项资本就会发生利润下降这一现象的防止，必须被看成是国内产品的相应增加。（268）

　　李嘉图先生在他的《论对外贸易》一章开头时就说，"扩大对外贸易虽然大大有助于一国商品总量的增长，从而使享受品总量增长，却不会直接增加一国的价值总额。"这个说法，跟他认为价值完全决定于在商品上所花费的劳动的那种特有观点，是完全一致的。无论商人的收入怎样丰富，或者无论这

　　在最后耕种、不缴纳地租的土地上，就任何长期间说来，利润不可能低于按照土地情况和工人的报酬①使之有必要达到的那个程度。这么说，资本的利润就得有两个定率，一个是使用于农业的资本的，还有一个是使用于制造业的资本的，然而这一方的资本家是可以自由地把他的资本移转到那一方去使用的。马尔萨斯先生在这里所说的情况是可能的吗？

　　（268）第448页。促使个人从事国外贸易的动机，等等。

　　见第442页的评注。②

[401] 　　（269）第449页。但是，彰明较著的事实是，等等。

　　用以评定商人的利润时，这是个公正的标准；在这一点上我完全同意马尔萨斯先生的看法。但是，我要力争的是，这不是净利得，这往往是牺牲了他的某些同国人的储蓄而取得的。

　　马尔萨斯先生说，"假使某一外国送给某一商人一批新型商

---

① "和工人的报酬"是插入的。
② 上面第263条评注。

种收入的价值（按照其通常词义而言）怎样大大超过他的输出品价值，取得这些输出品时所使用的劳动，最初肯定是不变的。⊗但是，彰明较著的事实是，从非常有利的贸易中得来的收入，可以换取大量的货币、劳动和国内商品；当商人谈到扩大国外市场和有利的贸易时，他的意思指的实际上就是换取货币、劳动和商品的这一有所增长的力量。（269）这样的△事态，可能、并且往往确实会持续到一个足够长的时期，从而产生极其重要的后果。在我看来，单是这样一个事态，就是个确证，那种认为交换价值完全决定于生产成本的观点是根本错误的，用以解释导致财富增长的一些显著现象时，是完全无效的。

450

李嘉图先生似乎认为，某一别的部门在价值上如果无所减损，这一部门

品，这批商品在伦敦市场可以售得五万镑，这个商人的财富就有了在这个程度上的增长。试问，谁的财富会因此而减少呢？"③这要看商品的性质和经过商人由消费者用以购买这项商品的资金的情况而定。如果这是用否则就要储蓄起来的资金购买的，购入以后是要立即被消费掉的，国内的资本就不会由于这项礼物而有所增加。唯一的结果是，在接受礼物的这一年，享受的数量有了一次增加。如果用以购买的这笔资金原来是要买别的商品的，而这个别的商品是要交给商人，由他供作资本用以易购国外商品④的，那么总的说来，由于这项礼物，将增加储蓄五万镑。这个情况，跟上述格拉斯哥和伦敦的那个情况并没有什么差别。积累是从国内一年收入中做了更多的储蓄而来的。你收入了五万镑以后决意把它储蓄起来，用以增加你的资本。

[402]

③ 见马尔萨斯著作第450页。
④ "用以易购国外商品"是插入的。

在价值上就不会有所增加。* 按照他的价值观点来说，这仍然可能是对的；但是根据经验所建立和证实的比较扩大的价值观点看来，这是完全没有根据的。假使某一外国送给某一商人一批新型商品，这批商品在伦敦市场可以售得五万镑，这个商人的财富就有了在这个程度上的增长。试问，谁的财富会因此而减少呢？诚然，这批商品的买主也许不得不放弃使用他们以前惯于购买的某些商品，** △因此，对某些方面的需求也许要减少；但是这种减少会被抵消，致富的商人会买进更多的商品，其增加的数额也许会整整达到五万镑，从而使国内消费的土产品价值不会发生任何普遍性下降，这时所消费的外国产品的价值已增加到输入的全部新产品数额。我看不出，从国外得到一

---

* ⊗在我看来，假使李嘉图先生在《论对外贸易》那一章开头说的两句话是有充分根据的，国际间就不会有这样的交流了。（270）

** 但是，这不一定会发生。对消费显示的较大诱力，也许会诱使某些人用掉他们本来要储蓄起来的钱，因此，在许多情况下，经过这一变化，国家的财富不是有所失，而是有所得。就这里的情况说，增加消费将促使市场价格和利润趋于增长。利润增加，就会使暂时脱离其预定任务的那些资本，恢复其原来地位，从而使国家习惯于扩大的消费，同时具备了供应扩大消费的相应手段。

（270）第450页。在我看来，等等。

马尔萨斯先生误解了我的意思。我的意思并不是死板板地把输入品价值说成是不会多于输出品价值，它至少要有那么多的增益值，借以抵偿运入时所使用的劳动，和商人在使用他的资本期间的利润，实际上这就构成了这一商品的生产成本。但是，运出商品的那一方，出于同样理由，也须加上同样的价值。因此，如果你增加了这一商品的生产成本和价值，你也就增加了那一商品的生产成本和价值。如果我把值一百镑售价一百零五镑的帽子运到法国，换回值一百镑、在这里可以按一百零五镑售出的红葡萄酒；这看起来好像是我付出一百镑，换回一百零五镑，而法国商人好像是

项礼物，同从新的国外贸易中得到的巨额利润，这两者对国家财富的影响有什么差别。由于所获得的产品在数量上和价值上的增加，两者可以同样增加社会的财富。

可能有人要说，根据假设，国家的无论是人民或货币都没有增加，至于用劳动或货币估计的全部产品的价值更不会增加。

⊗关于劳动，我要表明，当我谈到国家全部产品的价值能够换取多于以前的劳动时，我的意思不是专指劳动者更多的人数，而是说，这一价值可以按原有价格换取更多的劳动，或者是可以使现有劳动者获得更高的工资。(271)人口是不会立即增加的，△但是，这样的事态，必然会引起对劳动的需求，从而有力地促进原来也许只领半薪或做半工的那些人的积极性；而这一点本身就是财富增长的最明确的信号，最有效的刺激因素。这是以劳动估计的产品价值增加得比人口增加得快的时候的自然结果，这就发生了使人数进一步增加的真实和健康的鼓舞作用。

假使货币在任何方面对这类情况都是无反应的，假使输入一项有价值的

收到一百镑，其代价是一百零五镑，其实双方所付出和收到的是同样价值，加上的五镑是抵补费用和资本的利润的。在国内以同样期间使用的任何一个一百镑，加上的如果是同样的运输费或任何其他性质的费用，也同样会产生一百零五镑。因此，通过对外贸易，我们得到的是更加合意的商品，不是价值更大的商品。既然是这样，那么我说"扩大对外贸易虽然大大有助于一国商品总量的增长，从而使享受品总量增长，却不会直接增加一国的价值总额"，难道是没有充足理由的吗？

(271) 第 451 页。关于劳动，我要表明，等等。

这里发现的是，马尔萨斯先生的实际交换价值尺度的一个新

商品时，必然要相应降低全国产品中其他部分的价格，那么货币，作为最有效的价值尺度，将全无感应地尽其职责。但是，在上述对劳动需求殷切的事态下，即使不作贵金属有任何新输入的假设，情况也远不是这样。这时，在实际使用中的货币的流通速度将提高，或者是纸币将增发；但是外汇率不会由此提高，商品的现金价格也不会由此上升。这时，除非是最野蛮国家，势必要运用这两种手段之一，或两者兼用。虽然无疑的是，就输入国外商品而论，有些输入品也许与国内商品有直接竞争关系，处于这样地位的国内商品，其价格将下降，其生产者暂时将处于不利地位，然而其他△不受到这样竞争影响的商品，其货币价值是很少会下降的。⊗总的说来，个别商品跌价，决不足以碍及全部商品货币价格的上升。（272）

这时人们自然要想到会输入较多的货币。实际上，对外贸易顺利扩张时所处的，正是会直接导致现金输入的那种情况。出口商与文明国家交易时，在他的心目中，使他成功地扩大了对外贸易的是什么？无疑的是，按照比通常为大的以现金计的价值向国外出售其出口品的力量。当然，他输出后要运回相当输入品时，如果预计不能在国内按较高价格出售，因此不值得输入时，其所得报酬的一部或全部将以货币的形式输入。但是，如果输入货币的数额

解释。如果我要晓得，我今年所拥有价值是不是大于去年的，将我去年所能雇用的同今年所能雇用的劳动者人数加以比较，是不能确定这一事实的。因为，如果我不能换取较多的劳动，而只是对现有劳动者付以较高的工资，我就会同样拥有一个较大的价值。如果我是了解这一点的，这就是说，如果我能够把我的商品换到较多的这一价值尺度，我就拥有一个较大的价值；如果不能的话，我却仍然同样拥有一个较大的价值。

（272）第453页。总的说来，等等。

对货物所得报酬的比例，跟全国通货对全国产品的比例相同，则国内商品按其原来价格流通，就显然不会发生任何困难。唯一例外是直接受到国外商品竞争的那些商品；但是在这种情况下，这决不足以碍及全部产品价值的普遍增长。

因此，我显然不能同意李嘉图先生在下列一段中所暗含的结论："在一切情况下，对外国商品和本国△商品并计的需求，就价值说，是受到一国的收入和资本的限制的。如果一方增加，另一方就必然减少。"*⊗在我看，无可否认的事实是，几乎在顺利的对外贸易的一切情况下，对外国商品和本国商品并计的需求肯定要增加，国外产品价值的增加，不会引起国内产品价值的相应减少。

我们仍然承认，对外国商品和本国商品并计的需求，就价值说，是受到一国的收入和资本的限制的。但是，按照我对这个问题的看法，由地租、利润和工资的总和构成的国民收入，肯定会由于进出口商人利润的增加而立即增加，在任何其他方面的收入则不会相应减少；而李嘉图先生显然认为，虽然商品的充裕程度有所增加，一国的收入，就价值说，则依然不变。由于我所反对

* 《原理》，第2版，第7章，第130页。

姑且认为这个说法是对的，商人的利得，究竟是一个新价值还是牺牲消费者得来的一个价值，问题仍然没有由此确定。马尔萨斯先生和我都认为输入价廉或合意①的国外商品时所得到的是一项利益。但是我认为这项利益应全部属于消费者，如果任何时由商人所享有，那是以消费者为牺牲，剥夺了他的利益而来的。利益最后必然落实在消费者方面。

① "或合意"是插入的。

的是李嘉图先生在上述这段话中有意于要表述的结论，而不是这段话的现实措辞，因此我在上面使用了暗含而不是表达这个词。（273）

⊗我们一眼就可以看出，商品在数量上的增加，是对外贸易中最符合要求的效果之一；但是我要格外要求读者注意的是，△几乎在一切情况下，同时还有另一个最重要的效果，被李嘉图先生所断然排斥的，这就是交换价值总额增加。为了形成对生产事业的一个不断的鼓舞力量，使商品供应保持充裕，上述后一效果是完全必要的；在没有发生这一效果的少数情况下，立即可

（273）第454页。在我看，无可否认的事实是，等等。

如果有四个人，各自一年收入一千镑，他们一年的支出就不能超过四千镑。

[407] 他们在外国商品上支出的价值越多，在本国商品上支出的就越少。①用低价买进，就是说，用很少的价值买进很多的商品，是至关重要的。只要对外贸易和广大市场能够使他们做到这一点，就对国家有利。马尔萨斯先生说，"但是，按照我对这个问题的看法，由地租、利润和工资的总和构成的国民收入，肯定会由于进出口商人利润的增加而立即增加。"国民收入增加！增加在哪一方面？增加在可消费商品的数量较大或质量较优，而不是在于它们的价

[408] 值较大。②这种利益将如何显示出来呢？也许短期间在于商人的利润增加，但最后总是在于外国商品的价值较低。这跟一个制造商发现了一种可用以制造其商品的改进的③机器的情况完全一样。

① 这一句原先是，"他们买进的外国商品越多，能够买进本国商品的数量〔原先是'价值'〕就越少"〔原稿上'越少'字样误被遗漏〕。下面还有，"要注意，我说的是'他们支出的价值'，不是买进的数量"，在这里被删去。
② 从"国民收入增加"，起，原先是一段没有写完的文字："增加！增加在哪一方面？增加在可消费商品的数量方面。这一点我们是可以同意的，问题是……"。
③ "改进的"，原先是"有效的"。

以看到对劳动的需求停滞，使财富的增长受到抑制。在我看来，依照李嘉图先生对这个问题的见解，扩充对外贸易，将使我们经常处于我国在1816年年初所处的境地，其时谷物和其他商品的突然增产和价格降低，形成供给有余而需求不足的现象，使全国收入的价值大大缩减，不再能以同样价格换取等量的劳动，结果是在丰裕之中，成千上万的人沦于失业。这是劳动货币工资下降的一个最痛苦而又几乎无可避免的前奏。显然，只有这样的工资下降，才能使国家的总收入可以雇用同以前人数一样的劳动者，才能使财富增长经过

当竞争还没有对他充分发生作用，还没有使他不得不将其商品的价格降低到生产成本的时候，他获得了较大利润；但是这种改进的利益，最后必然要完全落实在消费者方面。④

我在《论对外贸易》那一章里作出的结论，所根据的是我认为无可争议的一个假设，这个假设是，对外贸易的利润，除在短期间之外，不会被抬高到一般利润率之上；当利润处于高水平的任何时，我的意见——并举出了作出意见的理由——是，对外贸易的利润将下降，而不是其他行业的利润将普遍上升，从而使各方面的利润趋于均衡。

在对外贸易利润被提升到一般利润之上的这段期间，从事于这一业务的人所得将较多，却没有别的人所得会较少，这时国民收入将增加。但是，一等到出于其他资本家的竞争，使对外贸易的利润下降到利润的一般水平时，以货币计的国民收入，虽然在价值上要比前减少，可是对国家并无所损，原来由商人获得的利益，此后［409］将为消费者享有。商人按较低价售出，获得较少利润，消费者则以

④ 下面两段是随后在原稿内插入的，写在另一张纸上，原来附粘在第275条评注下，显然是被误置的。

一个受到严重抑制的时期以后,重新开始它的进展动向。(274)

⊗李嘉图先生似乎总是认为,劳动者无论是由于劳动的货币价格上升,△还是由于粮食的货币价格下降,因此使他能够换取较多的生活必需品时,对他说来是完全没有什么出入的。但是,这两种事态,虽然表面上结果类似,也许,而且一般说来确实是,本质上有区别的。(275)无论是名义或实际劳

低价买进,他由此作出的节约,跟商人以前所享有而现在被放弃的利润数额①完全相等。但是,据说在这一期间,国家全部产品的价值是较大的!市场价值肯定是较大的。但是我们已经看到,被商人放弃的那部分利润,立即为社会中的另一部分所同样享有,由此就会使国家获得任何实际利益吗?这里的情况,跟某人发现一种新机器而能暂时保密的情况完全一样。在这一保密期间,他将享有巨大利润,当他在自然价格以上销售其商品时,国家的一年收入将有所增加。但是,当他代价较低的生产商品方式被普遍知悉,使消费者所获得的利益,②与某一制造商所放弃的完全相等,甚至不止于相等,③这个时候难道不要丧失上述利益的一部分吗?假使进出口商人或个别制造商的较大利得是可取的,那么,这将牵涉到对一般垄断制度的争论,这个制度是只考虑资本家的利润,对消费者的享受和利益是置之度外的。

[410]　(274)第454页。我们一眼就可以看出,等等。

"交换价值总额增加"!用的是什么媒介?

资本的通常利润,对生产事业难道不是一个充分的鼓舞力

---

① "而现在被放弃"和"利润数额"是插入的。
② "利益",原先是"价值"。
③ "甚至不止于相等"是插入的。

动工资的增长，必然意味着现实财富这样的分配，从而使财富的价值日益增加，使整个劳动阶级获得充分就业，导致对产品更进一步的需求，导致对生产这些更多的产品时的资本的需求。总之，这是健康和繁荣的最明确迹象。反之，必需品货币价格普遍下降，往往是由于全国产品的分配这样地有欠完善，以致不能保持其价值总额。这时，即使在最有利的情况下，短期间缺乏就业

量吗？

"使全国收入的价值大大缩减，不再能以同样价格换取等量的劳动，结果是"等等。但是，如果商品价格下降，而以较低价格换取等量的劳动，谁会因此受到损害呢？由于能用等量商品换取等量的劳动，劳动者的雇主是不会受到损害的。由于能用等量劳动换取等量的商品，劳动者是不会受到损害的。既然双方都不受损害，彼此就会得到相应利益。这不过是货币的一次变动而已。④

（275）第455页。李嘉图先生似乎总是认为，等等。

如果一会儿主张用所能换取的劳动量来衡量价值，一会儿又排斥这个尺度，说它是不适当的，对这样的政治经济学体系，还能说些什么呢。如果货币工资不动，用劳动者的工资购买的一切商品的货币价格下降，⑤则用马尔萨斯先生的价值尺度衡量的劳币工资已实际提高；如果商品量没有增加，则用他的实际价值尺度衡量的商品价值必然有所下降，因为在这样情况下，等量的商品不再能换取等量的劳动。如果货币工资增加，而商品价格没有上升，实

④ 这一句是插入的。
⑤ 这一句的以下部分原先是，"则劳动工资已实际提高；如果商品量没有增加，则用劳动为价值尺度来衡量的商品价值必然已有所下降，因为等量的商品不再能换取等量的价值。"

机会和贫困也是无可避免的。在许多情况下，如我们于观察世界各国所经常看到的那样，随着经济衰退和财富长期萎缩以后长期缺乏就业机会和极端贫困的情况而出现的，总是必需品的货币价格下降。（276）

⊗读者会充分意识到，个别商品价格的大幅度下降，不论是由于机器改进还是由于对外贸易，不仅同一国产品交换价值的不断大幅度增长可以并行

[412] 际工资也是有所提高的；在这个情况下也是这样，如果商品量没有增加，其实际价值是有所下降的。以上两种情况难道不是完全一样的吗？我晓得马尔萨斯先生要说：工资的货币价格上升是商品量增加和劳动需求增加的迹象，可是货币工资不动而商品价格下降，就没有这样的迹象。

但是他对此没有提出证据。

难道货币价值不会有提高的可能？在这种提高的情况下，货币工资不动而商品价格下降时所指向的，难道不是对劳动需求的增长？

为什么商品价格会由于任何别的原因却独独不会由于货币价值提高，而发生普遍下降呢？就我所知，要使商品价格除货币因素外发生普遍下降情况，再没有别的原因，除非是于生产除货币外的一切商品时，有了新的简易方式。①

（276）第455页。李嘉图先生似乎总是认为，等等。

马尔萨斯先生误解了我的意思。我完全同意他认为劳动工资增长意味着整个劳动阶级获得充分就业的说法。但是，在没有货

---

① 在这条评注之末，还有两段文字，显然应列入第273条评注，在原稿内被误置在这里，现已更正（参阅第273条脚注4）。第275和276两条评注的标题雷同，所以会发生这一破例现象，大概就是由于这一随后附入的纸片放错了位置。

不悖,而且同这些商品本身总产额交换价值的不断大幅度增长也可以同时并存。(277)上面曾屡次说过,我国生产的棉织品,△尽管价格大跌,其总值却大大增加。关于茶叶,也可以这样说;虽然于最初输入时,其每磅价格比现在要高得多。毋庸置疑的是,假使我们用温室来自行酿造葡萄酒,其货币总值一定要低得多,对勤劳习性的促进作用也一定比现在小得多。

币工资下降的情况下,②只要不是由于偶然的供给过剩,而是由于生产时有了代价较低的方式,从而使粮食的货币价格下降,也会发生他所说的后果。

马尔萨斯先生的错误在于,他认为低价的谷物和低价的商品必然意味着谷物和商品的供给过剩。我们同意,供给过剩是祸殃。[413] 一般说来,这个现象意味着生产不能获利,甚至所使用的资本不能收回。我认为,这必然是由于对于所生产的东西选择得不恰当。至于由生产便利而来的降价,我认为是降价的唯一正常原因,所带来的必然是最圆满的后果,这跟供给过剩截然不同,这跟光明与黑暗有别的情况一样。

(277)第 456 页。读者会充分意识到,等等。

所谈的两个方面是可以相容的,但相互间并不是必不可少的,而且一般也不是同时③发生的。谷物由于生产或进口方面的便利而价格低廉,由此获得的利益是巨大的;虽然我们可以清楚地证明,由于地租的损失,至少在一个期间,商品总量的货币价值将下降,将不能换取劳动的任何的巨大增益量。*

* 为什么要这样说?因为这时对劳动的需求将大大增长,而缺

② "在没有货币工资下降的情况下"是插入的。
③ "同时",原先是"相随"。

有些商品可能是属于这样一种性质，即使减价也无法扩大市场，像这样的情况实际是很少见的，在这种情况下，资本和劳动将无法获得使用；然而，一般说来，在有进取心的和商业的国家，它们会找到或被导向别的途径，所获得的利润，足以保持、而且还远远不止于保持、国民收入的价值。同时还应看到，而且这是极其重要的一点，这就是，正是在这种情况下，在对外贸易足以提高国民收入的价值这一总的和强大的趋势中，会发生这种少数例外情况。无论什么时候，假使确是发生了这种例外情况，就是说，假使国民收入的价值即使以货币计也缩减了，这就必然要发生由产品的欠完善分配而来的暂时困苦。如果用劳动来估计这个缩减的价值，只要在这样估计下的这个价值无所好转，△劳动阶级的困苦和财富增长的受到抑制就会持续存在。⊗假使能够证明，在特殊情况下，任何种对外贸易都不免要长期削弱本国产品换取国内劳动和国外劳动的力量，这样的贸易就肯定会带来长期抑制财富和人口的增长的不良效应。（278）

乏相应的供给；这时工资是高的，劳动者的处境是极其美满的。

[414]　（278）第 458 页。假使能够证明，等等。

假使能够证明！我相信，这是无论如何不会得到证明的。国内产品换取劳动的力量缩减而财富和人口依然有所增长的情况，难道是不可能的吗？如果产量不动而工资上升了，人口就有可能要增加。这时虽然利润要减少；①可是依然高得足以允许继续从事储蓄、继续取得财富的情况，难道是不可能的吗？

如果我的利润从一千镑减到五百镑，而我从中储蓄了一百镑，就仍然可以增加我的财富。

[415]　（279）第 458 页。我要明确指出，等等。

① 这句的以下部分，原先是"难道就不可能继续从事储蓄吗？"

第七章 财富增长的直接原因

个别商品的有效需求所以会增长的原因是很容易解释的。但是有人未尝没有理由地认为,有时会明显地感觉到在全国范围内需求普遍活跃,这跟商业普遍呆滞时所引起的感觉截然不同,对这种现象要加以解释,却不大容易。⊗我要明确指出,作为有效需求这种普遍增长的具体和直接的原因,是产品的这样一种分配,是对社会需要和爱好的这样一种适应,从而使出售产品时的货币价格能够换取更多的国内劳动和国外劳动。我认为,如果拿这里所说的来检验过去出现的一切显著事例,很少会或者是决不会发生差误。(279)

例如,无可置疑的是,美国农产品的每年增额,无论以现金计还是以国内劳动和国外劳动计,都大于我们所熟悉的任何国家;而这大部分是出于它的△国外贸易。由于美国生产的便利,通过其对外贸易,使得它的谷物和其他农产品的价值,同欧洲许多国家的这一价值相等,从而使它获得了换取其他国家的产品和劳动的力量,这种力量,同它所使用的劳动量对比,是十分惊

在②任何情况下,对商业的活跃和资本的积累说来,商品的适当的分配和商品对社会需要和爱好的适应,总是至关重要的。在我看来,缺少这一因素,是造成不同时期发生的商业呆滞的唯一原因。这一切都可以追溯到计划错误,生产的是人们所不需要而不是人们所需要的商品。

但是,承认了这一点,难道我们就得否认由生产比前便利而来的商品价格下降所引起的有利效果吗?即使把生产的便利程度提高十倍,如果你所生产的商品是充分适应社会需要的,这些商品仍然会有需求;如果不是这样,所证明的只是生产者在计划上发生了

② 原先在这条评注开首时的一段被删去:"没有人会怀疑所生产的商品要充分适应一般需要、以此作为商业活跃和财富增长的一个原因时的重要意义。"

人的。同样无可置疑的是，从1793年到1814年，我国产品的全部交换价值，无论以国内劳动和国外劳动计，还是以现金计，都逐年大量增加。⊗在价值以及财富方面，所以会获得这样的增加，差不多一致认为，我们对外贸易的扩大是一个最有力的动因。肯定的是，迄1815年止，并没有什么迹象足以表明，我们日益增加的进口价值将有使我们国内产品价值缩减的任何倾向。无论以现金或以劳动计，两者都在增加，都在大大地增加。（280）

就任何国家说，似乎都有可能认为，价值的增加是随着日益增进的繁荣和财富而来的。依我看，像这样的情况简直找不出一个例子：商业发达，商品越来越丰富，而在这样一个国家，其以国内劳动和国外劳动计的总产品价值却无所增减或处于衰退状态。李嘉图先生在他的《论对外贸易》那一章里说，积累资本有两种方式，△一种是由利润增加而来的收入增加，还有一种是由商品价格降低而来的支出减少。*⊗我认为后一方式从来没有，将来也永远不会成为促使财富长期不断地增长的一个有效的推动因素。（281）

* 《原理》，第2版，第7章，第131页。

错误，没有满足为保证需求活跃而必须具备的条件。如果对所要生产的商品能作出比较审慎的选择，需求是不会缺乏的。

（280）第459页。在价值以及财富方面，等等。

一个国家如果是着重节约的，在生产中是使用了较多劳动的，其产的数量和①价值将增加。在这种情况下，肯定可以增大国外输入品的价值，而不会使国内商品的价值有任何缩减。马尔萨斯先生总不会认为我的意思是说国外商品和国内商品的价值和数量②不会同时增加的吧。

（281）第460页。我认为后一方式从来没有，等等。

① "数量和"是插入的。
② "和数量"是插入的。

李嘉图先生也许要说——并且是说得对的——依照他自己的价值观点，只要在国家所获得的全部商品的生产中使用了较多的劳动，对外贸易就会增大价值，而由对外贸易引起的财物丰盈，自然会促进劳动的雇用。⊗但是，我特别要提到的是，对外贸易的自然倾向，就同能使分配进一步配合社会需要的各种类型的交换的自然倾向一样，会直接增加由利润构成的那部分国民收入的价值，而不会相应地减少别的方面的价值。正是由以国内较少的价值易取较多的价值而来的国民收入的这种直接增加，提供了雇用较多劳动的力量和愿望，引起了对劳动、产品和资本的活跃需求，而这种活跃的需求，却是顺利的对外贸易的一个显著的和带有普遍性的伴随物。反之，如果单单是商品充裕，而其价值与劳动对照下降很大，△则开头时显然将降低雇用同样人数的劳动者的力量，接着在劳动、产品和资本这些方面就不会不发生暂时的供给过剩和一般的需求不足，这是在供给过剩的情况下必然要带来的困境。(282)

李嘉图先生总是把对外贸易看作获得比较价廉的商品的手段。但这只

我的看法恰恰相反。我认为这是比马尔萨斯先生用全力提出的那个方式甚至还更加有力的一个促进因素。他在这里表示的意见，跟他在其著作的另一场合③所表示的，关于由土地上的改进而来的对国民财富的④有利后果的意见，难道是没有矛盾的吗？除了使我们可以由此从支出中作出较多的储蓄，这些后果还会起怎样的作用呢？除了从非生产性支出中节约出来投入生产性支出，我不晓得还有什么别的储蓄方式。

（282）第460页。但是，我特别要提到的是，等等。

③　见马尔萨斯著作第165页。
④　"对国民财富的"是插入的。

是看到了它的利益的一半，我并且断然认为还不是其中较大的一半。至少在我们自己的商业中，这部分贸易是比较地价值不大的。毫无疑问，在我们输入品总量中，含有许多无论在国外或在国内生产都比较价廉的商品。假使我们不能从外国输入丝绸、棉花和靛青，不能输入茶、糖、咖啡和烟草，不能输入布尔得葡萄酒、舍利酒、红葡萄酒和香槟酒，不能输入杏仁、葡萄干、橘子和柠檬，不能输入各种香料和药品以及特别适合于外国的气候的许多其他物品，那就可以完全肯定，我们是不会得到这些东西的。由于这些输入品，与我们试图在国内生产时所要花费的劳动量和资本量对照下比较低廉，从而在这个角度上来估计其由此得到的利益，那是十分荒谬的。实际上也绝不会有在国内从事生产的企图。假使我们有可能用十镑一瓶的代价制出精美的红葡萄酒，也许简直没有一个人会想去尝一下。假使这些外国商品没有输入，现在要得到这些商品时所使用的△劳动量和资本量，比过去实际所花费的将大得

萄酒。他把一桶酒在英国售出，换到一包棉织品，留下那四分之一桶作为他自己的利润，由他用他认为最适当的方式处理。

他发现了一个新市场，于是再度从事营运。他用一包棉织品，得到的不仅是一桶又四分之一的酒，还有一百磅靛青。如果他仍然能够在国内①用一桶酒换到一包棉织品，他的利润将有所增加。他所留下的，除跟以前一样的四分之一桶的酒之外，还有靛青。但是，假使为了换得一包棉织品，除了他所有的酒的五分之四以外，还得拿出靛青的五分之四，这时他的利润就实际下降到了利润的一般水平，跟上面第一个例子里的情况相仿。任何备有一包棉织品或其他等值商品的人不都是这样用他手里的东西来博取利得的吗？他们的储蓄力量跟以前所具有的，不是完全一样的吗？问题在我看来是那么清楚，是丝毫没有怀疑余地的。在马尔萨斯先生

① "在国内" 是插入的。

无可比拟。

因此，明显的是，我们必须根据另一不同的原则来估计由这样的贸易得来的利益。这是一个简单而明显的原则，常常被认为是无论在国外贸易或国内贸易中一切交易行为的基础，这就是由用比较不需要的东西交换比较需要的东西而来的价值增加。我们输出国内商品，换回了上述一切国外商品以后，也许要感到很难说，我们商品的数量究竟是增加了还是减少了；但是我们觉得十分有把握的是，经过产品的新分配，由于所取得的商品比所提供的商品对我们的需要和爱好要适合得多，这就明确地增加了我们所有物的交换价值，增加了我们的享用手段和我们的财富。

⊗对于对外贸易在交换价值上的影响，这里采取了跟李嘉图先生截然不同的观点，我认为扩大市场，就其一般趋势说，显然有利于从分配而来的价值和财富的增长。（283）

这里举出的两种情况下，英国商品和外国商品都是等量的，供给过剩为什么在这一情况下会超过那一情况？他从来不举出一个简单的具体事例来从各方面进行探索。假使他这样做，我们之间在意见上就不会显得这样分歧。

（283）第462页。对于对外贸易在交换价值上的影响，等等。[420]
根据马尔萨斯先生自己关于我的意见所说的一些，他一定知道，我也像他一样，是"认为扩大市场，就其一般趋势说，显然有利于从分配而来的财富的增长"的。然而，他在这里的说法会使他的读者作出另一种设想。我是不会说由此将增加这种②财富的价值的，因为读者知道，我是用跟马尔萨斯先生所用有所不同的媒介来衡量价值的。 [421]

② "这种"是插入的。

第九节　由非生产性消费者导致的分配，作为提高总产品交换价值的手段

由于有利于产品分配而得以保持并提高产品价值的第三个主要成因是雇用非生产性劳动，或者是保持相当部分的非生产性消费者。

⊗上面已经表明，在资本的迅速积累下，或者说得再具体些，在非生产性劳动到生产性劳动的迅速转变下，与物质产品对照下的需求，是永远赶不上的，这时进一步积累的动机，会在受阻于地力耗竭之前受到抑制。由此可见，除非假定，生产阶级所消费的比他们历来所惯于消费的，特别是比他们迅速地从收入中节约出来投作资本时所惯于消费的要多得多，否则，一个有巨大生产力的国家，就有必要保有一批非生产性消费者。（284）

在土地的生产力方面，在以机器代替劳动的人类的力量方面，在财产私有制下努力前进的动机方面，伟大的自然规律已为社会中某一部分人的有闲处境提供了条件。△假使这个慷慨的恩赐没有被为数相当的个人所接受，那么，不但本来可以到手的一项利益会让它白白丧失，而且社会中其余的人也绝不会由于这种无谓的克己而得到好处，却肯定要受到损害。

（284）第463页。上面已经表明，等等。

如果以未来的生产为目的，①就一批非生产性劳动者的必要性和有效性而论，它的作用正同一场火灾一样，会消费掉否则②将由那些非生产性劳动者消费的存在制造商仓库里的货物。

① "如果以未来的生产为目的"是插入的。
② "否则"是插入的。

第七章　财富增长的直接原因

⊗至于社会中生产阶级和非生产阶级之间究竟应当居于什么样的比例，才能对财富的不断增长提供最大的鼓舞力量，前已说过，这不是在政治经济学范围以内所能决定的。（285）这必须决定于多种多样的情况，特别是土地的生产力和机器发明的进步。肥沃的土壤和有才智的人民不可能单是供养相当部分的非生产性消费者而不受损害；但是，为了使其生产的力量得以产生效果，这样一批需求者也许是绝对必要的。可是，如果土地贫瘠，人民又缺乏才智，要想供养这样一批需求者，就会使土地荒芜，势必导致贫困与倾覆。

还有个原因，使我们无法断定非生产阶级与生产阶级之间在什么样的比例下最有利于财富的增长，是生产者本身在消费程度上可能存在的差别。

也许有人要说，如果从事于生产的那些人的消费已经足以保持产品的价值，△非生产性消费者就不再有存在的必要。

⊗就从事于生产的资本家方面说，关于其利润，也就是使用其资本时所获得的收入，他们当然有权加以消费。假使除了可以有利地用以增益其资本的那个部分之外，他们把其余的收入都消费了，从而为增加生产和增加消费作好了最恰当的准备，这时非生产性消费者也许已没有存在余地。但是这样的消费并不符合多数资本家的现实习惯。由于他们既有赡养家室的义务，并且每天也许不得不花上七八小时坐在办公室里，使他们自己未必能尽情花费其收入，因此他们一生的重大目标毋宁是积财致富。（286）

⊗有些作家曾提出这样一个通则，即，人类的需要，无论何时可以认为总

（285）第 464 页。至于社会中生产阶级，等等。

我觉得要作出决定一无困难。这些人在别的方面也许有用，在财富的生产方面是绝对无益的。

（286）第 465 页。就从事于生产的资本家方面说，等等。

别一个人，没有给我任何报酬，没有使我能得到一笔财产，他

是跟他们的力量相应的。(287)但是这个论点并不一定正确,即使在财产得来甚易的情况下也不是这样,就资本整个说来,这更是同经验完全相背的。在繁荣时期,几乎所有的商人和制造商,为了保持产品的价值,于增进其储蓄时,比国民资本增长可以容许的进度要快得多。假使把他们作为一个集体,从大体上看来情况确是这样,这就十分明显,在这样的现实△习惯下,他们是不能通过交换各自的产品来相互提供足够的市场的。

因此,必须有另一个为数相当的别的消费者阶级,否则商人阶级就无法扩充业务,赚取利润。在这一阶级中,地主无疑是居于前列的。但是,如果资本家方面的生产力很大,以致地主的消费,加上资本家他们自己和他们工人的消费,还不足以保持并提高全部产品的交换价值,就是说,还不足以使数量的增加抵消价格的下降;如果是这样的话,资本家就不能继续保持其原来的储蓄习惯。他们就得或者是多消费些,或者是少生产些。如果只能是取决于眼前的花费,其当前处境既无所改善,自己的地位也未曾提高,而面临的却是以整天的绝大部分时间,不断地埋头于经营管理,这时多半会出现的情况是,这些人中的很大一部分,在两者之中将宁可选择后者——少生产些。可是,假使为了平衡供求而长期地减少生产,不是增加消费,则由一方生产一方消费构成而不是由生产超过消费的余额构成的整个国民财富,将必然趋于缩减。

凭什么可以消费我的产品?如果我的产品的消费者让我收回一项同等的价值,我积财致富目标实现的可能性岂不更加大些。

[423]　　(287)第465页。有些作家曾提出这样一个通则,等等。

我相信这是绝对正确的。不管怎样,就算这是错误的,让别一个人不给我任何报酬而消费我的财物,这对我又有什么好处?像这样的消费,怎么能使我获得利润?

在这一节里所提出的种种论点使我感到的惊讶,我简直无法

⊗按照李嘉图先生经常所提到的，似乎储蓄是一个目的，而不是一个手段。(288)然而，即使△从这个观点最近于事实的个人方面来说，也必须看到，储蓄的最终目的是花费和享受。谈到国民财富时，无论站在眼前或长远的立场，只能把储蓄看成是一个手段，不可能是别的什么。情形可能是这样，由于商品价廉，和由此而来的在消费中支出的节约，这就可以同消费不减、利润剧增时一样地获得生产超过消费的剩余。这时，假使储蓄是一个目的的话，这个目的就已经达到。但是，储蓄是为了日益增长的国民需要而提供的日益增长的供应手段。⊗如果商品已经那样充裕，以致其中的相当部分没有被消费的机会，这时，这样节约起来的资本，只会使商品变得更加充裕，使已经降低的利润变得更低，就相对地没有什么效用了。反之，如果利润是高的，这是商品与需求对照下感到缺乏的一个明确迹象，社会正在迫切要求满足其需要，这时把从高利润中得来的新收入的一个相当部分储蓄起来投作资本，就会格外有利，长期有利。(289)

因此，作为增加生产的一个手段，国民储蓄的范围比个人储蓄要狭得多。就个人论，有些在不断进行花费，有些△则不断进行大量储蓄。但是，关系到全体生产者和消费者的国民储蓄，也就是生产超过消费的余额，必然是以能够有利地用以满足对产品的需求的那个数额为限的。要造成这样的需求，则生产者自身或其他消费者阶级就必须进行足够的消费。

以言语形容。

马尔萨斯先生说，要使资本家能继续保持他们的习惯，"他们就得或者是多消费些，或者是少生产些。"

（288）第466页。按照李嘉图先生经常所提到的，等等。 [424]
在什么地方提到的？我完全记不起在任何场合曾这样说过。
（289）第467页。如果商品已经那样充裕，等等。
非生产性消费怎么能提高利润？非生产性消费者所消费的商

亚当·斯密说，"每个人对食物的欲望只能以他有限度的胃纳为度，但是对享用品、屋宇装饰、服装、车马和家具的欲望，似乎是没有限制或没有一定范围的。"说没有一定的范围无疑是正确的，说没有限制，未免言之过甚。人们苟安怠惰的习尚会在这方面起抵消作用，为了改善其处境，赡养其家室，也会使这方面的欲望受到实际限制。按照亚当·斯密自己的说法，这一原则，总的说来，比追求奢侈浪费的原则还要强烈。*⊗但是，认为除了取得粮食的困难以外，储蓄和资本的使用别无限制，这样的说法显然是对上述原则的误用，这个原则在任何意义上也不能这样来理解。（290）这是把人类对消费具有△无限制的欲望这一点作为理论根据，然后假定，为了储蓄资本，这种欲望是有限制的，这就完全改变了前提，却仍然硬说这个理论是正确的。⊗假定，不管是出于生产者还是出于其他的人，消费是始终充足的，从而极其有效

* 《国民财富的性质和原因的研究》，第6版，第2卷，第2篇，第2章，第19页。

---

[425] 品是给予他们的，不是以等值卖给他们的。这样的商品谈不上价格，怎样会借此来提高利润？

马尔萨斯先生给需求下的定义是，对消费的愿望和力量。非生产性消费者有什么力量？从一个呢绒商那里取去一百匹毛料，供陆军和海军穿着，难道这就增加了这个呢绒商的利润了吗？这就会鼓励他去进行生产了吗？的确，这跟一场火灾并没有什么两样。

[426] （290）第468页。但是，认为除了取得粮食的困难以外，等等。

限制并不是完全在于取得粮食的困难，而是在于取得劳动的困难，取得粮食的困难即包括在取得劳动的困难之内。因为，假使你取得粮食的力量到了尽头，不消多久，你就不能增加你对劳动的

第七章 财富增长的直接原因 409

地保持并提高全部产品的交换价值,这时我就可以干脆承认在这样进度下增加的国民资本的使用,除受到供养人口的力量的限制以外,更没有别的限制。(291)但是,在我看来,不仅在理论上显得十分清楚而且被经验所普遍证实的是,远在取得生活资料的手段发生任何实际困难之前,由于节约习尚而增加得过于迅速的这种资本的使用,就可能遇到限制,而且事实上也的确会常常遇到限制,结果是资本和人口可能同时、并且在一个很长时期内,同产品的有效需求对照下是过剩的。

还应注意到,关于人类的一般需要,如果考虑的只是对实际占有的那些事物的消费倾向,那是对问题的一种局部的和狭隘的观点。断定一个每年有十万镑收入的人,如果再向他提供一万镑,他决不会推却,或者是笼统地作出结论,认为人类决不会拒绝增加力量和享受的手段,那只是触及了问题中的极小部分。⊗关于人类的需要这个问题的主要部分是在于,△如何发挥为取 470
供应。①

(291)第469页。假定,不管是出于生产者还是出于其他的人,等等。

这就是我所要争辩的。但是,使我全然无从设想的是,你既然能够增加必需品的供应,资本和人口怎么会同时过剩?这是用语矛盾。这就是一方面说有一项资本无法使用,因为其所有人②[427]找不到劳动者,一方面又说有人在失业中,因为没有人有资本去雇用他们。

我们还不妨说,面包卖不出去,因为没有买主,同时又说,有人在挨饿,他们有的是买面包的手段和愿望,但没处去买。两个命题都不可能是正确的。

① "增加你对劳动的供应",原先是"供养更多的劳动"。
② "其所有人",原先是"它"。

得消费手段作出必要努力时的力量。（292）说财富产生需要无疑是对的；但更加重要的一个真理是需要产生财富。各个成因互起作用，但是按先后轻重的次序说来，是需要促进勤劳。看来，需要所促进的并不一定是人类的体力；为了扩大需要，它所促进的倒是在于一切工具和手段的附益。要把人口稀薄的未开化国家转变为人口稠密的文明国家，最大的困难是，用最适合于激发它们努力于生产财富的那些需要把它们鼓动起来。对外贸易所提供的最大利益之一，以及为什么它显得是财富增长一个必不可少的组成部分的原因，是它所具有的促进新需要、形成新爱好和提供勤劳习尚的新动机的那种倾向。甚至文明和进步的国家，也决不能缺少这些动机。一天在办公室坐上八小时，并不是什么最愉快的工作。那些事务人员，除非其心头存在着足够的动机，否则于获得通常的生活必需品和享用品以后，就不会再甘愿这样干下去。在这些动机中无疑含有的是，希望提高自己的地位，争取与地主同样享受有闲的乐趣，同样享用国产和外产的奢侈品。

471　△但是，对依靠其自己个人的技能和努力来取得收入的那些人来说，挣得一份财产以为一家长久之计的那种希望，也许是促使他们继续努力的最通常的动机。我们尽管可以把节约或储蓄的美德说成是公众义务，可是无可置

（292）第469页。关于人类的需要这个问题，等等。

这是对的。我同意马尔萨斯先生困难"在于如何发挥为取得消费手段作出必要努力时的力量"的说法。但这无非是说，任何[428]人要有权消费就必须生产，而困难在于如何劝诱他去从事生产。他已经有所生产之后，就绝对不需要再去劝他从事消费了。

（293）第471页。但是，假使由于缺乏其他消费者，等等。

马尔萨斯先生这里所挂念的不是在于搞到消费，他所担忧的只是在于，假使不存在消费，则对将来的生产将缺少足够的动机。

疑，在无数事例中，它是最神圣的、最有拘束力的私人义务。假使这个使人坚持勤劳习尚的合理而值得赞美的动机受到任何削弱，国家的财富和繁荣就不可能不受到最严重的损害。⊗但是，假使由于缺乏其他消费者，资本家不得不将不能有利地投作国民资本的那个部分全部由自己来消费，则促使他们从事日常工作的动机，就必然被根本削弱，就不再能发挥像原来那样的生产力。(293)

就社会的通常状态看来，业主生产者和资本家，要他们从事消费到必要的限度，他们虽有力量，却没有这个愿望。至于他们的工人，则必须看到，即使具有愿望，却没有这个力量。使我们有必要加以注意的是，以足以影响人类的通常动机为依据，单是依靠劳动阶级方面的消费力量，决不能为资本的使用提供刺激因素。⊗前已说过，决没有人会只是为了由为他工作的那些人所导致的需求而使用他的资本。(294) △十分明显，除非工人生产了超过他们所消费的一个价值余额，由资本家自己以实物形式享用，或者用以有利地交换他所合意的事物，供现在或将来使用，否则他就不会用他的资本来供养这些工人。如果这一价值余额确已产生，对储蓄和资本的使用提供了充分的促进作用，这时工人们所具有的消费力将大大有助于整个国民需求的增长，

既然是这样，不消费就不会立即引起祸殃，只会在很远以后削弱努力的动机。

(294) 第471页。前已说过，等等。

为什么？我可以雇用20个工人，为我提供25个人的粮食和必需品，然后用这25个人为我提供30个人的粮食和必需品，然后再用30个人为我提供更大的数量。虽然我"只是为了由为我工作的那些人所导致的需求而使用我的资本"，为什么我就不会由此致富？

使更多资本的使用有发挥力量的余地。

⊗这就表明，劳动阶级获得充分报酬是最符合要求的，因为关系到财富时，这里存在着比什么都重要的理由——社会中广大群众的幸福。有些人认为，如果生产阶级确是消费了他们所生产的一个相当大的部分，就不需要非生产性消费者作为增加财富的一个促进因素，但是我要指出，工人阶级的消费大幅度增加以后，必然要大大提高生产成本，降低利润，使农业、工业和商业还没有达到相当程度的繁荣时，就削弱或破坏了积累动机。假使每个劳动者对谷物的实际消费量比现在提高一倍，这样的需求不但不会促进财富增长，将有可能使大量土地沦于荒芜，△大大地削减国内贸易和国外贸易。（295）

⊗然而，财富肯定不会由于这个原因而缩减，在这方面是没有什么可虑的。基因于人口原理，一切都是朝着另一方向演进的。我们应当担忧的不是在于工人阶级会消费过多，以致碍及财富的适当增长，而是在于他们在自己的福利方面会消费得过少。（296）这里提到发生的可能性这样小的一个工人生产者大量消费的事例，目的只是在于表明，这种类型的消费是不会把国家的财富推进到最大限度的。

---

[430]　（295）第472页。这就表明，等等。

这个说法是再恰当不过的："工人阶级的消费大幅度增加以后，必然要大大提高生产成本，降低利润，使农业、工业和商业还没有达到相当程度的繁荣时，就削弱或破坏了积累动机。"但是，非生产阶级的消费对此就会有所补救吗？生产阶级在他们劳动的合理报酬以外的消费，除了是非生产性消费、是没有适当报酬的消费之外，还可能是什么？

[431]　"假使每个劳动者对谷物的实际消费量比现在提高一倍，这样

[如果能够由于与目的在于财富有所不同的原因，使劳动阶级可以不要这样艰苦工作，那也许是值得争取的；但是，这只能在工人间同时存在着决心时才能做到，因此是无法实现的。 474

要工人阶级增加消费，除了由于平时的谨慎习惯可望获得这样效果这个唯一例外情况外，别无实现的希望；但是，即使这种类型的消费得以实现，也不是促进资本使用的最适当方式。 475

根据经验，如果单是依靠地主方面和生产阶级方面的需求，往往会使利润过早地下降。

但是，如果业主生产者没有从事于充分消费的愿望，工人生产者又缺乏这样的力量，这时，如果地主在这方面的协助不够有力，那么，所认为必要的需求，就必须求之于亚当·斯密所说的非生产性劳动者。 476

任何国家必然有一批非生产性劳动者；但是，至关重要的一个实际问题是，这些人对于国家的财富，究竟是有所减损呢还是有所助长，要加以确定。 477

这个问题的解决取决于两个更大问题的解决。首先是，积累动机会不会在由于取得食品的困难而受到抑制之前由于缺乏需求而受到抑制。其次是，这样的抑制是不是多半会发生的。 478

的需求不但不会促进财富增长，将有可能使大量土地沦于荒芜，大大地削减国内贸易和国外贸易。"假使发生的后果是这样，除了这是由于这种消费中的一半是非生产性消费，难道还有什么别的原因？然而，马尔萨斯先生认为对财富的增长那样地必不可少的，却正是这种消费。

（296）第473页。然而，财富肯定不会由于这个原因而缩减，等等。

劳动者所得不是过多而是过少，这确是极其令人担忧的现象，在本书的不同场合，对这两个问题曾试图加以解决；如果所作出的断定是正确的，这就可以得出结论，一批非生产性劳动者对财富增长的促进是必要的。

479　　在非生产阶级中，由私人自愿给以工资的那些人，一般可以认为最有利于激发勤劳习尚，决不至于走偏向而影响到生产成本。]

480　　△那些靠税款来供养的人，对分配与需求也同样起着有利作用：由于这些人的存在，往往会导致否则就不会形成的财产划分，从而进一步有利于财富的增长；由此会使适当促进生产时所必要的那种消费得以实现；纳税的愿望与借此得来的一种满足心情结合在一起，必然会同酬谢一个律师或医师时那种感悦情绪一样有效地激发人们的勤劳习尚。这些都是无可否认的利益，然而也必须看到会起抵消作用的一些情况。不良的税制会在财富进展过程中或迟或早的任何时期阻止其增长；* 即使最完善的税制，最后也许会变得过于沉重，以致阻塞国内外贸易的一切渠道，使积累几乎无从实现。

　　⊗因此，那些由国家税收供养的非生产性劳动者对国家财富发生的影响，在不同国家中，必然彼此大相悬殊，这种影响势必完全取决于各国的生产力
481　△和课税的方式方法。如果不存在巨大的消费，生产力就不容易大规模地

*　强制一个耕种者在若干部分的肥沃土地上为国家供养两个人和两匹马，这在某些情况下，也许会诱使他以更大的积极性从事耕种，从而创造比不存在这一强制因素时为多的财富；这时他个人仍然跟以前一样富裕，而国家的富裕程度则比前增长。但是，如果把这样的义务加在一个等量的贫瘠土地的耕种者身上，也许会使这块土地不值得再加以耕种而被荒废。对总产品不加区别地征收重税，也许会使在较好制度下可以产生大量财富的国家趋入困境。

应当加以警惕，可能的话，①应当加以防止。

[433]　　（297）第480页。因此，那些由国家税收供养的，等等。

　　这种对课税表示支持的论调，跟马尔萨斯先生对于由非生产

①　"可能的话"是插入的。

发挥作用，即使这种情况得以实现，也难以持久，因此我觉得无可怀疑的是确实存在着这样的事例：由税收供养的那些人的消费，大大促进了国民财富的增长。然而，税收作为一个刺激力量，是极容易在各方面被滥用的，为了社会的共同利益，有绝对必要把私有财产看成是不可侵犯的，把作出不同的分配财富的手段这一任务委托给任何政权时，必须极端审慎。但是，如果不论是由于必要还是由于错误而发生了不同的分配，从而对私有财产造成了弊害，这时为了恢复原来的分配而不惜暂时的重大牺牲，对于这样做时其后果是否真正有利却不作充分考虑，就是说，在国家的现实情况下，就它的生产力来说，出于缺乏消费方面的所失，会不会超过出于减轻税收方面的所得，没有加以充分考虑，那就肯定不是高明的办法。（297）

〔如果分配是财富的一个必要因素，那么，认为废除国债就必然会增加财富和增加就业机会的说法，就肯定是轻率的结论。

如果在一个人口众多的国家，其生产力增加到三倍，这时最大的困难就在于分配的手段。生产力提高，究竟是件大好事还是件大坏事，就取决于能否找到适当的分配手段。

我国在现行的地产划分及其所拥有的巨大生产力的情况下，假使不存在由国债导致的分配，会不会使财富的增长获得同样的推动力量，也许是一个疑问。

然而，国债并不是没有严重弊害的。它既是个麻烦的也是个危险的分配工具。〕

国债的第三个缺点是，它会显著扩大由货币价值变动所引起的弊害。当

性消费得来的利益的见解是完全一致的。

马尔萨斯先生是财政大臣②的一个最有力的拥护者。

② "财政大臣"，原先是"范西塔德先生"。

485 通货价值下降时,作为固定收入△所有人的年金领受者,极其不公平地被剥夺了他应有的那一份国民产值;当通货价值上升时,为支付国债利息所必须征课的税款的压力,会突然变得那样沉重,以致使生产阶级受到极大打击,*这种突如其来的压力,必然会大大增加列入国债基金项下的财产的不安全程度。

[由于这些原因,减少国债,防止其继续增长,也许是可取的。但是,既已习惯于巨大的消费,要向后退却,就不能不经过一个极度困难的时期。]

486 △我知道,一般往往有着这样的想法,以为假使能够摆脱在国债方面的沉重负担,我们大家的处境就会好起来。然而,我觉得完全有把握的是,假使明天能够实行一种寄食于人的办法,把广大债权人的贫困和不幸的遭遇置之度外,假定他们可以在某一别的国家舒舒服服地获得供养,这时作为一个国家的社会中的其余部分,不是会致富,而是会变得穷困起来。认为地主和资本家,即时或是在短期内就会准备好作出发生这样的变化时所需要的那样巨大的增益消费,那是极端错误的想法。这时假使采取如李嘉图先生在前一个例子里所提出的那种办法,进行储蓄,将增加的收入出借给别人,那时为害之大,还要加重十倍。在产品的新的分配下,对生产性劳动成果的需求将减少;除此以外,假使有更多的收入转化为资本,利润将降至于零,更大得多的一部分资本将向外转移,或就地被消灭,将有比国债被根绝以前更多的人渴求就业而不可得。

487 [地主也许将雇用更多的仆役,这将是对现实情势最好的补救办法;但

---

* 在一个拥有大量国债的国家,其政府行政人员方面再神圣不过的责任是,使通货的任何变动不超过贵金属价值变动时必然要引起的那个程度。我充分意识到从货币价值下降可以得到的暂时利益;在去年发生的部分困难情况,虽然我相信这只是个极小部分,也许确是由最近采取的要使通货恢复其正常价值的那些措施所引起的。但是其中有些措施是必不可少的。李嘉图先生及时提出的建议,使这方面的转变完成得比人们所能意料的更加顺利,这是应当受到国人的感谢的。

是，经过这样的变化，社会结构将受到破坏。]

至于资本家，虽然可以免除一大部分赋税，然而，极有可能的是，他们的储蓄习惯，加上有效需求者人数的减少，将使商品价格大幅度下降，以致依靠利润的那部分国民收入△大大缩减。⊗我觉得无可置疑的是，从这一事态发生之日起的五年期间，不仅全部产品以国内劳动和国外劳动计的交换价值将明确缩减，而且所种植的谷物的绝对产量也将降低，投入市场的制造品和国外商品也将比前减少。（298）

[一个有土地、有劳动、有资本的国家，当然具有从这样的事态中回复过来的力量，但是将经过一段显著的停滞时期，最后也许绝对需要大量的非生产性劳动者使这个国家的资源获得发挥机会。]

这里曾一再提到，生产△阶级是具有消费他们所生产的全部产品的力量的；假使这个力量获得适当运用，那么，从增长财富方面说，非生产性消费者就没有存在的必要。但是，过去的经验表明，他们虽然有这样的力量，却没有这样的愿望；只是为了提供这种愿望，一批非生产性消费者才成为是必要的。⊗这批人在促进财富方面的特有效用是，保持生产与消费之间的平衡，使劳动的成果得以获致最高度的交换价值。（299）假使非生产性劳动占优势，则投入市场的比较少量的物质产品，由于数量不足，将压低总产品的价值。假使生产阶级处于过剩状态，则总产品的价值，将由于供给逾量而下降。⊗很

（298）第488页。我觉得无可置疑的是，等等。 [435]

我认为马尔萨斯先生必定是全英国唯一的一个人，会从这样的原因预计到这样的结果。

（299）第489页。这批人在促进财富方面的特有效用是，[436]等等。

通过这批人的消费，怎么会使劳动成果获得价值？根据这个说法，那么我们也可以同样有理由地说，一次地震，倾复了我的住

明显，两者之间处于一定的比例时，就会提供最高度价值，换取最大数量的国内劳动和国外劳动。（300）我们可以大胆断言，在为了获致足以保持并提高总产品交换价值的那种分配所必要的那些成因中，必须把一定量的非生产性消费者的存在，列为成因之一。要使这一集体成为促进财富的一个有效因素，要防止它走偏向，以致成为一个障碍，其范围的大小就得以生产力为依据，随着不同的国家和不同的时期而加以变化。最有利的结果，显然是△有赖于与土地的自然资源和人民的既有爱好和习惯最相配合的那个生产性消费者与非生产性消费者之间的比例。

宅，毁灭了我的财产，因此使劳动成果获得了价值。

（300）第489页。很明显，等等。

马尔萨斯先生常常用可以换取的国外劳动和国内劳动来估计价值。我们同国外劳动的数量或价值有什么关系。任何国外商品都是用一定量的国内劳动来购买的，因此，只能用国内劳动来估计不论是本国还是外国的商品的价值。

第七章　财富增长的直接原因　419

第十节　应用上述原理，综述1815年以来劳动阶级的困苦

[有人把劳动阶级的困苦归因于资本不足。资本同人口对照也许是不足的，可是同有效需求对照，则并无不足现象。

假使一国资本的四分之一突然消失，或被输送到世界别一地区，利润将提高，这时储蓄将是所需要的补救办法。] 491

另一方面，假使由于以前非常繁荣、曾经吸收大量资本的某些行业，△ 492 经营失败，使这个国家的资本减少，或者是，假使资本突然受到破坏，而由于特殊情况，接着的是一个消费减少、需求衰退的时期，那么，除了贫民处于困境之外，这时的事态将同上述的差不多完全相反。通过这样的事态，将使需求的减退超过资本的减退，使其余的资本家一无利益可得。商品的价格会到处低贱；资本家在寻找出路，可是不容易找到，而且利润是低的。这时对资本并没有迫切需求，因为对商品没有迫切需求。在这种情况下，把收入中得来的储蓄投作资本，不仅不是一个所需要的补救办法，而且会增加资本家的困难，使资本外流变本加厉。资本家的处境将进一步恶化，其情形就同劳动阶级于人口受到重大损失之后，尽管同时存在的是资本受到进一步破坏，使工资被压得很低，却提倡结婚，积极增加人口，从而使他们的困境加剧的情形一样。⊗这时同国家的领土和力量对照，也许会感到人口是严重缺乏的，增加人口也许是符合需要的；但是，尽管人口减少，△如果劳动工资仍 493 然是低的话，则提倡生育就是增加痛苦，提高死亡率，而不是正常地增殖人

口。(301)

　　试问，这两个假设中，是哪一个比较近似于我国的现状？肯定是后者。近来资本受到重大损失是没有疑问的。在几乎整个战争期间，由于巨大的生产力同巨大的消费和需求结合在一起，所有被政府严重破坏的资本，业经充分恢复而有余。怀疑这一点，就是对国家在1792年和1813年两个年头的相对情况视而不见。然而在战争中的最后两年是支出异常浩大的时候，紧接着就是一个需求显著停滞的时期，资本在那时所受到的破坏也许还没有恢复。这种停滞本身对国民资本、更甚的是对国民收入的损害，比任何先前的资本被破坏的损害还要大得多。停滞肯定是从农产品价值大幅度下降、下降到据说将近原值的三分之一时开始的。这样的下降，当然使农场主的资本减少，而且在更大程度上使地主和农场主双方以及在别方面跟土地有关的那些人的收入减少，这些人对制造品和国外产品的购买力势必大大降低。△国内需求的减退，使制造商的仓库堆满了卖不出去的货物，这就使他们不得不冒着一切风险去争取扩大输出。但是，这种逾量输出使所有有关的国外市场存货充斥，使商人不能得到适当报酬。这时，由于在国内收入减少，再加上通货突然大量收缩，使得甚至从国外取得的微薄利得，在国内也找不到足够的需求，这就使商人和制造商的利润和由此而来的支出不得不相应降低。⊗正当地租和利润发生这种不利的变动时，战争期间对人口的有力刺激，使劳动的新流

[438]　　(301) 第492页。这时同国家的领土和力量对照，等等。

　　人口过多的弊害是完全可以理会的；但是，再大不过的错误是，认为积累资本会发生任何弊害。唯一的不利后果是，如果由于人口缺乏，因此仍然能获得丰裕的工资，以致利润下降，则将使继续积累的愿望受到打击。

[439]　　(302) 第494页。正当地租和利润发生这种不利的变动时，等等。

量不断涌现,再加上陆海军兵员退伍以及由农场主和商人的损失引起的需求减退,这就使劳动工资普遍降低,使国家处于资本和收入普遍缩减的境地;这种缩减不仅与通货价值的变动成比例,而且与产品的现金价值以及这一现金价值所换取的国内劳动和国外劳动的量成比例。(302)战争以来的四五年间,由于国民产品分配的变动,由于由此引起的消费和需求的缺乏,使生产受到了明显遏制,而人口在先前的刺激下已经有所增长,其增长速度,不但超过对劳动的需求,而且超过产品的现实产量。⊗△然而这一产量,虽然与人口对照,与过去的时期对照,肯定是不足的,与有效需求对照,与用以购买的收入对照,却是过剩的。劳动价格尽管低廉,要全部加以雇用,却既没有这个力量,也没有这个愿望;因为不仅全国的资本与劳动者人数对照已经减少,而且由于全国的收入减少,劳动者所生产的商品也不会这样适合需要,从而使已经减少的资本获得相当利润。(303)

[当利润低落,使资本流向国外时,提倡储蓄,那就同当人们在挨饿与外移的时候提倡结婚的政策一样。

有人把我们现时的利润低落归因于贫瘠土地的耕种、赋税的沉重和商业的限制;但是要接受跟看法偏于繁荣的理论对立的看法偏于灾害的理论是困难的。

不论上述这些原因的最后倾向怎样,由于这些原因比现在在更大程度上

即使战争结束使国家的资本和收入缩减,资本所生产的货物,在数量上岂不也是要缩减的吗?产品对资本的比例,现在跟战时,岂不都是一样的吗?怎样凭这一点来解释低价格和商品过剩呢?①

(303)第 495 页。然而这一产量,等等。

劳动是用商品付偿的。商品与有效需求相对,感到过剩;可是,由于商品与人口对照是缺乏的,因此,你无法用这些商品来雇

① 这一句是插入的。

存在时，国家是处于非常繁荣的境地的，我们这就必须在别的方面去寻求这次困难的直接根源。]

497　　我们的人为制度，特别是通货价值变动对巨额国债发生的影响，究竟在多大程度上△加重了我们所经受的弊害，这是难以断定的。⊗但是，我觉得可以确信的是，国家如果没有耕种贫瘠土地，没有重税，没有任何新的贸易限制，也会使我们遭受这些弊害的很大部分。（304）

　　假使一个大国，土地相当肥沃，国内交通发达，而四周打着围墙，我们就都会认为，这个国家可能相当富裕，却不会富裕到享有对外贸易时那样的程度。假定这样一个国家逐渐沉溺于大量消费，从而激起了创造精神，在生产中使用了大量技巧，每年从收入中所储蓄的，只限于能最有利地用以投作资本的那个部分，把其余的花费在消费性商品和非生产性劳动方面，在生产与消费的这种平衡下，财富和人口也许显然可以在很高的速度下增长。⊗但是，如果以萨伊先生所提出的原则——商品的一次消费就是需求的一次减少为依据，则社会将普遍地大幅度缩减其消费，增益其资本，那就不容丝毫怀疑，根据供求的伟大法则，尽管没有耕种贫瘠土地，资本家的利润不久也会减至于零，即使没有任何赋税或任何贸易限制，人们也会陷于失业和挨饿的境地。（305）

498　　△也许可以说，欧洲和美洲的情况在某些方面跟这里所指出的有类似之处。有些人认为生产力是财富的唯一要素，由此断言，如果生产力提高，财富

用更多的劳动。这不是在说商品同时既有余而又不足吗？

[441]　　（304）第497页。但是，我觉得可以确信的是，等等。

　　我也这样想。因为我也完全相信，即使没有那些弊害，在这样一次战争之后，贸易停滞，加上国内利润较低，资本外流的诱力很大，也会发生许多困难。

　　（305）第497页。但是，如果以萨伊先生所提出的原则为依

就会相应增加；在我看来，这样的原则是无法用以解释战争以来被普遍感到并且受到抱怨的那种停滞现象的。无可置疑的是，停战以后生产力增加了，有更多的人民和更多的资本准备用于生产性劳动；但是，尽管生产力有了明显的增加，而到处听到的都是艰难和困苦的呻吟，不是安逸和丰饶的欢乐之声。尤其是美国这样一个物质资源非常丰富的国家，却经受了极其严重的困难，这是事前万万料想不到的。⊗至少，这些困难是不能归咎于耕种贫瘠土地、限制商业和赋税过重的。(306)总的说来，战争以来的商业界情况清楚地表明，要财富获得继续增长，除提高生产力外，还得有些别的什么。

我们已经谈了很多关于由战争到和平的转变是上述种种结果的一个主要原因，这是很容易看到的，但是它的作用并不是像人们通常所解释的那样。一般认为这时资本还来不及△从使用过剩的场合转移到使用不足的场合，从而恢复正常的均衡。但是，我无法使自己相信，这种转移会需要经过从战争到现在这么长的时间。按照这个说法，资本不足的行业应该很多，应该能够充分吸收泛滥于欧洲市场上许多不同行业中的那些过剩资本。试问，这些缺乏资本的行业究竟在哪里？拥有游资的人知道得很清楚，这种行业现在是找不到的。如果由战争到和平的这种转变是可以用来解释这段时期所发生的情况的，那么，除了由于资本难于转移所产生的结果外，它还一定会产生一些别的结果。我认为症结是在于整个消费和需求的量的大幅度低落。贸易渠道的必要变动是可以在一两年内完成的；但是，由战争到和平的转变引起的

499

据，等等。

社会怎么会普遍缩减其消费并增益其资本？难道增加资本就会减少消费？如果没有减少消费，人们怎么会陷于失业和挨饿的境地？

（306）第 498 页。至少，这些困难是，等等。　　　　　　　[442]
一国的商业，即使没有规定具体限制，也会受到限制的损害。

消费和需求的普遍低落，是会持续到一个很长期间的。退还的税款，以及战时大部分作为收入来使用的个人所得超过支出的余额，其中一部分，而且可能是不小的一部分，现在大概已被储蓄起来。例如，我国就有很多人把退回的财产税乘机储蓄了一部分，特别是那些单是依靠终身年金作为生活来源、

500 △而系在违反课税公平原则的情况下按实得财产评定税率的人。⊗这种储蓄十分自然和正常，不能以此作为反对废除赋税的合理论据。（307）但是，这一现象仍然有助于说明，战争以来商品需求与其供给对照下减退的原因。假使一些有关主要政府于使用所征收的税款时，能够比现在的资金个人所有者唤起对劳动和商品更加扩大和更加牢靠的需求，特别是对前者的需求，假使这种支出上的差异是属于能够持续一个时期的性质的，那么，当我们想到情况会怎样不同时，对于这次由战争转入和平时所引起的影响的持久存在，就不会感到诧异了。

〔这种消费缩减在不同国家的演变情况必然是彼此不同的；有的已经解脱，有的还在陷入苦恼的深渊中。那些在战争中受害最少的国家，在和平后受害最大。

501 随着和平而来的艰难处境，是两个方面的一种不幸的结合；但是应当想到，这是出于特殊情况，这种情况是不一定与战争的结束连结在一起的。

502 由于消费突然缩减多半会使人感到的弊害，往往有人建议，以逐年进行供应战备的政策作为一项补救办法；这样的主张是否可行是大可怀疑的。〕

如果国家是贫困的，在这样一种政策下的赋税制度，可以使它的活动力量完全受到抑制。⊗由此可以使其资本逐年绝对地削减，使供应这种战备时的破坏性逐年扩大，（308）直到再没有力量继续进行抵抗而不得不向敌人屈

---

〔443〕　（307）第500页。这种储蓄十分自然和正常，等等。

假使马尔萨斯先生的推论是正确的，这就构成了反对废除赋税的一个不可抗拒的论证。还有比这个与命题更加不相容的任何

服为止。反之，如果国家是富裕的，具有巨大的生产力，受到大量消费的刺激时就可以△获得进一步发挥，那就可以有力量从它的收入中支付所征收的重税，而仍然拥有进行适当积累的手段。但是，如果这样的事态持续了一个相当长的时期，人们的习惯已经与这种公私支出的方式相适应，这就无可置疑，到战事结束，大量税款一下子回到纳税人的手里时，生产与消费之间的适当平衡就会全被破坏，接着将是一个随着情况的不同而或长或短的时期，在这一期间，生产事业的一切部门将出现严重的停滞现象，同时存在的将是普遍的困难处境。 503

[为了恢复国家所丧失的资本，进行储蓄虽然是必要的，然而，如果这时的利润既低而又不可靠，储蓄就不是所需要采取的第一个步骤。 504

国家所需要的是增加国民收入，或者是提高总产品的交换价值。当这一步达到时，我们才能够有效地进行储蓄。 505

关于如何实现增加国民收入这一问题，已在这一章的后几节里试予答复。

增加收入，并不像提高资本对收入的比例那样地容易实现。] 506

然而，要了解我们应当达到的目标这一点，仍然是极关重要的；即使我们实际上无法促进这个目标的实现，由此也不至于由于愚昧无知而从中加以干扰。关于上述足以促使总产品交换价值提高的那个首要成因，△即地产划分，前已举出理由，为什么我认为就我国特有的现实情况说，废除长子继承法是害多利少的。如果要适当尊重文明、技术改进和财富这一切方面的发展所依存的关于财产的伟大基本规律，就不容实行别的不同的地产划分方法。⊗但是，如果财富的分配在一定程度上是财富增长的主要原因之一，而我国现 507

论证吗？

（308）第 502 页。由此可以使其资本逐年绝对地削减，等等。[444]那么，逐年出借资金，岂不也要绝对地削减国家的资本吗？

行的地产划分制度又不宜直接加以干扰,那么,问题就变成这样:由国债带来的弊害,是不是可以被它所必然要造成的财产的分配和社会上中层阶级的增加所抵消而有余;为了偿清国债而进行节约,我们是不是受到了痛苦的牺牲,如果国债是达到了它的目的的,不管由此会产生什么别的好处,会不会使我们居于一个不利得多的财产分配处境?(309)通过大量减少国债,假使我们可以做到的话,也许可以使我们处于较安全的境地,这无疑是一个必须加以严重考虑的问题;但是,对那些认为大量减少或彻底消除国债就可以使我们自己致富,就可以使我们的劳动阶级全部获得就业机会的人说来,将使他们感到难堪的失望。

508　　[不减少关税收入,也可以使商业获得较大的自由。与法国通商的长期效果,肯定是有利的。

509　　但是,于展望作出扩大对法贸易这样在政策上的转变的前途时,我们必须注意亚当·斯密提出的告诫,关于丝绸贸易尤其是这样。

510　　于开放任何贸易时,也许会产生一时的挫折,这是由于会因此暂时降低总产品的交换价值;但是一般说来,扩大贸易将提高这一价值。

511　　了解一些关于非生产性消费者对国民财富的效果,会使我们于设法减少这类消费时,进行得更加审慎些。

---

(309)第507页。但是,如果财富的分配,等等。

[445]　　　国债怎么会造成社会上的中层阶级?每一个打算买进某一数额的公债的人,不是事前必须具有等量的资产,才可以成为一个公债持有者吗?假使没有国债这样东西,难道他就不属于社会上中层阶级的一分子吗?我无法想象,国债怎么会造成这个阶级。还有,如果偿清了国债,是不是就消灭了这个中层阶级,而这似乎就是马尔萨斯先生所担忧的。每个公债持有者,在债务偿清之后,难

市政工务、公路的修建以及财翁们修缮其庭园和多备仆役的风尚，是恢复对劳动的需求的在我们权力以内的最率直手段。]

△如果出于这三个成因的个别或共同的作用，使供给与消费彼此之间保持着一个比较有利的比例，使总产品的交换价值得以提高，那时利润率就可以长期地上升到耕地的土质与耕种者的实际技能结合在一起时所能容许的高度，*而目前的情况却远不是这样。等到资本家开始能够从稳定的和增长中的利润、而不是靠减少支出来进行储蓄时，就是说，用现金估计的，△或者是用这项现金可以换取的国内劳动和国外劳动来估计的国民收入，开始逐年稳定地增长时，我们才可以使用从增长了的收入中储蓄一部分来投作资本的那种通常做法，来安全和有效地从事于恢复我们所丧失的资本。

[有很多人以为大量发行纸币，可以极其有效地增加国民收入，恢复消费平衡；但这是以对贬值通货的错误观点为依据的见解。

现在发行大量纸币，跟战时这一措施相比，将发生完全不同的效应。]

512

513

514

---

* ⊗资本的利润不可能高于土地情况所允许的利润，但是，可以在任何程度上低于这一水平（见第300页）。李嘉图先生和我在这个问题上的看法的显著分歧是，他认为利润是被土地情况所控制的，而我认为利润只是在一个方面受到限制，如果资本与商品的需求对照是充裕的，不管土地怎样肥沃，利润也会下降到任何程度。（310）

道他就没有这一笔资本了吗？①

（310）第512页。资本的利润，等等。

如果马尔萨斯先生认为我的见解是，当我们还留有肥沃土地的时候，利润就一定是高的，那他就大大误解了我的意思。我已说过上百遍，如果工资是高的，利润就会低，而在土地资源丰富的情况下，工资也许会很高。

[446]

[447]

① 末一句是插入的。

突然增加通货,对借贷给予新的便利,在任何情况下对商业也许可以发生暂时的刺激作用,但这种作用只能是暂时的。⊗不存在政府方面的大量支出,不存在资本经常转变为收入的现象,则资本家所获得的巨大生产力,在固定收入者所具有的降低了的购买力上发挥作用时,势必会引起比现在更加严重的商品过剩。经验已经充分证明,在这种情况下,纸币是不能支持价格的。(311)根据我国纸币处理的经历可以看到,通货的或多或少是跟着物价的或高或低发生并且使之加剧的,很少、或从来没有带头引导。极关重要的是要看到,在战争结束时,物价是在通货开始收缩之前下降的。事实是,物价下降摧毁了地方银行,从而表明,我国过量纸币的发行是建立在脆弱基础上的。处于这种情况下的通货的突然收缩,无疑大大加剧了商人和国家的困难,只是基于这个原因,我们就应当尽力避免将来再演成这样的事态。△物价不能在违反公平原则和供求规律的情况下,徒劳地用强制发行纸币的办法来维持。这里唯一有效的办法是,使纸币跟它所代表的硬币稳定地保持等值,使纸币除受贵金属价值波动的影响外,不受其他方面波动的影响。

关于本书在末尾部分反复阐述的一个主要论点,即财富的增长决定于比例关系,也许会有人提出异议,认为这势必会引起在推断上的意见纷歧,从而在政治经济这门科学上投下了它不应该有的一片阴影。然而,如果这个论点,经过充分考验,发现是正确的,是说明了事物的真相的,是能始终如一地解答为什么对未来的估计常常会发生错误的,那就应当认为已经满足了对这个论点反对者的要求。我们不能凭我们的愿望或意见使一种科学变得更为确实可靠;但是,如果把不是科学的东西信为科学,那就会使科学在其应用上变得更加不确实可靠。

我们虽然无法提出一个致富的明确规律,说一个国家会刚好随着它从收

---

(311)第514页。不存在政府方面的大量支出,等等。

这里马尔萨斯先生对他持有的见解作了相当坦率的自白。

第七章　财富增长的直接原因　429

入中得来的储蓄投作资本的进度而增益其财富，然而，即使在科学的最不能确切掌握的那些部分中，即使在有关生产与消费之间的比例的那些部分中，我们也并不是△没有规准可循的，只要注意到那个伟大的供求定律，它就会指导我们走向正确的道路。李嘉图先生正确地指出，"农场主和制造商如果没有利润，就跟劳动者没有工资时一样地活不下去。他们的积累动机会随着利润的每一次减少而减少；当利润低落到不足以适当补偿用于生产的资本所必然要碰到的麻烦和风险时，积累动机就会完全丧失。"*⊗李嘉图先生是谈到由土地情况引起利润最后与必然的下降时说这番话的。我却要把这个说法应用到从耕种的最初阶段到最后阶段的整个不同时期。每逢资本增加得太快的时候，积累动机就会削弱，就会引起多花费少储蓄的自然倾向。利润上升时积累动机就会加强，就会引起从利得中少花费多储蓄的倾向。这种倾向对各个人发生作用时，如果没有受到不良法制或无知劝告的干扰，就往往会导使他走向并达到恰当的中点。假使可以把每个从收入中有所储蓄的人看作对国家有所贡献的人，这就表明，那些把收入全部花费了的，虽然△与挥金如土者不同，不能说是国家绝对的敌人，却必须把他们看成是，没有能就其力之所及，尽到他们对国家的义务，从而可以多多雇用劳动阶级；这对那些在房屋、家具、车马、饮食的支出规模上肯定可以大大撙节而不致丝毫影响其实际享受的人说来，决不会是入耳之言。但是，假使储蓄实际上究竟是国家的利益还是国家的祸害要看当时的情形而定，而利润率是最能表明这种情况的，那么，这就的确是一件不需要外来的帮助的个人私事。（312）

我曾说过，储蓄在许多事例中是一种最神圣的私人义务。这种正当的责任感，连同牢固地注入人心的改善生活的愿望，有时在某种社会情况下，会使

* 《原理》，第6章，第122页。

（312）第 516 页。李嘉图先生是谈到，等等。　　　　　　　　[448]

这里马尔萨斯先生又一次误解了我的意思。查阅一下在第

节约倾向超过适合于最有效地促进公共财富增长时所需要的程度,至于会超过到什么程度却很难说。但是这种倾向,如果听其自然,会不会超过适当的程度,却没有人会想去从中干扰,甚至对于它的变动无常,也没有人会想去加以过问。而且也没有理由把它叫作公共义务,而无缘无故地加以批准。国民资本的市场,像别的市场一样,是在不借助于爱国精神的情况下获得供应的。⊗不妨把整个储蓄问题让个人的爱好和个人的心情在不受影响的作用的支配下来解决,(313)这样就最符合△亚当·斯密所提出的那个伟大的政治经济学原则;它告诉我们的是一个很少例外的通则:让每一个只要是公正行事的人,用他自己的方式,追求他自己的利益,国家的财富就获得了最稳固的保障。

[政治经济学,由于其性质的关系,必然比较地类似伦理学或政治学而不类似数学,然而,它的一些原理,如果是建立在充分广泛的经验基础上的,于运用时就很少会使我们合理的期望落空。]

对于本书最后部分所提出的一些论点,也许会出现另一种反对意见,我切望预先加以防止。如果我提出的一些原则是正确的,那么,由此就必然表明,将课税突然取消,就往往会带来跟一般预期大不相同的后果,特别是社会

页①里对我的见解的他自己的叙述,就可以证明这不是我的论点,而是在没有任何恰当依据下被硬说成是我的论点的。

马尔萨斯先生似乎从来不记得,进行储蓄就是进行花费,就是跟他所说完全一式一样的那种花费。

(313)第517页。不妨把整个储蓄问题,等等。

是谁曾说过这个问题要让任何别一分子来代作主张的?

(314)第519页。但正确的推论是,等等。

① 原稿这里空白。大概是马尔萨斯著作第326页。

上的劳动阶级。△也许会从这个说法得出课税是有利的推断。⊗但正确的推论是，征收的税额决不应当超过被认为有必要的程度，特别是，为了不碍及国家的尊严和安全，应当竭力防止支出的规模过大，以致陷于继续下去就非招致毁灭不可、一旦中止就非带来困苦不可的两难境地。（314）

即使认为足以对巨大生产力发挥作用的庞大的公共支出和支持这种支出所必要的税收的刺激，在特殊情况下，可以使一国的财富增长到大于在别的事态下所能达到的程度；可是，最大的生产力最后也必然会被过度的借贷所压倒，结果必然会增加劳动阶级的痛苦，这时无论是继续下去，还是试图折回，这种不良后果终无法避免，因此，假使始终没有发生这样的财富增长，对社会说来却要好得多。⊗这就跟由猛烈的兴奋剂引起的不是出于自然的气力一样，随后必然要发生筋疲力尽现象，因此，若不是绝对必要的话，还以尽力避免为是。（315）

[政府的责任是在可能范围内尽力避免战争；万一无可避免的话，就得控制支出，使需求的波动减到最低度。

免除赋税往往可以使别的阶级得到宽慰，但无法使劳动阶级对劳动缺乏需求这一点获得补偿。

但是，还有个正确推论是，一经施行就不容废止；还可以由此表明，征税往往是可取的。假使人民自己不尽情花费，还有什么会比让政府来代他们花费更合适的办法？假使马尔萨斯先生的论点是正确的话，那就不妨扩大军队，把公务员的薪金提高一倍，还有比此更妙的吗？

（315）第519页。这就跟由猛烈的兴奋剂引起的，等等。　　［451］

但是，我们却在兴奋剂的影响下，受到有关消除国债的一些愚昧想法的损害。按照我的理论，所得出的却是完全与此相反的结说明这一点，并不是支持征税，只是为了要多举理由来反对没有真正必要时轻易征税。

522　　劳动阶级在逆境中受到的低工资的害处，大于在繁荣中受到的高工资的好处。一切波动对他们都是最不利的。为了社会广大群众的利益，需要的是和平和均匀的支出。］

论。消除国债，使用的方式，不沦是以国家的资本来进行清偿，或者是对公债持有者拒绝偿付本息，都不会发生一般所认为会由此引起的那些后果。

[452]　　消除国债之后，我们的资本或收入不会比前增加，只是分配的方式有了变更。由于债务的偿还，使我们解脱了赋税的一个沉重负担，削弱了使资本从这个国家流向别的其资本的负担不那么沉重的国家的诱力。由此可以使我们去除一大批收税员、缉私员和走私贩；这些人都是靠人民的辛劳成果来供养的，从而使赋税的弊害更加显著。征收也会引起许多别的间接利益，现在列举这些利益是不合适的。①

　　① 末一句由另一手迹（多半是麦克库洛赫的）用铅笔更正如次："这里不逐项列举了。"

译 名 对 照 表

三画
　　马雷 Murray
四画
　　巴顿 Barton
五画
　　布卡南 Buchanan
　　布罗米斯比罗镇 Bromesber-row Place
　　布莱屯 Brighton
　　卡南 Cannan
　　加尼尔 Ganilh
　　圣路易·波托西州 San Luis Potosi
六画
　　西斯蒙第 Sismondi
　　休谟 Hume
　　乔卢拉 Cholula
　　安的列斯 Antilles
　　约翰·巴纳德爵士 Sir John Barnard
　　约翰·辛克莱 John Sinclair
　　约翰斯·霍普金斯 Johns Hopkins
七画
　　杜阁 Turgot

麦克库洛赫 McCulloch
劳德代尔 Lauderdale
苏斯米克 Susmilch
亨博尔特 Humboldt
阿瑟·扬格 Arthur Young
阿塔利斯科 Atalisco
八画
　　范西塔德 Vansittart
　　帕布拉 Puebla
九画
　　查默斯 Chalmers
　　科贝特 Cobbett
　　科胡恩 Colquhoun
十画
　　莱德贝里 Ledbury
　　格里戈里 Gregory
　　特娄尔 Trower
　　爱丁堡 Edinburgh
十一画
　　萨伊 Say
　　盖特孔公园 Gatcomb Park
　　维垃·克鲁兹州 Intendancy of Vera Cruz
十二画
　　斯本斯 Spence

斯汤顿 Staunton
普雷沃 Prevost
十三画
　奥文 Owen
　奥特 Otter
　奥斯曼 Osman

十四画
　魁奈 Quesnay
十六画
　霍兰德 Hallander
　穆勒 Mill James

图书在版编目(CIP)数据

大卫·李嘉图全集.第2卷,马尔萨斯《政治经济学原理》评注/(英)斯拉法(Sraffa,P.)主编;蔡受百译.—北京:商务印书馆,2013(2021.7重印)
ISBN 978-7-100-09188-6

Ⅰ.①大… Ⅱ.①斯…②蔡… Ⅲ.①李嘉图,D.(1772~1823)—全集②马尔萨斯,T.(1766~1834)—政治经济学—研究 Ⅳ.①F091.33-52

中国版本图书馆 CIP 数据核字(2012)第 105507 号

权利保留,侵权必究。

大卫·李嘉图全集
第 2 卷
马尔萨斯《政治经济学原理》评注

彼罗·斯拉法 主编
〔英〕
M.H.多布 助编
蔡受百 译

商 务 印 书 馆 出 版
(北京王府井大街 36 号 邮政编码 100710)
商 务 印 书 馆 发 行
北京虎彩文化传播有限公司印刷
ISBN 978-7-100-09188-6

| 2013 年 3 月第 1 版 | 开本 710×1000 1/16 |
| 2021 年 7 月北京第 3 次印刷 | 印张 28¼ |

定价:196.00 元